/ 深度投资分析丛书 /

固收+策略投资

探寻债券与股票的平衡术

胡宇辰　著

清华大学出版社
北京

内 容 简 介

本书基于作者在公募基金、银行理财和券商资管等资产管理机构多年的固收＋实务经验和思考所成。书稿系统性介绍固收＋投资，重点探讨多资产组合的构建与动态管理方法，利率债、信用债、可转债、股票、衍生品等分类资产策略的差异化应用，以及作者从业期间的心得体会，力图为读者呈现一个全景式的多资产、多策略框架体系。

本书可用作资产管理从业者的工作手册，也可用作泛金融从业者和监管政策制定者的业务参考书，同时还是个人投资者和财经媒体从业者专业提升的好帮手。

本书封面贴有清华大学出版社防伪标签，无标签者不得销售。

版权所有，侵权必究。举报：010-62782989，beiqinquan@tup.tsinghua.edu.cn。

图书在版编目(CIP)数据

固收＋策略投资：探寻债券与股票的平衡术 / 胡宇辰著．—北京：清华大学出版社，2023.1 （2023.3重印）
（深度投资分析丛书）
ISBN 978-7-302-62278-9

Ⅰ．①固… Ⅱ．①胡… Ⅲ．①债券投资②股票投资 Ⅳ．① F830

中国版本图书馆 CIP 数据核字 (2022) 第 253915 号

责任编辑： 陈 莉 施 猛
封面设计： 李 昂
版式设计： 方加青
责任校对： 马遥遥
责任印制： 沈 露

出版发行：清华大学出版社
网　　址：http://www.tup.com.cn, http://www.wqbook.com
地　　址：北京清华大学学研大厦 A 座　　　邮　编：100084
社 总 机：010-83470000　　　　　　　　　邮　购：010-62786544
投稿与读者服务：010-62776969, c-service@tup.tsinghua.edu.cn
质 量 反 馈：010-62772015, zhiliang@tup.tsinghua.edu.cn

印 装 者：三河市铭诚印务有限公司
经　　销：全国新华书店
开　　本：185mm×260mm　　印　张：26.25　　字　数：591 千字
版　　次：2023 年 1 月第 1 版　　印　次：2023 年 3 月第 3 次印刷
定　　价：128.00 元

————————————————————————————————

产品编号：098036-01

打造基于投资者需求的资产管理
——固收+业态发展对投研迭代的启示

固收+产品是近五年中国资产管理市场增速最快的赛道之一,与其相关的诸多概念是大众理财和财富管理生态圈的热门话题。固收+是中国市场所起的昵称,在全球资管范畴,固收+归属于多资产策略,即Multi-Asset Strategy。在2008年全球金融危机以后,多资产策略是全球资管行业用来替代传统平衡基金的主要方式。因为涉及多资产投资,按照国际惯例,它涵盖了四个"主要"资产类别,即权益、固收、另类和现金。对于每一种资产,有多种策略方法可以对它们进行筛选与组合。

权益资产可以根据市值(大、中、小盘),风格(成长、价值、平衡),行业(科技、医药、消费、制造、周期),以及国家或区域市场来进行管理。固收资产可以根据久期(长期、中期和短期),信用等级(高等级,中低等级),行业属性(周期、市政、能源),国家或区域市场,以及货币(美元、欧元、本币)来进行管理。另类资产包括大宗商品、对冲、基础设施、房地产投资,以及私募股权投资。

国内市场赋予固收+的范围很广泛,固收+是指以债券等低波动资产作为重仓位配置,同时以权益、可转债、商品及衍生品等高波动资产作为低仓位配置,以期在控制组合波动率的前提下追求长期具有竞争力的绝对收益回报的组合策略。固收+涉及的产品类别多样。在公募基金领域,一级债基、二级债基、偏债混合型基金、平衡混合型基金、灵活配置型基金及偏债型基金中基金(FOF)均可能是"低波债券资产+高波策略增强"的固收+产品。

截至 2022 年一季度末，这些公募基金管理规模逾 2.2 万亿元。此外，在机构专户、养老金账户、私募基金领域，股债混合组合的新增占比和总规模在近年也显著提升。

固收＋的爆发主要有两个原因。首先，伴随全球金融市场的发展，资产和策略类别的数量在最近几十年里呈爆炸式增长。与此同时，在资管行业产品差异化需求的推动下，资管机构也在围绕着基础资产和策略的扩张持续深挖产品创新。其次，战术性配置调整在全球金融危机后开始流行。其主要原因是全球、区域，以及不同国家的经济、社会、产业、市场、政策等核心要素都在不断变化，造成市场不确定性提升。基于不同资产收益、风险和价值性价比的深度研究与判断，所形成的战术性配置调整被认为是有效应对方法之一。在国内，固收＋是被给予期望能够匹配市场最为广泛的家庭理财规划：长期年化收益显著高于银行存款，希望赚取权益市场出现机会时的钱，因此可以接受一些净值波动。但是 2022 年上半年的权益市场波动，固收＋整体回撤，以及最终业绩结果证明固收＋还有很多改进与完善的空间。

固收＋概念的走红可谓时代与投资者共同选择的结果。

1. 时代的选择

所谓时代选择，一是指在资管新规的指引下，传统银行理财从类信贷化向实质的表外财富管理转型。这一改革是我国资产管理行业市场化、国际化的重要里程碑和必要举措，意味着银行理财的估值核算和账户管理模式向实质的资产管理演进，账户构成更为透明，非标债权资产的配置范围明确在期限匹配的长期封闭产品中等。银行理财的收益特征更为科学合理，以往波动超低、收益显著高于无风险利率的产品逐渐退出历史舞台。

二是中国企业的综合竞争力进入变现期，权益资产的配置价值不可忽视，合理的仓位和赛道布局同样关键。从环境要求来看，在先进制造、医药、科技与互联网等多领域，高技术壁垒或复杂产业链所涉及的国产替代逻辑得以确认；从企业发展来看，在技术、商业模式或企业综合管理做到全球领先的中国企业比例在迅速提升；从生产力突破的视角看，能源革命、电子设备迭代、劳动力精细分工等大趋势所驱动的产业链革新浪潮之巨大，能席卷上百个细分领域的企业发展机遇，权益资产长期投资价值提升，细分赛道的投资机会轮番涌现。因此，在长期维度，以合理仓位聚焦权益资产结构是家庭财富增值的理性选择。通过股债混合的策略模式，参与我国新经济增长的过程，分享企业发展与成长的果实，是投资者和企业的双赢之举。

三是无风险利率下行是大势所趋，单纯依靠存款等无风险利率资产不足以支撑家庭财富的保值增值。这一趋势又是两方面因素共同影响的，一方面真实的无风险利率不再有老信托和老理财的扰动，另一方面我国经济进入高质量发展阶段，长期利率水平所反映的预期经济增速下行是合理情形。

四是我国债券市场本身在快速迭代成熟。信用债的发行和二级市场交易更为市场化：信用违约常态化，所涉主体也逐步蔓延至多元民企和债务失衡国企。个券定价逻辑在几年间迅速演变，从特定主题和品种存在所谓"信仰"的估值支撑到更趋于基本面驱动。这个趋势本质上是信用市场在规范化、市场化进程中的"阵痛"——对于依靠主体信用发行的债权资产，只有其信用资质的风险得到真正市场化的认知，资产定价才能够得到市场化的结果，融资和投资活动才更有据可循，信用市场才具备接轨海外投资者的框架基础。短期的结果是债券资产波动率骤然放大。对于债券投资者，资产的甄别、策略的动态调整、集中度管理和风险预算意识等综合管理能力的要求更高；个体风险或向局部市场传导时有发生，信用风险管理体系以及动态调整机制变得尤为关键。

2. 投资者的选择

固收＋也是投资者的选择。一是指2017—2020年期间，权益和债券市场均出现过牛熊的极致切换；拿着权益基金或者债券基金的投资者，如果没有恰到好处地择时或其基金持有期过短，可能会经历投资收益的"过山车"。彼时一小批优秀基金经理和产品设计成就的固收＋基金崭露头角——在2017年和2019至2020年债券市场波动放大期间，通过权益或者可转债提升组合收益，固收＋使产品跑赢大部分纯债基金；在2018年权益市场阴跌和债券市场大牛市期间，又通过债券策略收益，固收＋有效控制了组合净值回撤，使其免于大幅下跌，从而以低波动和高夏普特征逐渐"出圈"，受到客户和渠道的认可。

二是目前国内的财富管理业态还处于起步期，大众投资者对于风险资产的定价逻辑和波动特征的理解仍处于初步阶段。从种类繁多、波动特征各异的投资产品，到每个百姓真正适合的投资产品，这之间还暂时缺少完全从投资者需求和利益出发的财富管理生态。在当前阶段，一只靠谱的固收＋基金产品，实际行使了财富管理的功能，使投资者可以免于产品配置和申赎决策之劳，任意时间买入都不会承担过高的风险或错过机会。

在固收＋需求端旺盛的背景下，制造端在发生巨变。十年前，我刚加入嘉实基金时，公募基金市场总规模（不包含货币基金）大致为2万亿元，全市场约有500多只公募基金，以权益基金为主；而今天，这组数字分别是15万亿元和9000多只，债券型和混合型基金已占大半壁江山。十年前，个人投资者对资产管理还知之甚少，机构投资者也尚未形成体系化的委外布局；而今天，个人投资者中有理财经验和资本市场认知的比例显著提高，机构客户对于账户的业绩诉求和风险特征的要求更为明确。十年前，公募基金销售渠道还以银行代销为主，客户经理也多以佣金收入、匹配产品转换为首要工作目标，对基金持有人的决策建议和陪伴动力较弱；而今天，银行代销、互联网平台代销、第三方投顾代销、基金公司直销等多渠道百家争鸣，销售端逐步向以客户盈利以及"投资体验为中心＋长期陪伴"的投资顾问角色转换，亦反馈给基金经理更为精细的客户视角的产品分类模式和业绩评价办法。

以上变化导致市场对基金经理与研究员的投研认知要求更为多元复杂，对投研框架的迭代和改进要求更高；依赖一套老打法、固化于传统策略框架就能持续满足客户目标的时代已不复存在。

举例来说，传统资产配置框架在中国市场"固收＋"直接应用极容易水土不服，一般来讲，国内市场的业绩评价周期普遍过短，无法支撑需要长周期检验的策略结论，基于战术考虑的相机抉择对于固收＋组合十分关键。

又如，几年前的利率水平和信用利差让固收产品回报本身就很有吸引力。而现在，追求高信用利差的信用下沉策略无法完全遏制尾部风险，而利率资产的静态收益率也普遍偏低，固收+对于"+"的收益诉求更强，但所能给予的风险预算却更加收敛。

再如，传统权益投资对回撤控制的意识很薄弱，主要追求相对收益。第一，市场对权益基金的评价向来是收益排名，控制回撤并非核心评价指标。第二，权益基金经理和基金产品贵在擅长风格或行业的一致性高，频繁的风格漂移容易超出个人能力圈，基金风格标签也会弱化。所以，市场中最优秀的权益基金，也会出现阶段性的巨大回撤，以及长期无法回到前期高点的情形。这是符合市场客观规律的正常现象，却是"固收+"账户难以承受的——毕竟客户首先看重的是"固收"的稳定，如果"+"的部分呈现"-"的现象，则可能与投资目标背道而驰。

多资产策略投资可以比喻为资管行业内的"十项全能"竞技。它需要几乎所有你能想到的专业投资能力，从个券和个股的选择，到不同资产/策略选择，再到整体配置框架，以及至关重要的风险管理能力。伴随着投资人才的高度专业化趋势，能做好多资产策略投资的单个基金经理应是凤毛麟角。更正确的方式是依靠不同专业的人才来共同完成多资产策略。术业有专攻，协同作战，风险与收益兼顾才是多资产策略发展的核心要素。

因此，对不同风险级别固收+产品的细分目标认知，对资产配置框架的适配，对权益仓位的设置和调整，权益与转债的取舍与配合，个股打法的调整，个股合理估值的理解，乃至另类资产和衍生工具的理解运用等，一直是嘉实基金在研究的问题。

为了更好地迭代自身、服务客户，嘉实基金在三方面做出机制保障：一是"业绩为本，客户至上"的理念在前中后台各部门的强调；二是业务体系配合市场需求而改良升级；三是营造尊重专业人才、利于人才成长的环境。这也是我在嘉实基金工作十年的切身体会。

目前，嘉实基金基于客户需求规划的大固收业务图谱，布局了固收+、纯债、短债三大主线，从客户视角出发，为基金持有人打造了可以根据自身情况自主选择的一站式、多样化的综合解决方案，并且用体系化方式构建了具备持续稳定收益能力的投资、研究和交易业务模块，树立"基石固收"的长期竞争力。

在基金管理的实际运作过程中，起到决定性作用的因素倒不是对资本市场的边际变化的判断，或者策略的几次调整对错与否，而是"人"。归根结底，资产管理的收益来源于人的认知、人的基本素质；对投资标的和策略的研究来自人的案头研究、外部学习、观点交锋、制度谏言、交易执行、运营护航、风险监控、流程优化等，客户资金的安全与增值归根结底都来自个人和团队的运营与呵护，而专业人才的安心成长则来自公司对人的合理配置。整个资产管理和大财富管理产业链，也是一个个人在不断发挥主观能动性，不断去面对客观世界的未知，并对此做出反应和应对的过程。

在市场变革期，更能感受到是那些拥抱变化、承认自身局限性、不断反思进步的一个个从业者在驾驭浪潮前行，真正做到有"受人之托、代客理财"的责任心与使命感，为客户利益保驾护航。资产管理机构要塑造卓越的资产管理能力，最基础的是通过人的主观能动性去解锁世界的未知，最终在管理好风险的基础上使得客户利益最大化。基于这层认知，嘉实基金追求形成多元、开放、尊重的文化环境，重视核心投研人员和专业人士的自主培养。

本书作者胡宇辰，便是嘉实内部培养并成长为核心投研人才的典型。宇辰在嘉实基金工作三年，从事一线的债券交易工作，对利率衍生品、可转债及信用债均有深厚的理论与实战经验积累，这也为他后续作为投资经理从事多资产组合管理工作打下坚实的基础。本书既是他个人工作和研究成果的阶段性总结，也是系统性探讨固收+投资的专著。本书覆盖了投资实战的案例分析、分类资产策略及定价逻辑，以及绝对收益视角下对权益类资产的研究，实战性和理论性方面均有独到的阐述。特别地，书中关于权益估值模型与信用风险定价映射关系的研究颇具理论深度，对组合风险预算和战术资产配置具有宝贵的实战启示；在权益分析框架中，纳入低波动固收+组合特有的安全边际意识，明确短期估值合理范围和隐含回报率分布的理念，具有前瞻性。

希望这本书能给广大从业人员带来帮助和启发，带动固收+领域相关的策略研究持续深化，为资产管理行业发展做出贡献。

嘉实基金总经理　经　雷

2022年5月

前言

从大众理财需求到固收+策略投资

随着 2018 年资管新规的出台，以银行预期收益型理财和信托产品为代表的刚性兑付固定收益类产品逐渐淡出历史舞台，同时房地产市场对居民财富保值增值的作用持续弱化，导致居民端资产配置逐渐转向以广义基金为代表的净值型产品和证券市场，在这一历史进程中，"追求保本底线和有弹性收益空间"的需求对应的产品持续扩容，最有代表性的莫过于以公募一级债基、二级债基、偏债混合和灵活配置基金为代表的固收+产品。

展望未来，固收+赛道能看到较为确定性的发展空间。从资金流向来看，居民财富从传统住宅向标准化金融资产的迁移依旧是大势所趋，"以一年期正回报作为底线要求，追求显著超越传统理财和货币市场收益率"是主流需求之一，而这与固收+的定位相契合；从资产回报来看，长期利率的中枢持续下移，意味着债券的回报水平并不能充分满足以上需求，增加对股票为主的更高潜在收益的风险资产配置也是这一趋势下的必然选择；从基础设施建设的客观条件来看，资本市场的层次和体系日趋深化，挂钩资产的衍生工具逐渐多样化，这为多资产证券组合的投资及风险管理带来了更多解决方案。

以固收+和多资产为代表的资管业态依旧处于发展的初级阶段，对于很多行业标准和运作模式并没有形成惯例和共识，出版市场上对特定资产和策略的分析类图书可谓汗牛充栋，至今未见一本定位于综合探讨固收+领域投资实践和研究发展的出版物。因此笔者希望基于自身相关的投研经验，对固收+投资相关的思考、心得和经验加以系统性整理归纳，并输出成册，以期抛砖引玉。

由于我认知和从业经验的局限性，本书语境下的固收+仅基于债券和股票两种大类资产的范畴，而没有包括大宗商品、黄金、货币市场产品、另类资产和不动产等工具。不过这样的安排倒也有一定合理性：从实践层面来看，股债混合的形式是目前最主流的固收+组合策略形态，二级市场的容量、深度和衍生工具的完备性都显著超过其他大类资产，适合大规模体量资金的资产管理人；从理论层面来看，债券和股票都有基于合同契约下可验证的回报来源和风险溢价，长期简单的持有型策略就可以实现一定收益，如果资产管理人还具备选股和择券的研究能力，创造超额收益也并非难事。

而以股债混合为代表的固收+投资的核心，一是对传统固收收益类资产扎实的研究与投资实践，如利率债、信用债等；二是对风险收益特征更复杂和多元的混合类资产的理解运用，如以可转债、次级债为代表的混合权益性金融工具、国债期货为代表的金融衍生品等；三是将股票为代表的权益类风险资产以服务固定收益或绝对收益为目标进行差异化应用；四是将以上几种分类资产统一在大类资产配置和投资组合决策的框架内，实现多类资产的协同与互补。本书定位于为以上几类问题提出策略方案和框架思考，并基于实践的心得体会对特定问题进行有针对性的分析，再现了固收+基金经理实际工作的方法和决策框架，希望对相关从业者和个人投资者都能有所启发。

十年前，国泰君安策略分析师王成曾出版颇具影响力的《策略投资》一书，故本书的主书名最终命名为"固收+策略投资"，一是致敬优秀前辈，二是顺应业态发展。

毋庸讳言的是，本书内容尚有一些不足之处：一是对宏观策略的探讨和相关案例偏少；二是对股票策略和相关公司的研究深度不够，缺少领先市场的超额认知；三是部分内容为历史研究成果整理而成，时效性较弱。凡此种种，还望读者朋友们给予更多批评指正，以便日后修订时能有更多改进。

本书在写作过程中得到了家人和朋友的大力支持，特别感谢我的伴侣李昂女士，她不但为书稿的总体结构和具体内容提供了专业意见，还为本书设计制作了封面；同样感谢我的老朋友姚学康先生，他为本书贡献了非常有价值的内容和洞见；还要感谢范逸菲、赵浩深，他们全程参与了书稿的数据整理和图表绘制工作。

最后，我想以此书献给我的父母，他们是我生活中的英雄。感恩一切无私的爱。

胡宇辰

2022 年 3 月

目录

第一章 传统固定收益投资的挑战与机遇 … 1
一、低利率环境下资产配置与负债管理如何匹配 … 2
二、违约新常态下再论信用扩张的路径约束 … 11
三、漫谈银行理财净值化转型之路 … 18
四、固收＋业务体系建设及框架探讨 … 21

第二章 固收＋组合大类资产配置方法探讨 … 27
一、从营养金字塔看资产配置、风险因子与 smart beta … 27
二、战略资产配置：以风险平价为例 … 33
三、战术资产配置：以美林时钟和 FED 模型为例 … 39
四、ESG 与因子投资之随笔漫谈 … 44

第三章 分类资产策略之利率债 … 50
一、利率债策略框架概览 … 50
二、非对称性的损益结构：债券凸性 … 60
三、宏观利率相关的随笔漫谈 … 64
四、后新冠感染疫情时代经济基本面的相关评论 … 77

第四章 分类资产策略之国债期货 … 97
一、国债期货基础知识概览 … 97
二、国债期货投资交易策略 … 104
三、国债期货随笔漫谈及实战案例 … 108
四、其他固定收益衍生品的策略应用 … 124

第五章　分类资产策略之信用债 129

一、信用债策略框架概览 129
二、发行人基本面备忘录示例 139
三、信用债投资随笔漫谈与历史复盘 148
四、内嵌期权信用债的风险收益特征 167
五、商业银行资本工具的风险收益特征 177
六、基于股票视角对信用风险定价的思考 186

第六章　分类资产策略之可转债 200

一、转债基础策略概览 200
二、可转债市场历史回顾与复盘 205
三、转债平衡策略与红利低波股票相对价值探讨 210
四、固收+组合中转债择券的应用 220
五、转债投资实战案例汇总 227

第七章　分类资产策略之股票 243

一、行业基本概念与投资机会初探 243
二、公司价值判断的逻辑框架 280
三、基于绝对收益目标的股票策略 287
四、公司基本面分析与估值要点简析 296

第八章　绝对收益股票研究案例汇总 301

一、立讯精密：消费电子龙头领军者 301
二、利亚德：全球 LED 显示龙头 308
三、乐歌股份：人体工学品牌先行者 314
四、石头科技：智能清洁电器领跑者 321
五、东方财富：引领财富管理大时代 328
六、春秋航空：低成本航空未来可期 338
七、安井食品：速冻老兵的新征程 344
八、涪陵榨菜：酱腌菜驰名商标 352
九、森麒麟：智能化高端轮胎工厂 359

第九章　多资产组合管理实践的心得·············366

一、从交易角度看债券投资组合管理·············366

二、股债混合组合管理与相关策略·············371

三、从债券交易到固收＋投资的成长之路·············384

四、固收＋短期资金流向和长期发展探讨·············389

第十章　其他工作思考与生活杂谈·············394

一、漫谈德州扑克与转债投资·············394

二、"九〇"而立：致劈柴胡同读者的年终信·············397

三、人力资本、决策效用与认知提升·············399

四、后记：回忆父亲·············401

参考文献·············403

第一章
传统固定收益投资的挑战与机遇

固定收益类投资的长期回报率往往与固定收益类证券的利率水平高度相关。2022年以来，十年期国债（10Y）收益率水平在2.7%～3.0%这一窄幅震荡区间盘桓，同时类利率产品（如高等级信用债）的利差水平被压缩至历史绝对低位。

从传统固定收益投资者的行为特征看，除了使用自有资本进行债券投资交易的券商自营交易商（其杠杆倍数上限高），多数资管类机构仍然以"买入并持有"为主的配置类思路参与纯债投资，这也意味着传统固定收益投资的商业模式能够奏效至少依赖于以下三个假设：第一，资产静态收益显著高于负债成本或产品业绩基准；第二，信用债长期违约率对利润的侵蚀较少，即持有期收益对潜在违约损失率的覆盖倍数充分，使其具备较好的风险调整后收益；第三，对资管类产品而言，固收类资产的价格波动在终端客户可承受的范围内。

然而，在我们可预期的未来，以上三种假设的基础似乎都在变得不那么牢靠：一是从长期视角看，人口老龄化等结构性因素将使经济增速和资产回报率持续下行，从短期视角看，缓解区域债务负担和建设消费型经济体，客观上都需要低利率环境配合；二是信用违约常态化，2014—2021年全市场信用债实际违约数量和金额均呈现增长趋势（见图1-1），且上下游产业链发行人间存在一定的风险传导性（例如恒大信用问题牵连其原材料供应商）；三是银行理财净值化转型，已经习惯了传统的"无波动、预期收益型"产品的投资者能否接受有净值波动的债券型产品，尚存在较大的不确定性。

本章将对以上三个问题相关的背景和成因展开讨论，同时初步介绍一种市场主流的解决方案——"固定收益+"（以下简称"固收+"）。事实上，随着近年来固收+产品和相应投资策略在近年来呈现井喷式增长，市场对此已有诸多讨论与研究实践成果，只是尚未形成成熟的行业标准和共识，作者基于相关从业经验和主观认知加以阐述，希望可以为读者对大资管和固收＋业务的布局提供参考。

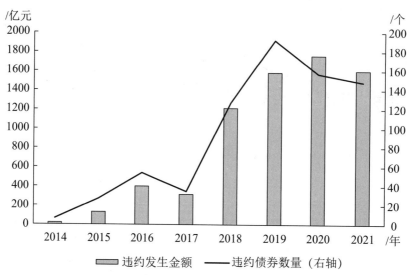

图 1-1 信用债违约金额及数量

（资料来源：Wind，笔者整理）

一、低利率环境下资产配置与负债管理如何匹配

从短期视角看，近年来以猪肉价格为代表，居民消费价格指数（CPI）和工业品出厂价格指数（PPI）阶段性的上涨行情逐渐常态化，进而导致通胀预期抬升，市场暂时性进入"实际负利率"阶段。从长期视角看，经济转型和增速下台阶，叠加人口老龄化等结构性因素将主导名义利率下行。

本节在长期利率下行的情景假设下，回顾并分析欧日资本市场在负利率时代的资产配置选择，同时讨论银行和保险为代表的两大传统固定收益投资者进行资产负债匹配面临的挑战和应对措施，并对负利率资产进行初步介绍。

1. 从结构性视角看中长期利率下行已成定局

一方面，名义利率取决于经济增长与通货膨胀。随着长期经济增速的下台阶，利率作为资本或资金的回报率同步下降，而这也是美、日等国家过去的"老路"，根据发达经济体的历史经验，经济增速放缓后利率将持续下行。

另一方面，目前中国正处于新旧动能的转换期，以传统的房地产和基础设施建设为代表的固定资产投资部门以及相关行业对 GDP 的贡献边际趋弱，逐渐取而代之的是消费和服务业。而投资主导型和消费主导型经济体重要的差别便在于商业模式对融资的依赖程度，前者需要大量的外部融资来支撑其持续的业务扩张，而后者却不必如此。这样的结构改变让实体部门资金供需的格局发生变化（融资需求下降，供给变化不大），而利率作为资金的价格则可能变得更"便宜"。

中国与日美长期利率趋势如图 1-2 所示。

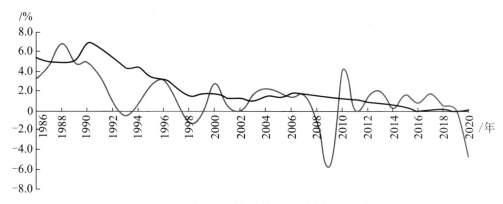

(a) 日本基准利率逐渐下台阶

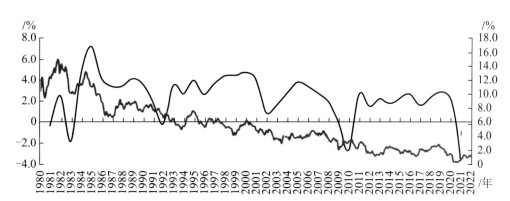

(b) 美国基准利率逐步下台阶

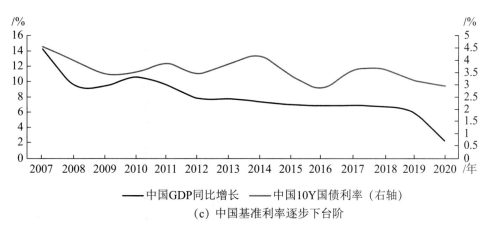

(c) 中国基准利率逐步下台阶

图 1-2 中国与日美长期利率趋势

(资料来源：Wind，笔者整理)

经济增速的持续下台阶和产业结构调整，是利率长期下行的第一重"结构性变化"；而人口老龄化，是第二重"结构性变化"（当然两者本身存在因果关系）。

二胎政策虽然在一定程度上缓解了出生人口压力，但仍无法抵消一胎出生的趋势性下滑。其原因主要有：①育龄女性数量的下降；②受教育程度提高、劳动参与率提高导致女性结婚和生育年龄的推迟；③生活成本高、育儿成本高导致生育意愿下降。

育龄女性数量下降对新生儿数量有显著的影响（见图1-3），并具有一定的周期性特征。通过比较育龄人口与新生儿的数量，不难发现两者有较为显著的相关性，呈正相关。

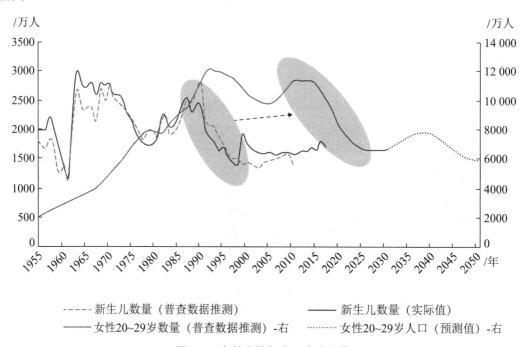

图1-3 育龄女性与人口出生数量

（资料来源：国泰君安证券）

而生育年龄的推迟似乎也与直观感受相吻合，除了受教育程度提高外，生活成本（房价）的提高同样也是男女婚育年龄推迟的重要原因（一部分人认为要有房才有娃）。从这个角度看，经济增长对房地产市场的依赖所导致的结果不仅影响到其他产业和居民消费，还为更长期的结构性矛盾埋下了隐患。

根据发达国家的经验，老龄化对利率的影响路径主要有以下两点：①影响劳动年龄人口和劳动参与率，进而拉低经济增速；②养老的刚性需求降低了预防式储蓄的资金供给弹性，从而有利于资金需求方。

虽然从短期视角来看，决策层持续的稳增长政策和库存周期波动可能会使经济出现阶段性弱复苏的迹象，但从更长期的结构性视角而言，长期利率下行趋势几乎成为定局。

而从中期视角来看，央行通过适度宽松的货币政策引导利率维持在相对低位也有其客观上的必要性。

一是基于化解地方政府隐性债务的考虑（见图1-4）。虽然我国地方政府隐性债务规模并无官方数据披露，但根据国际货币基金组织（IMF）、国际清算银行（BIS）等的测算，2020年年末我国地方政府隐性债务规模约为20万亿元～40万亿元，由于该部分债务发行人均为城投平台，融资成本相对地方债更高，如按照5%的发行利率假设，则对应每年1万亿元～2万亿元的付息压力，这已经超出相当一部分区域自身造血能力可以覆盖的范围，因此配合低利率环境可以通过债务置换、延期或续贷等方式缓慢降低付息成本，从而实现隐性债务的"软着陆"。

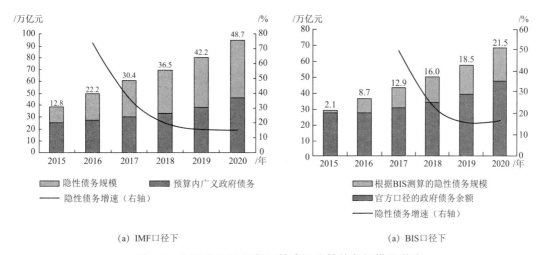

图1-4　IMF和BIS口径下的我国隐性债务规模及增速

（资料来源：Wind，笔者整理）

二是基于建设消费型经济体的产业转型需求。长期以来，我国主要的产业结构为相对低附加值的工业制造业，而欧美日等发达经济体则占据了"微笑曲线"的两端——产品设计、品牌营销、消费服务等领域，对应的是更高的产业附加值、高利润率和从业人员高收入等社会状态。近年来，拉动经济的"三驾马车"中，消费的占比也在逐步提高。根据2021年上半年国家统计局数据，最终消费支出对经济增长贡献率为61.7%，而资本形成总额、货物和服务净出口对经济增长的贡献率分别为19.2%和19.1%。从理论的储蓄函数和消费函数关系来看，相对较低的利率环境可以降低居民的储蓄意愿，增加边际消费倾向，从而维持消费服务对经济增持持续的高比例贡献度。

2. 欧日负利率时代的资产配置行为变迁的启示

2014年6月欧央行宣布下调欧元区主导再融资利率10个基点至0.15%，下调隔夜存款利率10个基点至-0.1%，欧元区进入负利率时代。而日本更是在20世纪末便进入了零利率时代。随着全球利率下行，负利率资产规模目前已有17万美元。同时，在长期利率下行转负的进程中，欧日的资产配置倾向也有了一定变化。

从居民部门来看，日本居民资产配置相对保守，以现金存款为主，对股票的配置比例略有上行，债券类资产下降；欧元区居民逐渐低配债券，高配保险，如图1-5所示。

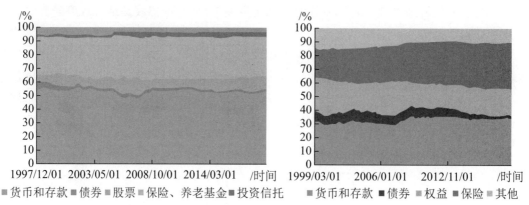

(a) 日本居民部门金融资产配置情况　　(b) 欧元区居民部门金融资产配置情况

图 1-5　欧日居民部门金融资产配置变迁

（资料来源：西南证券）

从银行部门来看，日本银行降低了信贷投放比例，增加了高流动性资产，政府债券配置也有明显下滑；欧元区银行总体比例变化不大，信贷投放小幅减少，债券投放小幅增加，如图 1-6 所示。

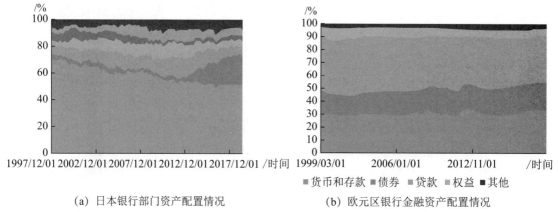

(a) 日本银行部门资产配置情况　　(b) 欧元区银行金融资产配置情况

图 1-6　欧日银行部门金融资产配置变迁

（资料来源：西南证券）

从保险部门来看，日本保险扩大了政府债券和海外证券的投放比例，贷款投放大幅压缩；欧元区保险则是债券向权益逐渐倾斜，如图 1-7 所示。

总体来看，除日本保险机构外，多数部门在资产配置上都有从债券向权益类资产迁移的趋势。可能的解释是，日本保险公司存在资产负债久期①匹配的需求，故而高配政府债券；低利率环境中，投资权益的机会成本更低，同时长期来看能够获得更高的风险溢价。

---

① 久期是一个权衡债券现金流的指标，可用于衡量持有资产的风险，久期越大，风险越大。

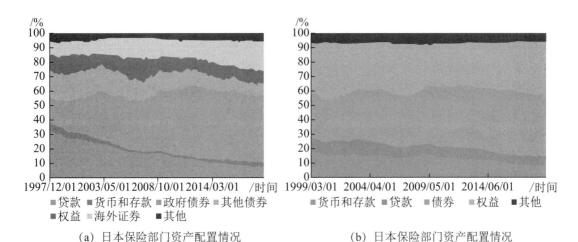

图1-7 欧日保险公司金融资产配置变迁

（资料来源：西南证券）

近年来，我国居民资产配置也呈现了类似的趋势特征，主要表现为不动产到金融资产（特别是权益类金融资产）的迁移。

从2016—2021年来看，我国居民收入水平持续抬升，但房地产增值预期发生显著变化，同时20～55岁年龄人口下降，低利率环境下居民金融资产配置特征迎来拐点。根据第三方数据预测，我国个人可投资资产规模未来五年复合增速达到10%，2025年将达到287万亿元，同时权益类资产占比提升。在线销售渠道的个人金融资产预计增长至69万亿元，占比由13%提升至24%。

同时，目前中国居民家庭现金和存款持有比例高达58%，明显超过美、日和欧洲的一些国家。

根据西财家庭金融中心调研结果显示，家庭财富近年来呈现的配置特征包括以下几个：可投资资产总量上升且存款占比下降；金融资产配置多元化程度显著弱于欧美；偏股型基金的投资意愿持续高于股票；股民年龄结构分布呈现高学历化；家庭线上投资意愿近两年呈现显著增长趋势，且实际线上投资的收益更好；各等级城市计划购房比例下降；计划增加储蓄的家庭下降。

这些趋势和变化，使得终端个人投资者资产配置比例的倾向表现为"逐步提高权益类资产比例"，这也成为近年来"固收+"赛道持续景气的重要基础。

3. 低利率下的银行部门：净息差与信用危机

从经济增长的视角来看，银行资产质量与宏观环境密切相关。经济增速影响企业盈利状况和贷款需求。当经济向好时，企业盈利增加，引起投资增加需求，从而引起贷款需求增加，银行资产规模扩大。当经济不景气时，企业盈利减少，投资需求下降，银行为了风险控制，贷款增速放缓，同时由于企业资金周转困难，进一步加剧还贷的难度，从而引起不良资产上升。

如果经济增速和长期利率下行的趋势形成，首先受到影响的便是银行，影响的路径：一是资产质量，二是净息差。

宏观经济及利率环境变化对银行的影响路径如图 1-8 所示。从图 1-8 可知，净息差是银行盈利的重要来源，因为银行的负债有一定黏性，在利率下行时往往是资产端收益率下降而负债成本变动缓慢，所以会导致净息差不断收窄，进而影响银行的 ROE 水平。

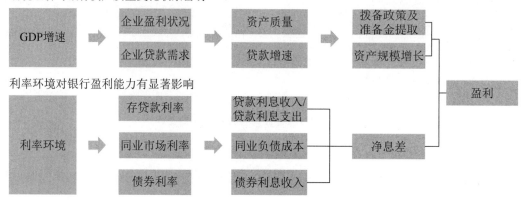

图 1-8 宏观经济及利率环境变化对银行的影响路径

因此，在复杂的经济和利率环境中，银行若要维持当前水平的 ROE 就要从杜邦公式[①]上做文章了：一是开拓中小微企业客户（银行议价能力强）提升净息差；二是资产端做大零售信贷，降低信用风险和拨备；三是通过 ABS(asset backed security，资产支持证券)等结构化证券工具提升周转率，并降低风险资本占用。

总体而言，利率下行环境中对净息差虽有影响，但可调整的策略和空间也较大，真正核心的问题仍是信用违约常态化环境下商业银行面临的资产质量风险。而对于保险公司来说，低利率环境才是更值得担忧的。

4. 低利率下的保险公司：利差损的挑战

保险盈利影响因素如图 1-9 所示。保险与银行的盈利模式有相似之处：承保端相当于银行的负债，资产配置端相当于信贷投放/债券投资。两者的主要差别有两条：一是未来的支付结构基于精算假设对各项概率的估计；二是负债久期远远长于资产久期，再投资风险远大于久期风险。而第二条差异，将可能导致保险公司的"利差损"。

从负债端来看，对存量业务而言，利率下行导致负债上升（准备金增加），利润和偿付能力全面承压。而利率变化对负债影响的滞后性又为公司决策带来了更大的难度。对增量业务而言，利率下行加大了公司的决策难度。寿险产品在利率下行环境中相对竞争力提升，但也使得公司面临两难（规模收入压力和刚性支出压力）的经营决策选择。

---

① 杜邦公式：净资产收益率（ROE）＝销售净利率 × 资产周转率 × 权益乘数。

第一章 传统固定收益投资的挑战与机遇

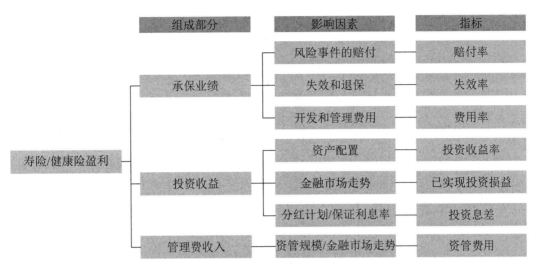

图 1-9 保险盈利影响因素

从资产端来看,利率下行使得寿险公司到期资产和新增资产投资收益率降低(见图 1-10),进而降低整体收益率。

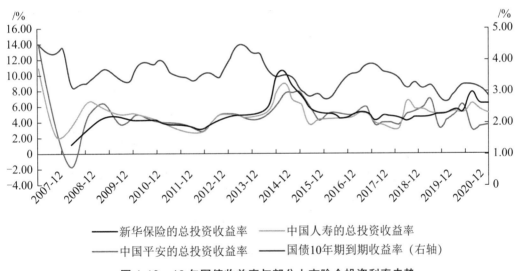

图 1-10 10 年国债收益率与部分上市险企投资利率走势

(资料来源:Wind,笔者整理)

对固定收益类的资产而言,长期来看其利率面临下行压力。目前,主要上市寿险公司的打平收益率①低于 3%,利差损风险短期可控,但如果长端利率中枢持续下行,保险公司可能会选择性地加大权益类和非标类资产的配置,适当拉长资产端久期,以期维持收益率水平相对稳定。而这一变化也会深刻影响金融市场部分资产的供给需求格局。与此同时,在负债端通过发行中短期产品平衡资产负债久期也是保险机构可能的选择之一。

---

① 打平收益率:反映一家寿险公司的成本率。打平收益率越高,寿险公司投资端压力越大。

5. 负利率资产初探：存在即合理

"当利率下跌到一个特定水平以后，流动性偏好会促使所有人都储备现金，此时货币政策当局会失去对利率的有效控制。"约翰·梅纳德·凯恩斯曾说。

在全球面临经济危机冲击的情况下，负利率政策有助于刺激消费和投资，进而促进通胀回升、刺激经济复苏。一国实行负利率政策，下调存款利率至负区间，意味着货币储蓄的机会成本提高，即将钱存入银行后，随着时间的推移，货币的名义价值会不断地减少，这就能够促进居民和企业进行消费、投资，而不是储存货币，从而刺激需求。

从政策上看，负利率有其合理之处，但从投资者角度而言，存在的两个问题是："负利率"债券的需求来自哪里？"负利率"债券的投资收益从哪儿来？

截至 2019 年，全球负利率债券总额已达到 15 万亿美元（见图 1-11），为 2018 年 10 月的两倍之多。根据德意志银行估计，2019 年全球政府和企业发行的债券中，约有四分之一利率为负。

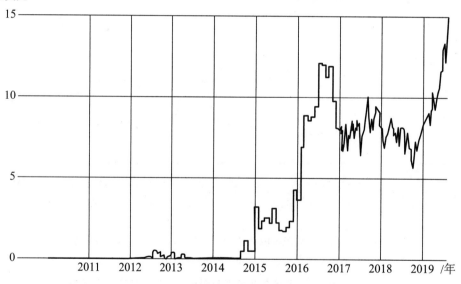

图 1-11　全球负利率债券总额

（资料来源：德意志银行）

理解负利率债券，或许可以类比具有零息债券属性的黄金：一是虽然没有票息但是可能有资本利得（如果利率变得更低）；二是可以作为投资组合中降低相关性的工具（如对冲经济衰退的风险）；三是可以便捷地获得外汇敞口及对应的风险溢价。

6. 总结：对资产管理机构的启示

（1）长期结构性变化可能导致利率长期维持下行趋势，理财收益率跟随下行，需要通过投资者教育和客户综合经营保持负债端稳定，同时也带了来养老类产品的布局机会。

（2）根据欧日经验，长期视角看未来股票相对债券的吸引力在上升，考虑到监管层也在引导理财子公司作为 A 股长期投资者入市，低估值、低波动、高分红的资产标的可能会受到青睐。

（3）非标资产作为过去十年夏普比①仅次于商业住宅的资产，未来规模增长受到限制，资产管理机构需通过提高大类资产配置能力完善有效前沿，获取"免费的午餐"。国内主流资产策略有效前沿估算如图 1-12 所示。

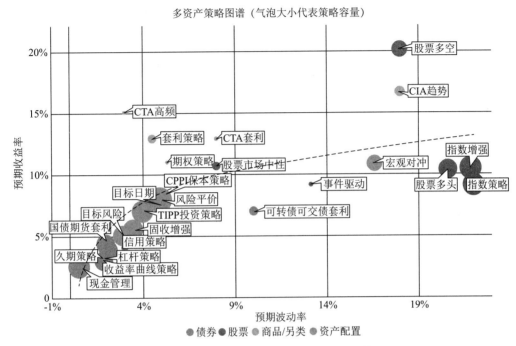

图 1-12　国内主流资产策略有效前沿估算

（4）传统客户已经习惯低波动的投资体验。出于净值管理要求资管机构需要运用金融衍生工具，以实现更有效的风险管理和对冲，优化传统资产的损益结构，构建更多不相关的投资策略。

（5）资产轮动的理念和研究成果亦可以应用在产品发行端，如根据战术资产配置结论提前设计对应资产或策略的相关产品，抢占市场份额。

（6）随着利率在历史相对低位，纯债的配置型策略已经难以满足常规负债成本的要求，需要通过固收＋多资产的业务模式拓展可投资范围和提升综合管理能力。

二、违约新常态下再论信用扩张的路径约束②

2018 年以来，国内宏观形势的重要矛盾之一，便是"宽货币"向"宽信用"的传导路径不畅。按照国内流行的"货币—信用"周期框架，2019—2022 年的多数时间，市场

---

① 夏普比的数值反映投资组合每承受一单位总风险会产生多少的超额报酬，是投资回报与多冒风险的比例，这个比例越高，投资组合越佳。

② 本节内容根据公众号"劈柴胡同"2019 年文章整理。

处于宽货币紧信用阶段,即债券的盈利机会(胜率)比较确定,而股票的风险收益比(赔率)可能更好。从实证角度看,社会融资数据作为信用扩张的信号指标而备受全市场关注,在 2019 年对市场情绪边际影响较大。

本节我们以传统银行理财资产创设的过程为例,观察影子银行体系[①]的信用派生功能运作的基本原理,进而对当前常态化的信用违约环境进行归因分析。

1. 从结构性资产荒说起

2018 年以来利率继续下行,市场出现了和 2016 年类似的"资产荒"。而这种现象的本质,并非完全是过多的资金追逐过少的资产,而是基于给定的风险偏好和约束,合意资产较少。这种现象在国内资本市场长期存在。

观察发达资本市场金融产品的收益风险特征,不难发现其分布结构是非常均衡且连续的,大类资产的收益率和波动率可以进行线性回归和预测,这也是投资组合理论有效的基本假设。

境外资产风险收益分布如图 1-13 所示。

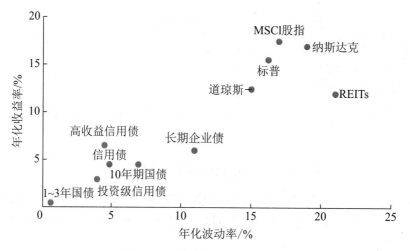

图 1-13 境外资产风险收益分布

(资料来源:《投资交易笔记》)

对比国内资本市场,主流的大类资产基本属于"低风险低收益"或"高风险高收益"的二元结构,地产 REITs[②]、次级 ABS[③]、可转债 EB[④]、高收益债等"中风险中收益"的资产类别规模和深度非常有限,而在资管新规发布以前,非标资产曾经短期弥补过这个

---

① 传统银行收到存款需按要求向央行提取存款准备金,再将剩余资金用于借贷,进行信用派生,派生规模受到监管。而影子银行指投资银行、对冲基金等非银金融机构,游离于银行监管体系之外,不需上交准备金,从而不受准备金约束。
② 地产 REITs 指房地产投资信托基金,是房地产证券化的重要手段。
③ 次级 ABS 指资产支持证券结构化的劣后级部分。
④ 可转债 EB 指上市公司股份持有者通过抵押其持有的股票给托管机构进而发行的公司债券。债券持有人可在将来某时期内按照发行时约定的条件用持有的债券换取抵押的股权。

空白区域，面临政策收紧后，中等风险和中等收益资产图谱再度面临缺位。例如业内讨论较多的高收益债，能否弥补这个缺口？可转债 EB 是否会获得更多的品种稀缺性溢价？

境内资产风险收益分布如图 1-14 所示。

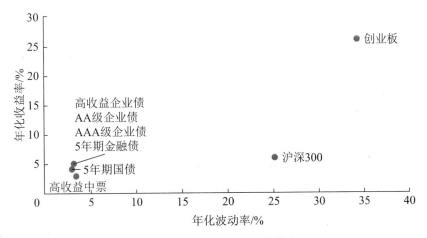

图 1-14　境内资产风险收益分布

（资料来源：《投资交易笔记》）

政策虽不能朝令夕改，但决策层似乎也意识到了非标工具对于融资端和投资端的价值，最新的资管新规细则放宽了老产品的执行标准并允许公募基金投资非标资产。而非标融资的背后，实质反映的是银行通过主动创设资产和综合经营来实现信用派生的传统路径，下面我们来具体讨论。

2. 漫谈银行的生意经

曾经债券市场上流传着一些似是而非的观点，有人认为商业银行必须先有存款才能发放贷款；有人认为对银行资金而言贷款和债券投资互为机会成本；等等。这样的误解，一是源于我们对实物货币和信用货币理解的差异，二是对商业银行经营目标与约束缺少认识。下面从银行客户的角度来看银行是如何运作的。

银行的产品业务线丰富，对于同样的客户，银行可以赚不同的钱。第一种情况，帮助客户融资，既可以发放贷款获得存贷息差，也可以发债赚取承销费；第二种情况，获取客户的资金沉淀，通过各种存款结算业务获得低成本资金，也可以引导客户购买理财；第三种情况，客户派生客户，如银行内部的公私联动、投贷联动，优质企业客户背后是大量优质的个人客户，非标融资可以带来同业客户，等等。这正是客户经营的"一鱼三吃"模式。

表 1-1 为商业银行部分产品谱系，这里似乎可以发现另一个制约信用扩张路径的因素：银行不愿意对小微企业进行信贷投放，除了风险偏好的因素外，从综合经营的角度来看，也在于缺少其他增量业务的协同，而大企业可以进行债券承销、股票质押、其他资本市场类融资，甚至衍生出大量优质个人金融业务的机会。

表 1-1　商业银行部分产品谱系

目标客户	可提供产品
拟上市企业	非上市股权质押、PE 二级基金、Pre-IPO 基金
上市公司	并购贷款、定增融资、员工持股计划配资
上市公司股东	场内股票质押式回购、私募可交换债、过桥融资
财务投资人	二级市场结构化产品、杠杆收购
高净值个人	家族信托、境外投融资、另类及艺术品顾问
同业机构	资产托管、财务顾问、同业理财、投资顾问

3. 信用扩张的"老路"：影子银行体系

银行表外规模的扩张，除了拥有线下覆盖全国的销售渠道外，还源于自身体系的独特优势：资产池经营、非标创设与委外投资，从而形成了庞大的表外影子银行。表外资管产品和表内存贷款一样，成为构筑整个系统的基石。

为什么影子银行体系相对传统银行信贷具备更强大的信用派生能力？因为传统表内信贷事实上受资本充足率和存款准备金率的双重约束，前者依赖银行各级资本金的支撑，后者则有央行的货币政策调节货币乘数来控制。而表外银行理财属于"轻资产"业务（类资产管理业务），不占用风险资本，也不受存款准备金的约束，只要存在风险收益匹配的资金方和融资方，便可以实现交易。长期以来，居民财富端将理财当作存款替代类产品，而企业端则把理财当作另类的"高利贷"。

这也可以从某种程度上解释，决策层使用资管新规约束银行理财为代表的表外影子银行体系的长期战略意图：由于影子银行的存在，数量型的货币政策几乎失效，货币乘数的调节机制局部失灵；多层嵌套和通道化等技术手段掩盖部分业务的实质风险，长期积累可能会带来系统性风险。

整个表外影子银行体系涵盖了银行内部各条线和部门（见图 1-15）。资金端即为主动负债的部门，公司业务部发行对公理财，个人业务部发行零售理财，同业业务部发行

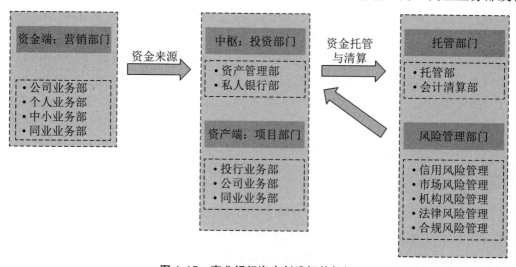

图 1-15　商业银行资产创设相关部门

（资料来源：恒大研究院）

同业理财。资产端可以创设项目和资产，投行业务部负责名股实债、资产；公司业务部负责发债；同业业务部做股票质押，进行结构化配资。资产管理部负责投资运作；私人银行部的定位值得商榷，很多银行的私人银行部的定位类似个人部，仅负责负债端。

当然这里也只列举了影子银行体系在商行内部的架构，实际的业务操作中，信托、基金子公司、保险和券商资管都在整个链条上发挥着作用，特别是保险资管，投资范围较广，可直接为不动产项目提供资本金，且可以参与不良资产投资和运作，是影响宏观杠杆率重要的机构投资者。下面以案例的形式来具体观察影子银行的运作模式，即探究机构进行资产创设的过程。

4. 影子银行资产创设的实例

首先我们来简单讨论一下，为何创设资产的能力对信用扩张如此重要：一是因为原本不符合银行信贷政策的企业，通过交易结构的设计或增信措施的补充，降低了信用风险；二是因为资金通过表外形式投放，降低了对表内风险资本的占用，节约了银行端的核心一级资本；三是因为资产证券化为代表的技术手段日趋成熟，客观上为创设资产后续的交易流转提供条件，提升了周转率。下面以商业银行投行类业务为例来分析。

图 1-16 为银行资金参与股票质押式回购配资的业务模式，融资人一般为上市公司股东、股票投资类机构（私募）或高净值个人，虽然融资方的信用资质参差不齐，但通过股权出质（上市或非上市）的形式作为风险缓释措施，业务成功的关键在于对质押品的价值估计准确，同时控制折扣比率。

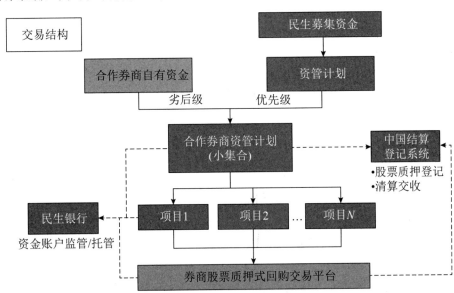

图 1-16 银行资金参与股票质押式回购配资的业务模式

2014—2015 年 A 股牛市，助推了股票质押业务的蓬勃发展，作为融资人权益投资加杠杆的重要工具，可承受的资金成本较高（对比融资融券），也让银行获得了较高的息差收入。另外，按照综合经营的逻辑，银行还可以通过资金监管和资管计划托管获得存款沉淀，并进一步与上市公司建立关系，为后续潜在的业务机会做铺垫。

图1-17是银行资金参与境外上市公司私有化+返程上市的场景结构。银行先是为大股东提供融资，帮助其购回市场上小股东的流通股，赚一笔利息费用；再通过明股实债或基金形式投资私有化后的非上市公司，赚一二级市场的价差；最后以融资安排人身份，全程参与客户上市进程，给予企业融资培育资产或以PE二级基金、并购基金等方式，再赚财务顾问费和承销费，可谓教科书级别的"一鱼三吃"。

商业银行通过参与资本市场运作，"创设资产+综合经营"已经成为市场常态，2016年的"万宝之争"背后，同样浮现出理财资金参与杠杆收购的案例。如今在监管引导下，银行理财逐渐由"投资银行"向"资产管理机构"转型，漫长的过渡期内，为高收益创设资产领域留下了空白，也为非银类机构的进入创造了契机。

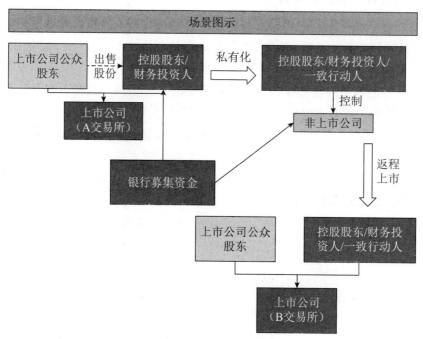

图1-17　银行资金参与境外上市公司私有化+返程上市的场景结构

5. 非银类机构资产创设的实例

长期以来，公募基金的投资范围一直以标准化证券为主，很少主动进行资产创设，与资产发行人或融资者的联系也相对较弱，基本属于"一锤子买卖"。而资管新规细则落地后，允许公募基金参与非标投资，为非银类机构参与非标准化资产的创设打开了一扇窗，也为信用扩张的传导另辟蹊径。

事实上，非银类机构并非完全没有相关经验，私募可交换（私募EB）便是典型的案例。

可交换债、大宗减持和股权质押对比如表1-2所示。私募EB因其监管约束少，条款可以相对灵活地进行设置，票面利率和期限也是发行人与投资者谈判的结果，对投资者定价能力要求也更高，可以近似认为投资者主动参与创设的一类资产。与私募公司债相比，私募EB由于进行股权质押担保，信用风险往往更低；与传统转债相比，票息往往更高。同时对发行人而言，私募EB作为资本运作的工具，可以提供定增资金来源、解禁后减持兑现等一揽子方案，玩法非常多样。

表 1-2 可交换债、大宗减持和股权质押对比

类别	融资额度	便携性	期限	股价反应
公募 EB	不超过股票价值的 70%	大公募走证监会公司债通道，小公募走交易所预审	1～6 年，目前多在 3 年以上	影响不大
私募 EB	无明确要求，100% 以内，但一般初始不高于 80%	交易所预审，总体时间 1 个月左右	1～6 年，2～3 年为绝对主流	影响不大，但统计表明私募 EB 股跑赢了股指
大宗减持	股票价值的 100%	双方商议好后直接在大宗系统上成交	大股东及定增方有节奏限制	负面冲击较大，尤其是市场情绪敏感时期
股权质押	股票价值的 50% 以下，40% 为主流	便携性较强，T+1 资金即可提取	1 年或 1 年以内为主	反应较小，部分股票投资者会对高质押比率股警惕

（资料来源：中国固收研究）

图 1-18 为首旅集团私募 EB 业务模式。该私募 EB 为首旅酒店重组方案中的工具。"15 首旅 EB"定向向原如家的股份持有人发行，持有人通过换股形式得到如家股份。未来公募基金同样可以如法炮制，从私募 EB 这类产品切入资本运作中相关的投资机会。

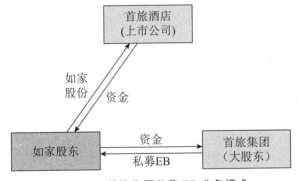

图 1-18 首旅集团私募 EB 业务模式

（资料来源：中金固收研究）

如果未来公募基金能够与融资人（企业或居民部门）产生更直接的互动形式，也可以部分复制"创设资产＋综合经营"的模式，甚至可以基于自身对企业资本结构的研究定制"特定风险收益特征"的资产工具。创设资产方面，积累融资终端企业和项目资源，为资产创设提供优质"原材料"，同时优化交易结构，将风险进行重组、分层和定价，最后提升杠杆率和周转率（如 ABS），赚的是"杜邦公式"专业化的钱。综合经营方面，基金在权益市场长期积累的经验，对企业股权融资和投资者教育方面都有比较明显的优势，虽然短期内受限于牌照无法开展更多业务，但已经有头部基金公司开始通过设立子公司的形式向"全牌照"的方向发展，长期来看赚的是商业模式的钱。

在可以预见的未来，以非银资本中介模式为代表的"金融脱媒"趋势还会继续，传统信用派生和扩张的路径可能逐渐由间接融资市场转向直接融资市场。

6. 后影子银行时代信用违约将如何演绎

前期银保监会曾表态将资管新规延期一年执行，这也意味着以股票质押为代表的资本市场融资类"非标"暂时减缓了转型压力，悬在部分上市公司头顶的"达摩克利斯之剑"算是暂时收起。

但是，部分行业的市场出清尚未完全结束，特别是在经济结构调整和转型过程中部分产能过剩行业整体的需求萎缩，行业内的二、三线企业经营压力和偿债压力大，未来可能还会通过持续行业重组和兼并来消化存量的潜在违约债务（如攀钢、莱钢等企业）。

另外，国内信用债投资者保护和相应的法律法规尚待健全。2020 年 11 月 10 日，永煤控股宣布公司因资金流动性紧张未能按期足额兑付"20 永煤 SCP003"债券本息进而构成实质性违约，地方国企违约并非首例，但该发行人违约前账面现金充足。在传统信用分析框架来看，企业理应具备偿还能力，反映了地方政府还款意愿问题。对于这种情况国内尚无完善的制度对债权人利益予以保护，甚至长期出现"违约发行人正常经营，不破产不重整"的现象。

同时，中低等级民企的再融资环境仍然有待改善，一方面源于部分商业银行一刀切的信贷政策，另一方面民营企业相对较高的经营尾部风险，以及信用债市场缺乏充足的风险对冲工具让投资者望而却步。也许，还需看到进一步相关的配套政策才能看到信用债市场违约率的拐点。

三、漫谈银行理财净值化转型之路

上节我们探讨了影子银行体系进行表外信用扩张的实例，而银行理财作为这一模式中的核心，在过去的几年中角色失位也是导致本轮信用收缩和债券违约潮的重要原因。而往后看，银行理财作为传统固定收益市场上规模较大的"买方"之一，其转型的路径与影响也势必会导致整个行业游戏规则和微观结构的变化。

本节我们对这些变化进行集中探讨，并试图观察银行理财转型的方向。

1. 传统银行理财资金运用的现状

首先我们需要知道的是，最早银行理财不仅存在于表外，也存在于表内。

以理财为代表的财富管理业务是银行表内和表外资产扩张逻辑转型的重要工具，表内比较有代表性的产品包括结构性存款、保本理财等；表外比较有代表性的产品则是非保本理财和第三方代销产品（通过代销获得托管业务，进而落地为存款规模）。

银行传统的扩表内扩张逻辑是"信用风险调整后收益 + 杠杆放大"，负债端依靠居民和企业低成本资金，资产端以债权方式主要投向实体企业和地方政府相关领域。表外扩张的逻辑是"无资本金占用，不受准备金约束，潜在风险转移给投资者"，负债端来源于居民的存款替代类需求（追求更高的收益，牺牲一定灵活性），资产端结构与表内类似，整体资质稍差（部分资产项目可能不符合表内的信贷审批政策）。

图 1-19 为 2019 年年末商业银行资产配置情况。总体来看，银行理财资金运用呈现以下特点。

（1）以债权类资产为主，权益及另类资产较少（事实上部分权益类资产只是明股实债，带兜底协议的股权收益权等）。

（2）以配置型策略为主（以持有至到期为目的），交易型策略运用偏少，特别是对金融衍生品几乎没有运用。

（3）资产久期普遍较长，特别是非标类资产，这也是资管新规过渡期重点关注的转型标的。

客观来说，银行理财传统的资金运用模式与真正意义上的资产管理机构相去甚远，经营模式更多是"负债+项目"驱动，而非"产品+投研"驱动，这也是未来转型的重点方向。下面我们来简单观察下发达市场中银行系资管的商业模式和发展路径。

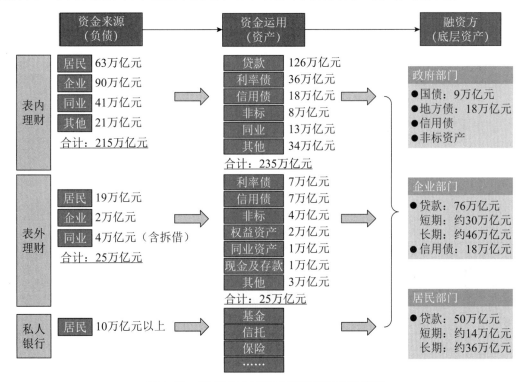

图 1-19 2019 年年末商业银行资产配置情况

2. 美国商业银行资产管理发展模式的启示

从美国商业银行资产管理和财富管理业务的模式来看，主要有三种比较主流的定位：一是综合性金融服务，即银行资管业务是客户综合经营的一项重要工具，业务开展充分考虑与其他业务条线的联动作用（如个人金融、私人银行、公司金融、投资银行、互联网金融等）；二是定位零售银行战略，资管业务财富管理化，强调结合场景进行负债端的交叉营销，以期让单一客户持有更多的本行资管类产品；三是专业化经营模式，即资管类业务保持较强的独立性，更专注投资端，向精品资产管理机构的方向发展（如贝莱德、先锋基金等），形成固收、权益、多资产等丰富的产品线，获取管理费和超额报酬分成。

第一种模式正是目前很多大型银行理财正在做的事，对于客户基础好、子公司金融牌照齐全,各项业务均有明显竞争优势的头部大行而言,理财公司定位于全行业务协同发展应该是比较合适的发展思路,也与"全能型银行"的战略比较契合。

第二种模式更强调财富管理与负债经营,更适合中小型银行理财子公司发展的路径参照。这些机构往往投研实力相对有限,难以独立搭建符合资管新规要求的产品和投资研究团队,目前市场也有分析指出,部分小银行可能逐步退出投资理财业务,或转型为面向本地客户的理财服务平台,或成为大型理财子公司的销售渠道之一。

第三种模式则更接近于国内公募基金的发展模式,即以投资研究为核心打造整体的资产管理框架,需要银行理财实现从信贷文化向投研文化的彻底转变。从国内保险资管的实践经验来看,虽然这样的转变是可能的,但成功的案例较少。据笔者观察,在这种模式上脱颖而出至少需要具备三个条件:第一个条件,薪酬激励制度完全市场化,参照头部公募和券商;第二个条件,通过投资者教育,真正培育一批中高风险偏好的终端客户;第三个条件,理财公司相对母行能够保持较高的经营决策独立性。

下面我们结合美国商业银行财富管理发展历程来看未来理财的发展(见图1-20)。

图1-20 美国商业银行财富管理发展历程

(资料来源:中信证券)

目前国内的资产和财富管理行业处于第二阶段末端:利率市场化已经接近尾声,非息业务模式和综合金融服务已经在银行管理者心中生根,居民财富刚刚经历了高增长的十年……

而第三个阶段的重要特征——混业经营,目前虽然在金融机构间还未看到,但在资产管理机构间,牌照的差异正在逐步减小,例如2022年年初监管部门对现金管理类理财参照公募货币基金管理的细则要求。在可预见的范围之内,各类资管机构将逐渐站在同一起跑线上,在相同的规则下开展竞争。

3. 理财净值化转型中的方向设想

（1）大类资产配置能力决定短期发展的上限。虽然短期来看，理财公司可以通过委外投资、FOF[①]/MOM[②] 等形式"资金换技术"，从而转嫁精细化管理的投研压力，但打顶层的大类资产配置能力无法转嫁，包括产品投放的节奏和策略，针对理财客户日常的投资观点输出等，都对理财公司大类资产配置能力提出了较高要求，特别是当资产管理规模到达一定数量级后，资产配置策略将成为决定回报差异的最根本来源。

（2）内部竞争格局逐渐两极分化，外部竞争格局则是取长补短。从内部来看，大型银行理财公司具备先发优势和更明显的协同效应，投研人员基础相对扎实，补充效率也较高，同时在品牌和口碑上有一条"护城河"，预计中小型银行理财市场占有率将会逐渐萎缩。从外部来看，在低风险投资领域，如基于货币、纯债等资产的产品，理财和公募将形成激烈竞争；而在中高风险领域，如权益、混合类资产等，仍是以合作为主。

（3）"固收+"业务将成为理财的发展方向。长远来看，收益率区间在 5%～10% 且业绩波动相对较小的产品或是各类资产管理机构竞争的领域。目前国内资产管理市场中，固定收益类产品收益率区间基本都在 5% 以下，其余股票型基金、混合型基金、私募基金往往收益率波动较大，而收益率区间在 5%～10% 且波动较小的仅有信托等少数产品（刚兑打破后信托产品吸引力亦明显下降）。未来随着居民理财需求的提升，理财子公司亦可通过更多元化的资产配置策略丰富产品体系，特别是类似公募二级债基和混合型偏债的产品区域。

四、固收+业务体系建设及框架探讨

利率下行＋信用违约＋理财转型，共同构成了固收＋业务发展的大背景。事实上，近年来无论是新发的净值型理财，还是公募基金等产品，固收＋均呈现井喷式增长（见图 1-21）。

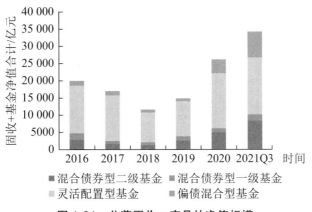

图 1-21　公募固收+产品的净值规模

（资料来源：广发证券）

---

① FOF：基金中的基金（fund of funds）。与开放式基金以股票、债券等有价证券为投资标的不同，FOF 以基金为投资标的。

② MOM：管理人的管理人基金（manager of managers）。这是一种较为新兴的资产管理策略。

根据普益标准数据，截至 2021 年三季度，银行理财发行的固收+产品存续数量达到了 19 191 只，其中理财子公司占到约三分之一。而同期公募固收+基金年内发行 336 只，募资总规模超过 5000 亿元，成为仅次于权益类基金的超级赛道。

其实固收+对应的产品和策略形态早已有之，资深债券从业者习惯性称为"强债"或"票息炒股"，但 2019 年以来披上了新的"名称马甲"，一跃成为市场新宠，债券从业者对其相关概念和策略的讨论越来越普遍，其热度的背后反映了以下几点问题。

（1）资管新规横空出世，倒逼银行理财净值化转型，这也意味着对于散户而言持有债券型基金的"风险调整后机会成本"下降。

（2）非银类资管机构出于和银行理财形成差异化竞争的诉求，逐步放弃低 alpha[①] 的类货币和纯债投资赛道，专注固收增强的部分。

（3）资产管理市场长期缺乏"中等风险中等收益"的产品和策略，主流资产和策略往往集中于有效前沿的两端，呈现哑铃型分布。

而代表中风险中等收益的区域，无论是转债、垃圾债或是优先股，都往往缺乏策略容量和市场深度，难以形成可复制的规模效应。在这种背景下，通过哑铃两头的策略进行特定比例的组合，从而形成的固收+便成了权宜之计。

另外，作为固收+的鼻祖，挂钩衍生品的结构性存款曾经风靡一时，由于监管趋严该类产品规模也在持续下降（见图 1-22），从而为固收+产品腾挪出了市场份额。这背后还反映了终端客户明显的"彩票心理"——愿意牺牲胜率换取额外的赔率，即使这种交易的长期预期回报更低。

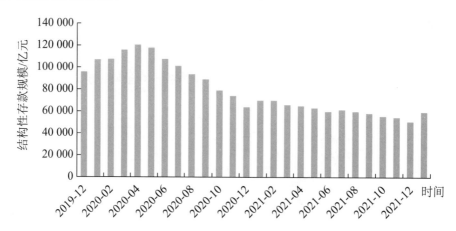

图 1-22 结构性存款规模变化

（资料来源：Wind，笔者整理）

1. 固收+商业模式探讨

1）固收+的市场空间和前景

（1）天然的好赛道属性。

---

① alpha 表示资产管理人相对业绩比较基准或同类产品创造的超额回报。

长期来看，10/90 和 20/80 股债比对应最优的风险调整后收益，特别是随着近年来权益类资产投资者结构占比个人投资者的份额持续下降，机构投资者份额持续上升，进而导致境内二级市场股票的波动率水平持续下降，对应的最优夏普比率区间也从 10/90 股债比逐渐向 20/80 迁移，这也意味着客户对该类产品的持有体验有望持续提升（随着夏普比改善），进而拉长持有产品的周期。关于固收+的"好赛道"属性，我们以股债大类资产配置投资组合为例进一步观察（见表 1-3）。

表 1-3 2005—2018 年股债组合历史回测

项目	0/100	10/90	20/80	30/70	40/60	50/50	60/40	70/30	80/20
平均收益率	5.78%	7.58%	8.98%	10.03%	10.77%	11.21%	11.37%	11.23%	10.78%
波动率	3.64%	4.30%	6.30%	8.77%	11.41%	14.13%	16.88%	19.66%	22.44%
Mean-1std[①]	2.14%	3.29%	2.68%	1.26%	−0.64%	−2.91%	−5.51%	−8.43%	−11.66%
Mean-2std[②]	−1.50%	−1.01%	−3.62%	−7.51%	−12.06%	−17.04%	−22.39%	−28.08%	−34.11%
夏普比	0.76	1.07	0.95	0.80	0.68	0.58	0.50	0.42	0.35

（资料来源：海富通基金）

表 1-3 首行代表不同股债比的基础组合。根据回测结果不难得出几个结论。

第一，股债组合在控制股票仓位的前提下能够获得比纯债更优的夏普比，以股债比例 30/70 组合为边界（即偏债混合的标配）。

第二，随着股票仓位的逐渐提升，平均收益逐步增加，但增速放缓。最优平均收益位于 60/40 区间，之后继续增加股票仓位收益反而下降。

第三，考虑到低利率环境下纯债几乎无法做到历史平均收益的 5.78%，以上组合的实际预期回报将显著低于回测结果，这也意味着绝对收益投资者为达到业绩目标需要做主动的股债比"右偏"。

（2）风险收益目标的需求匹配度高，10/90 和 20/80 股债比又恰好模糊对应半年和一年持有期大概率正收益的基础配置（假设基于权益类仓位 20% 的风险预算和回撤止损控制，且债券能提供 4% 的安全垫），而目前看这两个持有期限结构也是终端客户最习惯的持有周期，市场容量相对较大，特别是和传统银行理财终端客户需求匹配度较高。

（3）非标压降和传统理财替代类需求持续增长。正如前文所述，中等收益中等风险的金融产品赛道暂时性面临了供不应求的竞争格局；同时信用事件冲击+利率长期下行+逆周期调节熨平经济波动，共同的结果是信用下沉逐渐边缘化+固收回报无法满足客户+利率交易策略空间变小。

（4）固收+工具持续扩容。可转债及可交换债目前存量已超过 6000 亿元，2022 年

---

① Mean-1std 为距离平均收益率一倍标准差。
② Mean-2std 为距离平均收益率两倍标准差。

在途发行量总和接近3000亿元（见图1-23）；权益市场跟随产业转型深化层次，北京交易所成立；场内及场外衍生品工具的持续创新，为多资产组合提供了特定条件下灵活调整风险参数的便利性。

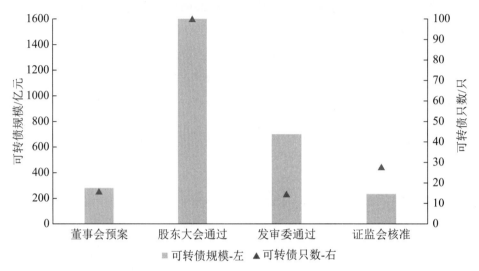

图1-23　2022年可转债在途发行情况

（资料来源：Wind，笔者整理）

2）主流资管机构的发展模式

从业内主流资管机构的固收＋业务发展模式来看，主要存在投资团队分工和差异化竞争模式两种发展模式。

（1）投资团队分工：一是股债分账户模式，权益和固收经理各做各的，相互配合，特定情形引入上层资产配置者；二是主投资经理统筹组合，助理或研究员负责类属策略的投资；三是主基金经理直接负责资产配置＋策略选择＋个股个券选择。

其中第一种模式最为普遍，能够合理发挥投资经理相对优势，但如果引入资产配置角色可能会存在多人团队配合协作问题；第三种模式目前还不算普遍，因为很少有基金经理能擅长所有资产类别的投资，能力圈法则决定了其认知体系和管理半径都会存在明显的边界。

（2）差异化竞争：一是只做主动选股的alpha，固收端只做beta[①]，跟住市场即可；二是自上而下做股债再平衡和仓位择时，资产选择不激进，赚宏观预测的钱；三是不做仓位择时，股债都追求alpha，基于对公司信用和权益基本面把握；四是依托公司资源禀赋或制度红利做另类策略。

第一种模式常见于权益类投资团队搭建的固收＋业务模式，其债券仓位往往以利率债存单等无信用风险标的为主；第二种模式比较主流，大部分投资债券出身的投资经理

---

① beta描述的是一种随着整体资产市场波动而波动的风险，可以称之为系统性风险。beta越大，风险也随之升高。

会更关注宏观方面，但由于经济基本面到资产价格的映射关系越来越复杂，央行逆周期和跨周期调节的节奏和力度也难以预测，导致该模式的实践难度正在加大；第三种模式则是纯粹基于自下而上的公司基本面认知，从股东和债权人的双重视角去判断资产的相对价值，相关理论还比较前沿（如资本结构套利），但成功的实践案例并未形成主流。

2. 浅谈投研团队及体系建设

（1）打造学习型组织。固收＋投研团队往往涉及多个领域的专家型人才，在多学科多文化的背景下，打造学习型组织，促进不同背景的团队成员相互融合，才能有助于形成系统化的投资能力。这对从业人员的基本素质（有志于从事固收＋多资产投资的同行也可以参考）提出了一定要求。

在底层认知层面，需要强烈的好奇心和自我驱动，可以在无激励甚至逆向激励的状态下坚持做正确的事，拒绝短期投机，专注长期目标。

在专业技能层面，团队内部能够形成有效互补，取长补短。各类资产及主流赛道及行业均有覆盖，能够把内外部研究成果转化为投资依据。

在投研贡献层面，研究成果互动及共享，投研体系建设和持续优化，寻找投研转化率最高的区域重点倾斜资源。

在业务协同层面，与交易团队、市场团队、产品中台团队形成合力，在各业务线相对立场和目标约束的差异中寻求共同利益。

（2）平衡投资决策体系。从投资决策体系的角度看，固收＋因为涉及多类资产以及隐含的不同层次的风险收益特征，还需要在日常组合管理中关注以下几个"平衡"。

第一，资产与负债的平衡。投资端容易操作，销售端容易募集，需要结合 AUM① 和收入目标综合权衡。

第二，胜率和赔率的平衡。胜率来源于领先市场的深度认知，赔率来源于资产的估值保护和期权或凸性结构，很少有策略可以完美地两者兼顾，凯利公式② 也不能解决一切问题。

第三，长期绝对收益和短期回撤控制的平衡。考虑策略与组合或产品的适配性，需要关注不同策略的反馈周期，可能的短期负偏分布，极端情况下的应对。

第四，短期高夏普比和长期负反馈的平衡。最典型的是信用债投资，有机会获得更好的风险调整后收益，但不是"时间的朋友"，股票则相反。

第五，解决当前问题和积累长期竞争力的平衡。

第六，组合资产配置和特定策略实现层面的平衡，达到局部最优和整体最优的协调。

3. 从固收+发展到多资产的潜在制约

随着近年来市场的发展，业内固收＋的业务模式也逐渐从 1.0 时代升级为 2.0 时代，对标海外成熟市场的"多资产"（multi asset）模式。而由于产品规模增速过快，相关的

---

① AUM：银行资产管理规模（asset under management）。
② 凯利公式：$f = (bp-q)/(b-1)$，$f=$ 投注金额占总资金的比例，$p=$ 获胜的概率，$q=$ 失败的概率，$q = 1-p$，$b=$ 赔率。

产品标准和人才（不仅是投研人员）储备明显不足，目前制约国内多资产实践的因素主要包括以下几个方面。

（1）公募产品存在大量的比例和行动约束，如二级债基无法参与新股申购，偏债混合型基金参与股指期货套保仅限全部股票仓位的20%，非FOF类的公募基金投资基金产品受到限制等。这些局限性使得公募产品开展真正意义上的多资产投资困难重重。

（2）资产和工具的多样性不够，考虑到资金端的迅速流入，除股债之外缺乏其他能够容纳万亿级资金的资产，公募REITs尚未形成市场深度，各类衍生工具的丰富度和活跃度都有待提升。

（3）国内财富管理业态尚不成熟，导致投资顾问和资产配置的职能被动"下沉"到基金公司和固收+基金经理层面，需要在投资端充分考虑客户端/负债端平滑收益、保本底线和回撤控制等诉求，无法专注本业。

（4）投研人员统筹上，基本业内主流的资产管理机构在各细分资产上均有成熟团队，但尚缺乏将各类资产模块纳入相对协同配合机制的成熟办法，最终很容易沦为"各做各的"。

（5）公募产品现有的基本类型需要进一步扩容，仅以二级债基、偏债混合、灵活配置等作为主流产品形态已不能满足多资产投资持续发展的需求。

第二章
固收＋组合大类资产配置方法探讨

常见的股债混合类组合的投资，最重要的部分便是资产配置的方法与策略。1990年，诺贝尔经济学奖获得者Markowitz（马科维茨）"资产配置多元化是投资中唯一的免费午餐"的观点和中国的"鸡蛋不能放在一个篮子里"的老话，反映的都是类似的底层思想。

对于固收＋的投资者而言，这一思想无疑是必要的。被称为全球资产配置之父的加里布林森也曾说过，"从长远看，大约90%的投资收益都来自成功的资产配置"，因此大类资产配置是值得投资者花费时间和精力去耐心打磨并持续系统化的。本章我们重点从战略资产配置和战术资产配置两个层次阐述业内主流用于实践的方法论，同时结合日常生活场景进行对比，帮助读者进一步理解股债混合视角下大类资产配置的概念和内涵。

一、从营养金字塔看资产配置、风险因子与smart beta

中国有句古话：民以食为天。意思是吃饭是老百姓生活中的头等大事，而西方同样有类似的谚语：You are what you eat。确实，随着社会主义中国的生产力水平不断提高，居民的菜篮子已是非常丰富，大众的需求也升级了——"吃得饱还要吃得好"。而在财富管理市场，类似的需求升级同样存在——"资产保值还要稳健增值"。

那么，如何解决好以上两个需求升级呢？方法有两种：一是构建营养金字塔，合理膳食，荤素搭配；二是做好大类资产配置，分散风险获得资产风险溢价。

而这两种方法，其理念的本质都是构建均衡的组合。

1. 营养金字塔与资产配置组合

图2-1是一个典型的食物营养金字塔，不同的食材为人体的新

陈代谢提供不同的功能，例如水果和蔬菜补充维生素C和水分；谷物提供碳水化合物；坚果、豆类、籽粒类提供植物蛋白；肉、鱼、蛋和奶制品提供动物蛋白；享受类食物提供高糖、高脂肪，同时优化食物口感。

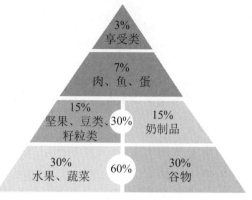

图 2-1　食物营养金字塔

于是，我们通过营养金字塔便构建了一个比例均衡、营养价值多元的食谱，实现了真正意义上的"吃得好"。

图 2-2 是常见固收＋和多资产组合的资产配置金字塔。

图 2-2　资产配置金字塔

资产配置金字塔包含三大类资产。

（1）塔基为低风险资产。其中货币市场工具和短久期信用债可以获得无风险收益和一定的信用风险溢价，同时流动性较好，为投资组合的负债管理提供了充足的申购和赎回便利性；资产支持证券多为投行创设的项目类资产，具备较高的票息，提高组合静态收益率。

（2）塔中为中风险资产。长久期利率债可以为组合赚取一定票息和利率期限结构溢价，在经济下行时能获得更好的收益；可转债及可交债通过"固收＋股票期权"的结构，在控制下跌空间的情况下能分享股票市场的更高收益。

（3）塔尖为高风险资产。由于这类资产具备非常高的盈利空间，在控制仓位的情况下可以适度配置，股票可以获取经济增长溢价，而衍生品可以用来对冲，从而将风险控制在投资者可承受的范围内（这里可以对比营养学中的医药保健品或其他功能性食材）。

2. 营养元素与风险因子

虽然金字塔将食材或资产进行分层，但不同层次的食材或资产之间也存在替代效应，需要营养摄入者或资产管理人进行动态考虑。例如，香蕉作为水果食用，热量明显偏高，但作为甜品的替代食物，则热量并不算高；土豆作为蔬菜食用，热量偏高，但作为主食替代，热量往往比粗粮还低。又如长久期利率债如果作为短久期信用债替代，虽然没有信用风险，但承担了更多的利率风险暴露；如果作为股票对冲工具的替代，虽然牺牲了对冲的精确程度（毕竟股债跷跷板效应[①]只是阶段性的存在，并没有证据表明两者在长期上有着稳定的负相关性），但有着更可靠的风险溢价和静态票息，同时提升组合的凸性[②]。相关原理我们在下一章还会展开阐述。

当然以上只是从热量和口感维度来考虑，现实中不同食材还有酸碱度平衡、升糖指数、通便利尿等标准。食材之间也存在相生相克的复杂关系。这也与投资组合中的各种风险因子类似，如权益风险、信用风险、利率风险、流动性风险等，独立的投资决策可能会让整个组合的若干风险因子发生变化，这也是实际投资过程中需要反复权衡的。不牺牲口感情况下应尽可能地降低热量，提升饮食结构的健康程度，也正如投资组合有效边界和资本市场线所揭示的原理一样。

图 2-3 为特定资产风险因子分解示例。与食材和营养元素对应的关系类似，表面上看投资者持有的是证券资产，实际上每类资产都是若干风险因子的组合，而投资的

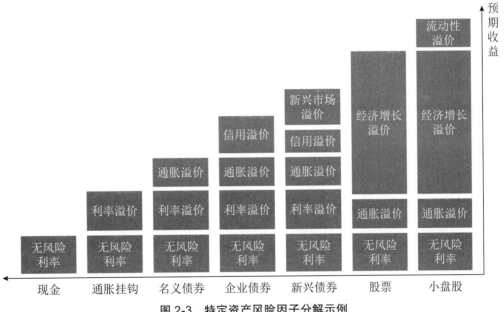

图 2-3 特定资产风险因子分解示例

（资料来源：《探秘资管前沿》）

---

① 跷跷板效应：股市走强时，债市走弱。
② 凸性：债券价格对收益率的二阶导数。

过程便是通过对不同层次因子的风险暴露来获取风险溢价。正如我们日常饮食中，表面上看吃的是食物，实质上摄入的是底层的营养元素，而证券资产的复杂之处在于，其底层对应的风险溢价和风险因子并不稳定，同样受二级市场投资者情绪、定价模式和供需关系的影响。

以固定收益证券为例，信用风险因子还可以进一步细分，如信用溢价还包含区域溢价、行业溢价、财务指标溢价。超配城投债，意味着增加对基建政策相关因子的暴露；增配产业债，意味着增加对行业盈利和产业周期因子的暴露。另外，各类资产衍生工具的作用便是通过对冲手段剔除我们不想要的风险因子，从而改善风险收益结构。

同时，风险收益因子也是多层次的概念（见图2-4）。考虑一个组合同时持有大量存单和银行转债/银行股，虽然从信用和权益的角度看是分散投资（资产类因子），但在行业因子上的暴露可能过于集中（如策略型因子），就像是同时持有了同一个发行人优先级和次级的债务，如果遇到因经营基本面恶化的信用风险冲击事件，则可能获得明显的负超额收益。

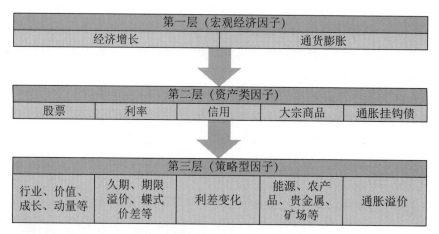

图2-4　风险收益因子的若干层次

（资料来源：《探秘资管前沿》）

正如信用溢价可以向下细分为区域、行业、财务溢价，因子在层次上也存在类似的关系。其中宏观经济因子是资产回报的根本驱动因素，但对投资者而言不可直接交易，只能通过资产类因子的暴露部分获得宏观因子的溢价。而策略类因子则是通过资产工具的对冲、合成和重组构建出与传统资产风险收益特征不同的头寸，能够进一步提高组合的夏普比。

如果仅从交易的视角看，资产预期的涨跌概率与空间往往是我们做出决策的主要依据；而从资产配置视角来看，对某个资产（或因子）的超配或者低配还应当考察这样的调整对组合风险变化量（特定因子的暴露程度）的边际影响。

为了获得特定因子的风险溢价，因子投资与智能贝塔应运而生，成为介于主动投资与被动投资之间的新形式——"smart beta"。

3. smart beta 在泛固定收益领域的应用

与传统 beta 系数对比来看，smart beta 可被视作一种类似风险敏感性的度量指标。传统 beta 系数用以度量资产相对于整个市场的敏感性，而 smart beta 用来度量资产相对于因子的敏感性。在实践中，很大一部分 smart beta 策略的研发基础正是因子投资，其策略的收益来源是有效因子的长期风险溢价，提高有效因子的敞口暴露，以获取超过传统基准的超额收益。

目前，大多数 smart beta 策略主要应用于权益市场，主流的策略主要有低波动策略、风险分散策略和提供增强收益的因子策略，如质量、规模、红利、价值、动量等。类比营养元素组合的话，可以有弱碱性策略、血糖低波动策略、高植物蛋白策略、易消化策略、高纤维策略、低成本食材策略等，对应因子包括但不限于酸碱度、升糖指数、膳食纤维、食品价格等。

而固定收益类的 smart beta 起步较晚，原因可能是债券相对股票而言能够提取的有效因子较少（久期和信用几乎解释了全部的波动来源）。

目前成熟市场中 smart beta 在固定收益领域的应用，主要有两个思路：一是发行人基本面加权；二是风险收益比加权。第一个思路的主要逻辑为构建能够反映发行人信用资质和利差定价的关键指标体系（可类比债券投研中的信贷打分卡），如 ROA①、EBIT②、流动比率、资产负债率等。在保持样本券相对市场指数的行业分布基本一致的基础上（行业敞口中性），对财务基本面更优质的发行人债券进行更高的赋权，从而获得更高的风险调整后收益。第二个思路则在此基础上，增加了收益—风险比率的概念，即考虑了债券收益率水平对信用风险的补偿，对于基本面优良同时有一定利差的发行人赋予更高的权重。而这种方式本质上也是利用了对发行人预期违约率主观判断与市场观点之间的预期差，具有一定主动管理的性质。

图 2-5 为贝莱德从主权债券角度给出的赋权案例，这种新构建指数的策略使得基准组合的主权发行人更多地从意大利、法国等信用基本面相对较弱的国家转移到美国、德国等更稳健的国家。

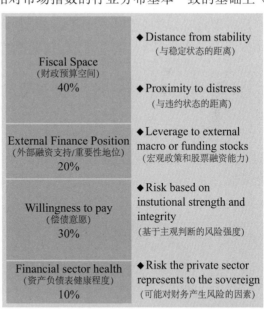

图 2-5　贝莱德 smart beta 债券指数赋权

（资料来源：中债资信）

---

① ROA，return on assets，资产回报率，也称为资产收益率，是用来衡量每单位资产创造多少净利润的指标。

② EBIT，earnings before interest and tax，息税前利润，也称为息前税前利润，就是不扣除利息也不扣除所得税的利润。

目前 smart beta 国内固定收益领域应用的案例屈指可数，相关产品仅有平安中债—中高等级公司债利差因子 ETF（511030）。该产品的业绩基准为中债 - 中高等级公司债利差因子指数收益率，该指数利用中债市场隐含评级对样本券进行再筛选，从而"萃取"出投资者在市场中对债券实际的"信用评价"（类似于选美比赛看好更符合大众审美的模特），从而实现"smart 化"。

但随着国内债券市场深度和广度提升，特别是"固收+"带来的新组织、新业态，有望将权益类投资领域业已成熟的实践经验和方法赋能到债券投资上，从而实现类似的管理标准和价值判断尺度，并为股债大类资产配置提供决策依据。

4. 漫谈因子视角管理股票仓位的思路

相当一部分大类资产配置资产管理人的困惑在于：固收＋和多资产组合的股票配置思路和传统股票多头策略的差别何在？

一是明确目标。股票在组合中的定位在于配合债券仓位（或至少统一协调），尽可能地提高风险调整后收益。另外，固收＋和多资产组合多为绝对收益目标，与股票多头策略追求相对收益思路不同，更关注资产和策略的赔率。

二是约束层面，侧重 beta 而非 alpha，以固定收益为基本盘的资产管理人，必须认清自己的选股能力圈，有所为有所不为。重要的是让组合保持在稳健的均衡状态，以期获得更"安全"的权益风险溢价。

这里我们不妨尝试建立一个相对可比的指标体系，将股票纳入债券投资者能够理解的组合管理语言中，这一连接需要的纽带可以是宏观风险因子。宏观风险因子为宏观经济基本面相关的影响因素，其中利率因子代表无风险利率水平，信用因子代表货币信贷的需求与通畅程度，通胀因子代表通货膨胀水平，权益因子代表经济增长水平，如图 2-6 所示。

需要指出的是，与量化选股领域常用的因子（红利、价值、成长、动量）关注收益性的角度不同，这里我们更关注的是风险。而利率、通胀和信用正是传统债券组合最重要的风险因子，考虑转债后还可纳入权益因子。

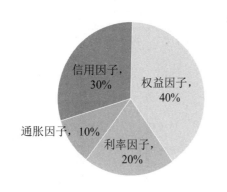
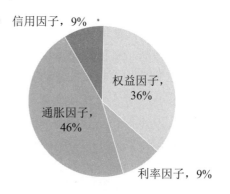

(a) 银行类股票风险因子来源示例　　(b) 资源类股票风险因子来源示例

图 2-6　不同行业股票风险来源因子拆解

以上述拆解为基准，可以进一步举例。保险股有更高的利率因子，券商股有更高的权益因子。而相对上下游都有定价权（较强的成本传导/转嫁能力）的公司股票，可以在一定程度上对冲掉通胀因子的扰动。

当然，以上的示例可能存在两个谬误：一是因子间未必相互独立，即使是特定行业特征股票，其风险因子暴露也不稳定；二是以上因子并不能解释全部的风险，特别是对于弱周期及成长类股票。

归根结底，我们需要一个"模糊正确"的框架来管理多资产组合的风险暴露，从而让产品在四个维度上的风险敞口保持在均衡水平，赚取"稳稳的 beta"。

二、战略资产配置：以风险平价为例

风险平价模型为业内固收从业者讨论比较多的战略资产配置方法，其基本思想在于让组合各类资产对波动率的贡献趋于一致，从而达到理论意义上的"多资产平衡"，资产管理人不必过于关心某一类资产的涨跌，而根据国内股债历史波动率的数据，股票波动率大约是债券的 7～10 倍，对应的基准配置比例恰好落在了固收＋主流的 10/90 和 20/80 区间内。

如果我们类比上文的营养食材，风险平价的思想可以被简单总结为"多吃低热量食物，少吃高热量食物，从而让每日摄取的热量供应来源在各种食材或营养元素上均等分布"，例如让碳水化合物、维生素、蛋白质、脂肪等营养元素对卡路里的摄入贡献相同（虽然在现实中很难做到）。

1. 风险平价综述

目前主流的资产配置方法论，因其假设众多，或结果对输入参数过于敏感，并不具备在国内投资者中进行完全复制和推广的基础。但其中的原则和思路仍然值得借鉴。风险平价策略是赋予组合中不同资产相同的风险权重，即各资产对整体组合的风险贡献基本一致。近年来，风险平价组合因其稳定性、分散化等特点受到市场的关注。

由于资产预期收益难以预测，侧重关注风险的方法比关注风险和收益两端的方法更有可操作性。其中，风险平价强调各资产对组合波动率的贡献度基本一致，在操作中存在"高配低波动资产，低配高波动资产"的倾向，因此经过风险分散后预期收益可能会低于传统的市值权重或股债 60/40 组合，其波动率缺口使用杠杆进行放大，调整至合意区间。

图 2-7 为风险平价组合和股债 60/40 组合的对比示意，基本原理可以概括为"通过相对充分的风险分散并通过杠杆调整波动率敞口的组合有机会获得更高的风险调整后收益"。同时值得注意的是，传统按比例分配资产的组合，存在忽视资产的回报和风险来源的倾向，例如股债 60/40 中信用债仓位的波动来源与股票存在较大的相关性（如信用因子和权益因子有较大相关性），因而组合实际的风险可能过度集中于经济增长这一宏观变量。

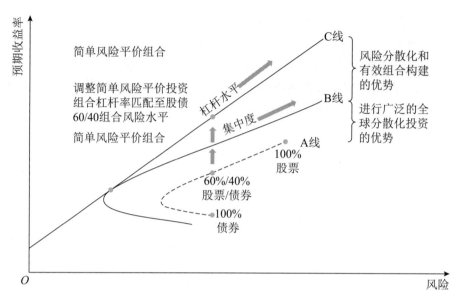

图 2-7 风险平价组合和股债 60/40 组合对比示意

而前期市场也有实证研究表明,风险平价策略在长周期的投资中具备相对优势,图 2-8 为几种大类资产及策略净值走势。

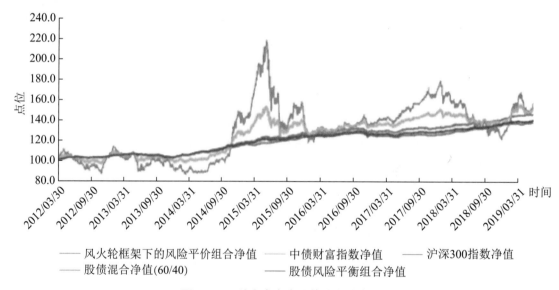

图 2-8 几种大类资产及策略净值走势

(资料来源:国信证券)

2. 风险预算综述

风险预算是指资产配置中分配可容忍的潜在损失、监控风险敞口是否超过既定约束、超过限额后的校正与平衡、评估风险调整后收益等投资过程。实践中,风险预算通过在各类资产与策略间分配量化风险来调整和监控整个组合投资系统,从而实现收益最大化。

从技术指标层面看,风险预算主要关注的是跟踪误差、相对收益和信息比率。

从操作层面来看,风险预算还呈现以下特点:①风险预算逐级分解,从单个证券风险到产生波动来源的风险因子都进行考虑;②动态的风险管理过程,认识到不同资产间的相关系数并不稳定,根据不同情景对组合头寸进行压力测试;③更强调对资产波动率和相关系数的有效估计,而相对弱化对期望收益的假设。

从资产配置的角度看,图2-9左侧的资本构成看似是一个分散化的投资组合,但从右侧风险构成上来看,90%的风险来源于股票,即该组合的风险高度集中于股票市场。这就好像我们去餐厅吃饭,选择米饭+土豆丝+山药的组合,表面上看是主食与副食的搭配,但实际上摄入的营养元素组合中碳水化合物占90%,并没有达到均衡膳食的效果。

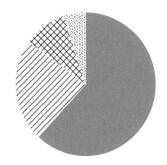
■股票 ╱固定收益 ×房地产 ∷对冲基金
(a) 资本构成

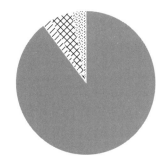
■股票风险 ╱名义利率风险 ⟨通货膨胀风险 ∷信用/违约风险
(b) 风险构成

图 2-9 证券资产及风险因子构成

(资料来源:《探秘资管前沿》)

该案例某种意义上同样表明了风险平价相对于传统配置方法的优势,即不过度关注证券资产比例,而关注底层风险因子暴露的集中度和波动率的贡献水平。

3. 风险平价海外实践的启示

目前全球范围内对风险平价思想进行实践的成功案例,首推桥水基金的"全天候策略"。该策略为达里奥团队创设,以市场预期为基准,从经济增长和通胀两个维度将市场分为四种状态,并给予每种状态相等风险权重。由于资产有状态偏向且市场存在不可预知性,以及各类资产风险调整的回报相似等原因,全天候策略能够以较小的风险获得beta回报,同时借助杠杆将预期收益和波动率放大,长期业绩明显跑赢传统组合。2019年9月,桥水基金宣布发行全球首只运用风险平价策略的主动管理型ETF——RPAR Risk Parity ETF。全天候策略与风险平价对比如表2-1所示。

表 2-1 全天候策略与风险平价对比

维度	全天候策略	风险平价模型
编制相等的风险预算	给予不同的状态风险相等的权重	
表现达到最优的前提	资产有状态偏向，市场具有一定的不可知性，资产间的夏普比率相近	
策略模型	beta 策略	
风险状态的划分	基于市场预期按照经济增长和通胀划分四种状态	从风险来源的角度按照经济增长和通胀区分三类风险因子
等权重风险的量化含义	未明确是方差或者总风险贡献还是其他	明确指出是总风险贡献
对波动率的看法	恒定，不随时间变化	需要动态调整

全天候策略充分利用了风险平价的思想和原则，但在具体操作上根据实际情况进行了调整优化（同时放松了部分理论假设），该策略的构建主要分为三步：①根据四种宏观状态的组合挑选出合适的资产；②给予每种状态25%的风险权重，该步骤通过风险平价模型来实现；③求解等风险权重下每种资产对应的权重。

与风险平价策略类似，全天候策略运用杠杆对组合的回报进行放大，虽然根据历史回测，该策略由于重仓债券容易在市场利率上行时遭受损失，但仍然相较于传统的股债60/40组合有一定的差异化优势。

一方面，从境内资产管理机构进行大类资产配置实践的角度看，风险平价策略至少有如下优势：①相对均值方差等传统资产配置模型，风险平价并不要求对资产预期回报做出假设，更符合国内的实际情况（大类资产年度回报分布区间波动较大）和监管引导的转型方向（银行理财不展示预期收益率）；②使用风险平价构建的组合债券仓位占比较高，对于固收＋和多资产投资组合管理人而言，更容易应用到投资管理实践中，实现标准化和产品化；③风险预算更关注证券资产／风险因子对整个组合波动率的边际贡献，能够有效控制回撤和波动，对于传统财富管理类客户的体验（习惯预期收益）改变较小，具有更广阔的实际应用场景；④境内具备投行端资源的资产管理机构，往往还有主动创设资产的能力（非标债权、私募可交换债等），通过风险平价思想可以进一步优化整体组合的风险调整后收益，因此在资产配置中可以获得更完整的有效前沿。

另一方面，虽然作为beta策略的成功代表，但风险平价在国内市场中的运用可能还存在以下几点不确定性需要关注：一是方法假设各类资产的长期夏普比基本相同，并不符合国内现实；二是操作中依赖于对资产波动率的准确估计，事实上该参数并不稳定；三是国内股票波动率是债券的 7～10 倍，按照风险平价配比构建出的组合可能与"杠杆化债券组合"有一定雷同；四是资金面的高波动性和流动性分层可能导致加杠杆带来的边际风险超过资产未分散的边际风险（公募产品一般受140%的杠杆比例限制）；五是除股债以外，其他大类资产存在市场深度不足、衍生工具缺乏等情况，并不一定适合大体量资金。

4. 风险平价的局限性探讨

对于风险平价，我们已经有了初步的认知和概念，由于其衍生方法——桥水全天候策略在金融危机以来出色的长期业绩而备受关注，逐渐也成为国内固收＋投资者进行组合资产配置的重要思想。

从理论假设和实践运用的角度看，风险平价几乎是固收投资者最青睐的资产配置模型了。而偏债混合型组合对应的股债比区间，也往往与风险平价的输出结果比较一致。风险平价理论的实践和局限性如图 2-10 所示。

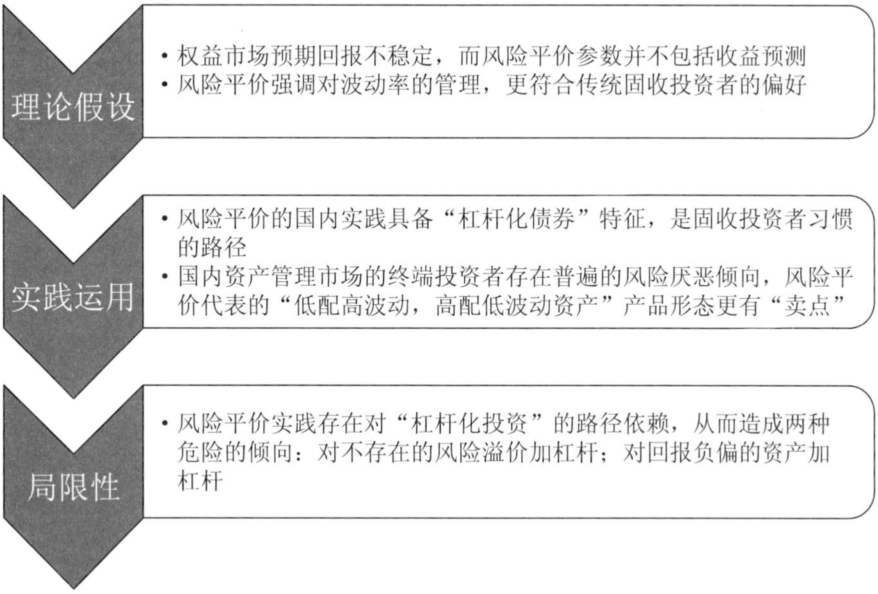

理论假设
- 权益市场预期回报不稳定，而风险平价参数并不包括收益预测
- 风险平价强调对波动率的管理，更符合传统固收投资者的偏好

实践运用
- 风险平价的国内实践具备"杠杆化债券"特征，是固收投资者习惯的路径
- 国内资产管理市场的终端投资者存在普遍的风险厌恶倾向，风险平价代表的"低配高波动，高配低波动资产"产品形态更有"卖点"

局限性
- 风险平价实践存在对"杠杆化投资"的路径依赖，从而造成两种危险的倾向：对不存在的风险溢价加杠杆；对回报负偏的资产加杠杆

图 2-10　风险平价理论的实践和局限性

对多数债券投资者而言，杠杆是极其关键的工具，当收益率曲线呈现陡峭状态时，2～4 倍的杠杆化债券组合甚至可以获得与股票相当的回报（如券商自营账户）。当然，这里存在两个基本假设：一是息差长期为正（杠杆策略风险溢价为正）；二是杠杆可以根据市场变化灵活调整（反身性弱）。

遗憾的是，从长期视角来看，以上两点并不总是成立，如果把杠杆运用到某些特定资产或特定环境下，则是非常危险的。

在投资的世界中，债券和股票具有可验证的风险溢价：要么来自公司基于合约的利息支付，要么来自支付固定财务成本后的剩余现金流，是证券发行人和投资者"增量博弈"的格局。反例则是大宗商品，商品期货的买方和卖方都不存在逻辑上可验证的系统性回报，一方获得的前提是另一方的亏损，考虑交易成本，是典型的"减量博弈"格局。但风险平价模型依然可能存在对这种"不存在可靠风险溢价"的资产施加风险预算或者加杠杆。

大多数风险投资回报均呈现负偏度的分布，即获得负收益时的绝对值远大于正收益，而反映该特征最明显的资产莫过于信用债。我们模拟了信用债杠杆策略从顺境到危机的路径（见图 2-11）。从美国的金融危机到近年来国内的信用收缩，我们都能看到类似的情况反复出现。

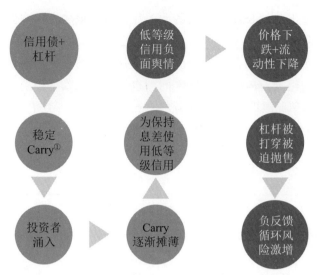

图 2-11 以信用杠杆策略为例看回报负偏下的反身性

这里可能有读者会问：考虑到多数公司都有 50% 以上的资产负债率，那么股票作为天生的杠杆投资也很危险么？

事实上，企业的财务杠杆比投资者的金融杠杆要安全得多，其核心差异就在于"反身性"。因为财务杠杆往往是长期负债，债权人不会因为股票价格下跌而要求提前偿还债务；而资产管理者面对的普遍是短期负债，可能面临客户的随时赎回，以及因质押品贬值而增加质押物或被迫平掉杠杆头寸。

5. 其他基于风险的资产配置方法对比

我们这里讨论的战略性资产配置以风险或是按照各大类资产历史风险溢价为依据，建立投资组合。其他主流方法还包括以下两种。

1) 目标风险

目标风险模型如图 2-12 所示。在 Markowitz 投资组合理论中，相对于每一个风险点（波

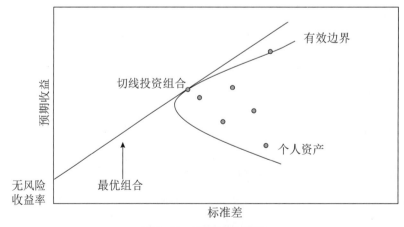

图 2-12 目标风险模型

---

① Carry，指的是息差，是资产收益和融资成本的差值。

动率）都存在一个预期收益最高的投资组合。目标风险最优组合在拟订目标风险的情况下使用均值方差优化的方式建立，确保组合波动率在目标范围内。这一策略的本质是在"锚定目标波动率"的前提下，尽量获取更高收益，这在养老类资产管理机构使用较为广泛。

2）股债 70/30 或 60/40 组合

以股票作为组合占比更高的主流资产，是美国金融市场历史上最传统的战略性资产配置组合，典型的就是 60%～70% 的股票匹配上对应比例的债券。在金融危机以前，这样的基础组合为投资者获取了稳健丰厚的回报，而 2008 年的金融危机导致全球股票市场暴跌，因为这种传统组合穿透后的风险贡献几乎 90% 来自于股票，组合风险过于集中，让传统投资者损失惨重，所以风险平价理论才开始流行。

在笔者看来，无论是股债 70/30 还是风险平价对应的 10/90 或 20/80，本质上并没有优劣之分，最终采取何种方式管理资产组合，还是取决于投资者或终端资金方的目标和效用函数。

对于追求长期（五年以上）绝对收益的投资者，对短期资产价格的波动往往容忍度较高，选择长期回报率或风险溢价最高的大类资产是更优解，因此会倾向于超配股票低配债券（如 70/30），此外有研究指出随着证券资产持有周期的拉长，买入时点的估值对最终回报的影响会越来越小，这也意味着该类投资者不需要过多地进行建仓时点的择时。

而对于追求短期风险收益比、持有体验、风险调整后收益的投资者，以风险平价为代表的 10/90 或 20/80 无疑是更好的解决方案，虽然长期看低配股票后无法获得更高的绝对收益率，但确实能够有效控制波动和短期下行风险，进而优化短期投资体验。

三、战术资产配置：以美林时钟和FED模型为例

首先我们先来厘清概念。根据笔者的理解，战略资产配置与战术资产配置的主要差别在于以下几个方面。第一，指导的依据不同。前者的依据侧重于账户风险收益目标、考核评价标准和终端客户需求，后者则是在前者框定的预算范围里根据市场变化或主观判断进行调整，更强调动态管理和积极应对。第二，前者指导的周期较长，因此对应的方法一旦确立一般不会轻易变更，而后者可以根据市场情况灵活做出调整，可选择阶段性地运用或摒弃哪些方法。第三，对前者的实际运用偏于被动，除了日常的再平衡，对投资管理人主观观点的赋权较少，而后者虽然基于特定的模型，但对主观观点的赋权较多，进而映射到证券资产组合的调整上。

本节我们将就市场比较主流的战术资产配置方法进行介绍，并就其部分本土化的衍生形式展开讨论。

1. 美林时钟及本土衍生

美林时钟（或是类似框架）将经济状态划分为数个周期，按照经济理论以及历史依据，先行判断在不同周期中各大类资产的表现，再追踪宏观经济数据，判断当前经济状况属于哪类周期，以此为依据给出当前资产配置的建议。该类资产配置框架的目标并不是帮助投资人建立基于当前宏观经济环境的最优投资组合，其核心在于宏观上的深度研究，

并以此对各类资产未来走势做出判断。

美林时钟是现代长期大类资产配置框架中的重要理论，周期性的资产配置方案常将美林时钟作为基础或参考。该理论由美林证券于2004年首次提出，通过经济增长趋势、通胀水平的起伏将经济周期划分为四个阶段，并探寻经济周期所处阶段与资产之间的轮换关系。美林时钟模型如图2-13所示。

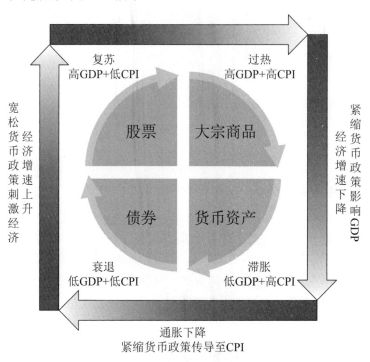

图 2-13　美林时钟模型展示

从2002年到2013年，我国大概经历了2～3个经济周期的顺时针轮回，但无论是经济还是通胀数据，2013年以后的数据都变得平稳，对时钟象限的划分也显得十分困难，周期难以识别，资产的表现特征也难循规律，因此美林时钟如果只是简单地进行照搬，那么它对于大类资产配置的指导意义似乎也比较有限。

美林时钟失效的原因在于货币投放的逆周期调节，在经济有过热迹象时减少货币投放，有衰退可能时增加投放。因此，以彭文生、董德志为代表的国内经济学家及分析师提出金融周期理论，并对美林时钟理论进行改进，以货币（货币投放）+信用（社融增速），取代原先美林时钟的增长+通胀，将经济周期分为四个象限：宽货币+宽信用、紧货币+宽信用、紧货币+紧信用、宽货币+紧信用。货币+信用组合状态与大类资产的表现如图2-14所示，对应的大类资产配置建议如下所述。

第一象限，宽货币+宽信用。该时段货币政策宽松，企业融资尤其是大型企业融资较容易，偏大盘股票、债券表现较好；该时段沪深300表现优于中证500。（2014年中后期就是该时段的代表，大盘股先行领涨）。

第二象限，紧货币+宽信用。宽信用实现后利率重新上升，但信用仍处宽松状态，企业融资成本低，企业债表现出色；同时，无风险利率上升，对不同企业的影响有一定区别。中证 500 在该时段表现略优于沪深 300。

第三象限，紧货币 + 紧信用。该时期各资产大多表现不佳，黄金收益较好。

第四象限，宽货币 + 紧信用。货币再次进入宽松状态，债券表现明显转好，宽货币、紧信用状态下，通过基建刺激经济的预期强烈，化工原材料、有色、中证 500 表现都相对较好（2015 年上半年就处于这一阶段）。

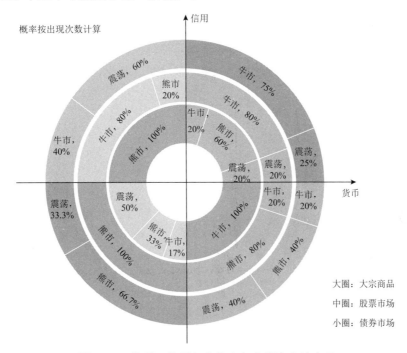

图 2-14 货币 + 信用组合状态与大类资产的表现

（资料来源：国信证券）

但在实践中大宗商品对美林时钟运用相对较少，部分固收 + 投资者可能会选择拿部分股债类资产替代商品，因而又衍生出了纯粹基于股债的"美林时钟"（见图 2-15）。

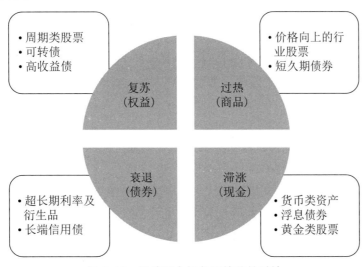

图 2-15 股债混合视角下的美林时钟

这里采用价格敏感型的股票替代大宗商品,并在现金领域使用浮息债等短久期资产进行替代,还可以实现一定的收益增长。实践中,即使只有股债两类资产的组合,依旧可以有效地运用美林时钟的思想进行动态的管理。

2. Fed股债比价模型及其衍生

Fed 模型也称美联储模型,是 Edward Yardeni 在 1997 年提出的,其思想简洁而深刻,即对比股票和债券的收益率,两者的差值实际上就是股权风险溢价(equity risk premium)的概念。其核心理念在于,当股票相对债券的预期回报率(或风险溢价、分红收益率)更高,或估值水平更低时超配股票,反之则超配债券,从而形象地刻画出股债的"相对吸引力"(见图2-16)。

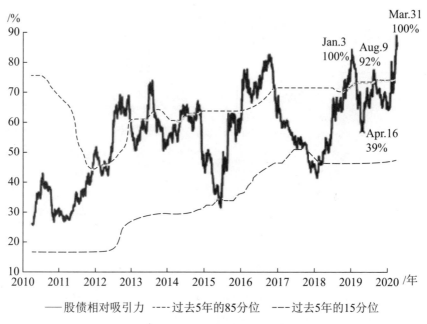

图 2-16 股债相对吸引力变化

(资料来源:中金研究)

而刻画股债相对吸引力的指标,业内一般有几种主流的模式。

(1)股票使用动态市盈率倒数与债券利率比较。这样做是假设股票盈利下滑的情况下模糊估计长期持有股票的非现金预期回报率水平。

(2)股票使用分红收益率与债券利率比较。相对第一种方法更审慎一些,由于分红收益率接近于现金回报的概念,与债券的可比性更强,但可能存在的问题是某些公司的分红政策并不稳定,估计的潜在误差可能更大。

(3)一般债券利率的表征指标同样会根据实际情况进行调整,包括 10 年期国债收益率、信用债收益率、银行理财预期收益率或业绩基准、信托非标加权利率等。

市盈率倒数、国债收益率与股指相对走势如图2-17 所示。

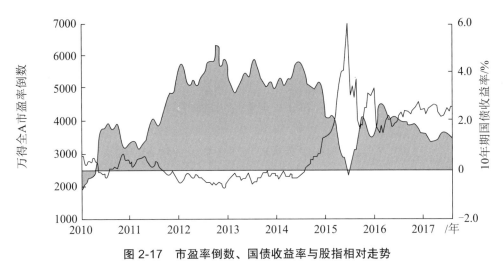

图 2-17 市盈率倒数、国债收益率与股指相对走势

（资料来源：长江证券）

结合 A 股历史表现情况不难看出，对于大级别的上涨和下跌而言，Fed 股债比价的有效性较强，例如 2013、2014 年股债比价结果显示股票的预期回报率显著超过债券，此时超配股票大概率是"输时间但不输钱"；而 2015 年 A 股快牛顶点时，股票的预期收益率已经低于了债券，如果作为预警信号选择低配债券则能"躲过"下半年的杀跌行情。

但同时 Fed 股债比价模型也有其天然的局限性：一是对中短期的资产配置调整指导意义有限，特别是处于股债没有出现极端高估值或低估值的大多数状态时，依据该方法进行择时的胜率并不高；二是这种方法并没有考虑到上市公司自身的业绩增长趋势和波动特征，而是基于过去若干时间周期的移动平均数据进行线性外推。

除此之外，业内还有采用股票与债券的长期实现收益率作差来界定相对估值水平的方法（见图 2-18），这对传统的 Fed 模型的弱点有一定的补充。

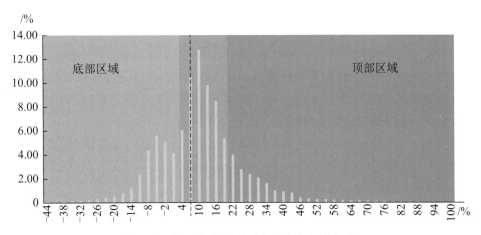

图 2-18 万得全 A 股债收益率之差概率分布

（资料来源：华夏基金）

图 2-18 的股债收益率之差对应的作差基准为"时点收益率",即在过去 1～10 年间任意时点买入股票,同时在当前时点卖出的年化复合收益率均值。时点收益率越高意味着股票的实现收益率越高(即已实现的风险溢价水平越高),当前的股票估值水平一般也越高,如果我们可以模糊假设在更长时间周期维度股票的风险溢价相对稳定(例如在 8%～12%),只是在不同年度的分布是不均匀的。那么已实现的复合收益率越高,可能意味着未来预期回报率越低。

有趣的是,这样的假设规则在债券领域也存在类似的情况:假设不遇到信用违约,债券买入时对应的到期收益率即为整个持有期间的风险溢价水平(或预期回报率),但该回报在不同年度的分布同样不均匀,更高的早期实现回报率往往对应后期更低的到期收益率水平。

四、ESG 与因子投资之随笔漫谈

前面章节说到,资产配置的实质其实是对资产底层的风险收益因子进行配置,除了基于宏观和资产类别的因子外,还有很多策略型因子,例如目前资本市场关注较多的 ESG 因子等。

1. ESG 投资如何创造高质量可持续回报

近年来,以环境(environment)、社会责任(social)、公司治理(governance)构建 ESG 指标体系进行因子选股实现指数增强的投资策略逐渐受到投资者的广泛关注,而背后反映的则是"经济由高速增长切换为高质量增长"的宏观产业逻辑变化。

的确,在一个经济体终端需求持续释放,高频数据量价齐升的阶段,"野蛮生长,做大产能规模"是企业的自然选择,也是最直接的业绩来源;而目前随着我国全面建成小康社会,人口老龄化和中产阶级规模扩大,意味着总需求增速放缓,公司业绩来源于终端需求的结构性调整和升级。

下面我们来具体讨论,ESG 的理念、指标评价体系和局限性。

1)ESG 的理念

说到 ESG,可能有投资者会心里打鼓:ESG 的投资方向,好像并不是那么有"钱景",似乎存在管理人用投资者资金为"慈善公关买单"的倾向。其实,ESG 投资的本质是选出真正高质量可持续发展的公司,而非依靠短期的资源消耗作为商业模式的公司。事实上,前者相对后者有着非常显著的超额收益(见图 2-19)。

根据中证公司指数的相关研究,ESG 指标体系下高分组的股票组合相对低分组超额收益明显,且波动率表现同样更优(合理解释是 ESG 指标体系下,负面事件和个股尾部风险更少),是风险调整后收益显著的"因子"。

长期以来,资本市场倾向于对高业绩增长率的公司给予"估值溢价",而 ESG 则更强调增长的代价、质量与可持续性。下面我们来看一个高质量增长的实例,如图 2-20 所示。

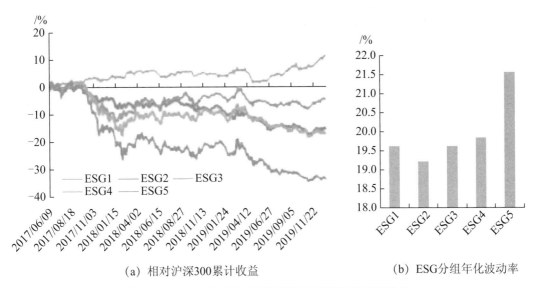

(a) 相对沪深300累计收益　　　　　　(b) ESG分组年化波动率

图 2-19　ESG 高分组公司股票具有阶段性的超额收益

（资料来源：中证指数）

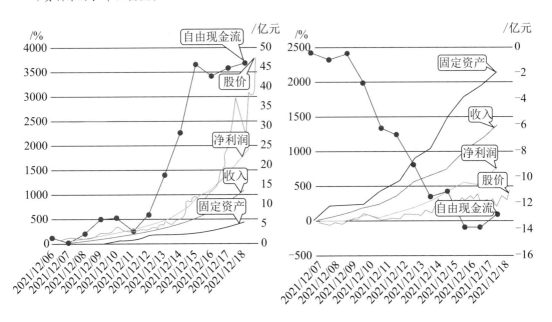

图 2-20　不同代价的"增长模式"

（资料来源：易方达基金）

从图 2-20 可以看出，左右两图是两种风格不同的商业模式。右侧的公司代表"低质量增长"的生意：需要依靠大量的固定资产投资、较高的财务杠杆和再融资，表现为较差的自由现金流。左侧则是"高质量增长"的典范：在资本消耗极少的情况下却能获得丰厚且可持续的回报。

而这样高质量发展的理念，与 ESG 投资也有相通之处：通过更有效和集约的资源

（E）、人力资本的发展与管理（S）、高效的经营和组织形式（G）使用获取竞争优势，从而实现更持续的价值创造。

2）ESG 的指标评价体系

下面从 ESG 底层逻辑出发，分析环境、社会责任和公司治理方面的优势是如何转化为超额业绩的。环境（E）、社会（S）和公司治理（G）指标评价体系见表 2-2。

表 2-2 环境（E）、社会（S）和公司治理（G）指标评价体系

指标	行业环境风险暴露	所属二级行业
环境（environmental）	环境管理	绿色采购政策和措施
		清洁环保科技
		环境信息披露
	环境绩效——负面	温室气体排放
		水污染
		固废污染
		能源消耗
		环保处罚
	环境绩效——正面	企业绿色业务占比
		生物多样性与土地利用
		新能源、可再生能源使用量
		资源节约水平
		减少污染源排放的制度、措施或技术
社会责任（social）	人力资本	员工健康保障
		工作条件和社会保护
		人力资本开发
		员工离职率
	供应链管理	本地化采购
		接受 ESG 评估的供应商数量
		供应商权益
	产品管理	产品安全与质量
		产品创新
		化学安全
	客户责任	客户满意度
		消费者权益
	社会职责承担	志愿者活动
		公益捐赠
		社区能力建设
		就业创造

(续表)

指标	行业环境风险暴露	所属二级行业
公司治理（governance）	股东与股权结构	股东持股分布
		流通股比例
		股东权益
	董事与董事会	董事会结构
		董事会活动
	管理层与员工	管理层薪金
		管理层持股
		股权激励计划
	信息披露与合规	受证监会、交易所等处罚情况
		纳税透明
	商业道德	反腐败和贿赂
		举报制度
		债权人保护
	监督活动	内控有效性
		监事会活动
		审计报告情况

需要指出的是，环境评价指标的具体运用中大多需要保持"行业中性原则"，即特定公司的评分应基于所处行业的相对水平，例如食品饮料和军工企业天然的资源消耗属性存在差异，因而不可比，也有投资者会对特定行业公司采取限制或禁投政策，如烟草、动物皮革、杀伤性武器等。

从 A 股实践情况来看，环境指标中对投资影响最显著的可能是"负面环境事件冲击"和"环保审查延迟"。对于前者，无须赘述，直接影响企业的资本市场形象；后者则作用于部分环境敏感型的技术项目投放，环保监管可能导致的阶段性停产将给企业的产能释放带来较大不确定性，特别是在建工程转为固定资产后还会存在较大的折旧压力。

社会责任方面，强调的是企业与其利益相关方的和谐共生。这里最直观的是人力资本指标，正所谓"优秀的人才总是流向更好的公司"；产品管理与客户责任则是一脉相承，反映公司的"产品力"；社会责任承担则服务于公司"品牌力"建设，从而使其长期具备让终端消费者支付溢价的能力。

这里可能存在争议的则是供应链管理，ESG 选股价值观下，应付账款与营业收入比值越大，意味着企业通过拖欠上游供应链款项，形成更高的财务杠杆实现盈利目的。应付账款与营业收入比值越低，意味着企业更加注重上游供应链企业协同发展，体现企业具有更高的供应链责任。

另外，拖欠上游原材料应付和预收下游经销商款项，从而建立"假性高估债率"的商业模式又正是企业在产业链中优势竞争地位（如格力）的真实反映，在该指标上使用

ESG选股，难免会碰到大客户集中度高、竞争格局相对弱势甚至缺少定价权的企业。

公司治理则关注的是企业是否以健康完善的运作模式开展经营。存在治理层面瑕疵的企业常出现以下几种情况。①公司大股东与二股东持股比例接近但发展战略规划相左，日常的内耗扯皮难免会让业务主线不清晰，发展方向不确定。②股权激励和高管薪酬不到位，管理层与股东利益不一致，缺少做强经营业绩的动力。③管理层缺少专注与定力，长期从事与主业无关的大规模投资。④大股东与小股东利益不一致，公司长期不分红，转债下修摊薄权益给配售大股东解套。⑤内部监督缺位，公司领导层行为不受约束。

其实ESG指标体系的逻辑并不复杂，对于投资者而言，更重要的是通过实践去区分哪些是"因"，哪些是"果"，从而真正把握住优秀企业的本质特征。

除了在权益领域的应用之外，ESG在固定收益投资的应用（见图2-21）也处于初期探索阶段。

剔除法	ESG因子整合法	可持续性聚焦法	影响法
基于特定的ESG标准，剔除某些行业或公司，保留一些行业或公司	将重要的ESG因子纳入主动型组合经理使用的信贷分析和研究推荐中	在此类策略中，可持续性因子在投资流程和证券选择中发挥重要作用	此类投资策略寻求在获得财务回报的同时，产生积极的社会和环境影响

图 2-21 ESG 在固定收益投资的应用

（资料来源：摩根资产）

3）ESG 的局限性

ESG在固收投资应用中至少存在两个问题。一是策略容量。首先，大量ESG高分组企业本身自由现金流创造能力强，不需要外部融资，因而无公开债务评级；其次，高信用评级存在明显的"规模因子偏离"，往往是传统旧经济的代表（如过剩产能、城投），与ESG交集较少。二是回报来源。ESG在股票投资中选"高质量可持续发展的好公司"获取长期超额收益，逻辑上比较通顺。但信用债投资强调的则是"风险收益性价比"，甚至投资于基本面较差的公司来获得信用风险溢价。事实上，符合ESG标准的绿色债券收益往往更低，因此ESG投资信用债缺少存在超额收益的依据。

而结合国内实际情况固收ESG相对可行的思路主要有两个方向。一是结合负面排除原则，但不建议直接限制行业，而是对公司治理结构存在明显瑕疵的企业使用剔除法。其核心在于通过ESG体系综合分析企业的管理层诚信水平、信息披露质量，进而判断危机状态下债权人责任的履行（还款意愿＞还款能力）。二是结合ESG因子整合，关注并投资于ESG各项指标边际改善的公司，从而把握基本面趋势变化带来信用利差收窄的机会；反之可以减持ESG评分出现阶段性下行的公司债券。

当然，以上设想能够奏效的前提是债券发行人需要具备和上市公司同等透明度的 ESG 信息披露制度，然而现实中还存在诸多需要解决的问题。但随着资本的"审美"越来越"ESG 化"，这种风格特征从权益市场传导到债券市场，是可以期待的。

接下来的几个章节，我们将逐一介绍不同风险溢价的资产及对应的主流策略，按照风险因子从相对单一到多元的顺序加以阐述，顺序为利率类因子（利率债及衍生产品）→利率 + 信用类因子（广义信用债）→利率信用为主 + 少量权益类因子（含权类信用债或次级债、可转债及可交换债）→权益类因子为主 + 少量利率信用（普通股票）。

第三章
分类资产策略之利率债

本章将结合基础理论介绍几类主流固收＋组合涉及的分类资产策略，主要类别与前文一致，这两类资产目前的市场容量接近 200 万亿元，是多数固收＋和多资产投资首选的方向。

本章先从风险因子中最简单的利率债开始。

一、利率债策略框架概览

作为债券市场中流动性较好且对宏观经济基本面最敏感的品种，利率债的主要策略对债券交易能力的要求较高，主要包括久期策略、利率曲线策略、骑乘策略和利差策略等。

（一）久期策略

1. 久期策略的核心决定因素

利率的方向性策略即业内俗称的"利率波段操作"，指根据对未来利率市场的方向判断来决定债券投资组合的久期水平，而利率债是主要调节组合久期的工具。需要日常跟踪和考虑的因素主要是宏观经济增长、货币政策边际变化以及债券市场投资者对基本面的预期水平。久期策略的核心决定因素如图 3-1 所示。

从基本面到利率水平的映射关系是十分复杂的，特别是在不同阶段影响因素的权重可能也是不一样的。另外，各因素之间本身可能也存在互为因果的关系，正是这种系统上的不稳定性使得利率的预测难度较大，下面我们来简单分解。

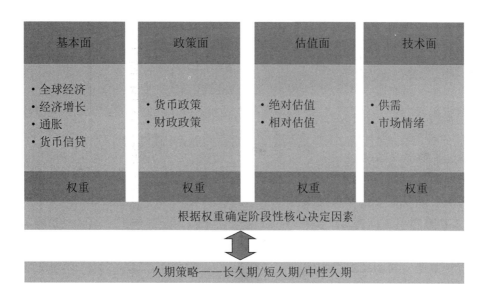

图 3-1　久期策略的核心决定因素

（资料来源：建信理财，笔者整理）

（1）全球经济。全球经济影响国内利率的路径有三种：一是通过跨国经济的相对强弱影响主权货币的汇率水平，进而通过"利率—汇率平价公式"影响国内利率水平，其中美元、美国国债利率和美联储货币政策的影响最大；二是通过全球定价的大宗可贸易商品，其供需格局直接影响国内 PPI 的实际水平，如 2021 年全球大宗商品供给和运输冲击下直接导致国内出现阶段性的高通胀水平，而这又会进一步影响投资者对货币政策方向的预期；三是通过进出口贸易和经常账户顺差或逆差（往往顺差与 PPI 还存在一定负相关）来影响。

（2）经济增长。经济增长是影响利率的核心因素，因为经济增长水平直接决定了实体经济的资金或资本的预期回报率，当资金或资本的预期回报率较高时，往往来源于终端总需求的增长，企业会加快开工和生产，融资需求增长，同时由于利润率或 ROE 的改善，实体经济部门客观上也能够承受更高的资金及融资成本。而分析总需求的变化，重点考虑的是经济的"三驾马车"——消费、投资和出口，这部分我们后面会展开来讨论。

（3）通胀。通胀水平是决定名义利率水平的重要影响因素。从理论框架来看，根据泰勒公式①，产出缺口和通胀缺口是共同决定利率的两个因素。同时维持通货膨胀在合理区间还是央行重要的政策 KPI 之一，因此反过来又会影响货币政策的阶段性取向。

（4）货币信贷。第二章我们简单分析了基于美林时钟改良版的货币—信用模型，目前业内常用的表征货币对信用端传导通畅度的指标为 M1（反映的是经济中的现实购买力，代表消费和终端市场）和 M2（反映现实和潜在购买力，代表投资和中间市场）的增速差。当 M1 增速显著大于 M2 增速时，往往表征的是：第一，企业新增贷款增加，企业活期存款回升速度快于定期存款；第二，居民部门消费意愿回暖，因此居民储蓄存款持续转化

---

① 泰勒公式，又称泰勒规则。泰勒认为，中央银行设定利率 i 应遵守 $i=i^{*}+a(N-N^{*})-b(U-U^{*})$，其中 $(N-N^{*})$ 反映通胀缺口；$(U-U^{*})$ 是实际失业率与自然失业率之差，反映产出缺口；a、b 为正系数。

为企业存款；第三，企业经营活动持续改善，活期存款回升的速度显著大于定期存款。但实践中货币对信用的传导还受到多重因素的影响和约束，如商业银行的信贷意愿和资本约束，因此总是呈现"绳子可以拉（收紧货币信贷效果）但很难推（放松货币信贷效果）"的现象。

（5）货币政策。货币政策与经济增长、通货膨胀和汇率水平都互为因果。通过调整存款准备金率、基准利率和公开市场操作，能够影响金融市场中短期范围内的资金供需情况。传统理论将货币政策分为扩张性和紧缩性两种，前者的总体思路是提高基础货币的供应量来刺激总需求；而后者是通过减少货币供应量来控制总需求和信用派生。但近年来货币政策的总体趋势是"数量化全面转向结构化"以及"跨周期和逆周期调节相结合"，导致传统的理论框架逐渐失效。

（6）财政政策。财政政策通过税收、预算、国债发行、购买性支出和转移支付等政策工具来调节全社会购买力，如通过减税降费的方式可以增加居民收入，有效刺激终端消费倾向；增加地方财政预算可以有效支持基础设施建设，促进区域经济的发展同时拉动就业；国债发行决定了政府的赤字水平，同时对利率债短期供给需求的格局产生显著影响；购买性支出可有效提振特定领域和行业需求；而转移支付实现了收入支出在不同区域间的再平衡，促进共同富裕和协调发展。

货币政策和财政观察重点如图3-2所示。

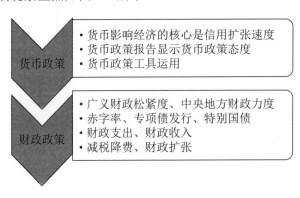

图3-2 货币政策和财政政策观察重点

（7）绝对估值。绝对估值一般为利率水平的绝对点位，对配置型和持有型投资者更有意义。当绝对利率水平较高时，若假设持有区间内利率水平不变，则买入时的绝对估值越高，持有期回报也越高。同时部分银行表内资金和养老类产品可在一定久期范围内实现利率类资产的成本法计量，因此对绝对估值水平更为看重。

（8）相对估值。相对估值分为两个层次：一是相对同类资产的估值水平，如根据历史分位相对位置考虑利率债券的估值，当利率水平位于阶段性高点或低点时调整久期策略的方向；二是相对其他资产的估值水平，如考虑信用利差后与信用债的比较，考虑股权风险溢价后与股票分红收益率或PE倒数之间的比较。但相对估值水平还受市场分割条件下投资者微观结构差异的影响，因此实践中判断估值合理与否的难度更大。

（9）供需。供需是短期影响利率的重要因素，从供给端来看，往往受季节性因素（如月末、季末、年末等）和特定时点（如银行信贷开门红）的影响；从需求端来看，主要受债券发行节奏的影响。从时间上看，供给和需求很难在任意时间上迅速达到均衡，因此会导致市场大量无序的"短期波动"。

（10）市场情绪，因为债券市场具有OTC（oner the counter，场外市场）的特征，导致多数市场参与者在交易时间的沟通互动是比较多的，这也导致了市场情绪存在快速传导性，进而导致投资参与者的情绪共振。这部分影响很难量化，但可以结合国债期货技术分析指标或资金面情绪指数参考。

2. 久期策略基本面因素的重点关注指标

作为利率债投资人员，还需要对利率的影响因素进行阶段性的赋权，一般而言，潜在预期差比较大、市场分歧多、无法预测、不确定性大的因素在短期内对利率方向的影响权重更大。

基本面相关的重点关注指标繁多（见图3-3），这里我们重点讨论经济增长的相关部分指标。

全球经济	经济增长	通胀	货币信贷
・美国新屋开工量 ・美国非农就业数据 ・美国消费信心指数 ・全球及欧美制造业 ・PMI/OECD工业产出及领先指数 ・货币政策（利率/汇率/美元指数） ・全球大宗商品及航运价格指数	・**产出指标** ・领先指标：PMI ・高频指标：发电量、用电量 ・同步指标：工业增加值 ・**内需指标** ・核心指标：社会消费品零售总额 ・高频指标：乘用车销量 ・**投资指标** ・房地产投资 ・基本建设投资 ・制造业投资 ・**房地产** ・房地产销售 ・新开工面积 ・房价指数 ・**外部需求** ・实际出口 ・实际进口	通胀指标 ・CPI（消费品价格指数） ・PPI（工业品出厂价格指数） ・RMPI（工业企业原材料购进价格指数） ・通货膨胀的主要构成 ・工资服务价格的通胀 ・住房租金通胀 ・大宗商品输入性通胀	货币扩张或货币收缩：央行政策引导方向比操作量更重要 关键因素：外汇占款、公开市场操作、财政存款

图 3-3　久期策略基本面因素的重点关注指标

（资料来源：建信理财，笔者整理）

（1）PMI也就是采购经理指数，为每月根据企业采购经理问卷结果编制，被称为反映宏观经济景气度变化的先行指标。PMI调查的内容主要是制造业企业的采购经理就13个标准化问题的回答，包括生产、新订单、新出口订单、在手订单、产成品库存、采购量、进口、主要原材料购进价格、出厂价格、主要原材料库存、从业人员、供应商配送时间、生产经营活动预期。每一个指标可以"增加""持平"或"减少"，根据所有问卷结果进行一定的统计处理，就会得出最终结果（指数计算过程不展开）。但PMI整体上是一个环比意义指标，实践中转化为同比形式对投资交易的参考价值更大。

（2）发电量和用电量往往是生产端的高频指标，考虑到国内发电形式仍然以火电形式为主，火电前端的耗煤量同样是值得重点观测的高频指标。投资者关注比较多的是由秦皇岛煤炭网发布的六大发电集团日耗数据。但随着我国用电和能源结构的转型（太阳能、风电占比提升），煤耗和发电间的传导关系也在逐渐模糊化。

（3）工业增加值相对前两个指标为典型的低频指标，是工业企业全部生产活动的总成果扣除了生产过程中消耗或转移的物质产品和劳务价值后的余额，而 GDP 即为所有工业和非工业部门的增加值总和，因此该指标对经济增长的表征意义较强。

（4）社会消费品零售总额是代表终端消费的核心指标，包括通过交易售给个人、社会集团，非生产、非经营用的实物商品金额，以及提供餐饮服务所取得的收入金额（包含网络电商实物商品销售，不包括非实物商品），考虑到国内经济增长贡献度上消费已经占到超过 60%，且在新冠感染疫情扰动下该指标波动可能会更大，值得投资者重点关注和跟踪。

（5）乘用车销量数据来源是乘用车市场信息联席会（简称"乘联会"），参考指标包括乘用车零售日均销量（周频）与乘用车批发日均销量（周频）。其中"零售"口径仅含国内零售量，"批发"口径包含国内批发量与出口量之和（不区分）。此外，乘联会网站在每周披露乘用车销量及周度增速的同时，还会附上一段周度解读可供参考。

（6）房地产被称为传统经济框架下的关键变量，而房地产投资也是固定资产投资的重要组成部分，地产销售和房价指数往往是房地产投资的先行指标，房价指数有效反映了终端需求，当居民对房价上涨形成一致预期时往往购房热情较高，而地产企业也能够迅速通过销售形成资金回笼，这样能够有助于下一步的拿地和新开工，进而带动整个产业链的需求扩张。

（7）基础设施建设投资同样是固定资产投资的重要组成部分，是政策对地产下行周期时经济承压的缓冲器，其力度取决于决策层稳增长的意愿。但与地产投资相比，基建投资对上下游产业链的拉动作用偏弱，且一般地产投资疲软时，地方政府性基金收入减少也会对基建投资形成掣肘。近年来，随着地方化解隐性债务的力度增大，城投平台举债更加困难，同时需求也呈现饱和状态，这也约束了基建投资的扩张。

（8）制造业投资某种意义上是房地产投资和基建投资的"果"，当来自后两者的需求较强时，制造业企业的利润回升，进行制造业投资的意愿和能力都会变强。但当 PPI 大幅上行而 CPI 维持低位时（成本难以向下游传导），上游原材料涨价可能导致中游制造业利润被蚕食，进而影响制造业投资。

在实际观察和运用基本面指标时，还需要关注特定指标发布的时间顺序，代表的具体时间周期的经济表现，指标之间的逻辑关系如何（是否可以交叉验证），市场对它们当前的预期水平和预测的分布大致是什么结构，等等。基本分析的频度特征与领先滞后关系如图 3-4 所示。

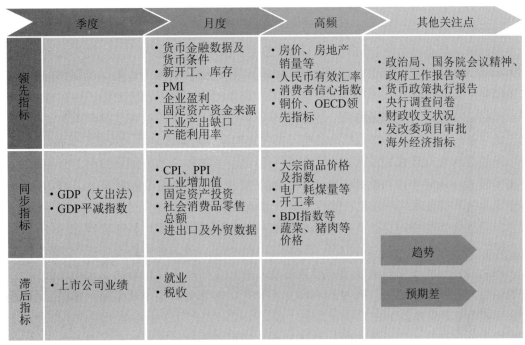

图 3-4　基本分析的频度特征与领先滞后关系

（资料来源：建信理财，笔者整理）

（二）利率曲线策略

根据宏观经济等因素变化，进行利率曲线可能发生的形变推断，如牛平—牛陡—熊平—熊陡[①]，通过对不同阶段收益率曲线走势的准确判断，或利用曲线的极端形态采取灵活的期限结构排布，获取其形变或不变所带来的组合投资收益，具体如图 3-5 所示。

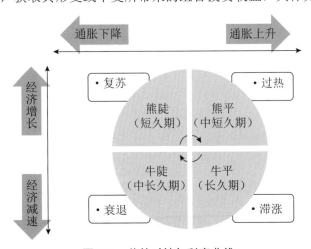

图 3-5　美林时钟与利率曲线

---

① 牛、熊反映债券市场的走势，上涨为牛、下跌为熊；平、陡反映利率曲线的陡峭幅度。据此分为牛平、牛陡、熊平、熊陡。

前一章节我们介绍过美林时钟及其在国内的衍生应用，其背后对经济周期阶段的刻画同样可以作为利率久期方向性策略以及利率曲线策略的依据。

当经济周期进入滞胀阶段时，通胀水平维持在高位，货币政策从紧，短端利率[①]并没有因为经济增速变慢而下行，因此长端利率的下行幅度往往快于短端，呈现债券牛市而曲线相对平坦的状态。

当经济周期进入衰退阶段时，通胀水平下降，央行货币政策往往转向宽松，短端利率开始下行，而长端利率依然反映的是长期增速的水平，曲线呈现"牛陡"行情。

当经济从衰退过渡到复苏时，长端利率迅速对实体经济的预期回报率进行定价，上行幅度较多，而短端往往受制于货币政策的连贯性（一般需要看到确定性复苏的信号才会停止宽松）保持在相对低位，曲线呈现"熊陡"状态。

当经济由复苏变为过热状态时，经济的增速仍然保持在高位但通胀往往已经开始抬头，货币政策不再继续宽松，因而短端利率可能会抬升，进而导致曲线呈现"熊平"状态。

总之，短端利率主要是受货币政策驱动，与资金面和货币市场利率相关性较高，利率的绝对波动区间也更大；而长端利率主要受经济基本面影响，变化相对低频，利率波动区间幅度相对更小。

当然需要注意的是，随着国内经济结构的转型，周期性比较强的行业对经济的贡献度正在下降，同时央行的政策调节越来越高频和精准，导致经济的周期性越来越弱，传统的分析框架可能阶段性失效，实践中如何避免因此产生的"刻舟求剑"倾向，是值得投资管理者深入思考的问题。

而结合利率曲线的形变也衍生出不同的期限结构排布的组合，其中典型的组合策略包括子弹型、哑铃型和阶梯型（见图3-6）。

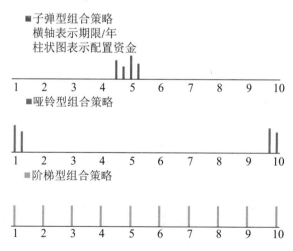

图3-6 子弹型、哑铃型、阶梯型组合策略的结构差异

（资料来源：德邦证券）

子弹型组合策略，指的是把组合持仓的利率期限结构集中在某一个关键期限上（一

---

① 利率在1年期以下的，为短端利率；在5年期以上的，为长端利率；中间的，为中端利率。

般为中等久期债券），如组合久期限定5年的，无杠杆情况下集中持有5年期债券；哑铃型是把期限结构排布在利率曲线的两端，短久期和长久期债券重点布局，轻仓中等久期债券；而阶梯型的分布介于两者之间，相对均匀地在各期限上均布放一定的利率债仓位。

在三种组合策略久期相同的情况下，当利率曲线变陡峭时，哑铃型策略由于重仓了长久期债券资本利损更多，表现会显著弱于子弹型组合；反之如果利率曲线变平，长端利率大幅下行，则哑铃型策略资本利得更多，表现好于子弹型组合。

除此之外，哑铃型和子弹型还有两个显著的风险收益特征差别。

由于长久期债券具有更高的凸性水平（久期的二阶导数，后面章节会展开讨论），哑铃型组合往往在利率水平波动较大（假设曲线平行移动）时表现出更明显的"进可攻，退可守"之特性，而子弹型组合因为凸性水平偏低，在利率大幅变动的情况下表现容易落后于哑铃型策略（见图3-7）。反过来看，因为哑铃型策略具有更好的风险收益特征，因此在静态票息上长期低于子弹型策略，某种意义上算是子弹型策略获得的额外的"风险溢价补偿"。

图3-7为子弹型组合策略收益率与哑铃型组合策略收益率测算。该测算以五年期利率债构建子弹型组合，同时以52%的一年期利率债和48%的十年期利率债构建哑铃型组合，确保了两个组合加权久期相等。从凸性的角度看，子弹型组合的凸性值约为22，而哑铃型组合达到了37；但从到期收益率的角度看，子弹型组合的到期收益率为2.93%，哑铃型组合仅为2.68%。从收益率平行变动假设下（标红列）两者收益率水平的相对表现来看，只有当利率上下波动幅度超过100bp[①]（如150bp和200bp），子弹型组合才会跑输哑铃型组合，其他利率小范围波动的情景假设下，子弹型组合均显著跑赢哑铃型。反过来讲，这也正是高凸性结构特征所付出的代价。

		60	50	40	30	20	10	-10	-20	-30	-40	-50	-60
收益率曲线平行变动	200	0.70%	0.56%	0.42%	0.28%	0.14%	-0.01%	-0.15%	-0.30%	-0.44%	-0.59%	-0.74%	-0.89%	-1.04%
	150	0.86%	0.72%	0.57%	0.42%	0.27%	0.12%	-0.04%	-0.19%	-0.34%	-0.50%	-0.65%	-0.81%	-0.96%
	100	0.99%	0.84%	0.68%	0.53%	0.37%	0.21%	0.05%	-0.11%	-0.27%	-0.43%	-0.59%	-0.76%	-0.92%
	80	1.04%	0.88%	0.72%	0.56%	0.40%	0.24%	0.08%	-0.09%	-0.25%	-0.41%	-0.58%	-0.75%	-0.91%
	50	1.09%	0.93%	0.77%	0.60%	0.44%	0.27%	0.10%	-0.06%	-0.23%	-0.40%	-0.57%	-0.74%	-0.91%
	40	1.11%	0.94%	0.78%	0.61%	0.45%	0.28%	0.11%	-0.06%	-0.23%	-0.40%	-0.57%	-0.74%	-0.92%
	30	1.12%	0.96%	0.79%	0.62%	0.45%	0.29%	0.12%	-0.05%	-0.23%	-0.40%	-0.57%	-0.75%	-0.92%
	20	1.14%	0.97%	0.80%	0.63%	0.46%	0.29%	0.12%	-0.05%	-0.23%	-0.40%	-0.57%	-0.75%	-0.93%
	10	1.15%	0.98%	0.81%	0.64%	0.47%	0.29%	0.12%	-0.05%	-0.23%	-0.40%	-0.58%	-0.76%	-0.94%
	5	1.15%	0.98%	0.81%	0.64%	0.47%	0.30%	0.12%	-0.05%	-0.23%	-0.40%	-0.58%	-0.76%	-0.94%
	0	1.16%	0.99%	0.82%	0.64%	0.47%	0.30%	0.12%	-0.05%	-0.23%	-0.41%	-0.59%	-0.76%	-0.94%
	-5	1.16%	0.99%	0.82%	0.65%	0.47%	0.30%	0.12%	-0.05%	-0.23%	-0.41%	-0.59%	-0.77%	-0.95%
	-10	1.17%	1.00%	0.82%	0.65%	0.47%	0.30%	0.12%	-0.06%	-0.23%	-0.41%	-0.59%	-0.77%	-0.96%
	-20	1.17%	1.00%	0.83%	0.65%	0.47%	0.30%	0.12%	-0.06%	-0.24%	-0.42%	-0.60%	-0.79%	-0.97%
	-30	1.18%	1.00%	0.83%	0.65%	0.47%	0.29%	0.11%	-0.07%	-0.25%	-0.43%	-0.61%	-0.80%	-0.98%
	-40	1.18%	1.01%	0.83%	0.65%	0.47%	0.29%	0.11%	-0.07%	-0.26%	-0.44%	-0.63%	-0.81%	-1.00%
	-50	1.19%	1.01%	0.83%	0.65%	0.47%	0.28%	0.10%	-0.08%	-0.27%	-0.45%	-0.64%	-0.83%	-1.02%
	-80	1.19%	1.00%	0.82%	0.63%	0.44%	0.26%	0.07%	-0.12%	-0.31%	-0.50%	-0.70%	-0.89%	-1.08%
	-100	1.18%	0.99%	0.80%	0.61%	0.42%	0.23%	0.04%	-0.16%	-0.35%	-0.55%	-0.74%	-0.94%	-1.14%
	-150	1.12%	0.93%	0.73%	0.53%	0.33%	0.13%	-0.07%	-0.28%	-0.48%	-0.68%	-0.89%	-1.10%	-1.30%
	-200	1.03%	0.82%	0.61%	0.40%	0.19%	-0.02%	-0.24%	-0.44%	-0.66%	-0.87%	-1.09%	-1.31%	-1.52%

图3-7 子弹型组合策略收益率与哑铃型组合策略收益率测算

（资料来源：德邦证券，笔者整理）

[①] bp：基点，是指衡量债券或期票利率变动的最小计量单位，1个基点等于0.01%。

(三)骑乘策略和利差策略

1. 骑乘策略

骑乘策略是指当收益率曲线比较陡峭时,买入长期限债券,随着债券剩余期限的缩短,债券收益率下降、价格上升,在债券到期前卖出,获得超额收益。严格意义上讲,骑乘策略也是曲线策略的一种,只是它的核心假设是曲线的形态不发生改变,寻找曲线上最陡峭的、斜率最高的点对应的债券买入并持有,因为即使债券持有至到期,且曲线形态完全不变,不同持有期间的收益分布也是不均匀的。骑乘策略的核心便是把握前期收益分布显著高于持有全周期平均值的这段时间,获取更高的"持有期间收益"。利率债骑乘策略示意如图 3-8 所示。

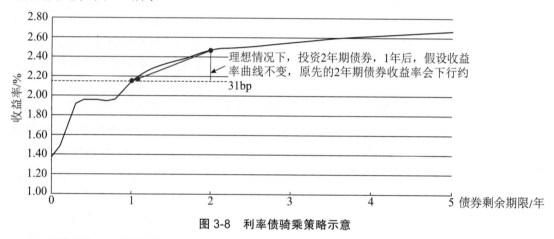

图 3-8 利率债骑乘策略示意

(资料来源:德邦证券)

在图 3-12 的案例中,由于不同剩余期限对应的到期收益率(折现率)不同,因此在投资两年期债券持有一年时间后,市场将按照一年期利率对其进行折现,故而会获得一部分因收益率下行获取的资本利得。

骑乘策略操作的基本步骤如下所述。

(1)确定骑乘策略的持有周期和具体品种。持有周期决定了我们在观察利率曲线时选择买入端和卖出端两个关键期限的时间差,并寻找整条曲线上斜率最陡峭的一段区间;在具体品种方面,我们还需要考虑不同关键期限利率债的流动性情况,如果是信用债还需要考虑信用利差的潜在变化,会更复杂一些。

(2)计算持有周期后对应的目标短端收益率水平,即假设利率曲线不变或发生特定形变情况下,持有若干月或年后根据利率债剩余期限对应的到期收益率水平,如果对应的是非标准期限,我们可以采取插值法或拟合曲线的方式计算出对应的到期收益率水平,作为重要的策略输入参数。

(3)计算持有期收益。投资者参与骑乘策略时,收益的主要来源包括债券的票息收入(特定周期内的应计利息),以及到期收益率随着剩余期限下降自然下行带来的资本利得收益(如果利率曲线发生向上移动可能还意味着发生一定的资本利损)。

（4）计算防御收益率。考虑到操作骑乘策略时利率曲线可能发生形变的情景假设，在一定程度的利率曲线上移情况下，资本利损将会侵蚀掉一部分持有期应计利息，而"防御收益率"指的两个收入损失来源的盈亏平衡点，即由于利率曲线上行到何种水平（例如2%上升到3%刚好盈亏平衡，则3%为防御收益率）带来的资本利损刚好等于区间票息水平的临界值。

（5）计算安全边际或防御空间。安全边际或防御空间特指骑乘策略执行时对应的买入到期收益率与防御收益率的差值，用来表征在盈亏平衡假设下，潜在确定性的票息保护。当然如果该骑乘策略是在投资组合有杠杆的情况下，还需要考虑实际的资金成本能否被安全边际或防御空间足够覆盖。

2. 利差策略

利率债的利差策略分为期限利差策略和品种利差策略。利率债利差策略示意如图3-9所示。

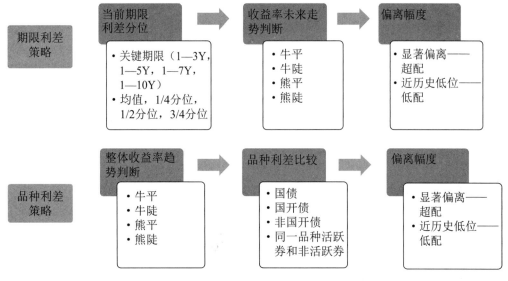

图 3-9 利率债利差策略示意

（资料来源：建信理财，笔者整理）

其中，期限利差策略与曲线策略类似，区别在于后者更关注整条曲线的具体形态和形变方向，前者更关注特定期限品种利差水平。

品种利差策略则隐含了对泛利率品跨类属的相对价值判断，广义的利率债除了国债、国开债，还包括进出口银行和农业发展银行发行的非国开政策性金融债，汇金公司以及地方政府发行的债券等。这些泛利率品之间的利差往往受到投资者结构差异、市场短期供给需求格局和流动性溢价的变化影响，同样具有较强的均值回归属性，投资者可根据历史利差的百分位水平判断各券种之间的相对价值。

二、非对称性的损益结构：债券凸性

传统的投资分析框架中，利率因子、通胀因子和信用因子几乎可以解释固定收益证券全部的长期波动，前两个直接对应名义利率，也是中长期限利率品主要的价格波动来源。各种类型的久期、DV01[①]成为衡量名义利率风险的核心指标。

随着全球主流国家逐步进入低利率（甚至负利率）时代，有分析指出：在投资组合中持有债券将不再有利可图，应当转向其他大类资产。而这种观点忽视了债券最有趣的特征：凸性（convexity）。正如我们所知，凸性是债券价格对利率的二阶导数，其实际概念接近期权希腊字母中的 Gamma 值，同时刻画了债券价格—收益率曲线的弯曲程度。下面和大家进一步讨论。

（一）利率风险结构的非对称性

"久期越长，风险越大"这是债券市场的基本常识。但这样的描述或许并不全面，因为它只考虑了风险的总量，而忽视了结构。长期利率债的高凸性的存在意味着债券对利率变化的敏感性是不恒定的，它与利率的相关性是非线性的。下面我们来观察凸性对利率债券风险结构影响的实例。

图 3-10 以四只关键期限国债为样本，横轴为到期收益率假设，纵轴为对应到期收益率（以下简称 YTM）的净价涨跌幅（以 4.5% 为基准）。符合常识的是，剩余期限越长（久期和凸性都更大），价格的波动越大。但随着凸性的增加，债券"小赔大赚"的属性也

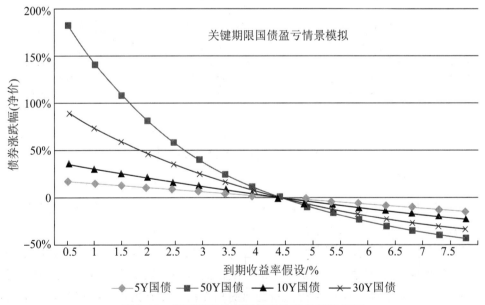

图 3-10　不同期限的利率债价格变化情景模拟

（资料来源：Wind，笔者整理）

---

① DV01：基点美元值，是一个在实践中广泛使用的衡量债券价格弹性的指标，也称基点价值（PVBP）。

越来越强。以 50Y 国债为例,当利率上行 400 个基点时净价亏 47%,利率下行 400 个基点时却能赚 182%,盈亏比超过 4∶1。另外,如果我们把假设 YTM 的区间拉长,极限盈亏的绝对值差异将会更大。当然,正如我们上节内容所讨论的,在同等水平的久期下,选择高凸性利率债的期限结构大概率只能获得更低的持有期票息水平,只有在利率大幅波动的情况下相对低凸性资产才具有优势。

而这种"特殊"的风险收益结构,就如同债券内在的时间期权,随着剩余期限的缩短而衰减。这也是在非衍生的基础大类资产中相对稀缺的特征(虽然利率债凸性有高低之分,但也只是非对称性的显著程度差异,其他大类资产在数量上并不具备类似的特性)。那么考虑到强凸性带来的相对优势后,是否低利率时期的债券,配置价值明显弱于高利率时期呢?我们继续来讨论。

(二)凸性在低利率时期的价值

近年来许多债券投资者都感到"资产荒",非标被限制后,相对安全且具备合意收益率(高于传统银行理财)的资产变得非常稀缺。从持有到期的角度看,债券特别是利率债越来越低的票息显得有点"鸡肋"。但同时,随着票息的压缩,同样期限债券的久期和凸性却在增长,这也意味着其"小赔大赚"的属性变得更强。下面以一个利率下行的情景来举例说明。

图 3-11 横轴为债券息票利率,纵轴为利率下降 100 个基点时债券对应的资本利得。不难发现:第一,以 6% 的票息利率作为中枢基准,期限越长的债券曲线对应曲率更大(凸性影响下回报加速扩大);第二,相同期限的债券,票息越低,在利率下行环境中超额回报(相对短期限品种)越高。

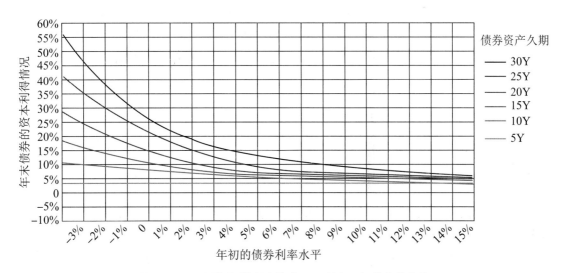

图 3-11 不同期限的利率债在 1% 利率下行的净价变化

(资料来源:Portfolio charts,笔者整理)

例如图 3-11 上端第一条曲线最左端表示的是，对于剩余期限 30 年的利率债而言，如果到期收益率达到 -3%，意味着利率若继续下行 100bp，债券价格将会上涨接近 60%，但如果这是一只正利率债券，如 3% 的到期收益率水平，那么利率下行 100bp 对应的涨幅仅有约 20%，从这里我们可以看出同样期限的负利率债券具有显著的相对优势。

当然，只衡量资本利得的变化对于高票息的债券而言并不公平，图 3-12 中加入了票息因素重新构建曲线。

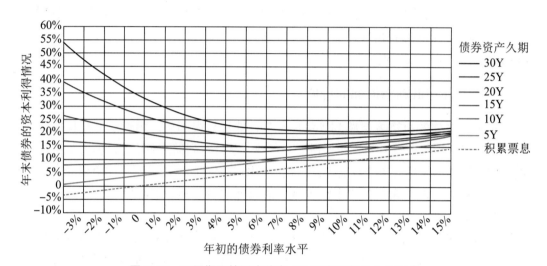

图 3-12　不同期限的利率债在 1% 利率下行的全价变化

（资料来源：Portfolio charts，笔者整理）

一个有趣的事实是：在利率下行 100 个基点的假设下，票息 -1% 的 30Y 债券回报率依然是 10% 票息的 30Y 债券的两倍。这似乎是有些违背常识的，合理的解释是，负票息债券因为期间应急利率为 0，现金流大幅集中于远期，因而有更高的久期和凸性，使其在利率下行环境中敏感度变得更高。

在图 3-13 中，我们把利率上行情景也加入情景模拟中，又有了新的发现：虽然超长期限的 -3% 的负利率债券在利率上行和下行情景中都展示出了明显的"非对称性"（利率下行 1% 价格上涨 55%；利率上行 1% 价格下跌 42%），但随着剩余期限的缩短，这种非对称性逐渐被蚕食甚至为负，如 10 年期的 -3% 的负利率债券利率下行 1% 价格上涨 9%；利率上行 1% 价格下跌 12%。我们可以试图理解为，或许是当投资的周期越短，买入时的到期收益率水平对实际的回报水平影响越大，负利率对资产所有者的"伤害"可能超过了高凸性带来的"甜头"。

总而言之，由于凸性的存在，长期债券在极低甚至负利率下的收入潜力可能比投资者意识到的更大；同时在风险结构上呈现更强的非对称性。

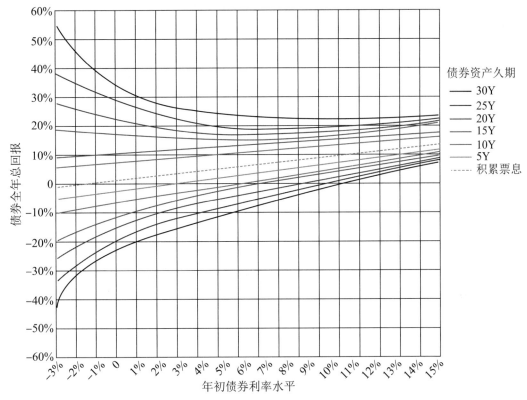

图 3-13　不同期限的利率债在 1% 利率变动下的价格变化

（资料来源：Portfolio charts，笔者整理）

（三）调整凸性主要工具

1. 利率曲线策略的凸性

观察 Wind 全部存量国债久期与凸性数据，能够看到随着久期的增长，凸性以更快的指数增长（理论公式也能证明）。这也可以解释我们前面提到的哑铃型策略的凸性强于子弹型策略，介于两者之间的则是阶梯型策略。

而拓展到整个曲线策略，以做平曲线为例，买入 10Y 利率债卖出 5Y 利率债，虽然可以保持久期中性（1∶2），但同样会有来自凸性导致的误差（10Y 的凸性大概是 5Y 的 3 倍多），让该策略表现出"正凸性"（net long in convexity）。

2. 含期权结构信用债的凸性

含期权的信用债一般指可回售债券或可赎回/延期债券，含权债的重要功能便是进行组合凸性和静态收益水平的转换。以 2+3 年剩余期限为例，可回售债券（putable bond）上涨空间接近 5 年期信用债的，下跌空间接近 2 年期信用债的；可赎回债券（callable bond）上涨空间接近 2 年期信用债的，下跌空间接近 5 年期信用债的。当然，后者往往具备更高的到期收益率水平。而投资者需要思考的是，你愿意让渡多少票息来获得这种更优的含权结构？这与哑铃及子弹组合的权衡思路一致。

关于该类内嵌期权债券的情景及策略，第五章我们讨论信用债的时候还会展开。

3. 类固收产品具有的凸性

以可转债和可交换债为例。转债内嵌的股票期权具备高凸性特征（Gamma）特征，与债券凸性的概念类似。这类资产之所以具有"进可攻，退可守"的优良品质，源于其隐含的"二元正凸性"，即凸性增强分别来源于正股的看涨期权和纯债的回售权。同时考虑到转债和可交换债具备高凸性、低票息的特征，理论上与可赎回债券搭配构建组合，是否能实现凸性和静态的相对均衡？或以其中一类资产价格为锚，近似求解另一类资产凸性，进而购买被错误定价的凸性特征资产？或许问题的答案需要留给长期实践去观察。关于可转债，我们将在第六章集中展开讨论。

4. 债券类衍生品的凸性

以国债期货为例，期货多头具有负凸性。由于一篮子交割券存在，期货临近交割时将收敛于 CTD 价格，导致期货理论价格无论涨跌，都跟随一篮子里现阶段"表现最差的国债"（相当于 short CTD option）；反之国债期货空头由于隐含转换期权具有正凸性。下一章节我们会讨论国债期货相关策略。

曾经市场上比较主流的策略是，做多 30 年国债同时用 10 年期国债期货空头对冲利率敞口（忽略流动性冲击和交易成本），考虑保证金占用后该组合头寸到期收益率仍在 3.5% 以上。如果不完全对冲，收益率还能更高（甚至超过部分 AAA 评级的 3 年期信用债）。

通过以上案例，大概可以总结，凸性的变化主要来源于债券票息的分布结构、隐含期权的条款和类型等。

三、宏观利率相关的随笔漫谈[①]

宏观利率分析涉及的背景和因素都比较复杂，下面从经济短期扰动因素（一是 2019 年强台风对经济增长节奏的干扰；二是 2020 年新冠感染疫情对经济和资产价格的影响）出发，加以分析。

（一）高频数据复盘：台风对工业和经济的影响

2019 年 10 月，滞涨压力陡增，股债表现都比较弱势。通胀因子已经成了制约货币政策空间和资产价格的主要矛盾，关于这方面的市场研究已经十分详尽，这里不做展开。下面讨论一个相对冷门的宏观话题：台风对工业和经济的影响。

1. 8 月经济数据疲弱，是台风导致的吗

长期以来，国家统计局除了本职工作外，还有一项重要职能——解读经济数据，特别是在经济下台阶时做好解释说明。而常见的负面因素主要包括自然灾害、贸易摩擦、

---

① 本节内容由公众号"劈柴胡同"2019 年 10 月和 2020 年 2 月的两篇文章整理而成。

短期扰动、结构调整等。2019年8月份工业企业利润不及预期，统计局官方解释为台风原因。

从逻辑上来说这样的解释是比较合理的：一是台风"利奇马"的强度达到1949年以来前三，台风滞留时间也能排到第六；二是沿海区域是中国经济的核心引擎，出现自然灾害对经济的扰动更大。

那么台风对经济影响的路径和程度究竟如何？下面我们从几个细节开始讨论。

2. 发电量和终端需求的背离

台风对经济活动产生扰动的证据之一，便是发电量与工业增加值产生背离，历史上看这两项指标同比数据趋势比较一致。而8月份工业增加值明显下行，发电量非但没有下行，反而明显上行（见图3-14）。从图3-14可知，2019年以来除8月外，其他月份两项数据趋势相同。这里我们不妨提出一个猜想：受台风扰动较多的工业门类用电量较少，但这些门类对工业增加值的拖累效应依然存在，因此导致了背离。

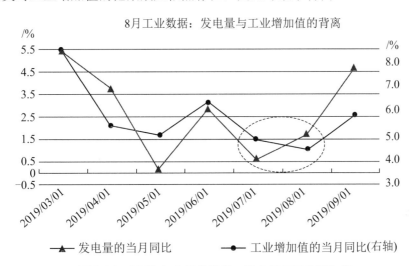

图3-14　2019年8月的数据：发电量与工业增加值

（资料来源：Wind）

以下对当时分行业的工业增加值数据进行简单处理，用2019年7月份（未受灾）数据减去2019年8月份求得差值，得到图3-15，可知某个门类对总量的影响。

如图3-15所示，交运排名第一并不意外，受台风影响，沿海部分城市的航运和空运状态几乎瘫痪，这也间接上导致了依赖港口渠道进行物流运输的部分行业，如煤炭、有色金属等。除此之外，大部分受到扰动的门类均为轻工业部门（见图3-15中加深部分）。考虑到轻工业相对重工业用电量更少，因此虽然以上行业对工业增加值拖累较大，但对发电量影响相对有限。

第二个证据则来源于出口订单和交货值的背离。需要说明的是，相对第一组背离历史上的高相关性，本组数据在历史上的吻合度略差，因此结论的置信度可能需要打些折扣。但由于同样是2019年以来最明显的一次"剪刀差"（见图3-16），故列示供读者参考。

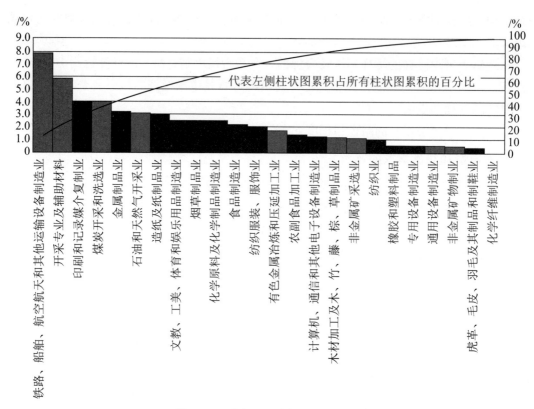

图 3-15 受台风影响较大的行业观察

（资料来源：Wind）

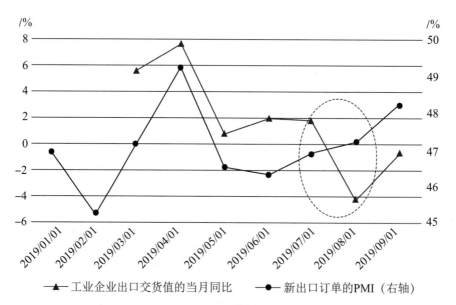

图 3-16 2019 年 8 月工业数据：出口订单和交货值

（资料来源：Wind）

从图 3-16 可知，8 月份出口订单和交货值背离，一方面，8 月出口交货值明显回落，这说明生产和交收减少；另一方面新订单的 PMI 其实是回升的。根据以往经验，新订单回升，往往出口交货也会上行，但这次背离了，表明虽然生产活动受到了扰动，但终端需求可能并不差。这也可以解释为，虽然 8 月份的数据并不好看，但彼时债券市场仍然处于持续调整的状态，对表面上的"利好"信息非常钝化。

3. 分省数据的验证与猜想

如果台风只是经济活动短期的扰动因素，并不会改变实际的供需格局，那么剔除掉台风影响因素后，宏观经济的趋势如何？2019 年 10 月 18 日，国家统计局公布 9 月工业增加值同比增速 5.8%，前一个月该值为 4.4%，Wind 的一致预期显示该月的工业增加值为 4.9%，可见，9 月工业增加值大幅超越前值及预期。

国家统计局指出："虽然同期公布的三季度 GDP 继续下滑至 6%，但更高频的工业增加值数据显示了经济的韧性及结构上的改善。"

根据前文的推断，笔者认为更确切的表述应该是"下半年以来经济动能显示持续复苏迹象，因此台风扰动过后，9 月数据产生明显的均值回复"。下面我们用 2019 年 9 月份的部分省（直辖市）数据来尝试验证"均值回复"的逻辑（见图 3-17）。9 月的省（直辖市）内工业增加值增速减去 8 月的差值，乘以该省（直辖市）的工业部门经济体量权重，这一结果再除以全国范围内 9 月减去 8 月的工业增加值增速的商，即该省（直辖市）9 月工业增加值增速差。

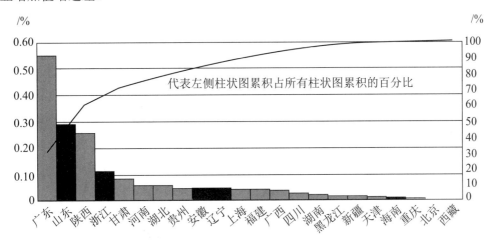

图 3-17　2019 年 9 月部分省、市、自治区工业增加值增速差

（资料来源：Wind）

图 3-17 对 9 月份工业增加值总量的反弹做了一个简单的归因分析。需要说明的是，由于工业增加值月度分省（直辖市）数据缺失，用 GDP 的第二产业增加值分省（直辖市）数据近似替代，求得各省（直辖市）工业体量的权重。其中主要受灾省份（浙江、山东、江苏、安徽、辽宁，图 3-17 中加深部分）除江苏外对 9 月的总量反弹均为正贡献。这似乎可以说明，9 月工业增加值的反弹相当程度上是由于受灾区域生产活动恢复导致的均值回复。

这里还需要对广东的例外情况做出解释，虽然该省也曾经历台风"杨柳"和"剑鱼"

的袭扰，但级别毕竟较低，2019年的台风并不比往年更严重，从而引出一个新的问题：为何受台风扰动有限的广东在9月份出现了指数级别的工业增加值反弹？

从省（直辖市）经济依存度和供应链的视角，或许可以帮助我们理解广东出现这种现象的原因。2019年以来，部分省市工业增加值同比与广东省的相关性如图3-18所示。图中受灾省份标黑。

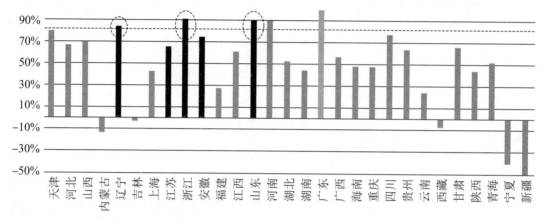

图3-18　2019年部分省市、自治区工业增加值同比与广东省的相关性

（资料来源：Wind）

从2019年的情况来看，受灾的五省（图3-18中深色部分）与广东的工业增速都比较同步，特别是浙江和山东两个经济大省，相关系数均在90%以上。因此对于广东工业增加值反弹一个可能的理由是：广东和浙江、山东等受灾省份，经济依存关系（供应链上下游）相对较大。这些省份的受灾，也影响了广东的生产活动。例如很多生产所需零配件，一旦无法供应，生产活动可能就得暂停。另外台风对受灾省份物流运力的影响（见图3-19），也可能间接导致广东的出口活动受到阻碍。

图3-19　2019年9月份台风过境对物流运力的影响

（资料来源：知丘）

当然，仅通过相关系数还无法甄别是因果关系还是同一因素引致的两类结果。以上的分析和结论还需要进一步的微观数据支持。

4. 总结与展望

第一，剔除台风的扰动因素后，2019年7月份以来工业增长和经济动能可能并没有高频数据表征的那么差（但广东问题的解释并没有实证）。

第二，类似的自然灾害对经济影响的路径主要是制约生产活动，但如果观察到生产弱、订单和用电强，则可能存在预期差。

第三，9月工业增加值的反弹与其说是经济微观结构的改善，不如说是台风扰动后的均值回复。

第四，如果能掌握各省区域间产业结构的关系，通过实地调研，大致可以用经济依存度的思路对未来经济动能进行预测和推演。

展望后市，虽然三季度经济动能的反复可以部分归因于自然灾害，但景气度改善的证据仍然不足，且当年9月工业企业利润数据并不理想。一方面9月工业增加值反弹，总量层面有支撑；另一方面，9月PPI同比走弱，价格上有拖累，从而影响了企业利润。2019年三季度PPI与企业盈利的走势如图3-20所示。

另外，货币政策短期被滞涨预期制约，而财政政策同样缺少空间。2019年两会的财政预算在考虑到减税因素后定下的收入和支出的目标增速分别为5%和6.5%，但1—9月实际完成增速分别是3.3%和9.4%，即实际的收支缺口远远大于计划的收支缺口。如果财政减税的效果无法在企业利润上得到落实，可能还会影响就业和居民收入。

国家金融与发展实验室理事长李扬称，由于大规模减税降费，我国财政收入减少而财政支出大规模反弹。

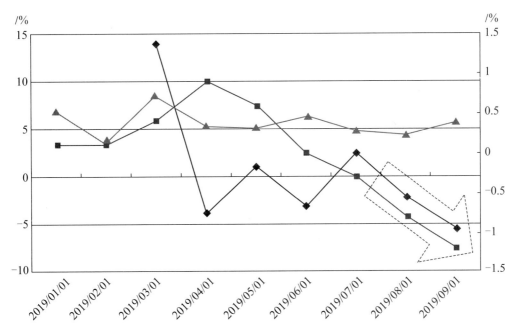

图3-20　2019年三季度PPI与企业盈利的走势

（资料来源：Wind）

（二）新冠感染疫情危机中的对策：卖空股票不如做多利率债

2020年年初，新型冠状病毒蔓延全国，公众的恐慌和焦虑情绪较为显著。同时，虽然包括湖北在内多数省份将开工日期延迟到当年2月10日以后，但第二日交易所仍正常开市，根据主流机构预测A股一波持续暴跌似乎在所难免，特别是大消费和交运类板块。春节期间，提前开市的恒生指数和富时A50已经有所反应，出现明显下跌。

事实上，从假期全球资产市场表现来看，以美股和日经指数为代表的海外权益市场同样下跌，同时全球利率类债券收益率普遍下行（30Y美债突破2%），黄金上涨。这也意味着2019年以来因各国货币政策趋同而导致的大类资产相关性抬升暂时告一段落。而"黑天鹅事件不以投资者的意愿为转移，资产管理的核心价值在于专业化的应对，而不是预测"。

本节我们尝试从股债对冲的角度给出近期应对的一些思路，特别是基于利率债与股票在这种风险偏好大幅强化的环境下可能存在的负相关关系进行探讨。

1. 股债相对走势的复盘

作为国内体量最大的两类资产，股债相对走势一直被投资者关注。按照大类资产配置相关理论，股票是经济增长因子的映射，债券（以下主要指利率债）是无风险利率和通胀因子的映射。经济增长好往往意味着全社会预期资金回报率升高，同时伴随温和通胀，因而股债存在理论上的"负相关"。但2019年三季度以来，市场走势并非如此（见图3-21）。

图3-21 国债期货和股指期货相对走势

（资料来源：Wind）

从2019年9月到年终，股债期指呈现明显的正相关走势，且节奏几乎高度一致。行情主要分为两个阶段：第一阶段是9月和10月食品通胀持续超预期（猪肉价格权重同步抬升），滞涨担忧导致股债双杀；第二阶段是11月和12月食品通胀预期逐渐回落（形成一致预期），市场关注焦点回到库存周期切换和PPI环比数据，叠加央行多次宽松举措，股债同时开启一波估值修复。

2020年1月,随着新冠感染疫情逐渐升级,市场风险偏好迅速下降,股债重新开始分化走势。下面我们来观察更长历史周期中的股债走势(见图3-22)。

图3-22 更长周期中的股债走势

(资料来源:Wind)

从历史复盘的角度看,十年来股债最明显的两次共振来源于2013年钱荒和2014—2015年的水牛行情,而在中美贸易摩擦升温时转为明显的"跷跷板效应"。

根据历史规律得出结论:当流动性或通胀成为主要矛盾时,股债偏向共振;当增长预期(信贷社融)或避险情绪成为主要矛盾时,股债反向。

2. 流动性与增长的简单归因

正如上文我们所讨论的,如果能找到股债相对走势背后核心的"共振因子"和"反向因子"并近似计算其理论值或做出预测,对于投资者而言至少有三个应用:一是对大类资产战术配置调整和择时提供参考;二是优化相关性矩阵,组合波动率估计更准确;三是应对突发事件冲击时,丰富风险对冲工具。

下面我们通过股债资产价格表现来进行简单归因。

图3-23为根据股债相对走势"倒推"出增长预期和流动性的理论贡献值,虽然这样处理数据相对粗糙,但至少提供了一种思路:根据资产价格走势的差异进行"反向归因"。

可以看出,流动性对权益资产走势的贡献逐步增加,而经济增长开始了"断崖式"拖累。

如图3-24所示,对债券的影响则刚好同向:流动性持续正贡献,增长预期迅速收敛同样正贡献。这里笔者有一个设想:或许可以根据中证转债成分券对应正股,按市值加权后编制"中证转债正股指数",而正股指数与中证转债的走势差异可以被解释为"股票投资者和债券投资者的预期差"。

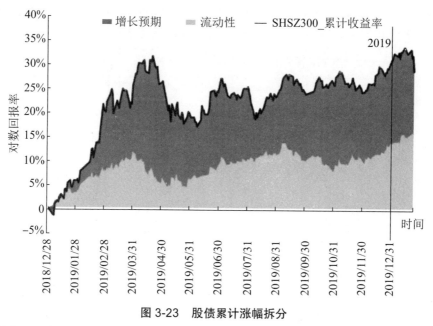

图 3-23　股债累计涨幅拆分

（资料来源：中金研究）

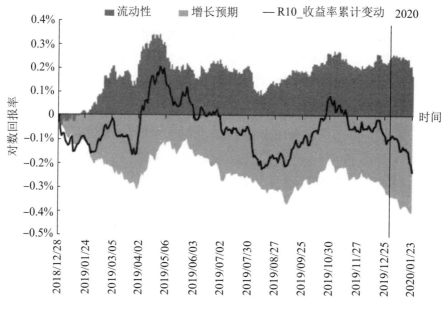

图 3-24　债券利率累计变化分解

（资料来源：中金研究）

除了流动性和增长，股债还有一项重要的共振因子，参见网络流行的打油诗："汇率跌，我就升，利率平价同根生；汇率升，我不跌，外资买入才是爹。"

3. 为何卖空股票可能不如多利率债

汇率方面，根据 2003 年 SARS 的经验判断，由于进口需求下滑速度超过出口限制的影响，反而可能保持稳健（但似乎外资并不买账）。而考虑到目前市场对开盘后的股债走势已经形成了方向上的一致预期，同时由于避险情绪大幅升温，暂时取代流动性（监管层也有表态）成为主要矛盾，股债短期明确的负相关走势似乎已成定局。

对于已持有权益仓位的投资者而言，退到安全地带有两种办法：大幅减仓股票或开空股指期货套保；直接配置超长期利率债或开多国债期货。

表 3-1 为笔者按照相关系数推测的涨跌幅。

表 3-1 按照相关系数推测的涨跌幅

参数假设	10Y 国债	30Y 国债	上证综指	创业板指
长期波动率	2%	4%	20%	40%
恒生国企跌 7%	0.7%	1.4%	-7%	-14%

这里假设股债相关系数为 -1，波动率按 10：1 计算，则十年期国债到期收益率（简称"十债YTM"）下行 10bp 意味着上证回调 7%。以此为基准对比空股和多债的相对价值。

这里存在两个问题：一是根据节前最后交易日数据，上证 -2.75%，十年期国债 +0.54%，笔者倾向于认为是流动性宽松导致股指"少跌"了一些，类似的误差节后依然存在；二是股债相关系数并不稳定，特别是在外资成为重要边际交易力量时。

以上示例的意义在于，对于需要调整组合风险敞口的投资者，通过计算股债对冲临界点的理论值，可以近似求得最优的风险管理方案。同时可以进一步纳入商品期货进行测算比较，从而实现风险对冲的"分散化"。以下我们从"非典"时期的历史行情来看空股和多债的对策比较，如图 3-25、图 3-26 所示。

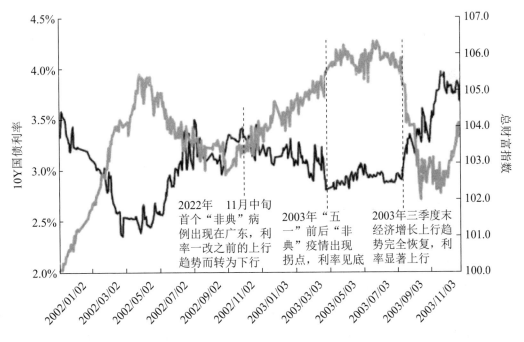

图 3-25 "非典"期间利率债走势

（资料来源：中金研究）

从债券走势来看，整个"非典"疫情期间，经济恢复之前，资产价格波动率并未出现大幅变化，呈现稳定上行状态。

从股票走势来看，"非典"疫情初期波动率迅速放大，"非典"疫情出现拐点时波动率收敛，港股率先反弹。

为何股票相对债券会更快调整到位？笔者认为这可能源于投资者行为的非对称性，即相同比例的损益中，亏损的负效用更大（人性的恐惧比贪婪或自信释放得更快）。如果本轮行情中出现了类似的走势特征，则可能出现"空股不如多债"的阶段性机会。

图 3-26　"非典"期间国内股票走势

（资料来源：中金研究）

4. 海外市场利率债对冲股票的实践

从美国债券和股票的情况来看，由于过去二十年美联储成功地抑制了通货膨胀，并将通货膨胀的预期水平保持在相对稳定的区间，进而导致影响股债变动方向的宏观风险因子以经济增长和风险偏好为主（见图 3-27），通胀与流动性退居次席。更重要的是，在这一相对稳定的负相关环境下，长期限利率债展示出了能够有效对冲投资组合中股票风险的优势功能性特征，也因此促使了利率债期限溢价的大幅下行。

从图 3-27 来看，美股与美国联邦政府 10 年期债券在 20 世纪 60 年代到 20 世纪末展现了明显的正相关关系，而进入 21 世纪以后开始维持更显著的负相关关系。而这一关系的转变与美联储对通货膨胀的控制密不可分。而根据传统理论，股债变动方向与宏观政策的映射关系主要分为四种情况（见图 3-28）。

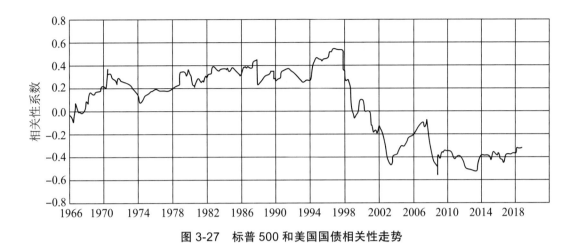

图 3-27 标普 500 和美国国债相关性走势

（资料来源：彭博）

四种情境下对股票和债券的影响

资产价格影响	（1）高通胀预期	（2）鹰派的货币政策	（3）强劲的经济增长	（4）较高的风险偏好水平
股票	消极	消极	积极	积极
债券	消极	消极	消极	消极

图 3-28 标普 500 和美国国债相关性走势

（资料来源：彭博）

第一种情况，美联储为了应对通货膨胀率超预期的上升，出台相对紧缩的货币政策，使得债券的利率水平上升，同时对应名义利率水平上升，进而导致股票的折现率和风险溢价上升。

第二种情况，央行采取了更硬派的政策取向，可能是持续回笼流动性或者停止资产购买，资产负债表由扩张性改为收缩性，在这种情形下实际利率水平抬升，对股债资产价格的传导路径和第一种情况类似。

第三种情况，对经济增长的前景预期有所改善，资本回报率、融资需求同步提升，同时央行曾经宽松的货币政策也难以持续，此时利率水平会明显上升，但对于股票而言更好的期望收入及盈利增长将抵消更高利率带来的影响，从而表现为股涨债跌。

第四种情况，投资者的风险偏好发生改变，投资者倾向于持有高风险资产，这种变化可能来源于投资者预期回报水平的提升，风险容忍度提高或是整体大类资产的风险水平下降。不管是什么原因，都会导致股票价格上涨（作为高风险资产被抢购），而债券价格下跌（作为低风险资产被抛售）。

而由于美联储长期稳定的货币政策预期和通胀管理能力，让后两种情况成为近年来的主流,而这一状态也对利率债券的期限溢价产生了深远影响,即如果投资者相信股债的负相关关系可以线性外推,那么他们可能不介意债券的风险溢价为负(毕竟股指期货的风险溢价为负),因为一个负期望收益同时带着债券对股票的对冲作用,而这种对冲作用显然在中长期限的利率债上表现得更为显著,从而使它们在组合中可以发挥的作用大于短期限的货币市场工具。

5. 构建股债对冲组合的可能性初探

既然在特定阶段股票和利率债存在一定的负相关关系,那么使用利率敏感型股票和长期利率债构建类风险平价组合,是否可以在保持一定静态收益的同时提高长期夏普比?

从利率敏感型角度看,对冲方面使用银行股和保险股效果较好(参见第一章介绍的与利率的关系)。

以下笔者使用模拟组合对该策略进行简单回测,比较基准为偏债混合型基金指数,组合业绩情况如图 3-29 所示。

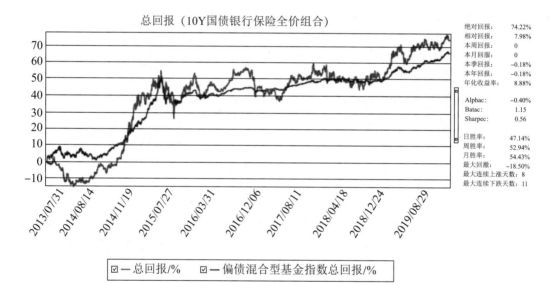

图 3-29 利率债与利率敏感型股票的模拟组合走势

(资料来源:Wind)

可以看出,该组合基本拟合了与全市场混合偏债基金类似的风险收益特征,存在的差异及可能优化的方向包括以下几个。

第一,模拟组合波动率更高,同时超额收益也更明显,加入定期再平衡后可进一步平滑。

第二,保险指数成分股包含部分非银小票,剔除后可进一步降低最大回撤。

第三,实践中可考虑使用 50 年国债替换 10 年国债,进一步提高组合凸性同时增加权益预算。

第四,股票和转债的一级市场打新申购可带来低风险增强收益。

第五,如果股债相关性预测框架可以提供主动择时参考,则能进一步提高夏普比。

经过以上策略优化后，该组合有机会获得不错的风险调整后收益。

虽然时至2022年，新冠感染疫情依然影响着我们的正常生活，但纵观人类社会曾经历的各种苦难与挑战，最终都演化为了科技进步和体制迭代，成为经济长期增长的新动力。因此我们有理由相信，即使伴随着新冠感染疫情常态化，宏观经济依然可以保持一定的增长韧性，同时从结构性视角看也会有更多适应"新经济常态"的产业发展方向成为增长的核心驱动力。

下节作者整理归纳了一位同业老友在2020年度对新冠感染疫情与宏观经济走势的若干点评，为投资者提供参考。

四、后新冠感染疫情时代经济基本面的相关评论[①]

作为利率债资产价格影响因素的核心变量，宏观经济基本面长期受到投资者的关注，对其理解也可谓是"千人千面"。从居民收支和消费行为、GDP核算、供需结构性失衡、进出口和经常账户再到金融市场流动性，都是宏观基本面在不同维度的投影，特别是新冠感染疫情，对人类社会和经济发展的模式产生了深远的影响，进而改变了传统利率的分析框架。本节我们从宏观分析师的视角出发，对新冠感染疫情对经济的冲击脉络、长期结构性问题和对大类资产市场的影响进行复盘和讨论。

（一）新冠感染疫情的长中短期影响（2020年3月）

毫无疑问，2020年的这场新冠感染疫情的传播节奏超出了大部分专家的预期。1月看，觉得这场疫情几年一遇；2月看，觉得它几十年一遇；3月看，说它百年一遇可能也没人有异议。

尽管单纯看致死率和R0[②]，更厉害的病毒比比皆是，但恰恰这样的致死率和R0结合起来，再加上潜伏期传染、无症状感染，以及便捷的讯息传播等，使得病毒对人类社会运行形成了巨大的冲击。

在和平年代，很多人，恐怕是第一次感慨现实中的人类社会原来果真如此脆弱。而疫情从一开始就不是一个经济金融事件，目前看其影响也远远超出了经济金融的范畴，但这里我们仍然从经济金融角度来分析一下它的长中短期冲击。

根据IMF官网信息，最新的世界经济展望还是2020年1月20日，当时的判断是初步企稳，完全没有考虑新冠感染疫情冲击对中国经济增速的预测还有上修。投行研究进展比较快，已经有不少深刻的分析。这里尽量谈一些市场讨论不多的，避免重复。

1. 对长期经济的影响

长期经济潜能的关键驱动，一般包括劳动人口的数量和就业培训、技术进步的速度、

---

① 本节主要内容来自公众号"金叨记"2020年的相关文章，作者进行了整理归纳。
② R0：一般指基本传染数，指在没有外力介入，同时所有人都没有免疫力的情况下，一个感染到某种传染病的人，会把疾病传染给其他多少个人的平均数。

推动技术进步的制度安排,以及土地、机器、厂房、资金等资本类要素的存量和使用效率,等等。

可能大家讨论比较多的,是由于新冠感染疫情出现影响民间投资,从而影响未来几年的资本存量,进而影响长期增长。但个人认为,今年不投资,明年增加投资,那么3~5年跨度内的长期经济潜能受到的冲击应该是可控的。

事实上,另外两个渠道的影响可能更为关键。一是此次新冠感染疫情可能加剧供应链的本土化,对国际分工造成不利影响。其原因,既有经济层面的考虑,也有政治层面的考虑。因此从这一角度看,新冠感染疫情可能与美国制造业回归战略以及贸易摩擦异曲同工。二是从最新各个国家的应对看,此次疫情很可能导致一些国家政府部门债台高筑,并迫使在疫情结束后节衣缩食,同时也限制政府在其他重要领域的投资,从而影响长期经济增长。

也是基于这两点,本次新冠感染疫情对经济的长期影响是切实存在的。在目前的资产价格和估值变迁中,也许存在这方面的考虑。但需要强调的是,就短期金融市场而言,超过正常幅度调整的影响一定也是存在的。

2. 对中期经济的影响

新冠感染疫情对中期经济的影响也有两点。

一是新冠感染疫情持续时间足够长,伤害了企业的生存。这样,当疫情结束之后,企业很难快速组织生产,本国经济活动也比较难以恢复,但本国需求的恢复是切实的,那么供需之间的缺口,就由那些疫情恢复较快的国家,或者对本国企业保护较好的国家来弥补了。

二是新冠感染疫情冲击金融机构。历史上,没有金融机构倒闭的经济衰退,往往持续时间较短;一旦金融机构出了问题,衰退的时间就会显著拉长。

从目前许多国家的应对来看,尽管仍然存在很多的不确定性,但大多数国家或者主要国家,能够较好地保护本国企业和金融机构。非常时期,行霹雳手段,是没有办法的事情,未来新冠感染疫情结束,非正常举措撤出就好。

3. 对短期经济的影响

新冠感染疫情对短期经济的影响,相关讨论最多:全球贸易断崖式下滑,投资活动断崖式下滑,居民消费断崖式下滑,存货也断崖式下滑,经济活动不可避免深度负增长。

我们知道,未来中短期内最乐观的情况无疑是:在重要企业没有大面积倒闭、金融体系健康的情况下,短期内大家克服困难,随着药物降低重症率和死亡率或者疫苗的出现,经济和人类活动重新恢复至新冠感染疫情之前的局面。但是,疫情通过全球分工、扩张政府债务等渠道对长期经济的损害是难以弥补的。

金融市场的分析相对简单(见图3-30)。短期由于经济休克,引发了社会恐慌和资产市场流动性危机。财政货币政策对新冠感染疫情控制当然没有帮助,但其能够起到救助的核心作用。救助弱势群体,维持社会稳定;救助企业和金融机构,避免大面积倒闭。

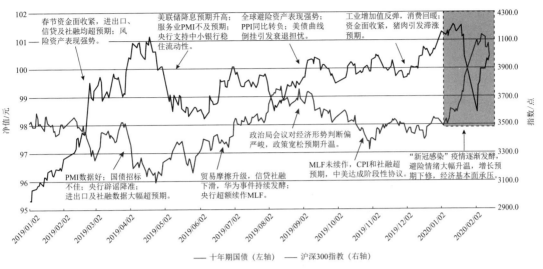

图 3-30　"新冠感染"疫情对大类资产的短期影响

(资料来源：Wind，笔者整理）

目前从一系列指标来看，流动性危机似乎有初步缓解。在此背景下，内外权益市场、债券市场，有望迎来反弹。部分市场的反弹幅度有可能很大，但更加确定的是，反弹很难抓，需要非常高超的操作能力和心理素质。部分市场的反弹虽然幅度不大，但相对更确定、更容易抓一些，例如人民币债券市场。

流动性危机的监测指标很多，间接指标包括美元指数、VIX指数、美债、人民币资产、黄金、大宗商品，直接指标包括美欧非银行机构回购利率、垃圾债信用利差等。

流动性冲击之后，基本面仍然会主导金融市场的走势，年内需求的下滑是切实的，未来新冠感染疫情结束以后，经济活动的反弹是可期待的。此外，长期经济受到的伤害是难以避免的。

尽管有许多制度安排层面的差异，但考虑到市场心理的重要性，基本面上的利空很容易被放大，导致短线的剧烈震荡。过去的经验并非总能派上用场，但如果观察仔细的话，其中应该总有一部分是能借鉴的。

（二）中美居民储蓄率与财富收入比的比较（2020年4月）

近期经济金融领域令人感到震惊的数据，无疑是美国公布的初次申领失业金人数。新冠感染疫情出现之前，该指标降低到了20多万的历史最低水平，但近年来有两周（2020年4月），该数据分别为330万、660万，翻了30倍（见图3-31）。

非常自然的想法是，在遭遇2月的经济休克、3月的外需崩溃后，国内的就业受到了多大的影响？

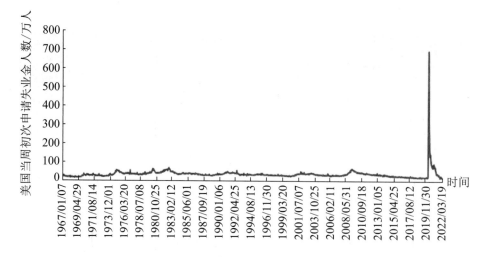

图 3-31　美国初次申领失业金人数

（资料来源：Wind）

微观反馈有很多，但对于决策和分析，宏观统计指标仍然非常关键。近年城镇调查失业率开始发布，这是很好的一个指标，频率一个月一次。很难想象如果没有这个指标，市场分析将何去何从。2月份，该指标大幅度攀升接近1个百分点，达到了6.2%。城镇就业总人口是4亿多，1个百分点意味着400多万城镇人口因为新冠感染疫情而失业。

如果失业率的上升只是一次性的，随后稳定或者下行，那么1个百分点应该是能够吸收的。像美欧国家，一次中等规模的经济衰退带来失业率上升大概就在1个百分点。2008年经济危机带来的美国和欧盟失业率的上升达到5个百分点。所以3月的城镇调查失业率数据表现非常关键。图 3-32 为 2018 年 1 月—2022 年 1 月的城镇失业率。

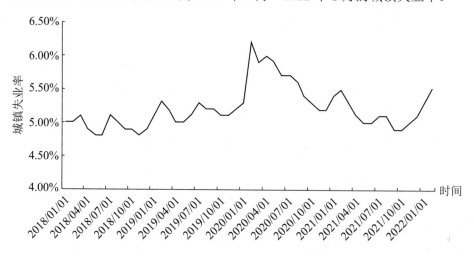

图 3-32　2018 年 1 月—2022 年 1 月的城镇失业率

（资料来源：Wind）

搜索指标也许提供了一个参考。2020 年 4 月，"失业金领取条件"百度搜索量翻了 10 倍（见图 3-33）。形态和美国首次申请失业金人数指标很接近。

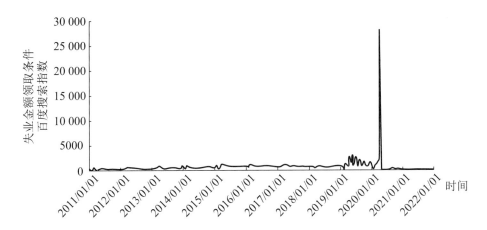

图 3-33　百度搜索热度—失业金领取条件

（资料来源：Wind）

不过这个指标的效力可能存疑。国家之间的制度和政策比较，可能对这个指标有重要影响。简单来说，信息传输非常发达，在看到美国的失业金领取人数暴增后，大家自然的想法就是国内是否也有类似的救济政策，于是对政策的关注程度明显上升。一个证据就是，该指标搜索量在 2020 年 3 月底美国数据发布五天以后突然暴增。所以，这个指标可能经济分析意义有待商榷，但政治和政策意义可能很大。

在这种情况下，政府常见的托底举措一般是两类：经济刺激政策和政府救济政策，而两类举措的关注点和落脚点也各有不同。

经济刺激政策需要考虑供给端与需求端的匹配，即是否存在真实的可刺激需求，以及新冠感染疫情下对应的产品或潜在产能供给是否充足，同时要关注通胀和人民币汇率，避免货币政策"大水漫灌"导致新的问题出现。

政府救济政策则要充分考虑区域间、城乡间、各类人群间的结构性差异，对政策执行者的精细化管理水平要求较高，需要"因城施策、因地制宜"，避免"一刀切"。市场对此也有比较深入的讨论，如《救济政策比刺激政策更为紧迫》中的观点。

就市场分析而言，考虑到大规模刺激政策的可能性很小，2020 年二季度经济动能弱势应当是确定的。这毫无疑问也会对大类资产市场产生影响，而且这种影响很难立刻完全反映在证券资产价格里，而是需要逐步反映的。

接下来讨论的是，在新冠感染疫情冲击下，个人能扛多久，中国老百姓是否真的会由于储蓄倾向高，比美国老百姓能扛？从消费习惯来看，在同样的新冠感染疫情面前，中国老百姓的抵御风险能力可能是更强一些的。

深入了解两国生活方式的人应该很容易回答这个问题。最直接、最方便的方法，无疑是做问卷调查，看看就业人群中，多少是无资产、无储蓄、月光或者日光族的。其次就是比较两国失业救济金领取人口的数量和比例，很遗憾国内这个数据的公布不是特别高频（一个季度公布一次）。

这里先从国民统计层面浏览一些数据。这些数据只能提供一些平均意义上的启发，例如平均水平高,意味着低点和高点都更高,但远不能替代自下而上的统计和分析。

首先是中美居民部门储蓄比例对比(见图3-34)。图中的数据显示,中国的居民储蓄比例确实显著高于美国,而且差距很大。这里有不少口径差异,例如有学者指出中国资金流量表里的储蓄,包括了单位帮居民缴纳的保险,而美国并没有,这导致了口径差异很大。但扣除这些差异以后,中国仍然大幅高出美国,这是没有疑问的。

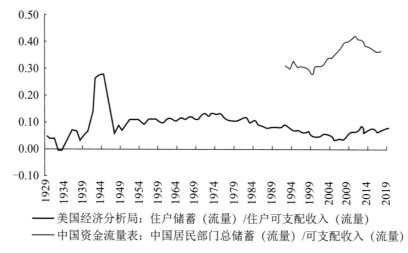

图 3-34 中美居民部门储蓄比例对比

(资料来源:Wind)

背后原因,有很多方面,诸如勤劳的品格等,但最核心的原因可能是过去40年的改革开放带来了巨大的财富,而老百姓总体上的消费习惯还没有来得及变迁。

简单对比"50后""60后"和"80后""90后"的消费习惯,就能够为这样的观点提供强大的支持。因为老一辈对饥荒仍然记忆深刻,年轻人则在和平与发展的时代大潮里长大。

这样看来,中国老百姓确实喜欢存款,囤积了约两年的可支配收入;但美国老百姓存款比较少,只有0.7年。

但是这个分析有一些明显的潜在谬误。

第一个潜在谬误是,中国金融深化差很多,美国老百姓买了更多的股票、债券、基金等类别资产。所以加进来以后,两国的居民储蓄率其实差不多。中美居民部门狭义、广义金融资产比例对比如图3-35、图3-36所示。这样看,中国老百姓就没有那么大的优势了。

不过较真起来,存款的优势还是大一些。最近美国金融市场的流动性危机,很大程度上可以理解为企业和居民在金融市场的挤兑。一下子经济休克,大家都要现金,那就只能把股票抛售了。同样的股票,一个人卖,价格10块钱;两三个人一起卖,就只值7块钱了。

第二个潜在谬误是,中国居民部门按揭负担这几年上升比较快,所以别看中国居民手里有点钱,但是每个月的按揭本息很高,中美居民贷款负担率对比如图3-37所示,中美居民考虑贷款负担率后的广义储蓄比例对比如图3-38所示。

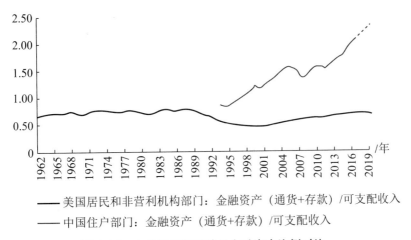

图 3-35 中美居民部门狭义金融资产比例对比

(资料来源：Wind)

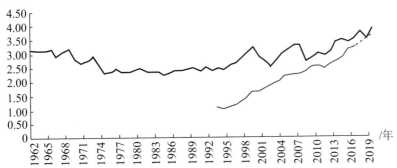

图 3-36 中美居民部门广义金融资产比例对比

(资料来源：Wind)

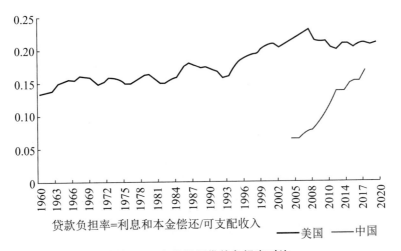

图 3-37 中美居民贷款负担率对比

(资料来源：Wind)

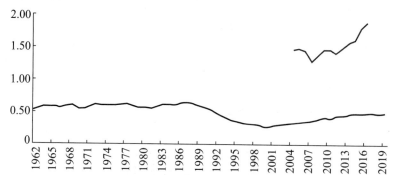

—— 美国居民和非营利机构部门：金融资产（通货+存款-利息和贷款本金偿还）/可支配收入
—— 中国住户部门：金融资产（通货+存款-利息和贷款本金偿还）/可支配收入

图 3-38　中美居民考虑贷款负担率后的广义储蓄比例对比

（资料来源：Wind）

这一讨论无疑很有价值。仔细估算便可以发现，中国居民按揭负担增长确实很快，但绝对水平似乎还是比美国低一些。剔除这一影响后，单纯论手里现金和存款的充裕度，中国老百姓还是更高一些。

国外有按揭延迟偿还的政策，背后的逻辑就在这里。延迟偿还房贷，能够缓解有房阶层的按揭负担，改善他们的境况，特别是避免一些极端情况，例如被迫抛售房地产来筹集现金的局面。房地产市场如果爆发类似挤兑，同样非常可怕。

更进一步讲，以上分析中，是拿财富与可支配收入去比。如果真的爆发更严重的情况，要去拼谁能更长久，无疑应当拿财富与粮食去比了。

简单计算可知，美国人均现金和存款，可以买大概 7000 个麦当劳巨无霸（按照本地价格，2018 年为 5.3 美元/个）；然而中国老百姓只能买 5000 多个（按照一般价格，大概 20 多元钱）。数据反转，原因是我们的恩格尔系数高。美国老百姓的钱，跟可支配收入比，不多，因为有很多其他的服务和娱乐，但是如果情况紧急，他们只买巨无霸，那还是能买更多的巨无霸的。这么说，我们的优势也就没有那么明显了。而国民统计层面的数据，只能给个平均意义上的概念。更加关键的无疑还是做好失业救济，做好微观层面的调查统计。

（三）资产重估视角下的资产市场（2020年4月）

当宏观因素（经济趋势和重大外部冲击）主导市场的时候，资产重估分析框架对市场走势的解释力度便会增强。而从这一框架出发，能够很容易地理解许多问题，帮助投资者梳理逻辑中可能的错误和疏漏。

资产重估分析框架大概是 15 年之前在市场研究领域出现，由高善文博士的理论搭建。本节直接简单介绍并加以应用。

资产重估框架从一个实体经济的微观主体的特定时间内的资金的来源和运用的会计恒等式出发，然后添加一些关键的约束，最终形成包括有输入变量（主要是实体经济变

量和财政货币政策变量）、输出变量（主要是各类资产面临的资金涌入涌出）的一个理论等式，计算公式为

$$\Delta 借款_i + 收入_i - 消费_i =$$
$$\Delta 现金_i^* + \Delta 存款_i^* + 投资_i + \Delta 债券_i^* + \Delta 股票_i^* + \Delta 房地产_i^* + \Delta 海外净资产_i^*$$

其中，右下标的 i 就是指的实体经济的代表性微观个体，右上角带 * 的是输出变量，不带 * 的是输入变量。另外，所有变量都是流量，所以加了 Δ。收入、消费和投资，本身就是个流量概念，就不用额外加 Δ 了。

这个等式用起来很方便。只是需要合理简化，并且根据特定市场上的投资者结构做一些相应的调整。例如突然在宽松货币政策的推动下，或者监管政策放松的支持下，银行扩张了对实体经济的信贷支持。这对应着等式左边第一项（借款）大幅上升，并且为了简单化，分析问题的这段时间可以假定其他外生变量不变。

由资产重估等式，很容易就知道，微观个体的手持现金更加充裕了（右边第一项的现金），资金利率因而降低了。大家的存款充裕了，存款利率也会受到压制（考虑到存款利率管制，可以用影子存款利率，例如理财产品利率等指标来代替）。

债券市场略微复杂一些。微观个体手持债券增加，但考虑到事实上金融机构，特别是银行持有更多的债券或利率债，所以债券或利率债并不会收益率下行，反而由于银行大量投放信贷而面临一些上行压力。

股票市场上，资金涌入，同时信贷投放提振投资者信心，估值抬升推升价格。房地产市场面临的情况是一样的。这个时候，个体也会扩张海外净资产，例如偿还海外债务，增持海外股权等。

总体上，等式应用起来是非常清晰的。其他的各类冲击如何对该等式造成影响，这里就不讨论了。接下来直接用该等式讨论最近的市场表现以及一些重要问题。

第一，新冠感染疫情导致经济休克，以及其他更广泛的影响，如何体现在该等式上？

第一步先将等式简单做个变形。变形如下，把右边的投资$_i$挪到左边去，并且将收入与消费和投资的差，称之为过剩储蓄。变形公式为

$$\Delta 借款_i + 过剩储蓄_i(收入_i - 消费_i - 投资_i) =$$
$$\Delta 现金_i^* + \Delta 存款_i^* + \Delta 债券_i^* + \Delta 股票_i^* + \Delta 房地产_i^* + \Delta 海外净资产_i^*$$

然后将问题尽可能地简化。这相当于一个思想实验。可以假定，新冠感染疫情出现以后，等式左边的收入直接变为0，投资直接变为0，对应着现实中的工地停工、企业停产、全体居民居家隔离，但是消费不可能变为0。这样，等式左边的过剩储蓄就出现了暴跌的局面。本质上可以理解为大家都在"坐吃山空"。

事实上，企业对营运资金的需要更加关键，为了让等式更符合现实，可以对具体科目做一些合理的修正。这里就不去展开讨论了。在"坐吃山空"的背景下，企业和居民的应对是非常明晰的：向银行借款、消耗手持现金、消耗银行存款、卖债券、卖股票，乃至卖房子，然后从海外大规模筹钱，比如抛售海外资产。

然而在危机爆发的一开始，由于面对巨大的风险，商业银行是不愿意借款的。这样，等式右边各项资产领域面临的抛售压力就会格外严重。一直到中央银行作为最后贷款人强力介入，等式左边的 Δ 借款$_i$ 暴增，市场信心修复，等式右边的"失血"才开始停止。这实际上就是过去一段时间内外市场表现的内核，包括之前的流动性危机情况下的全球资产暴跌，和之后流动性危机缓解下的反弹。

基于此，我们还能理解其他一些政策的意义，比如大规模救济企业和居民，这主要是为了社会稳定和民生，但同时也附带地缓和了资产市场的抛售潮；比如允许按揭贷款的延期，这是为了防止房地产市场出现抛售压力；比如干预海外美元，也是为了畅通流动性供应渠道。

第二，债券市场的情况相对复杂一些，需要额外讨论。

例如在新冠感染疫情最初阶段，利率债收益率是下行的。核心是利率债的避险作用，以及利率债的投资者结构中有大量的金融机构。如果是大量企业和个人持有利率债，而非金融机构持有利率债，那么从一开始利率债就会面临抛售压力，而不是等到2020年3月9日流动性危机全面爆发以后。

除了利率债，还有信用债。供需双重打击下油价暴跌，给美国垃圾债市场带来了巨大的冲击。此外债券市场还有两个问题比较有趣，值得讨论。

一个是，新冠感染疫情引发经济衰退，是供需双弱，而在供需双弱的情况下，经济的中性利率怎么走？这个问题的核心是供需双弱的背景下，供需谁更弱。从目前GDP平减指数或者PPI的走向来看，需求的下滑比供应的下滑似乎还快一些。这似乎也意味着，新冠感染疫情背景下的中性利率可能是更低的。而新冠感染疫情对居民的心态的冲击，在更长期跨度内可能有助于提升储蓄倾向，从而压制未来的中性利率水平。所谓一朝被蛇咬，十年怕井绳；手中有粮，心中不慌。

另一个是，如何理解近期的收益率曲线的陡峭化？在前述资产重估恒等式中，金融系统的信用投放，与实体经济领域的过剩储蓄，是并列的。这意味着，无论是信用投放增加，还是过剩储蓄增长，只要看到资金来源的暴增，那么各类资产市场估值都会被推升。

但在实践过程中，有钱了，是买短端债券，还是买长端债券？这是有选择的，其取决于大家对资金期限的预期。如果我们认为手头突然多出的资金是短期限的，例如，在货币政策宽松的时候，我们就会犹豫说，这样的宽松可能是短期的，一段时间后经济就会回升，那么我们在买短端债券的时候就比较激进，买长端债券的时候比较犹豫，从而导致了收益率曲线的陡峭化。

而最近的债券市场就有这样的特点。这说明，大多数人的内心看法还是积极的。疫情总会过去，阳光总会到来。人类的生活方式，也许受到些许的冲击发生一定的改变，例如线上办公更多了，例如储蓄积累和提前消费更谨慎了。

言归正传，资产重估理论，是联系实体经济变量和资产市场变量的众多桥梁之一。在中国市场研究领域，一段时间内，几乎是最基础的、解释能力最强大的、知名度最高的桥梁。近年来大家似乎对此讨论得不多。原因可能有很多，比如随着市场研究的成熟，大家在实体经济变量与资产市场变量之间搭起了很多的其他的桥梁。这些桥梁更加简单、明了、易懂，方便实用。个人很长时间不用资产重估这个视角思考问题，很大程度上就因为此。许多推论，基于其他渠道和经验，都能更简易地获得，也就是说，资产重估分析框架太繁杂了，不便于理解。这一点，恐怕是毋庸置疑的。

笔者认为，资产重估分析框架的一个缺点是解释能力强大，但预测起来困难。这原则上算不上一个缺点。因为这个分析框架，本身就是将实体经济和政策以及其他事件冲击当成外生的，在给定这些外生变量的前提下，预测资产市场的资金如何运动。如果能够很好地理解实体经济，理解政策行为，再加上对重大事件冲击时市场心理的把握，有时候是能够做出一些合理预测的。

总体来说，投研工作是非常辛苦的。抛出一个很具思想性的观点，很多人都会，但为了验证这个观点，需要付出巨大的努力，数据收集、交互验证、历史研究。最后将研究结论落实到具体的投资策略上，权衡一下收益与风险。

（四）供需恢复谁更快（2020年5月）

前一段时间大家讨论在新冠感染疫情大体控制以后，经济总供应和总需求谁恢复得更快。这一问题的答案，对中短期的投资决策有比较重要的作用。如果供应恢复快于需求，那么商品价格可能会偏弱，适度的需求刺激政策有望见到效果；相反，如果需求恢复快于供应，部分领域可能出现结构性的通胀压力，那么需求刺激政策很容易受到掣肘。

回答上述问题，可基于对社交接触的依赖程度，将经济活动划分为不太依赖社交接触和高度依赖社交接触两种。前者包括农业生产、工业生产，特别是中上游的工业生产，以及各种线上经济等；后者主要是一些线下服务业，典型的是住宿餐饮、商品零售、房地产销售、居民服务、员工需要聚集的建筑业以及下游制造业等。

对于不太依赖社交接触的行业，直觉就可以告诉我们，新冠感染疫情大体控制以后，供应就会较快恢复，而且大概率来讲，供应恢复快于需求恢复，但这需要证据支持。对于高度依赖社交接触的行业，供需双弱的局面还在持续，但供应和需求谁更弱？直觉是无法给出答案的。

在不太依赖社交接触的行业，如果依据国家统计局公布的工业和支出法数据，其实能够很直接地得到类似的结果。2020年一季度部分经济数据如表3-2所示。由表3-2可知，工业增速在3月已经显著恢复，但是3月的固定资产投资和消费活动，特别是消费活动，总体仍然非常低迷。通过工业和支出法数据的对比，可知供应的恢复快于需求。

表3-2 2020年一季度部分经济数据

月份	工业同比	固定资产投资同比	社会销售品零售同比
1～2月	-13.5%	-24.5%	-20.5%
3月	-1.1%	-9.5%（测算）	-15.8%

但是如果考虑到工业和支出法数据，特别是支出法数据的可靠性不高，那么就得迂回寻找其他证据。一个证据是PMI：产成品库存。PMI：产成品库存在3月呈现的是堆积状态（见图3-39），也表明在制造业领域，供应恢复快于需求。

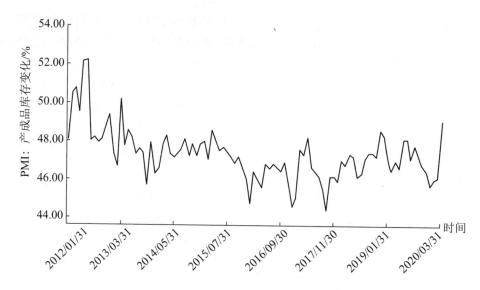

图 3-39 PMI：产成品库存变化

（资料来源：Wind）

另一个证据或者说方法就是观察价格，例如通过 PPI 观察价格。从图 3-40 可知，PPI 在 2020 年 2～3 月快速下行，3 月的 PPI 环比事实上已经和 2015 年年初、2018 年年底两个时期相当。那么，这是否表明供应恢复快于需求？

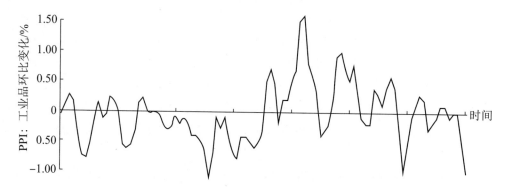

图 3-40 PPI：工业品环比变化

（资料来源：Wind）

一般情况下，它是可以说明的，但是恰好现在不是一般情况。因为这一波新冠感染疫情冲击和油价暴跌刚好叠加，而且油价暴跌，也不能完全归结为需求冲击，供应冲击同样十分显著。因此，PPI 环比下行这一证据，就受到了油价的"污染"，投资者无法区分 PPI 环比的下行，是受到了油价的拖累，还是反映了中国经济总供应恢复快于总需求。

如何解决这一问题？有两种方法。一种方法是努力剔除 PPI 下跌中油价带来的扰动。例如估算 PPI 中化工品的占比，估算历史上油价下跌对 PPI 的拖累程度。这需要一些计量手段，比较复杂，恐怕需要专家来仔细处理，但仔细处理完也不见得有明朗的结果。

另一种方法是观察那些受到油价扰动不大的代表性的产品的价格波动。例如观察螺纹钢（见图3-41）和水泥现货价格的表现（图3-42）。其优点是简洁明了，缺点是代表性可能不足，或者螺纹钢和水泥价格本身也会受到油价的间接扰动等。

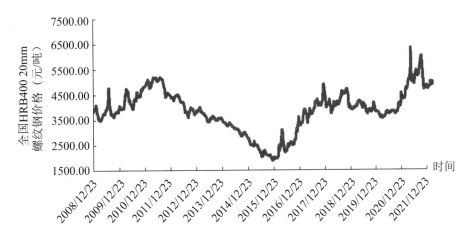

图 3-41　螺纹钢价格变化

（资料来源：Wind）

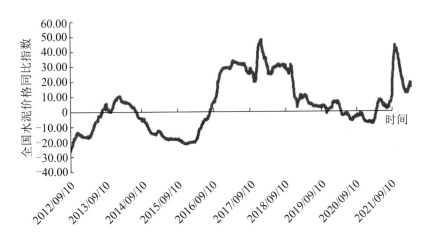

图 3-42　水泥价格同比指数变化

（资料来源：Wind）

观察钢铁和水泥价格，情况是比较清楚的，过去一段时间，在工业领域，供应恢复应当总体上快于需求的恢复。

可以往后看一段：外国新冠感染疫情冲击带来的经济休克，似乎还没有体现在中国的外需数据上；外国经济的重启也不见得一帆风顺。针对国外休克而出现的外需下滑，国内原则上也没什么有效的政策应对。因此，至少在可预见的短期之内，工业领域的供大于求可能不会快速缓解。

看得再远一些：未来在新冠感染疫情冲击大体消退的情况下，日前出台的一些货币宽松政策和刺激性政策，有可能使得经济短暂运行于潜在水平之上。这也许还有一些遥远，也存在许多的不确定性,过一段时间再关注应该是来得及的。

在高度依赖社交接触的行业,关键的价格衡量指标是服务业 CPI(见图 3-43),以及核心 CPI[①](见图 3-44)。无论是服务业 CPI,还是核心 CPI,过去一段时间都是弱势运行。这也表明,在高度依赖社交接触的行业,供需双弱,但看起来需求的弱势更加显著。

图 3-43　服务业 CPI 同比变化

(资料来源:Wind)

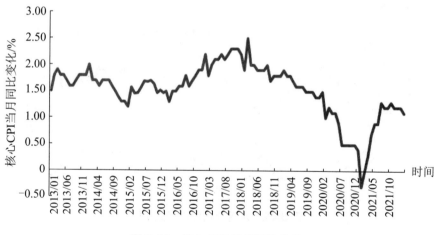

图 3-44　核心 CPI 当月同比变化

(资料来源:Wind)

看得更远一些:未来当新冠感染疫情结束以后,各类经济活动恢复,我们会否因为当前的大量企业,特别是中小企业倒闭,而出现一段时间持续的通胀上升?这种可能是存在的,需要留意和进行更深入的讨论。

---

① 核心 CPI:剔除食品和能源以后的 CPI。

（五）讨论出口超预期的两种解释（2020年5月）

在海外新冠感染疫情大面积爆发的情况下，大家预判4月中国出口要大幅度下滑。但事实是，4月公布的出口数据表现挺好，这明显超出了市场的预期。

对于这种结果，存在以下两种解释。

一是弥补国内经济休克期间损失的外贸订单。复工复产以后，此前不能接的单子，赶紧接了回来，并且3月没有补完，4月还在继续补。这一解释无疑有它的道理。但其问题在于，它是后向的。最大的批评就是，"解释过去头头是道"，但没法预测未来。我们很容易反驳的是，为什么需要3月和4月两个月才能补完，而不是3月一个月就够了呢？辩护是：因为新冠感染疫情冲击是史无前例的，所以一个月补不完，需要两个月才能补完，甚至不排除3个月补完（这实际上又可以为5月数据的不可预测开脱了）。

个人对这一解释的看法是：很难说它不对。

二是海外经济休克，导致了对中国产品的替代性的需求。这不仅仅包括口罩、呼吸机等医疗用品，还包括了许多其他的可贸易品。这一解释的吸引力在于，它有经验可循，而且经验恰恰就在一季度的中国进口层面。例如一季度经济休克的时候，中国也曾对海外产品产生了替代性的需求，从而导致2020年一季度中国进口数据十分坚挺，并且由于跨越了3个月，进口的坚挺应该很难用滞后性来解释。

这样，一季度中国贸易盈余的收缩，本质上就是一部分需求转移到了海外，特别是没有新冠感染疫情影响的、能够提供偏下游中间品和制成品（中游的很多原材料，国内并不短缺，事实上还供大于求，并体现在期间的价格弱势当中；偏下游的一些产品，国内投资和消费仍有需要，但期间本国无法足量生产，诉诸海外）的国家。这在进口细分品类数据上有迹可循。

基于这样的经验，能够得到一些预判：一是随着中国生产的修复，一段时间内，中国进口反而可能弱势。也就是说，增速上升，反而进口下行。二是在海外经济休克期间，中国出口可能总体偏弱，但由于替代性需求的增长，出口弱势的程度会得到减轻。4月便是这一预判的极端情形：不仅没有下行，反而上行了。三是未来新冠感染疫情得到控制，海外经济反弹的时候，反而中国的出口不排除会有阶段性下降的压力。

落实到投资层面，无论是订单弥补的解释，还是替代性需求，应该都是偏短期的视角。最终海外需求的下滑，还是会拖累中国出口，从而影响国内经济修复的节奏。

这里需要做一个补充。此前讨论过，从价格来看，一季度似乎很多领域供需双弱，需求更弱；但一季度贸易盈余的收缩显示，整个经济层面供需双弱、供应更弱。听起来很矛盾，背后原因在哪里？笔者认为，这不是框架的问题，是在框架细节的一些理解上存在瑕疵。

真相也许是，新冠感染疫情冲击下，有些原料领域以及服务业领域，需求下降大于供应，并体现在价格的压力当中。但同样也有不少的领域，例如日用品领域、办公用品领域，生产的收缩大于需求（见图3-45～图3-49），需要依赖大量的进口得到满足。

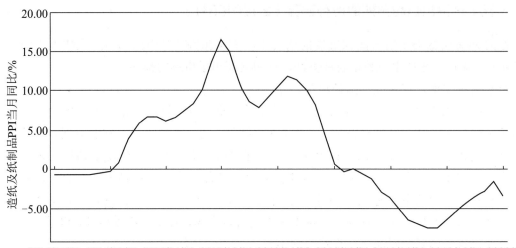

图 3-45 造纸及纸制品 PPI 当月同比

(资料来源：Wind)

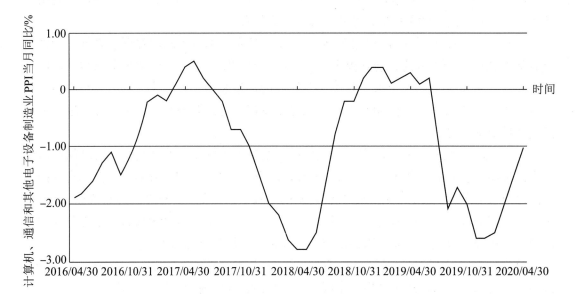

图 3-46 计算机、通信和其他电子设备制造业 PPI 当月同比

(资料来源：Wind)

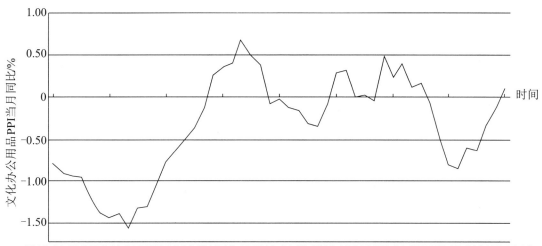

图 3-47　文化办公用品 PPI 当月同比

（资料来源：Wind）

这背后的意义是，不同产品对综合价格指数的影响不同。有些产品比较标准化，价格波动大，即便它在综合指数中的占比和权重不大，也会主导整个指数的波动。就像猪肉虽然占 CPI 的比重不到 3%，但是 CPI 仍然被戏称为 china-pork-index（中国猪肉价格指数）一样。也就是说，很多的价格黏性比较大的领域，尽管其销售额占比大、对进出口和贸易盈余影响很大，但由于价格不够标准，变化小，对综合价格指数的影响是比较有限的。这就导致了综合价格指数，同贸易盈余所显示的总量数据层面的背离。

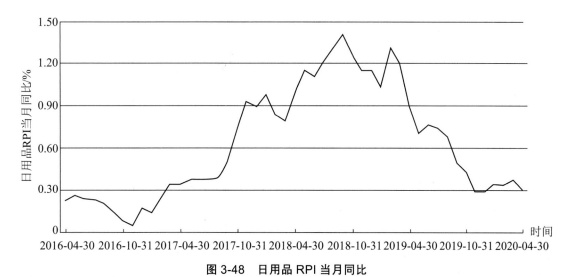

图 3-48　日用品 RPI 当月同比

（资料来源：Wind）

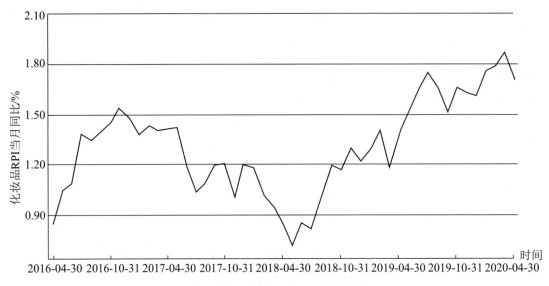

图 3-49 化妆品 RPI 当月同比

（资料来源：Wind）

（六）经常账户盈余①是重要的流动性供应（2020年11月）

2020 年 5 月以来，新冠感染疫情冲击逐渐消退。在此过程中，货币政策向常态水平回归，带来了一系列关键的影响，并吸引了市场参与者在流动性供应话题上的注意力。但其实还有一个极为关键的流动性供应渠道，个人认为大家的讨论非常不充分，就是经常账户盈余。

历史上，经常账户盈余收缩时期，权益市场不一定立即转入弱势，但经常账户扩张时期，权益市场往往很强。其核心原因也许包括三个。一是经常账户扩张带来企业盈利的改善。无论经常账户扩张是出口份额的提升，还是国产进口替代，它往往改善了相关企业的盈利。二就是如前所述，经常账户扩张能带来流动性的改善。第三条稍后提及。

在提及第三条之前，需要把第一和第二条展开阐述一下。我们知道，能带来企业盈利改善的因素有很多，能带来流动性改善的因素也很多，但能同时带来企业盈利改善和流动性改善的因素是不多的，是非常稀少的。

例如，房地产投资扩张。这能够带来实体经济盈利的改善，特别在中国这样一个仍处于较快城镇化的国家，其对上下游产业链的带动作用十分显著。但由于房地产投资的高杠杆属性以及房地产的资产属性，房地产投资快速扩张往往伴随着外源融资需求的暴涨，以及房地产市场火热引发决策层面对于金融稳定的合理忧虑。因此，无论是融资需求的暴涨，还是金融稳定对于货币信贷的约束，都使得房地产投资在改善实体经济盈利的同时，也使得流动性很快趋紧。

所以，房地产投资的扩张，无法同时带来盈利和流动性的改善。这样就解释了，为

---

① 经常账户盈余是指某些类型的货币流入一个国家的速度比它流出的速度快。

什么在经常账户盈余扩张的时候，我们必须重视。也正是因为它同时带来业绩和流动性的改善，使得它具备了第三个推动权益市场的属性：经常账户盈余扩张的时候，能够改善各方面的信心，推动演绎出许多的故事。

（七）流动性（2020年12月）

1. 供应方面

说到流动性供应，很多人都盯着货币政策。这无疑是对的，所谓永远不要和央行作对。但其实影响流动性的因素还有很多。

一个是经常账户盈余。2020年3月以后，经常账户盈余开始恢复，目前仍在继续，但大家总担心一旦疫苗落地，盈余扩张立即结束。

事实上，出口份额的扩张，不全替代的是美欧本国企业的产能，还包括出口商的竞争对手在发达国家的份额，以及竞争对手本国企业的产能。疫苗在发达国家落地以后，在竞争对手国家可能不一定很快落地，其中的时间差，为经常账户盈余的持续性提供了一个重要的支持。这个还需要进行仔细的分析讨论。

不过由于经常账户盈余的扩张无法形成外汇占款，因此对银行负债端的改善以及利率债市场的贡献是有限的。

另一个是金融体系放贷意愿。

历史上金融体系惜贷、抽贷的时候，实体经济并不景气。因为流动性的一个特点就是促进不足，促退有余。"银根"非常重要。而当银行信贷投放踊跃的时候，实体经济流动性充裕。

金融体系放贷意愿的衡量方法很多，这里提出三个：一个是观察利率债的表现，银行放贷往往是利率熊市；一个是观察信贷利率，放贷较多，往往信贷利率走低；一个是观察汇率的表现，假设外围政策变化不大，国内信贷投放往往对应汇率走低。

2020年新冠感染疫情期间，金融体系事实上已经主动放贷。危机时候的救助性质的放贷无疑是正确的。但当时的"主动放贷"有监管层正确的督促作用，但随着经济形势确实变得明朗起来，银行的自主性的放贷意愿也会跟随走强。这无疑也会让实体流动性局面有改善的动力。

另外也要做个补充。金融体系的放贷意愿，还和金融部门的创新有关。金融部门创新动力充足的时候，往往实体经济或者资产市场面临流动性的涌入。2015年的股市和随后的股灾，2016年的债牛和随后的债灾，就与金融体系的竞争性的创新以及之后的强监管有关。

2. 需求方面

疫情或者危机冲击，使得企业的外源融资压力巨大。随着危机缓和，企业的内源融资恢复，这样就会降低对金融体系信贷的依赖。这一点在逻辑上是值得强调的。

除此之外，合并来看，老基建领域、国企所在的上中游行业，以及房地产等三大高耗钱领域的资金需求在一定时期内可能不会太强。例如在老基建领域，随着地方债务管控，增速已经下来很久了。虽然有规划的新项目上马，但总的基建增速在一定时期内很难回到从前的水平。

例如2020年第四季度的国企违约，如果只是个开始，是否会使得一些国企的债务扩张放缓？

例如三条红线实施，就是为了抑制房地产领域的杠杆。

所以，无论是从供应领域，还是从需求领域，流动性层面值得讨论的话题实在太多了。市场对央行的行为给予大量的关注和研究，也确实拿捏住了一块重要内容，但是可能也遗漏了许多内容。甚至说是挂一漏万，也不为过了。

时至今日，疫情对宏观经济的短期扰动和长期结构性影响仍然存在，也因此对传统分析框架提出了新的挑战。作为资产管理人，不仅要对变化做出应对，更要根据时代特征不断迭代投资方法论，才能有效选择市场环境最优利的资产进行投资。

总结来看，利率债投资的关键，是对宏观经济基本面保持密切跟踪和预判，以自上而下的视角为主。而对于其他分类资产的投资，我们还要结合金融市场自下而上的微观结构进行观察，如金融衍生产品。下一章我们将对目前市场最主流的利率衍生产品——国债期货的相关策略进行探讨。

第四章

分类资产策略之国债期货

国债期货是与利率债市场相伴而生的最重要的利率衍生产品之一,欧美成熟市场在这一品种上的实践为国内市场提供了大量可资参考和借鉴的案例。

1977年,美国芝加哥交易所推出国债期货产品,我国1992年在上海证券交易所推出国债期货试点,但在1995发生了著名的"327"国债事件导致国债期货交易被暂停,直到2015年才恢复。

近年来,国债期货的交易日渐活跃,期限品种上也在不断拓展,国债期货已成为债券投资组合风险管理的重要工具,同时为资产管理人提供了丰富的套利策略。本章我们将就国债期货基础知识,主流策略和衍生品价格发现实践案例展开讨论。

一、国债期货基础知识概览

作为利率衍生产品,除了利率债基本要素之外,国债期货还涉及大量其他专业概念,本节我们将集中介绍这些概念。

(一)期货合约的相关概念

国债期货合约按期限分为2年、5年和10年,每个期限通常可交易的合约有3个,分别为当季、下季和远季,交割月份为3月、6月、9月和12月。国债期货合约规则如表4-1所示。

表 4-1　国债期货合约规则

项目	2 年期国债（TS）	5 年期国债（TF）	10 年期国债（T）
合约标的	面值为 200 万元人民币、票面利率为 3% 的名义中短期国债	面值为 100 万元人民币、票面利率为 3% 的名义中期国债	面值为 100 万元人民币、票面利率为 3% 的名义中长期国债
可交割国债	发行期限不高于 5 年，合约到期月份首日剩余期限为 1.5～2.25 年的记账式付息国债	发行期限不高于 7 年，合约到期月份首日剩余期限为 4～5.25 年的记账式付息国债	发行期限不高于 10 年，合约到期月份首日剩余期限不低于 6.5 年的记账式付息国债
每日价格最大波动	上一交易日结算价的 0.5%	1.2%	2%
最低交易保证金	合约价值的 0.5%	合约价值的 1%	合约价值的 2%
最后交易日	合约到期日的第二个周五		
最后交割日	最后交易日后的第三个交易日		

1. 可交割国债

可交割国债，在这里指符合特定合约的一篮子可参与该合约结算交割的存量上市国债的合集。每一个不同的国债期货合约可能对应着不同的可交割国债集合，根据上表规则，假设某剩余期限 6.6 年的附息国债，可能是当季合约的可交割债券，但随着其剩余期限的自然缩短，将不再是下季和远季的可交割券；即使对于同一个国债期货合约，其对应可交割券合集也可能随着时间的推移而产生变化，例如一级市场新发行符合交割券规则的国债会随时纳入可交割券篮子。而可交割券范围随时间的动态变化也是不同交割月合约之间定价差异的重要原因之一，关于这点我们将在策略篇展开阐述。

2. 转换因子和名义票面利率

由于一篮子可交割国债在票面利率、剩余期限、付息时间等利率债基本要素方面存在显著差异，如何将它们与期货合约建立起公允合理的映射关系？为了解决这一问题，每只可交割国债对应一个不同的转换因子（公式略），成为连接特定期货合约和现券的桥梁（见图 4-1）。而国债期货的名义票面利率为 3%，转换因子又可简单理解为面值 1 元的国债在交割月首日到期收益率等于 3% 时对应的净价。

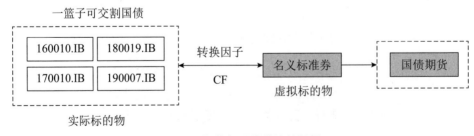

图 4-1　期货与现券的连接桥梁

（资料来源：华泰证券）

3. 交割流程

当期货合约进入交割月后，一般分为滚动交割和集中交割两个阶段，前者指的是从交割月第一个交易日起到最后交易日之间，期货空头采取"举手交割"的形式，即期货空头主动申报交割意向，再由交易所指定期货多头与之匹配。这种模式也让期货空头对交割过程的主导权更强（因为空头可以决定交割时机），因而衍生出交割期权部分的价值。

集中交割指的是最后交易日，交易所会对所有未平仓的合约自动进行交割。

4. 期货空头的交割期权

期货空头的交割期权主要分为两种期权：一是期货空头有权利在可交割券的集合中选择任意满足条件的国债进行交割，一般而言空头总是会选择最便宜的可交割国债（CTD）进行操作，这种权利又被称为品质期权；二是根据期货交割规则，最后交易日结束后期货交割结算价不再变化，但随后的两个交易日现券价格可能仍然有变化，这就给了期货空头以更低价格买入现券参与交割的机会，这又被称为百搭牌期权。

5. 隐含回购利率（IRR）

对于一个国债期货空头和持有可交割券的组合头寸而言，如果面值相同，则该组合头寸的损益结构接近一个买断式逆回购（后文将展开叙述），可以获得持有至交割日之间国债的应计利息，而该头寸的区间年化回报率被称为隐含回购利率（implied repo rate，IRR）。显然，当IRR的水平越高（或相对现金管理工具的超额收益率越高），意味着做空国债期货同时买入可交割券就越有利可图（别忘了期货空头还可以享受交割期权），这也是衡量期货与现券之间相对价值的重要纽带。

6. 最便宜的可交割券（CTD）

之前我们说过，期货空头如果进入交割一般倾向于选择最便宜的可交割券（cheapest to delivery，CTD，也称最廉券）。但在没有进入交割之前，最便宜的可交割券则是IRR最高的国债（因为这意味买入该券同时卖出国债期货并持有至到期的收益最高）。

根据经验法则（原理省略），在远期收益率水平相同的情况下，如果现券收益率低于期货名义票面利率，则短久期可交割券为CTD，反之则为长久期券；而在现券久期相同的情况下，远期收益率最高的券为CTD。同时，CTD不仅要满足可交割券的集合，还必须是可交易债券（具有较高流动性），期现之间的相对定价才有意义。

7. 基差与净基差

期货—现券的价值拆分如图4-2所示。国债期货作为现券衍生品，其价格长期来看

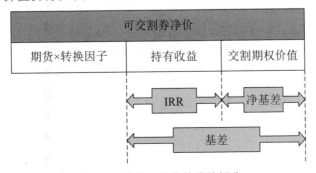

图4-2 期货—现券的价值拆分

是由现券决定的,而基差则是用来表述期货与现券之间"相对价格"的重要概念。一般意义上,我们把现券价格和期货隐含的远期价格之差称为基差。

对于买入现券同时卖空期货(相当于转换因子数量的合约)的操作,将从现券相对于期货价格的上升过程中盈利,因此又被称为基差多头;反向的操作又被称为基差空头。同时根据无套利理论,在交割日当天期货价格应当收敛于现券价格,即基差归零。

在市场正常运行的多数情况下,基差为正,原因在于做空期货同时买入现券可以获得"持有收益",多数时间都是有利可图的(隐含回购利率多数情况为正)。这也解释了基差的主要价值构成。但除此之外,基差价值中不能被持有收益解释的部分被称为"净基差"。传统理论研究表明,净基差反映的是国债期货合约中转换期权的价值。同时净基差和 IRR 一样,可以用来确定 CTD 券(即净基差最小的可交割现券)。

8. 基差的期权特征

根据 CTD 券的经验法则,当两只可交割国债收益率都等于 3%(期货名义票面利率)时,转换价格都等于 100 元,期货空头选择哪只进行交割实际上是没差别的。但如果市场利率水平低于 3%,两只现券价格都会上涨,且久期更长的现券上涨幅度会更大,因此相对短久期的券更容易成为 CTD,反之利率上升超过 3% 时,长久期交割券更容易成为 CTD。而这种在利率变化之下 CTD 可能存在的动态变换,使得期货多头面临了更差的非对称性损益结构,即其价格不是锚定某只当下的 CTD 券,而是锚定一篮子可交割券里阶段性"表现最差"进而可能成为新 CTD 的个券;反过来,期货空头就有了更好的非对称性,对于持有基差多头且现券端持有 CTD 的投资者,如果 CTD 切换成其他个券意味着投资者将会获得原 CTD 券的"相对超额收益"。CTD 券的切换模式如图 4-3 所示。图中 P/CF 代表资产价格(P)除以转换因子(CF)。

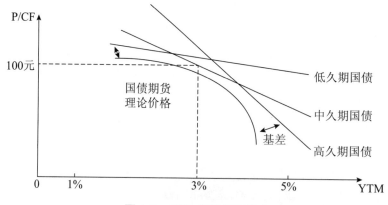

图 4-3　CTD 券的切换模式

在图 4-3 中,如果投资者持有的是高久期国债的基差多头,那么当利率低于 3% 的时候,CTD 切换为低久期国债,期货的涨幅会显著低于高久期国债,导致基差扩大。高久期国债的基差其风险收益特征类似利率看跌期权(或债券看涨期权),将会在利率大幅下行的行情中获利。

反过来看,如果投资者持有的低久期国债的基差多头头寸,则更像一个利率看涨期权（或债券看跌期权），当利率水平上升显著高于3%时，长久期交割券价格下跌更多，成为CTD，国债期货价格因此跟随CTD价格变动，下跌幅度显著高于低久期国债，基差多头因此获利。

中久期国债的基差头寸相对更复杂一些，在利率大幅上行时，中久期国债表现好于长久期国债（此时的CTD）和国债期货，而弱于低久期国债；而在利率大幅下行时，中久期国债表现好于低久期国债（此时的CTD）和国债期货，而弱于高久期国债，其基差的损益结构更接近一个跨式期权。

与普通期权的影响因素类似，基差的期权特征价值也受基础资产波动率和期权期限的影响，即利率波动率越高，期权的剩余期限越长（距离交割），其内在价值越高。

需要注意的是，以上推论在实践中存在一些可能的应用偏差，因为除了市场利率水平外，可交割券自身的收益率变化、利率曲线的形态、新发行国债的影响以及个券流动性的变化都可能会导致CTD发生切换，但总体上而言，如果最开始持有的便是当时的CTD券，这种潜在的切换对基差多头而言都是有利可图的。

9. 跨期价差

除了期货与现券之间的价差普遍受到投资者关注，不同期货之间的价差同样对资产市场的价格发现有较好的参考价值。一般意义上的跨期价差指同一期限的国债期货合约在不同季度合约之间的价差（如当季合约—下季合约，下季合约—远季合约），而跨期价差对应的跨期套利组合的构成，一般将两个季度的合约分别称为近月合约和远月合约。

（二）回购视角看国债期货跨期价差

为了便于读者理解，本节我们把国债期货合约与银行间资金回购交易进行比较（事实上两者都具有基于现券代持协议的性质，只是交易方式不同），同时进一步讨论回购或买入返售视角下对跨期价差变化的观察及启示意义，正向套利与买入返售（逆回购）示意见图4-4。

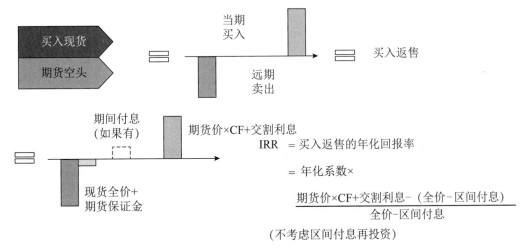

图4-4 正向套利与买入返售（逆回购）示意

（资料来源：中金固收研究）

1. 再议期货合约的起源：套期保值和代持

我们都知道，最早的期货合约起源于商品，与后来的金融期货相比，交易双方的利益略有不同：一是商品现货除了资金成本还需要占用额外的仓储成本，二是商品本身并不产生票息收入。因此开立国债期货空头并持现货交割便有天然的盈利空间，而这类交易的本质，可以近似理解空头与多头之间的代持协议，毕竟相当部分债券市场参与者也会用买断式回购做空现券。

2. 期货裸多头寸：正回购获取融资杠杆

2018年以来，债券市场关注的矛盾之一便是"广义紧，狭义松"，银行间市场流动性淤积，而信用扩张路径不畅，其中固然与银行风险偏好的下降有关（如信用违约），更重要的还是资本充足率等指标限制了商业银行表内持有资产的能力，部分银行转债启动下修促转股，或增发二级资本债，亦是为此。

以往银行表内受限只能曲线救国，通过理财避开资本约束，而期货单边多头也是如此：看多未来债市，但缺乏当下持有资产的能力或杠杆操作的空间，选择只占用少许保证金的国债期货交易便是顺理成章。相当于正回购交易中，杠杆操作方请资金融出方帮忙代持一段时间的现券，并承诺在协议到期时购回质押品，并以此获利。当然很多时候这样做的代价便是支付"代持利息"，也就是我们接下来要谈到的逆回购方（如期货空头）获得的IRR（隐含回购利率）。

为何6%的IRR下仍有机构单边做多？因为市场上主流的交易盘更看重价格趋势带来的收益，IRR不过是配资的成本，类似股票的融资费率。而IRR为负时，意味着投资者愿意为其空头支付成本（倒贴钱替多头代持，或负利率融出资金）。

3. 持有基差多头至交割（正套IRR策略）：逆回购的另一种形态

当然，市场上除了高杠杆运作融资需求较高的券商自营和对冲基金外，还有不少风险偏好较低，手里"闲钱"较多的投资者，比如货基公司（余额宝）和财务公司，只要其能获得高于无风险利率的收益即可。而国债期货市场上，也有不少追求稳健的套利交易者，在众多套利策略里，持有交割券同时开立空头的基差多头（如正套策略）便是如此。正向套利演化路径如图4-5所示。

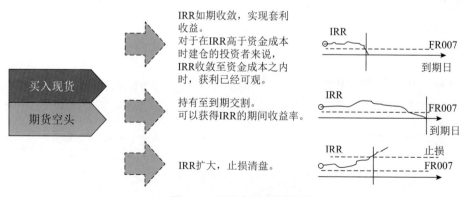

图4-5 正向套利演化路径

（资料来源：中金固收研究）

与逆回购一样，正套的投资者（持券交割）因为替多头代持现货（正如资金融出方获得质押品），能够获取持有期收益（正如资金融出的收益），代价则是需要占用资金。

同时我们可以注意到，同期限不同交割月的期债合约，即使 CTD 篮子完全一致，对应的 IRR 利率往往不同（因为来自货币市场的机会成本不同），就像逆回购方的定价同样考虑了资金融出的期限一样。理论上，空头帮忙代持的时间越长，要求的收益率应该也越高。当跨期 IRR 价差足够大时，也衍生出"多近空远，先拿到券再建立正套或基差头寸"的套利方式，这与资金交易员"借隔夜资金，融出 7 天资金"的策略类似。

4. 跨期价差之持有期收益：隐含的远期利率

如果我们将理论跨期价差的公式简化，即不考虑转换因子的差异（近似为 1），同时假设近月和远月合约对应的 CTD 相同，便可从以下两个视角观察：价格和转换期权。

（1）价格方面，跨期价差的本质即为持有收益之差，其影响因素为 CTD 国债的 YTM、票面利率和资金成本。如果最廉券（即 CTD）不发生切换，则决定因素便是远期利率曲线，包括远期回购利率和远期国债曲线。

考虑一个远期回购利率变化的具体情况：假设投资者预期未来货币市场利率将会上升，对代持现券的空头而言，IRR 的机会成本抬升，Carry 空间（IRR 相对融资成本的息差）下降，代持动机减弱（正如接近季末时逆回购方倾向于融出隔夜而非 7 天资金，需要等待时机），从而在远月上开空较少，此时远月合约强于近月合约，跨期价差为负，反之亦然。

当然，货币市场利率对国债期货合约的影响路径还有很多，例如对现券端息差的影响，对期债曲线平陡的影响，以及宏观流动性的影响等。

（2）转换期权方面，便是我们平时常见的"净基差"，虽然市场上多数参与者并不一定会真正盯住净基差做"波动率交易"，但该项指标仍然具备一定的参考价值，当实际值与理论值偏离较远时，往往会有套利机会。

一般意义上的转换期权，指的是因最廉券切换使得基差头寸获得的超额收益，如前文所述又被称为基差的期权特征，或"质量期权"。而在回购领域，也出现了类似的交易模式，例如 2018 年上线的"回购质押券置换"业务，只不过该业务更强调正回购方（多头）的权利，即可以随时申请调整"代持资产"。试想，如果未来逆回购方解除质押时不必支付具体的个券，而是可以在债券篮子中任意选择，那么回购融资成本势必会大大降低。

在实践中，净基差水平的差异对跨期价差走势有较强的相关性，理论上当远月合约多出 3 个月期限，其他因素不变时，按照 B-S 理论[1]应当净基差更高。

5. 总结：供需格局和市场情绪才是主要矛盾

回购市场和期货市场充斥着不同诉求和约束的参与者，价差的走势往往是多方博弈的结果。刚性需求的比例往往是相对稳定的，而弹性需求方对市场的边际变化有时影响更多，例如回购的杠杆操作方和参与跨期价差的投机力量。这些边际交易的力量有时会

---

[1] B-S 理论也称 B-S 模型（Black-Scholes Model），为欧式期权的一种定价模型。

带来冲击成本，亦能填平短暂的套利空间。

相信从业多年的投资者都会有这种感受，理论是一回事，实践往往是另一回事。虽然债券市场并不完全遵从市场分割理论，但确实会呈现许多结构性特征，同时机构行为对情绪和短期市场的波动影响明显，无论是资金交易还是跨期套利，这都是市场参与者必须认真分析判断的。

二、国债期货投资交易策略

上节通过回购视角的对比，相信很多读者对国债期货策略已经有了初步的了解，总体上看主流的期货投资交易策略主要分为三类：投机、套保和套利。其中，投机类策略与利率债久期方向性策略的决策依据类似，都是基于宏观经济基本面和市场预期差做出决策，因期货合约的存续周期较短，期货投机类策略的交易周期往往更短一些；套保策略则是基于投资组合管理利率风险的需求出发，确定与之匹配的套保数量比例，属于国债期货的本质和功能；套利策略接近于利率债的曲线和利差策略，主要基于期货与现券之间，对于不同合约之间的期货多空交易，我们会重点讨论基差和跨期两种套利方式。

（一）从重点技术分析看期货方向性投机

由于第三章对利率债的方向性交易策略已经有比较详尽的论述，为避免内容重复，关于判断利率方向的理论我们不再赘述，本节重点谈一谈技术分析在国债期货方向性策略的应用。

相对现券而言，技术分析在国债期货领域的有效性可能更强，主要原因有两个：第一，期货采取杠杆交易，在单边交易中市场情绪很可能被迅速放大，趋势往往容易自我强化；第二，国债期货采用集中连续双向拍卖方式交易，这一特点也显著有别于现券，可以使市场边际新增信息迅速反映到期货价格上，形成更连续和完整的行情，也为技术分析提供了基础的信息。

常见的技术分析方法主要分为两类：一类为下注市场的短期趋势会不断强化，我们称之为动量效应；另一类是下注市场存在均值回归属性，行情演绎到极致必然反弹。

1. 动量特征的技术方法

动量特征的技术方法主要包括均线交叉策略和MACD[①]。均线一般指移动平均线，均线交叉策略指的是将一定时期内的证券价格加以平均，并把不同时间的平均值连接起来，形成一根移动平均线，用以观察证券价格变动趋势。均线交叉策略示意如图4-6所示。

均线交叉策略首先需要计算不同时间周期对应的长均线（代表中长期趋势）和短均线（代表中短期趋势）。当短均线从下方上穿过长均线时，投资者一般认为短期趋势强过长期趋势且呈现上涨态势，选择做多期货；反之，当短均线从上方向下穿过长均线时，意味着之前上涨的态势在短趋势表现上已经开始明显衰竭，此时选择做空期货。

---

① MACD，Moving Average Convergence and Divergence，称为异同移动平均线。

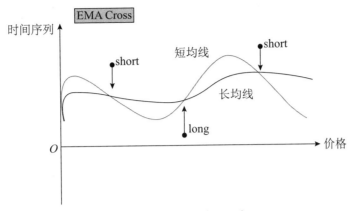

图 4-6 均线交叉策略示意

而 MACD 则是均线交叉策略的变种，它同样需要计算价格的长均线和短均线，但需要将两者作差得出 DIF 值①，进一步将 DIF 值进行移动平均处理，得到 DEA 值②，再将 DIF 减去 DEA 得出 MACD 值。一般来说，当 MACD 值从下行转变为上行趋势（负值收敛）时或由负转正（俗称金叉）时，可选择做多；当 MACD 值从上行转为下行趋势（正值收敛）时或由正转负（俗称死叉）时，可选择做空。

2. 均值回归特征的技术方法

这里笔者比较推荐布林带指标交易策略（Bollinger），该方法与均线及 MACD 的底层逻辑不同，并非基于移动平均，而是直接在前若干交易日的收盘价（或均价）格上加减若干倍标准差，形成上轨和下轨，即形成"布林带"（见图 4-7）。

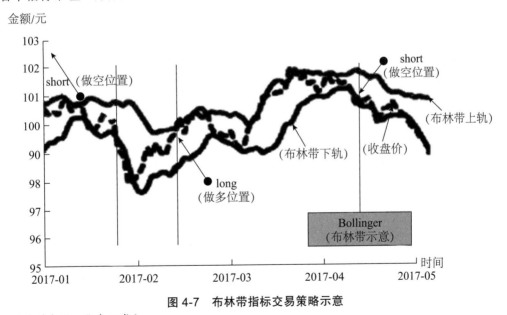

图 4-7 布林带指标交易策略示意

（资料来源：华泰证券）

---

① DIF 值，指差离值，差离值是股市技术分析中的一个指标，DIF 为 difference 的缩写。
② DEA 值，是 DIF 在一定时间内的移动平均值，DEA 为 difference exponential average 的缩写。

传统的布林带指标交易策略应用者将其仍然作为动量效应的范例，即当价格突破上轨时做多，突破下轨时做空。但根据笔者个人的投资交易实践经验来看，把布林带作为均值回复的指标，同时与MACD等方法交叉验证胜率更高，即当价格位于布林带上轨附近（短期价格高位），且MACD或均线指标发出做空信号（趋势衰竭）时做空；当价格位于布林带下轨附近（短期价格低位），且MACD或均线指标发出做多信号（底部反转）时做多。

（二）国债期货套利类策略概览

与方向性交易相比，国债期货的套利类策略的应用场景更为广阔，且构建的策略与现券端可能还存在一定的非相关性，能够拓宽组合的有效前沿。

1. 正向套利和反向套利

正向套利和反向套利是最基础的套利类策略。正向套利一般指期货端持有合约的空头，现券端买入可交割券并持有至到期，获得IRR收益。一般投资者会选择在IRR显著高于货币市场利率的时期参与正向套利策略。反向套利则指的是期货端持有合约的多头，现券端卖空交割券（一般通过债券借贷实现），获得IRR收益。在反向套利时，IRR显著低于货币市场利率甚至为负时更是有利可图，甚至可以阶段性替代回购融资。正向套利和反向套利策略示意如图4-8所示。

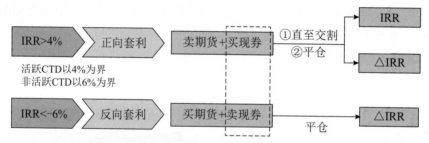

图4-8 正向套利和反向套利策略示意

（资料来源：华泰证券）

在正向套利时，如果选择持有至交割，则不用特别考虑持有交割券的流动性问题，可直接获得该券对应的IRR利率，同时对该头寸还可以使用杠杆（IRR显著高于融资成本）对收益进行放大。而如果选择中途平仓（提前终止），则需要考虑现券端的流动性，但这样做策略其实更接近于基差交易，我们后面会展开阐述。

同时正向套利还有一些衍生变种，例如现券端买入剩余期限略长于可交割券范围的国债，同时卖空当季国债期货合约，并对期货合约不断展期直至持有的现券剩余期限缩短至可交割券范围。这样做的好处是，当利率曲线的某段区间比较陡峭时，可以更安全地获取"骑乘收益"。

反向套利要相对复杂一些，投资者先以债券借贷融入可交割国债（需要支付0.3%～0.7%的债券借贷费用），同时在现券市场卖出该券，并买入同等面值的国债期货合约，并将卖出现券所得的资金投资于短期货币市场工具；当国债期货进入交割时，终止货币市场投资收回本金,并通过期货交割收到现券,归还最开始融入的债券。

相对正向套利而言,反向套利有几个比较关键的操作上的局限性:一是期货多头进入交割后收到的现券未必是债券借贷借入的债券,如果不是还需要进行现券的买卖替换,由此可能有交易上的摩擦成本,进而产生额外的盈亏;二是债券借贷市场目前容量还比较有限,无法支持投资者建立大规模的反套头寸,另外债券借贷的期限一般在1个月以内,如果反套头寸持有时间超过该期限还需要和交易对手续作,有一定的交易摩擦风险。

但无论是正向套利还是反向套利头寸,在持有至交割之前,都可能会面临阶段性来源于基差波动的浮动盈亏(虽然最终大概率期货与现券价格收敛),如果是短期扩大的浮盈,则可以选择提前终止头寸,而这种操作我们又称之为基差交易。

2. 基差交易策略

基差交易的头寸构成与正套反套其实是一致的,区别在于前者是期望在基差上涨或下跌的波动中获得资本利得,更像利率债的波段交易;后者则是从持有中获利,更接近债券的持有至到期策略。

前文我们讨论过基差具有一定的期权特征(看涨、看跌、跨式),持有基差多头的损益结构接近期权多头,而基差空头的损益结构则接近期权空头。

对于卖出 CTD 券的基差交易而言,相当于卖出了一个平值期权,如果到交割日 CTD 券不发生切换,则该券的净基差将会归零,而净基差的绝对值将是基差空头的收益;如果 CTD 券发生切换,则基差空头交割时有可能收到更便宜的券,因此收益会打折甚至为负。

对于买入基差交易而言,其最大损失为净基差,而收益则可能无上限。主要的收益来源包括以下两项:第一,CTD 券发生切换,导致国债期货的相对走势弱于持有的现券,从而获得基差扩大的收益;第二,由于投资者行为特征或市场短期变化导致期权的价值迅速提升(如利率在3%上下盘桓,CTD 券的不确定性提高),此时可以选择将基差头寸平仓实现获利了结。而这种方式也是对债券和利率期权的一个替代交易,一定程度上可以弥补国内工具的不足。

3. 跨期套利策略

跨期套利一般是以近月合约和远月合约构成多空的头寸,基于对跨期价差的判断获得盈利。如果把国债现券视为期限只有1天的期货,那么跨期套利与基差交易也有类似之处。从理论公式出发(后文将展开),跨期价差主要由三部分构成:一是近月合约和远月合约 CTD 券净基差的价差;二是 CTD 券的远期持有收益;三是转换因子变化产生的调整项。而在实践中,跨期价差还受到期货投资者移仓换月行为特征的影响,例如当近月空头移仓需求较大时,则平仓近月空头合约(相当于做多)同时在远月合约上建立空头的交易较多,便会导致近月合约价格走势强于远月合约,进而影响跨期价差。

但总体上看,跨期套利操作的时间窗口相对有限,因为近远月合约同时活跃的时间周期是比较短的,跨期套利策略更主要的参考意义在于合理安排套保头寸的移仓节奏,或者在跨期价差定价出现极度偏差时参与套利。

三、国债期货随笔漫谈及实战案例

总体而言，国债期货的相关概念和策略相对抽象，本节笔者将自己2019年的几篇投资交易笔记归纳整理，供各位读者参考。

（一）再论国债期货基差交易策略[①]

2019年年初，中金所正式推出国债期货期转现交易，交易标的为相反方向、DV01相等的期货合约与现券头寸。值得关注的是，现货端的证券标的不仅包括国债，也包含政金债、地方债及债券远期交易，这也极大方便了泛利率品及其衍生产品的基差交易，长期来看将提升市场价格发现功能，理论套利空间在实践中也具备了更多可操作性。

广义上的债券衍生品往往具备较多的功能性特征，能够满足投资组合不同层次的需求。关于国债期货主流交易策略（投机、套保、套利）市场上的相关研究较多，这里就不再搬运信息了，借着期转现的政策趋势，本篇主要讨论国债期货基差交易的一些策略。

1. 基差再认识：期现相对价值的尺度

我们不妨先来看下商品期货的价格公式。

期货价格≈现货价格 × （1+ 无风险利率）+ 仓储成本 − 便利收益

对应到国债期货上，无风险利率依然为资金成本，仓储成本近似为0，便利收益可看作国债的息票收益，因此在不考虑基差期权价值的情况下，其理论值应受资金成本和票息收益影响，便有了我们熟知的"Basis=Carry"情形。随着交易日期临近交割日，基差理论值将逐步收敛于最便宜的可交割国债，这也是诸多套利策略的基本假设，下面我们来看几个经典的基差交易。

2. 正套与反套：回购替代品

虽然这两种策略等价于买入或卖出基差交易，但传统的投资者在使用正套和反套时，最关心的或许并不是基差短期波动的方向（正如配置盘与交易盘的区别），而是持有该头寸至交割的过程中，根据无套利假设基差是否会如期收敛为0。关于正套与反套的部分细节，笔者在上节中亦有简单论述，在此简单总结下：如果把国债期货合约看作多头（杠杆融资方）与空头（融券方）的代持协议，且在不考虑CTD切换的情况下，正套投资者的损益结构近似于逆回购方，反套投资者近似于正回购方。

从图4-9中的行情来看，2019年1月国债期货市场出现了罕见的"牛市深贴水"（可能的解释是投资者结构的差异，3%附近的期权价值大幅升高等），IRR负值也意味着空头愿意倒贴钱为多头代持现券，相当于逆回购方向正回购方支付利息。此时正套除了具备可观的盈利空间和胜率，同时作为回购融资的替代策略也具备较高的性价比（因为卖出组合存量CTD同时开立期货多头，交割日返售）。

---

① 本段内容根据作者个人公众号"劈柴胡同"2019年文章整理。

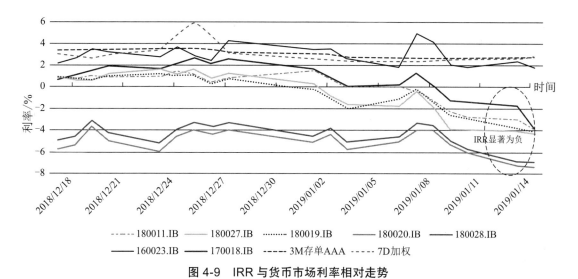

图 4-9 IRR 与货币市场利率相对走势

（资料来源：Wind）

3. 国债期货与国开债：两个交易竞技场

国债期货推出以前，长端国开债走势一直是市场定价的"锚"。时至今日，两个品种为市场上成交最活跃的产品，其价格变动对市场情绪起到引领作用，而期货的牵制似乎更强（特别是在行情拐点时）。而国开债相对国债的表现，也往往呈现类似信用债的规律（牛市越牛，熊市越熊，但本轮信用利差压缩明显滞后），即利率下行时隐含税率压缩，上行时走扩，由此也衍生出了国债与国开债之间的套利交易。

从图 4-10 来看，2018 年债券牛市以来，隐含税率不断压缩。最低时国债与国开债利差来到 40bp，从历史行情上看，两者的利差区间在 20～120bp，因此如果预期债市会有调整甚至转向风险，做多国债同时做空国开债似乎是比较有效的策略（押注利率趋势遇到拐点反转），损益结构也是"小赔大赚"，根据利差的均值回归假设，亏损空间 20bp（为

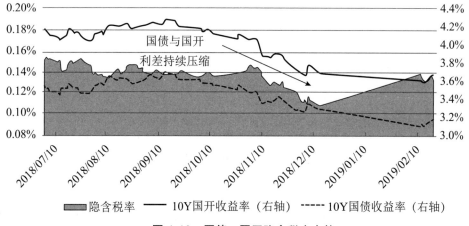

图 4-10 国债—国开隐含税率走势

（资料来源：Wind）

历史最低值），盈利空间 120bp（为历史最高值）。如果考虑到此时国债期货相对现货深度贴水的情况，在使用做多国债期货替代国债，同时做空国开债的性价比更高。

因此，在隐含税率处于历史低位且期货深贴水时期，国债期货对国开债头寸便存在一定的替代效应，下面我们结合具体案例来讨论。

4. 信用债+期货：替代国开活跃券

如果考虑用国债期货替代国开现券，至少可能存在三种潜在误差：一是，国债期货没有票息收入；二是，同时承担基差敞口和隐含税率敞口；三是，期货保证金和盯市制度导致的现金流占用和结构的差异。

不妨考虑如下情况：使用国债期货+信用债现券头寸替代国开债活跃券头寸，假设投资者账户有 100 元一张 180210 国开债，可替代为 98 元的信用债（票息×0.98）+2 元的 T1903（2% 保证金）。实现该替代后，信用+期货组合头寸便具备了与活跃券类似的风险收益特征，同时实现了票息保护上的增强效果。

需要注意的是，为了实现替代头寸利率风险的相对中性，理论上需要确保信用+期货的 DV01 与 180210 国开债的利率风险相等，由于以下替代头寸的信用债部分均为 1 年内短债，且期货 CTD 多数时间为 7 年期老券 160023（久期为 6.9 年），因此潜在误差近似忽略。

图 4-11 分别选取 1 年期鲁钢铁短融（票息为 5.84%）和 9 个月民生银行存单（票息为 4.5%）作为替代头寸的现券部分，横轴计算指标为对应头寸相对期初值的累计涨跌幅。在回溯期内，180210 国开债累计涨幅为 5.5 元，10 年期国债期货/期债（T1903)+民生银行存单涨幅为 4.3 元，10 年期国债期货/期债（T1903)+鲁钢铁短融涨幅为 5.9 元。

图 4-11 短信用+期货替代国开债的净值走势

（资料来源：Wind）

以上计算结果比较粗糙，在特定时期使用该类替代策略虽然未必有利可图，但至少有机会复制国开债头寸表现。从涨幅走势上我们大概能得出一点启示：第一，使用短融或存单作为替代的现券部分，在曲线斜率变化中可能存在较大误差，相对价值表现可能主要来源于 2018 下半年曲线的大幅走陡，同时需要考虑到短债临近到期日价格向面值的回归。第二，信用债的票息增强效果，在国债期货贴水＋隐含税率走扩时期对替代组合的改善比较有限，除非进行相应的信用资质下沉（如把民生存单换成鲁钢铁短融），才能勉强与不利变化相抵消。第三，如果宽货币向宽信用传导路径边际改善，则信用利差可能收窄，叠加债市调整甚至反转时国债表现往往好于国开，期货＋短信用相对国开将会表现出更强的防御属性，后市值得关注。

当然，随着标债远期合约的推出，利用远期合约同样可以合成上述类似的现券头寸，也为投资者提供了更多优化组合的工具。

5. 买卖基差：理论上的期权交易

关于基差的期权特征，前文已经做过相对详细的论述，包括为期权定价的简单方法，但由于国债现货市场总体流动性较弱，配置类投资者主导，基差的市场价值往往缺少向理论公允价值回归的动力。

同时，随着中金所推出的期转现交易，未来可能给更多基差交易者提供机会。近期来 5 年期与 10 年期债主力合约的深度贴水，也被部分解释为投资者对空头期权价值的认可。而在主力合约移仓换季的过程中，跨期价差不断走扩，其中固然有近月合约逐渐收敛于现货而远月依旧贴水的缘故，可能也隐含了期货空头对于 CTD 切换后可能存在交割券短缺的担忧，因此主动多近空远①进行移仓操作。三只不同久期的 5 年期国债期货可交割券的 CTD 切换示意如图 4-12 所示。

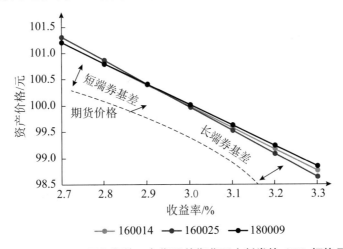

图 4-12　三只不同久期的 5 年期国债期货可交割券的 CTD 切换示意

（资料来源：Wind）

关于围绕基差期权特征的交易策略，笔者也有个简单的想法，目前债券市场中主要有三个细分品种能够提供利率波动率的理论价值：场外期权市场、国债基差市场和含权债市场。如果能够在这三个市场均建立比较有效的定价基准，则可以分离出成交价格所隐含的预期波动率。虽然我们无从知晓哪个市场提供的波动率数据更为准确，但如果出

---

① 主动多近空远，意思是主动做多近月期货合约，同时做空远月合约。

现了结论偏差过大的情况，此时无疑是套利者进入的机会。

6. 非标准套保：重构组合久期的分布

传统的套保方法，通常需要找到某个期货头寸，使其基点价值与现货头寸相等且相互抵消。但在实践过程中很难精确计算组合的 DV01，同时面对收益率曲线非平行移动时会产生明显误差，因此在实践中投资者倾向于追求"模糊的正确"。

但如果我们换一种思路来看待，其实所有同时持有期货与现券基差头寸的交易，都可以视为某种程度上的"非标准化"套期保值（简称套保）。

例如，某投资组合持有现券及多 TF 空 T 头寸①，可能并非做陡曲线策略，也可能是该组合现券的久期敞口主要集中在长端，但根据投资安排和预期，基金经理计划调整成子弹型组合，那么利用国债期货操作是较为高效的做法。这也是衍生品工具在重构组合现金流和风险分布中重要的应用。

（二）国债期货贴水行情可能隐含了哪些信息②

2019 年以来债券市场面临较大调整压力，10 年期国开活跃券已经回调 30bp，清明节前一波快速的利率上行甚至让许多机构的观点转向，近期一季度各项金融数据再次大幅超出市场预期，10 年期国债期货绝对价格已跌至 2018 年 11 月份水平，同时相对国债现货大幅贴水。

回顾本轮国债期货表现，总体上明显弱于现券，基差大幅走扩，2019 年以来 IRR 一直位于主流货币市场利率以下运行，甚至出现过两个阶段的"负 IRR"行情，而这种相对异常的期现走势，同样在上一轮牛转熊（2016 年年底）行情中出现，如图 4-13 所示。

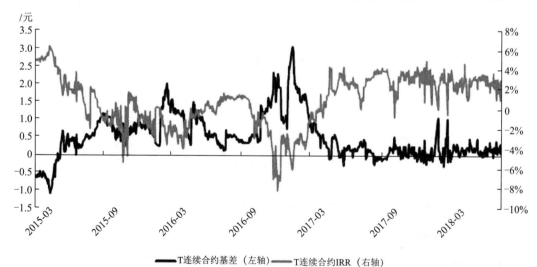

图 4-13 历史上 T 合约的基差 IRR 走势

（资料来源：中金固收研究）

---

① 多 TF 空 T 指的是"做多 5 年国债期货合约，同时做空 10 年国债期货合约"。
② 原文 2019 年 4 月刊发于《债券》。

如图 4-13 所示，从 10 年期债合约的历史表现来看，明显的负 IRR 行情仅在 2016 年出现过，彼时市场的悲观情绪加剧，期货价格大幅跳水，贴水程度最高。

虽然目前判断债市已经完全转向尚早，未来也并非历史的简单重演，但随着衍生品市场价格发现功能的不断完善，对其关键指标的探索依旧有参考价值，本书试图以近期两次期货深贴水（负 IRR）行情为例，对其背后的驱动因素和指导意义展开讨论，供读者参考。

1. 国债期货贴水行情复盘

正因为从历史数据来看，期货深贴水至负 IRR 区间为小概率事件，该指标的异动才更能反映市场情绪的变化乃至转向，下面我们通过最廉券 IRR 的相对变化来观察本轮两次显著的深贴水行情，如图 4-14 所示。

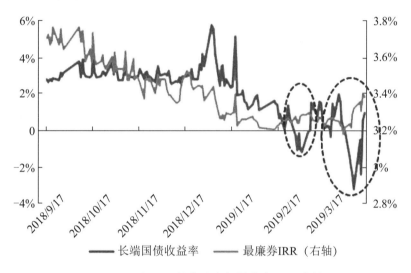

图 4-14 长端国债收益率与最廉券 IRR 走势

（资料来源：Wind）

从图 4-14 可知，2018 年三季度以来，长端利率债走出了快牛行情，IRR 主要在货币市场利率附近运行，在 2019 年 1 月的一波行情中，期货多头把 IRR 打到了接近 6% 的高位（Wind 数据与直观感受相左），正套空间明显。而后，IRR 跌破资金利率低位运行，理论上，正套空间消失，期货表现明显弱于现券。2019 年 2 月和 4 月出现的两次负 IRR 的深贴水，反而有反套的机会。

需要说明的是，IRR 负值也意味着空头愿意"倒贴钱"为多头代持现券，相当于逆回购方向正回购方支付利息。此时反套除了具备可观的盈利空间和胜率外，同时作为回购融资的替代策略也具备较高的性价比（即卖出组合存量 CTD 同时开立期货多头，在交割日返售）。

那么，究竟是何种力量让国债期货从小幅升水迅速切换到深度贴水呢？这对于我们判断市场情绪和投资交易又有何参考价值？

2. 期现相对波动因素概览

国债期货定价依据的重要规律是随着交易日期临近交割日，基差理论值将逐步收敛于最便宜的可交割国债，而这也是诸多套利策略的基本假设。

单纯从理论层面而言，连接期货与现券价格的桥梁是远期债券，三者之间的简单关系主要靠如下公式连接。

现券价格－持有收益＝远期价格

远期价格－净基差＝期货隐含远期价格

现券价格－期货隐含远期价格＝基差

现券、远期价格和期货隐含远期价格的关系如图 4-15 所示。根据无套利假设，期货在最后交割日时价格应当收敛于现券，即基差为零，从理论公式上来看，影响期现相对波动的指标主要是 Carry（取决于票息和资金利率）和期货空头转换期权价值（即净基差理论值）。然而在实践中，由于市场的深度和有效性尚未达到该理论的假设前提，公式的实操价值有限。

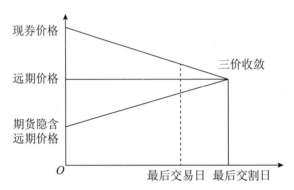

图 4-15　现券价格、远期价格和期货隐含远期价格的关系

（资料来源：《国债期货交易实务》）

从国债期货交易实践来看，正套与反套为目前最主流的期现相对价值策略。下面我们将对实践中影响国债期货 IRR/净基差走势的因素进行分析和讨论。

3. 分割市场：投资者结构的变化

从投资者行为和约束的角度来看，期货和现券存在着明显的市场分割：保险和银行尚不被允许进入这一领域，因此现券端配置力量较强而期货端套保力量不足（相对于成熟市场来说）。

传统意义上的国债期货市场主要存在三类交易者：投机者、套保者和套利者。由于目前套利交易者在市场中占比较低，且对市场的影响主要在于对偏离价差的修复（IRR 负值收敛），因此笔者后续的讨论将主要围绕投机者（交易行为以波段操作为主）和套保者（交易行为以利率债和信用债的配置以及持有至到期为主）展开。

参考图 4-16，从两次深贴水行情中，我们可以看到两次深贴水时主导行情的投资者结构似乎并不相同，2019 年 2 月初 10 年期债的交易量与持仓量比极值达到 1.2 以上，这也意味着大部分成交均为日内或高频交易。4 月初这一指标峰值下降到 0.8 以下，仅为年内中位数水平，这可能意味着期货上长期头寸（套保）占比相对更高，虽然 4 月初相较 2 月底实际贴水的绝对值更大，但投机属性反而下降。

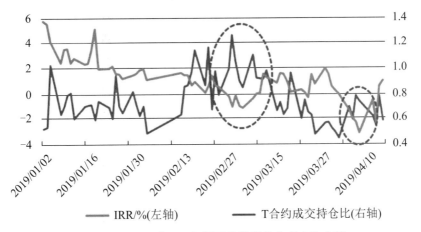

图 4-16　IRR 与 10 年期国债期货持仓成交比走势

（资料来源：Wind）

而投机属性的相对强弱，本质上反映的是交易（波段操作）和配置力量的相对占比，若前者占比高，便会天然造成更高的交易量和持仓量之比。下面再来观察现券市场交易与配置力量的相对强弱，看能否验证以上结论。

长端国开债作为现券市场上交易属性最强的品种，在参与者风格和波动特征方面与国债期货有一定的相似性，特别是在市场短期快速下跌时期，国开与期债作为流动性最好且方便做空的品种往往会出现交易拥挤的状态（类似容易形成拥挤交易的工具还有利率互换，即 IRS），估值相对国债和信用债（这两类品种配置类投资者占比相对更高，受短期交易行为影响小，因此价格有支撑）而言下杀往往更多。

参考图 4-17，2019 年 2 月的深贴水行情中隐含税率明显上升，这与因逃生交易拥挤所导致的估值下杀的经验逻辑是比较一致的。而 4 月初，伴随着期货对国债更深的贴水，隐含税率反而在持续压缩。如果我们假设期货投机盘和国开债交易盘的操作节奏和风格相

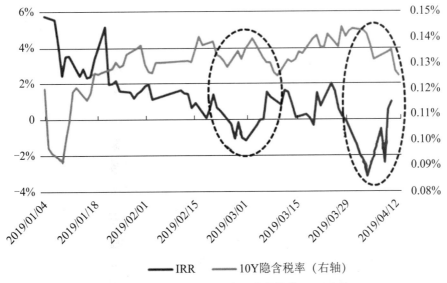

图 4-17　国开—国债隐含税率及期货 IRR 走势

（资料来源：Wind）

似且基本同步，那么对这一现象可能的解释是，4月的深贴水并非期货投机力量主导，更可能来源于配置盘的套保需求，这也与成交持仓比反映的投机属性弱化的结论基本一致。

这时读者可能要问了，套保和投机力量的相对强弱对交易的参考意义何在？不管原因何在，4月初期货实际贴水都更深，是否意味着市场变得更悲观了？下面我们先来讨论第二个问题。因为第二个问题讨论清楚了，第一个问题自然就明朗了。

4. 曲线倒挂与转换期权价值重估

前文已解释过，期货深贴水行情一般意味着更低（甚至为负）的 IRR 水平，下面我们来讨论 IRR 的另一面——净基差，理论上来看净基差理应反映的是期货空头转换期权的价值，实践中还要考虑到市场情绪的影响。

图4-18为10年期国债期货CTD切换示意，其中180027为长久期国债（久期为8.2年），170018为中久期国债（久期为7.2年），180028为短久期国债（久期为6年）。我们经常"听说"转换期权在长端国债利率在3%附近时价值较高，原因在于此时发生切换的概率最大。

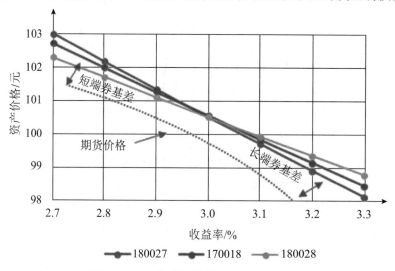

图 4-18　10 年期国债期货 CTD 切换示意

（资料来源：Wind）

如果根据经验判断3%附近期权价值最大，那么2月份相比4月份，净基差隐含的期权价值应该更大，但仔细推敲，实际情况并非如此。

因为3%作为CTD切换临界点的基本假设便是长端利率曲线平行移动，然而本轮贴水行情下，国债7～10Y曲线的变化并不符合这个前提。

参考图4-19，不难看出7～10Y国债期限利差从2月份以来便开始持续压缩，直到进入3月份长端曲线出现倒挂，因此实际CTD发生切换的临界点很可能存在偏差，而市场行情也比较支持这一猜想，虽然目前10Y国债利率已达到3.4%，但最廉券仍然是中等久期的170018和170010，而不是按照经验逻辑切换到长久期交割券，说明切换点可能已经明显右移（期权的行权价变高）。当然，出现这种情况的另一个重要原因是长久期活跃券昂贵，而非关键期限的老券流动性弱。

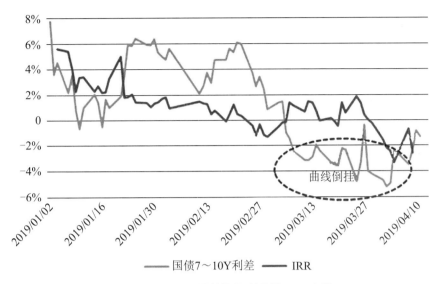

图 4-19　7~10Y 国债期限利差及 IRR 走势

（资料来源：Wind）

图 4-20 为笔者重新画的一个 10 年期国债期货 CTD 切换示意图，即当收益率曲线变平时，长久期券收益率低于中短久期券时，发生转换的收益率理论值从 3% 移动到 3.2% 附近，这也可以部分解释，虽然经过调整后当前利率远高于 3%，且在可交易交割券中不存在明显流动性差异的情况下，CTD 依旧为中久期国债。

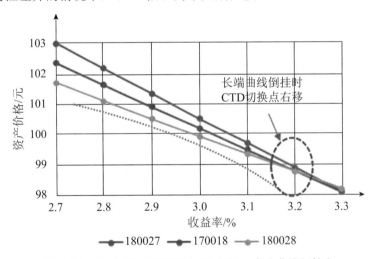

图 4-20　10 年期国债期货 CTD 切换示意（曲线倒挂）

如果以上结论成立，那么虽然 4 月份利率距离 3% 更远，但此时国债基差隐含的期权价值可能反而大于 2 月份。

从另一个角度观察（见图 4-21），在市场平稳时，由于货币市场利率为 IRR 运行的参照基准，如果我们使用 IRR 与货币市场利率的差值替代 IRR 的绝对值进行观察，则 4 月初的贴水深度并不显著强于 2 月份，如果再考虑到 4 月份的基差可能隐含更贵的空头交割期权，那么我们或许能发现一个"预期差"：虽然债市调整压力较大，但 4 月份的市场情绪可能并不比 2 月份悲观很多。

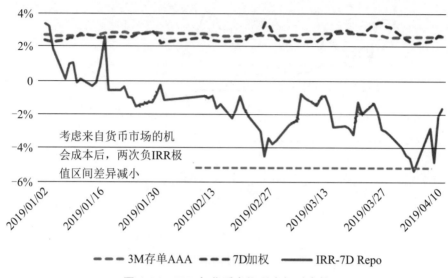

图 4-21　IRR 与货币市场利率相对走势

（资料来源：Wind）

5. 贴水行情下的跨期策略

接下来我们来讨论刚才提到的第一个问题，套保和投机占比的变化对交易策略的参考价值。

从图 4-22 来看，上一次期货移仓换季时十年合约跨期价差大幅走扩，原因是彼时期货仍处于深贴水行情，但临近交割，近月合约逐渐收敛于现券，而远月合约继续深贴水。对于需要进行展期的期货空头（以套保交易者为主），此时处于被动地位，移仓压力大，而最终跨期价差走扩。

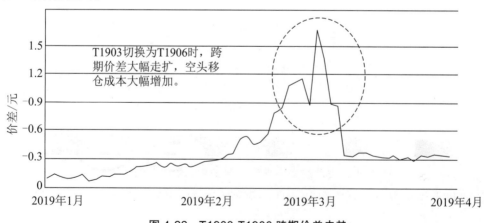

图 4-22　T1903-T1906 跨期价差走势

（资料来源：Wind）

如果我们之前对投资者结构变化的判断基本准确，即进入 4 月份以来套保盘（刚性移仓需求）占比持续增多，且期货贴水行情短期仍将再现，那么 T1906 切换到 T1909 时空头移仓依旧承压,并倾向于提前移仓,对于套利交易者而言,仍有做多跨期价差的机会。

虽然基差变化往往是跨期价差波动的主要来源,但如果届时期货贴水修复至公允理论值附近,那么在分析套保交易者行为的基础上,还需要观察进入交割头寸和CTD的相对供需格局,从而对移仓节奏进行判断。

(二)国债期货跨期价差走势怎么看[①]

由于2019年年初以来金融数据强势,债市情绪偏弱,期货相对现券长期处于深贴水状态,也为反套和跨期交易者提供了较为确定的收益空间。

但近期随着投资者对基本面预期由谨慎乐观转向相对中性,债券反弹明显,期货深贴水也在逐步修复。包商银行信用风险事件后,非银流动性分层,期货相对现券保证金占用少的优点得以显现,杠杆多头力量可能会选择使用衍生品替代现券,导致期货IRR甚至短暂超过资金利率,做正套反而有机会。

那么,在新的微观结构下(贴水修复+流动性分层),跨期价差2019年以来演绎的季节性走扩规律是否能够持续?下面我们先来分解下跨期价差的影响因素,作为预测参考。

1. 机构行为因素:套保盘的移仓选择

根据国债期货交易的直观经验来看,跨期价差往往在主力合约移仓换季时发生明显的趋势性波动,而这样的感觉也是合乎逻辑的:一是没有进入移仓换季时,近月和远月合约流动性差异较大,价格变化难以同步;二是随着交割日临近基差收敛,近月合约波动更接近于现券(正如现券也可以看作1天的期货),导致两个合约呈现不同的波动特征,从而使跨期价差出现趋势性机会。

从2019年当年两次跨期价差走势来看(见图4-23),套保盘成为推升价差最重要的

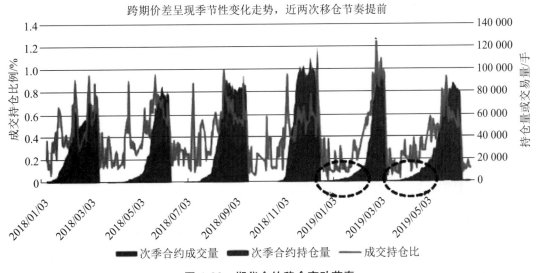

图 4-23 期货合约移仓变动节奏

(资料来源:Wind)

[①] 本节根据作者个人公众号"劈柴胡同"2019年文章整理。

机构行为因素，原因有三点：第一，谨慎情绪下，套保交易者占比上升；第二，套保盘对头寸进行展期的天然需求；第三，期货贴水时，空头承压选择提早布局移仓。

下面机构行为对跨期合约价格的影响路径，跨期合约相对强弱的规律见表4-2。

表4-2 跨期合约相对强弱的规律

期货升贴水	市场情绪	市场预期	发生在当季合约期初	发生在当季合约期末
期货贴水基差为正	阴转晴	贴水开始修复 期货走强于现货 基差缩小	期货多头建立在当季合约 当季合约价格上行 价差增加	期货多头建在次季 次季合约价格上行 价差减小
	依旧阴霾	贴水还将继续 期货继续弱于现货 基差不变或扩大	期货空头建立在当季合约 当季合约价格下行 价差减小	期货空头建在次季 次季合约价格下行 价差扩大
期货贴水基差为负	晴转阴	升水开始修复 期货走弱于现货 基差扩大	期货空头建立在当季合约 当季合约价格下行 价差减小	期货空头建在次季 次季合约价格下行 价差扩大
	依旧晴朗	升水还将继续 期货继续强于现货 基差不变或缩小	期货多头建立在当季合约 当季合约价格上行 价差增加	期货多头建在次季 次季合约价格上行 价差减小

（资料来源：中金固收研究）

目前市场所处状态比较接近第一种组合，即市场情绪阴转晴，期货贴水幅度开始修复。按照机构行为的经验判断，如果市场情绪维持现状或期货升水，跨期价差在当季合约中后期收窄的概率较高。

2. 机构行为因素：期现套利者

如果说套保盘是跨期价差变化长期存在的机构行为因素，那么套利盘则是阶段性的影响因素，对于期现套利的交易者，进行开仓、止损和止盈的决策依据并不在于跨期价差，而是基差的变化。当市场以套保和投机为主时，通过判断升贴水情况和套保头寸的占比可以对跨期价差进行简单预测，但正套和反套力量的存在让博弈格局变得更复杂，也加剧了跨期走势的不确定性。

反套投资者的持仓结构相当于"借入现券卖空同时做多期货合约"，如果持有期货多头合约进入交割，在交割过程中将从期货空头处拿到可交割国债，再将可交割国债归还给最开始的现券借出方，便完成了这一套利交易。如果反套投资者持有的期货多头合约不进入交割，也可以根据基差变化提前将期货合约平仓，同时在市场上回购曾经卖空的现券，将其归还借出方。如果贴水修复程度较快，反套投资者更可能提前止盈套利头寸，对近月合约进行多头平仓操作，从而对跨期价差形成抑制，衍生出更丰富的路径和形态。

当然，即使对于正套和反套而言，跨期走势对其决策依据仍然存在潜在影响——"跨期IRR"（见图4-24），为了避免讨论过于抽象，以下我们继续举例说明：考虑一个做多期货近月合约同时做空期货远月合约，并将近月多头期货合约持有至交割日的策略，相当于交易期初作为近月合约多头（融资方，交易对手为帮忙代持现券的近月空头）在交割日拿到现券（融资协议终止，近月空头将代持现券交割给近月多头），再结合做空远月合约的操作形成一个基于远月合约的"正套头寸"。假设近月和远月 CTD 为同一只交割券，那么期初融资成本约等于近月 IRR，期末正套理论盈利空间为远月 IRR。"支付近月 IRR，收取远月 IRR"，当近低而远高时，收益确定性强。

如果期现套利的力量足够强，意味着基差将维持在合理区间运行：基差在更大程度上反映的是净基差和持有收益的价值，而非市场情绪的扰动，进而使期货贴水和升水的幅度及频率减少。在这种情况下，上面讨论的基于市场冲击组合的跨期价差结论参考价值便会弱化。以下我们从定价公式层面，来分解跨期价差隐含的理论影响因子。

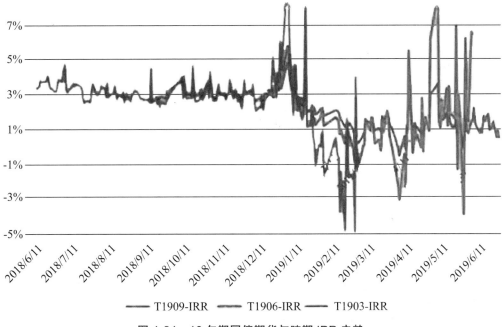

图 4-24　10 年期国债期货与跨期 IRR 走势

（资料来源：Wind）

3. 转换因子调整后的理论跨期价差

国债期货合约价格记为 F，CTD 券的净基差、持有收益、转换因子和价格分别设为 BNOC、Y、C、P，其中"0"代表当季合约，"1"代表次季合约，同时假设当季和次季合约 CTD 券相同（当然现实中很可能不成立，待讨论），净基差的基本公式为

$$\text{BNOC}_0 = P_0 - F_0 C_0 - Y_0$$
$$\text{BNOC}_1 = P_1 - F_1 C_1 - Y_1$$

由于可交割券在不同期货合约的转换因子相差很小，几乎可以忽略不计，这里近似认定当季和次季合约的转换因子相同，则可以得出跨期价差理论值公式为

$$F_0 - F_1 = \frac{1}{C_0}\left[\left(\text{BNOC}_1 - \text{BNOC}_0\right) + \left(Y_1 - Y_0\right)\right]$$

由以上公式可知，由于转换因子为固定值，跨期价差理论值的变化取决于两个合约

"净基差之差"和"远期持有收益之差"。以下我们对这两个主要影响因素分别讨论。

1）理论影响因子：净基差

在国债期货交易实务中，净基差往往被认为是市场情绪的反映，不少实证研究都表明，当净基差与现券走势相背离时，后者被证伪的概率较大，因而净基差的异常变动也被部分投资者当作市场反转的信号。在理论公式中，净基差只代表期货空头的转换期权。"净基差之差"的理论意义是不同行权日、相同行权价的转换期权价值之差。

通过表4-3可以看出，T合约净基差之差与跨期价差的相关性均超过0.9，根据我们之前的公式来看并不意外。有趣的是，次季净基差对跨期价差的解释力度也非常强，这说明次季转换期权的波动幅度远大于当季转换期权，因此主导整个期权价差的变化。而净基差的绝对值水平越高，也意味着转换期权的波动范围越大，对净基差之差影响越明显。

表4-3 国债期货合约跨期各基差情况

类别	相关系数	T—1至T—45	T—1至T—30	T—1至T—20	T—1至T—15	T—1至T—10	T—1至T—5
TF合约跨期价差	净基差之差	0.69	0.81	0.82	0.82	0.78	0.79
	基差之差	0.54	0.69	0.72	0.72	0.68	0.72
	当季净基差	0.17	0.16	0.09	0.04	0.07	0.03
	次季经济差	0.64	0.67	0.65	0.64	0.69	0.69
T合约跨期价差	净基差之差	0.96	0.96	0.95	0.95	0.92	0.90
	基差之差	0.94	0.94	0.93	0.91	0.88	0.86
	当季净基差	0.54	0.50	0.41	0.37	0.33	0.38
	次季经济差	0.87	0.89	0.88	0.86	0.86	0.84

（资料来源：中金固收研究）

有研究指出，当净基差绝对值相对稳定时，净基差的期限结构将成为决定转换期权价差的主要因素，隐含的假设是净基差的期限结构服从"期限越短，曲线越陡"分布，也就是说，随着交割日临近，当季期权价值相对次季而言衰减的速度更快，从而使跨期价差走扩。但以上结论的例外情况是，当持有收益对跨期价差的影响强于净基差时，可能反而导致跨期价差收敛。

2）理论影响因子：远期持有收益

远月合约和近月合约的持有收益之差，即为债券从近月交割日到远月交割日期间的"远期持有收益"。设CTD券的票面利率为 c，资金成本为 r，"0"代表近月，"1"代表远月，可将跨期价差公式中的远期持有收益推导为

$$Y_1 - Y_0 = P\left(\frac{c}{P} - r_0\right)T_0 - P\left(\frac{c}{P} - r_1\right)T_1$$

$$Y_1 - Y_0 = P\left(\frac{c}{P} - \frac{T_1 r_1 - T_0 r_0}{T_1 - T_0}\right)T_1 - T_0$$

$$Y_{0,1} = P\left(\frac{c}{P} - r_{0,1}\right)T_{0,1}$$

由于 P 和 T 均为固定值，可以看出远期持有收益取决于债券的当期收益率 c/P 以及近月合约到期日与远期合约到期日之间的远期资金利率。当期收益率越高，远期持有收益便越高；远期资金利率越高，远期持有收益越低。当远期资金利率与当期收益率倒挂时，远期持有收益为负，将使跨期价差收敛，而这一理论在实践中也是有迹可循的，如图4-25所示。

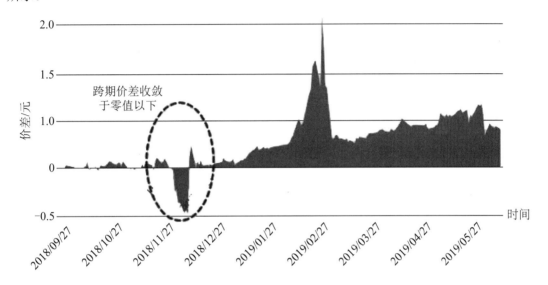

图 4-25　10 年期国债期货跨期价差走势

（资料来源：Wind）

从图 4-25 来看，2018 年 12 月，跨年资金紧张，资金利率与国债收益率倒挂，跨期价差也在当月出现了明显的"负值区间"。

4. 跨期价差变化趋势的启示

根据以上的讨论，我们大概能明白为何在交易实务中跨期策略主要用于 T 合约而非 TF 合约。从净基差的角度来看，由于 10 年期国债期货交割券久期更长，分布区间也更广，因而隐含的转换期权价值更高，净基差的绝对值和波动率也更高；从远期持有收益的角度看，10 年期国债的当期收益率一般高于 5 年期国债，在资金成本相同的情况下，10 年期 CTD 的远期持有收益更高，导致 T 合约的跨期价差更高，更适合进行交易。

需要注意的是，跨期价差变化的诸多预测方法，都是建立在"近远月合约 CTD 为同一只券"的假设下，但实践中可能并不成立，我们不妨进行两个简单的情景模拟。

第一个情景，如果长端国债收益率位于 3% 以下，根据经验法则短久期交割券成为 CTD，此时可能存在剩余期限 6.5Y 附近的 CTD（当季合约可交割，次季不在交割范围）。同时这类非关键期限债券流动性较差，多头拿到券后变现困难，从而降低其交割意愿；多头移仓积极，从而带动跨期价差收敛。

第二个情景，长端国债新券发行并成为新的 CTD，由于投资者情绪低迷发行票面较高，在资金成本相对稳定的情况下，远期持有收益将显著升高，进而推升跨期价差。同时 CTD 切换为新券后，净基差水平也会发生变化，其对跨期价差的影响可能与远期持有收益的影响方向相反，从而一定程度上抵消远期持有收益的影响。

另外，通过量化方法对跨期价差的频率分布进行统计分析，也有一定参考价值（见图 4-26）。

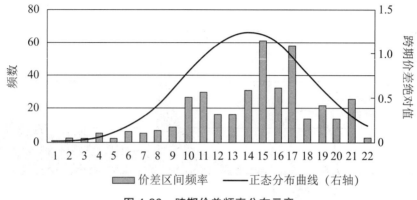

图 4-26　跨期价差频率分布示意

（资料来源：Wind）

回到我们开始的话题，判断未来跨期价差走势首先要认清当前市场是机构行为因素主导还是理论因子主导。目前来看，由于市场的套利力量仍然偏弱（相对投机和套保而言），如果理论因子未出现明显的异常波动或极端值区间时，前者的影响将会更显著。如果流动性分层影响持续，势必对非银使用杠杆头寸持有资产的能力构成制约，"代持"的成本将会更高，从而导致期货 IRR 上升贴水修复。另外，利率债相对的融资优势将会更明显，可能会增加现券的溢价，从而在一定程度上抵消代持成本的影响。

四、其他固定收益衍生品的策略应用

国债期货为目前业内资产管理机构应用最广泛的利率类衍生品，除此之外固定收益领域还有很多衍生工具，如利率互换、信用违约互换（风险缓释工具）、信用联结票据、利率期权、国债期货期权、利差期权、总收益互换等。虽然从实战角度来说，这些衍生工具尚未被多数资产管理产品纳入常规投资范围，但对于基础资产的定价具有参考价值，本节将介绍几类主流衍生产品，供读者参考。

1. 利率互换

利率互换（interest rate swap，IRS）是指交易双方在一定期限内，对不同计息方式（浮动或固定利率）的名义本金进行利息交换的场外金融合约。利率互换的交易结构如图 4-27 所示。利率互换的买方为固定利率的支付方（也是浮动利率的接受方），而利率互换的卖方为固定利率的接受方（也是固定利率的接受方）。利率互换中涉及的浮动利率一般称为参考利率。

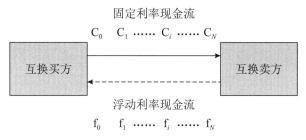

图 4-27 利率互换的交易结构

（资料来源：中金固收研究）

从交易结构来看，利率互换的买方相当于买入一笔浮息债并卖空一笔固息债，因此常见的定价思路是利率互换的合约价值应等于浮息现金流减去固息现金流的价值。在无套利假设下，如果定价公允，基于市场利率的预期水平，两组现金流在互换初始阶段的价值应该相等（即买方和卖方都占不到对方的便宜）。

从策略应用的角度看，利率互换常见的功能主要包括以下几种。

（1）对冲组合的利率风险。如果资产管理人持仓债券的久期过长，担心因利率上升导致的资本利损，可以考虑将部分固定利率债券通过 IRS 交易换成浮动利率，便可有效率规避利率上行风险。

（2）"合成"利率类资产。通过买入固息债同时使用 IRS 支付固定利率换取浮动利率，便可以合成一只浮息债券，如果这种合成头寸的预期回报高于浮息债基础资产，则可以实现策略替代的效果。

（3）替代回购融资。从理论上看，由于资金成本的浮动性，债券市场常用的固息债加杠杆的方式可近似看作 IRS "收取固定利率，支付浮动利率"的交易结构，两者存在替代效应，同时也可使用 IRS 将回购的浮动利率转换为固定的资金成本。

（4）与国债期货等其他衍生工具组合的套利策略。由于 IRS 同样具有利率多空的功能，可以和利率期货反方向建仓形成套利组合。例如做多国债期货（看跌利率）同时使用 IRS 支付固息收取浮息（看涨利率），从而获得两种衍生产品重定价过程中的潜在收益。

2. 信用违约互换

信用违约互换（credit default swap spread，CDS）是一种信用衍生产品。信用衍生产品是指用来分离和转移信用风险的工具或技术的总称，而信用违约互换是目前全球范围内应用较广泛的信用衍生工具。互换合约交易的双方分别是信用保护的买方和卖方，由信用保护的买方支付一定费用，将信用风险转移给卖方。在合约的存续期内，如果违约互换合约挂钩的参考信用资产发生违约，则信用保护卖方需要支付足以补偿买方违约损失的资金；反之，如果 CDS 存续期内参考信用资产未触发违约，则信用保护卖方无须支付任何现金流。信用违约互换的交易结构如图 4-28 所示。

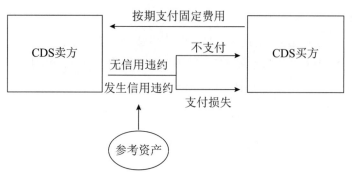

图 4-28　信用违约互换的交易结构

从交易结构来看，CDS 更像是保险或期权合约，CDS 的买方的损益结构相当于买入保险或买入期权，支付保险费或期权费，从而实现极端情况下的损失避免；CDS 的卖方则类似卖出保险或卖出期权，正常情况下可以赚取"固定收益"，小概率状况发生时则会面临大额现金流出。这里的保险费或期权费又被称为"信用违约互换利差"，是理论上信用类资产相对利率类资产利差的重要组成部分（信用利差＝流动性溢价＋信用风险补偿），即对于特定信用主体，其存量债券的信用利差越大，对应 CDS 的费用越"贵"，而参考主体信用资质的动态变化，同样会影响 CDS 的费用定价。

对于证券资产组合管理而言，CDS 主要有以下几种功能。

（1）为组合信用债投资提供定价的"锚"。CDS 的费率是观察挂钩基础资产信用风险的重要参考，直接反映了市场对信用类资产违约概率的看法，当预期违约概率发生变化时，CDS 保险费率往往比信用债价格对此更加敏感，可以帮助投资者更有效地对信用债进行定价。

（2）通过买入 CDS 对冲组合持仓信用债的风险。国内多数中低等级信用债的流动性较差，这意味着资产管理人通过减持方式降低组合信用风险可能会支付额外的"流动性折价"，而采取买入 CDS 的方式则可以避免折价出售资产，同时增强组合的信用风险保护能力。

（3）通过卖出 CDS "合成"信用类资产。投资者可以选择持有货币市场工具或其他代表无风险利率的资产，同时卖出 CDS 收取保险费用，相当于合成了信用类资产，如果这一合成头寸的性价比高于直接购买信用债，则可实现替代效果。

（4）表达投资者对信用资质的主观观点。如果投资者持有与市场定价隐含信息不同的观点，当认为信用利差被高估时，可选择卖出 CDS 收取"较高"的保险费用，等待信用利差下行买入或回购 CDS 获利；当认为信用利差被低估时，可选择买入 CDS 支付"较低"的保险费用，等待信用利差上行卖出 CDS 获利。

（5）博弈信用利差曲线的斜率变化。受信用债市场供需格局的影响，信用利差曲线可能会出现极端平坦或极端陡峭的情况，此时投资者可以通过持有同一主体不同期限 CDS 合约的反方向头寸（如下注曲线变平坦，可以卖出短期限 CDS 同时买入长期限 CDS），从而获得利差曲线均值回归的收益。

（6）进行资本结构套利。由于股票资产和信用资产存在一些共同的价格驱动因素，特定公司的基本面变化可能同时导致股价和信用利差发生变化，但由于投资者结构导致的市场分割，两者的变化未必反映相同的基本面信息。例如当公司利好事件发生时，股价上涨而 CDS 费率未反映，则可以考虑卖空股票同时买入 CDS，从而获得两者价格隐含信息趋于一致的收益。关于信用利差和股价的数量关系，我们将在下一章节继续探讨。

从国内实践应用情况来看，银行间交易商协会于 2010 年推出了 "中国版的信用违约互换"，即信用风险缓释合约（CRMA）和信用风险缓释凭证（CRMW），后续配套的交易制度和政策也在逐步完善。信用衍生品的发展，对债务资本市场的价格发现、系统性风险规避均有重大意义。

下面我们将介绍 CDS 的"反向工具"——CLN。

3. 信用联结票据

信用联结票据（credit linked notes，CLN）一般由工具创设人（一般为商业银行或证券公司）向投资人创设。信用联结票据的交易结构如图 4-29 所示。投资人的投资回报与参考实体信用状况挂钩的附有现金担保的信用衍生产品，属于凭证类风险缓释工具。

如果 CLN 挂钩的参考实体的信用类债务在存续期内未出现信用事件，则投资人将获得 CLN 的本金偿付及一定的利息；如果 CLN 存续期间挂钩的债务出现信用事件（如破产清算、债务违约、债务重组等），则投资人将可能损失部分本金和应计利息，具体损失数额一般以实际违约债务市场价值为参考依据。

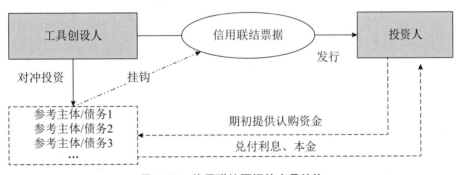

图 4-29 信用联结票据的交易结构

从交易结构来看，信用联结票据与信用违约互换的风险收益特征恰好相反，即信用联结票据的投资者（买方），事实上是信用保护的卖方（类似卖出期权），同时承担了交易对手信用风险和票据挂钩债务的信用风险。而在产品设计层面，信用联结票据挂钩参考债务的方式，与国债期货合约对应的一揽子交割券有相似之处。事实上，在实物结算模式下，信用联结票据的创设方可以从参考实体的若干挂钩债务中选择"最廉价"的债务交付给投资者，从而实现信用风险由创设人到投资人的转移。

从投资人策略应用的角度看，持有信用联结票据风险收益特征与直接投资信用债略有不同，主要表现为以下几方面。

（1）可实现更为分散化的投资。对于挂钩一揽子参考主体债务的 CLN，投资人可以快速建立起对多家信用主体的敞口。类似于 FOF 产品，通过基金投资实现底层基础资产的"二次分散"。

（2）可以"定制"属性。CLN 一般由银行和券商等核心交易商创设，可挂钩的信用主体覆盖面较广，可在计价货币、期限、票息结构、结算方式、挂钩形式和范围等维面根据投资人需求自主调整，方便了投资人更个性化的策略运用。

（3）可作为高效率建仓的工具。普通信用债需要借助场外市场大规模询价交易，对于大资金的建仓需求而言效率较低。而 CLN 的创设人一般都有大量信用债底仓，可以迅速创设对应的信用联结票据供投资人投资。

（4）需要承担来自挂钩债务和创设机构的"双重信用风险"。作为投资人持有 CLN，当信用参考实体发生信用事件时，投资本金将会受到侵蚀；而当工具创设人因资金周转困难无法偿付时，投资人则面临对手方的信用风险。

（5）需要承担高于信用债的流动性风险，当前 CLN 的存量规模较小，缺少市场深度，尚未形成相应的做市商机制，因此在存续期内转让的难度较大。

从目前国内市场来看，信用联结票据的创设和投资还处于初级阶段。截至 2021 年年末，银行间市场 CLN 创设机构共 51 家，但自 2016 年 CLN 指引发布以来，市场仅公开发行 6 单项目，名义本金共计 4.1 亿元，且项目市场化程度较低（见表 4-4）。作为对比，2021 年度共发行 CRMW 共 118 笔，名义本金 207.5 亿元，但考虑到监管部门鼓励信用衍生品业务发展，CLN 产品市场空间仍然广阔。从海外成熟市场的情况来看，最早的 CLN 可追溯到 20 世纪 90 年代。2008 年美国次贷危机中大量复杂的信用衍生产品就受到较大冲击，例如雷曼兄弟公司曾向中国香港地区的投资者发行了数十亿美元的信用联结票据，当雷曼深陷危机后，这类 CLN 由于交易对手信用风险上升而迅速贬值，给投资者造成了大量损失。

表 4-4 截至 2021 年年末国内发行的信用联结票据情况概览

票据简称	21 中信证券 CLN002	21 中信证券 CLN001	21 杭州银行 CLN001	20 农行 CLN001	18 宁波银行 CLN001	18 中债增 CLN001
票据代码	142100003	142100002	142100001	142000001	141800002	141800001
票据期限/天	488	481	270	365	87	365
票面利率	4.2%	4.45%	6.40%	4.5%	5.69%	—
起息日	2021/12/27	2021/12/27	2021/06/02	2020/12/23	2018/7/20	2018/06/02
约定到期日	2023/04/26	2023/04/19	2022/02/27	2021/12/23	2018/10/15	2019/06/27

（资料来源：中信证券）

与利率衍生品（利率期货、利率互换、利率期权等）相比，国内信用衍生品的发展速度相对缓慢，这一方面是由于国内信用基础资产缺少高质量的违约率数据库，让衍生产品的合理定价困难重重；另一方面是由于信用基础资产的流动性弱，做市商和交易商制度还有待完善，基于衍生工具的策略运用也受到了一定限制。但在当前信用债实际违约率上升、资管产品持续净值化的大背景下，对于信用基础资产的深入研究和精细化定价将成为投资者获取超额收益的关键。

关于信用基础资产和相关的违约概率模型，我们将在下一章节展开讨论。

第五章
分类资产策略之信用债

从大类资产的视角来看,与利率债相比,信用债有额外的信用风险溢价和流动性溢价,因而长期的资产回报率一般高于利率债(久期相同的情况下)。但这也决定了信用债投资需要考虑的问题更加复杂,除了考虑来自宏观利率的影响,还要考虑全社会信用环境相对松紧的状态,中观层面行业的相对景气度以及微观层面特定发行人的偿债能力。

业内多数资产管理机构对信用债的研究更关注微观层面,通过对发行人一定频率的实地调研和财务报表的分析预测把控信用资质,因此信用基本面分析与公司股票分析有一定的相通之处:面对类似的公司经营情况,站在债权人和股东两个不同的视角来看待相关证券的风险收益特征。后面我们讨论具体话题时也会与股票的分析方法做一些对比,这也是对第七章内容的铺垫。

一、信用债策略框架概览

相对国债期货,信用债涉及的概念相对简单,我们仅就一些相对重要的部分展开讨论,重点还是立足策略阐述。

(一)与宏观利率分析框架的结合

与利率债类似的是,信用债投资参照"货币—信用"周期框架同样具有一定适配性,特别是对于组合整体投资方向的调度有较强的指导意义。下面我们进行简要分析。

1. 宽货币紧信用环境

在此类环境下,一是采取杠杆策略,此时经济处于衰退中,伴随央行宽货币刺激经济,资金利率降低,信用利差被动升高,杠杆套息能够获取稳定收益;二是采取久期策略,投资者对未来预期悲观,资金向无风险资产转移使无风险利率降低,融资成本下降,息差空间显现。

2. 宽货币宽信用环境

在此类环境下,继续使用杠杆策略,这个阶段企业对经济预期好转,增加投资刺激融资需求,此时资金利率仍然维持低位,杠杆套息仍有空间;二是使用信用基本面下沉策略,投资改善经济复苏,企业基本面由弱转强,信用利差开始持续压缩。

3. 紧货币宽信用环境

在此类环境下,继续使用下沉策略,此时经济由复苏走向过热,企业信贷需求旺盛,基本面好转,低等级债券需求增加,等级间利差压缩,但因此时货币政策已经收紧,宽信用的状态难以长期维持,需要密切关注信用转向的风险,高频跟踪低等级信用发行人。

4. 紧货币紧信用环境

在此类环境下,适合采取类货币策略,以短久期高评级信用债或银行存单为主要配置工具。此阶段无风险利率上行,企业融资环境恶化,资产价格普遍下跌,信用利差大幅走扩。

从周期视角来看,利率向信用传导的一般逻辑有两个:第一,经济由衰退向过热运行过程中,货币政策由松至紧,经济增长由弱转强,货币从无风险资产逐步向风险资产迁移,此时市场往往表现为压缩期限利差、信用利差和级别利差。第二,经济由过热向衰退运行的过程中,货币由紧至松,经济由强转弱,货币从风险资产向无风险资产迁移,无风险收益下行拉大信用债的期限利差、信用利差和等级利差。

(二)信用债相对和绝对估值的判断

对于信用债投资者而言,需要密切观察经济增长、货币条件与一些指标的关系,判断当前所处周期位置。

和利率债一样,除了宏观形势和周期的位置,信用策略也需要考虑资产估值的具体情况,重点需要考虑的估值维度包括以下几个。

1. 资金溢价

多数信用债投资者将资金溢价搭配杠杆策略来考虑资产估值,因此融资成本或资金价格便是非常重要的高频参数,一般使用 R001[①] 或 R007[②] 的绝对值,或短期回购利率与 3~6 个月存单的相对利差来衡量。

2. 无风险利率

无风险利率主要作为信用利差定价的"锚"来使用,考虑到类似的税收政策,一般

---

① R001 指国债逆回购利率。
② R007 指七天回购利率。

使用国开债而非国债作为对应关键期限信用债无风险利率定价的基准,以此来衡量信用风险溢价的相对水平。

3. 期限利差

期限利差包括两个层次:一是特定评级水平下信用债收益率曲线的斜率,二是信用债曲线的斜率相对无风险利率(如国开债的)曲线斜率的水平(是否更陡峭或平坦?隐含了何种预期?),期限利差一般使用短端和长端关键期限的债券定价进行计算。

4. 信用利差

信用利差是相对同样期限无风险利率的利差水平。根据理论模型信用利差和隐含违约率存在函数关系,信用利差表明了市场投资者对特定等级发行人在一段周期内的违约风险寻求的价格补偿。

5. 等级利差

等级利差用来观察跨等级间的信用债利差情况,如高等级和中等级信用债的相对风险溢价水平,中等级和低等级信用债的相对风险溢价水平,是权衡不同类属信用类资产的性价比的重要依据。

同时,以上估值水平还需要考虑到和历史情况相比的分位数水平,虽然历史数据不代表未来,但债券市场的利差水平仍然有一定均值回复的属性,历史分位仍然可作为策略运用的实际参考。信用利差历史分位水平示意如图5-1所示。

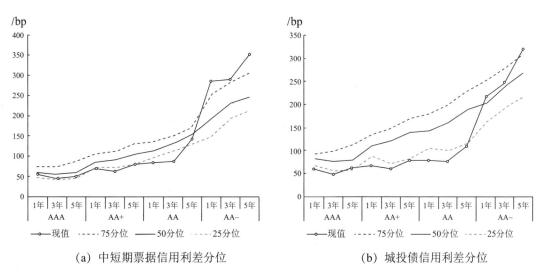

(a) 中短期票据信用利差分位　　(b) 城投债信用利差分位

图 5-1　信用利差历史分位水平示意

(资料来源:华泰证券)

当某一特定评级和期限信用债利差水平达到历史极端值时,往往意味着市场的悲观情绪较强,虽然从市场有效性的角度看,"便宜有便宜的道理"可能成立,但此时投资者仍然可以通过深入分析个券发行人基本面的方式获得超额收益。

（三）信用基本面分析

信用债发行人基本面的研究是信用策略自下而上部分的核心，多数资产管理机构都建立了独立的信用评价研究团队，以下我们从产业债和城投债两个角度来分析企业信用资质的主要评价内容及指标。

1. 产业债角度

产业债定性+定量评价体系如表5-1所示。

表 5-1　产业债定性 + 定量评价体系

评价指标	评分要素	评价内容及指标说明
股东背景	第一大股东的企业性质	分为央企、地方国企、外资、民企、个人等
行业状况	行业盈利水平	营业利润或营业总收入
	行业债务负担	资产负债率
	变现能力	销售商品提供劳务收到的现金或营业收入
	竞争格局	分为完全竞争、不完全竞争、垄断竞争、寡头垄断和完全垄断
	产业周期性	分为弱周期、周期和强周期
	产业发展阶段	分为起步期、成长期、成熟期和衰退期
	行业景气度展望	分为萧条、下滑、不变、复苏和繁荣
经营分析	规模和龙头优势	包括总资产规模和净资产规模
	产品多元化优势	分为单一产品、两到三类产品但相关性强、两到三类产品但相关性不强、多元化程度高
	龙头优势	分为全国性龙头、区域型龙头、非龙头企业
	经营稳健性	结合近年现金流情况、未来资本支出情况和当前债务负担进行分析
财务分析	盈利能力	包括毛利率、期间费用率、总资产报酬率、利润总额、EBITDA[①]、盈利稳定性和成长性
	营运能力	有应收账款周转率、存货周转率两个指标
	现金流压力	有现金营运指数、资本支出压力、经营现金流稳定性和趋势性三个指标
	债务结构和债务负担	有流动比率、现金到期债务比、长期资产适合率、资产负债率、EBITDA、债务压力趋势六个指标
	或有事项	是否存在对外担保以及对外担保金额占净资产的比例、是否存在未决诉讼或仲裁、信息披露完善度三个指标

在信用基本面研究中，一般还会对不同评分要素加以赋权，并进行分档打分，进而对发行人整体的信用资质进行判断。

以下我们就比较重要的评分要素展开讨论。

（1）第一大股东的企业性质。国企相对民营企业而言，信用违约对公司的声誉风险更大，特别是"政治正确性"的考量让国企在面对债务压力时更有动力去主动化解，甚至动用体制内的各种资源；而民企更偏向于市场化解决问题，从这个意义上来说，国企股东性质的发行人天然更受债权人的青睐，多数银行在信贷政策上对国企也有明显的倾斜。

---

①　EBITDA，earnings before Interest, taxes, depreciation and amortization，税息折旧及摊销前利润，即未计利息、税项、折旧及摊销前的利润。

（2）变现能力。企业债务的本金和利息最终都要以现金来偿付，因此发行人必须具备持续创造经营现金的能力，才能为债权人利益分配提供可靠的基础，没有现金支撑的会计利润和收入，有可能来自公司采取了宽松的客户信用政策，或在产业链中处于相对弱势的地位，甚至可能存在虚构收入的情况，都不能作为偿债能力的保障。而非经营性的现金流入，则可能来自企业变卖资产（可能会削弱主营业务的竞争力），外部扩张融资带来的结果，同样需要谨慎对待。

（3）竞争格局。竞争格局更稳定，特别是形成了较强垄断的行业更有利于债务的偿付。这些行业往往外部的潜在竞争变量较少，因此经营基本面的稳健性和确定性较高，更小概率遇到收入或利润大幅下滑的情况。

（4）产业周期性。弱周期性行业的各项经营指标更容易进行预测和线性外推，受到宏观经济的影响更小，一般表现为更稳定的财务数据和经营性现金流；而强周期的行业经营业绩往往大起大落，对于信用债投资者而言需要花费大量精力去跟踪企业景气度的边际变化和信用利差的波动。

（5）产业发展阶段。成熟期的公司偿债的绝对能力最强，而成长期公司信用资质改善的速度最快，衰退期的行业龙头（如过剩产能行业）可能依然有较好的偿债能力，信用资质最差的是起步期的企业。

（6）规模和龙头优势。总资产和净资产规模大的企业抗风险能力更强，特别是在行业下行周期，大企业更有能力抵御市场短期的不景气。纵观中国企业发展历史，每一轮行业出清往往都会使龙头的优势更加明显。

（7）现金流压力。在衡量企业的现金流压力时，重点关注企业的资本开支计划，特别是重资产经营模式的企业需要持续地对厂房设备进行投资，表现为大额的投资性现金流流出，自由现金流几乎为负。一旦存量债务无法展期或再融资，筹资性现金流转负可能会给企业资金链带来致命打击。

（8）债务结构和债务负担。根据传统企业资本结构理论，由于债务的资本成本显著低于权益资本，同时还具有税盾效应（减少一部分所得税的起征基数），但债务并不是越多越好，对于不同类型的企业都存在一个理论上最优的债务资本结构，使其能够平衡降低资本成本和控制偿债风险的关系（见图5-2）。对信用债投资者而言，占比更高的中长期债务是更受欢迎的，这意味着企业不必频繁地进行债务再融资，财务成本受利率波动的影响也更小。

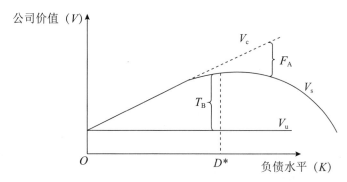

图 5-2　最优债务资本结构示意

2. 城投债角度

和产业债相比,城投债基本面分析的定性指标权重更大,对投资者主观判断能力的要求也更高。城投债定性+定量评价体系如表5-2所示。

表5-2 城投债定性+定量评价体系

评价指标	评价要素	评价内容	评价内容及指标说明
地方经济和财政实力	地区行政级别和债务负担	所在地	地方财政支持的所在地
		地方融资平台家数(发债)	平台家数越多,各平台得到地方财政支持的力度越分散,评分越低
		所在地行政级别	分省级、省会、市级、区县、开发区等
		地方债务压力	地方政府债务余额/地方财政本年收入
			融资平台债务余额/地方财政本年收入
	经济实力	当地经济状况	GDP水平(房价、人口净流入流出情况)
	财政实力和平衡性	一般预算收入	主要看地方融资平台得到财政支持的来源,若同时来自市级和区县的支持,需同时进行分析
		一般预算收入来源	税收收入占一般预算收入的比重,一般预算收入的来源,资源型城市或当地拥有大型企业,则收入来源的稳定性较好
		一般预算收支平衡性	预算收入/预算支出,比例越高,则平衡性越好
业务和财务分析	业务状况	业务状况	若经营性业务能实质性提高公司偿还能力,则可提升信用资质;若仅为投融资业务和相应的BT业务,则不能提升信用资质
	主要偿债指标	货币资金除以短期债务	比例越高,自身短期债务偿还能力越强
		一般预算收入除以有息债务	比例越高,地方财政对融资平台覆盖程度越高
		是否存在对外担保,是否存在未决诉讼或仲裁	数值越高,或有负债越高

我们就一些评价内容进行讨论。

(1)所在地行政级别。行政级别是政治概念,但在城投债市场分析领域亦是非常重要的考量因素。一般意义上行政级别越高的区域和平台,能够协调地方金融资源的能力也越强(发生违约,政治上的负面影响也越大),因此更容易得到银行信贷或其他非银融资工具的支持。

(2)地方债务压力。区域性的债务负担都是相对于其经济发展水平和财政收入而言的,高负债高收入区域(如江苏、浙江)、低负债低收入区域(如西藏)、低负债高收入区域(如广东、福建)均属于区域风险可控,对特定平台进行研究即可。而高负债低收入区域则值得投资者重点关注风险,这个区域往往需要持续的债务滚续或中央转移支付才能维系财政收支体系的运转,即使是当地绝对龙头的城投平台依然具有一定的信用风险,这也是区域信用利差的重要来源。

（3）当地经济状况。地方财政最重要的收入来源有两类：一类是一般预算收入，二类是政府性基金收入。前者来源于地方核心产业贡献的税收收入（如贵州茅台显著提升了遵义的财政实力）。后者来源于土地供给获得的收入，而长期来看，区域人口净流入和流出情况是决定土地供需和价格的核心因素，持续净流入的区域往往伴随着持续上涨的房价和地价，进而反映为更高的单位土地出让金和政府性基金收入。

（4）业务状况。一般而言，经营性质越强的业务给城投发行人带来更好的自身造血能力，而传统的投融资业务更多定位于服务地方政府建设需求，并不具备自主经营管理的能力。另外，公益性较强的业务，如地铁公交、市政建设、棚户区改造等，一般对应更高的政府性背书，属于垄断经营的范畴。而纯粹市场化的业务，如住宅开发、商品贸易等业务则面对激烈的市场竞争，反而会让企业的信用资质弱化。

（五）信用债风险收益特征概览

作为国内证券市场存量规模最大的类属资产之一，信用债在多数资产管理机构的配置图谱中都是非常重要的，但如果仅从资产风险收益特征的角度看，信用债投资在长期上看还存在一定的局限性，需要投资者关注。

1. 大类资产视角下的信用债

从长期资产的历史表现来看，信用债的风险和收益都具有非对称和非线性特征，一是债券信用质量恶化的概率显著大于信用质量提升的概率，且信用资质向下迁移（由投资级变为投机级）的空间显著大于向上（由投机级变为投资级）迁移；二是信用债胜率很高（多数情况下赚小钱）但赔率很低（少数情况下亏大钱），长期回报呈现"多峰肥尾"的负偏态分布。信用债相对其他大类资产回报分布特征如图5-3所示。

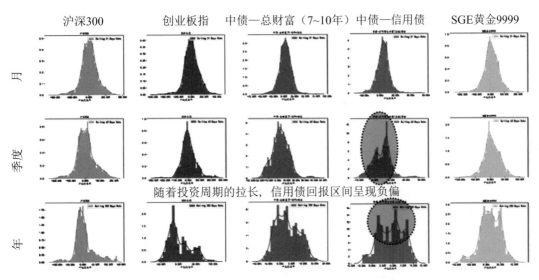

图5-3 信用债相对其他大类资产回报分布特征

（资料来源：国泰君安证券）

同时信用债缺乏流动性，资产配置中再平衡或卖出困难，信用+杠杆的模式会加剧危机状态下的负反馈，也因此信用策略的超额认知难以落实到投资实践中。另外，信用债投资者与债券发行人利益还存在不一致性，即危困状态下公司管理层宁肯损害债权人利益也不愿伤害股东，特别是在法制还不够健全的市场环境下。

由于信用债以上的风险收益特征，投资者对信用风险的定价呈现"随着剩余期限增长信用风险放大倍数增加"的特点。从图5-4可观察海外成熟市场的不同等级信用债的平均累计违约率情况，可知，累积违约率随时间快速增长。例如A级的1年平均违约率是0.16%，但是3年后为0.72%，5年后为1.47%；而评级越低，这一个概率增加得越快，例如Ba级1年违约率为0.86%，3年后为4.11%，5年后为7.73%。而市场往往难以对这种非线性风险进行有效率的定价，这也给投资者带来了获取超额收益的机会。

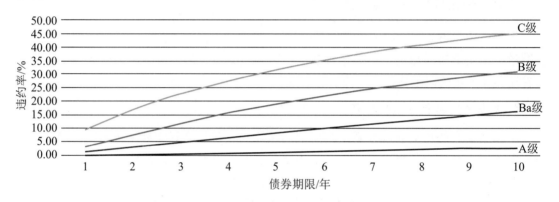

图5-4　信用风险随时间非线性增长

（资料来源：南方基金）

2. 隐含违约率与迁移率

随着信用违约和估值大幅波动常态化，信用债的定价体系也在变化，国内市场的估值逻辑逐渐从"标签化定价"过渡到"真实反映违约风险"的状态。如果从资产内在结构拆分，信用债投资本质上约等于"无风险利率+流动性溢价+卖出信用违约互换（风险溢价）"，即每个成交YTM事实上都对应个券的"隐含违约率"。如果信用债投资者能够对该参数进行一定置信度的估计，便可以更体系化地捕捉被错杀的主体和个券。

而比隐含违约率更可能被常规化使用的，则是隐含评级迁移率[①]，目前主流市场研究机构都会定期跟踪全市场异常成交的个券，筛选标准一般以中债隐含评级变化为依据。

根据中债隐含评级变化历史回测的结果（见图5-5），深色线左下方代表隐含评级向上迁移的案例，右上方则代表向下迁移的案例。例如左数第三列第四行数字51，

---

① 隐含评级迁移率，指特定资质的信用债券因市场定价发生变化导致的隐含评级向上或向下迁移的概率。

意味着一年前中债隐含评级 AAA- 的 51 只信用债一年后（当前）隐含评级向上迁移为 AAA。

当前中债隐含评级

一年前中债隐含评级	AAA+	AAA	AAA-	AA+	AA	AA(2)	AA-	A+	A	A-	BBB+	BBB	BBB-	BB+	BB	BB-	B+	B	B-	CCC	CC	C	总计
AAA+	156	2																					158
AAA	1	1240	8	13																			1262
AAA-			51	737																			788
AA+			11	6	2275	82	16	1															2391
AA					54	3418	210	113	29	1	4										3	32	3864
AA(2)						56	2669	166															2891
AA-						47	180	3241	167	48	13	1		2		1					17	9	3726
A+							6	26	104	22		2	6								16	18	200
A									9	12											8	6	35
A-									19		8	19									11	4	61
BBB+											2	5									9	3	19
BBB													2				1			2	11	10	26
BBB-																							0
BB+																							0
BB															10						2	3	15
BB-																					6		6
B+																					7		7
B																	4				4		8
B-																					2		2
CCC																					3	2	5
CC																				5	15		20
C																					71		71
总计	157	1304	751	2342	3609	3075	3547	300	80	50	16	27	2	0	11	0	2	1	4	0	2	85	192	15555

图 5-5　中债隐含评级变化历史回测的结果（2020 年）

（资料来源：南方基金）

观察该表格我们不难得出如下结论。

（1）以一年周期的角度看，近 90% 的债券隐含评级未发生任何变化，这或许也是市场上主流的短久期 + 信用下沉策略的理论基础，即对于债券发行企业一年以内的信用资质预测的准确度较高，但需要注意的是，7.4% 的债券隐含评级下调，2.8% 的债券隐含评级上调，总体上看资质恶化的概率显著大于资质改善。

（2）结构上来看，对于高等级品种（AAA- 及以上），向上迁移和向下迁移概率和幅度比较接近；对于中等级（AA+ 和 AA），向下迁移的概率和幅度都显著大于向上；对于低等级品种 [AA（2）及以下]，向上和向下的概率接近，但向下的潜在幅度更大（A+ 有 17% 的概率会向下迁移至 C 类评级，即违约），因此实践中需要定期梳理底层持仓债券隐含评级变化情况，作为信用风险预警信号。

（3）对于隐含 AA+ 及以上品种，信用研究应更关注预期迁移率而非违约率，特别是投资长久期品种时需要考虑票息对潜在向下迁移情景的保护程度。

3. 浅谈货币信用与经济周期

以上从微观视角探讨了信用债的风险收益特征和定价，而宏观因素的影响同样关键，特别是系统性的信用—货币扩张或紧缩环境下，信用风险溢价将呈现趋势性的变化。

关于货币和信用扩张如何作用于经济体的运作，达里奥在《债务危机》一书中有比较系统性的论述，其核心观点和当前宏观政策定调颇有几分相似：信用和债务的增速，应该与全要素生产率的增速相匹配。当两者不匹配时（债务增速显著高于或低于经济增速），便会导致周期性的经济波动（见图 5-6）。

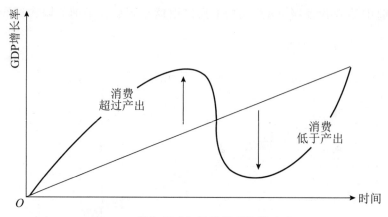

图 5-6　债务导致经济增长周期性波动

（资料来源：《债务危机》）

（五）信用债投研流程与优化方向

信用策略的落地，除了正确的价值理念、策略认知和方法论之外，还需要可执行的实践路径，这对投研团队日常的协调配合要求较高，因此建立体系化的投资研究流程非常重要。举例来看，传统信用投资研究的主要流程与核心关注点包括以下内容。

（1）从一级新债和二级现券中发现潜在标的。

（2）收集评级报告、公司公告、卖方研报等公开资料，必要时调研公司，访谈管理层、查看公司生产基地。

（3）根据评级模型对公司信用等级进行评判，撰写评级报告。

（4）投研团队充分讨论，参会人员自由提出疑问，如对标的信用资质存在无法解答的疑虑，则可行使否决权。

（5）研究员提交入库申请，经研究总监、投资总监、公司副总审批。

（6）对入库主体进行定期和不定期跟踪，包括定期财报跟踪、舆情监控、异常交易信息、行业变化等。

（7）每日关注存量发行人动态，抓取系统数据，监测舆情动向，及时掌握主体经营变动及负面新闻。

（8）深入研究和实地调研相结合，与公司管理层紧密沟通，分析实控人和管理层的战略执行力，评估是否存在道德风险。

（9）定性分析中保持对于主体股权变动、资产划拨、跨界经营、对外担保等事项的关注，决定偿债能力的核心因素采取一票否决。

（10）持续对债券条款和流动性进行分析，关注投资者结构的变化，对存在负面舆情较多或存在负面信用事件的主体及时提示卖出机会。

而与股票投研相比，信用债研究更依赖体系而非个人能力，源于资产端多数时期风险收益特征同质化较强，长期来看本质上赚的钱还是以 beta 为主。

因此在传统投研流程的基础上，主动适应市场环境进行迭代将是机构长期投资业绩的下限保证。以下和大家简单分享一些信用债投研优化方向的相关想法。

（1）信用研究相关人员参与超额业绩分成同时承担信用风险责任，奖惩机制要对称，研究员有动力在控制风险的前提下努力工作。

（2）充分利用外部研究成果对内部结论交叉验证，如中债资信评级、中金评分、YY评级等，找到本方和市场的认知差及原因，作为反思、调整和甚至投机的依据。

（3）将信用风险管理综合运用到组合层面，对信用债的评级迁移率、违约率和损失期望等核心参数做出估计，进而推导出整个组合的"隐含信用成本率"，同时也能更科学地考核业绩。

（4）提升行业的前瞻性研究能力，结合股债联动团队的成果输出，对周期类发行人进行更密切的基本面跟踪。

（5）持续投入资源与人力做大固收＋赛道，通过更具弹性的权益类资产贡献组合主要收益，从而降低纯债仓位资质下沉的压力和必要性。

二、发行人基本面备忘录示例

信用研究框架的应用和投资策略实战，最终落地的仍是信用债个券的形式，本节我们选取一些有代表性的产业债发行人，对其经营情况和偿债能力进行初步评估，作为投资决策的参考。

（一）金融街控股股份有限公司

1. 公司简介及经营概况

金融街控股股份有限公司（以下简称"金融街"）是一家主营房地产开发与销售的控股公司，主要从事房地产开发、销售商品房、物业管理等业务。控股股东为北京市金融街投资（集团）有限公司，实际控制人为北京市西城区国资委。

历史上，商业地产为发行人的核心业务板块，大多采取开放和自持相结合的精英模式。金融街控股股份有限公司的自持物业主要位于北京金融街区域，该区域已形成金融机构的聚集效应，集中了中国人民银行、中国银行保险监督管理委员会、中国证券监督管理委员会等中国最高金融决策和监管机构，为首都第一个大规模整体定向开发的金融功能区。经过多年发展已经成为对中国金融业最具影响力的金融中心区。受区域的发展带动，公司在该金融街的物业空置率连续多年在1%附近，租金价格呈现持续上涨态势。

近年来，发行人住宅地产销售逐渐超过商业地产，区域分布上以一、二线城市为主，集中于北京、上海、广州、天津、重庆等城市。但公司在住宅开发领域的品牌影响和经营能力都相对平庸，同时北京外区域的开发经验也相对匮乏，叠加2021年以来地产全行业面临持续性景气下行和市场出清，需要重点关注其住宅板块的经营风险。

2. 财务及信用评价

金融街控股部分财务比率概览如表5-3所示。

表 5-3 金融街控股部分财务比率概览

项目	2021/09/30	2020/12/31	2019/12/31	2018/12/31	2017/12/31
杜邦分析					
净资产收益率	3.05	7.03	10.32	10.63	10.49
销售净利率	11.70	12.24	15.74	18.26	16.08
净利润/利润总额	65.33	64.11	72.07	72.86	73.26
利润总额/息税前利润	62.60	174.31	78.69	78.90	85.05
息税前利润/营业总收入	28.62	10.96	27.75	31.76	25.80
权益乘数	4.65	4.66	4.66	4.45	4.15
总资产周转率	0.06	0.11	0.17	0.16	0.21
资本结构					
资产负债率	76.49	76.48	75.94	74.96	73.08
流动资产/总资产	71.16	68.78	68.26	67.06	67.00
有形资产/总资产	19.74	19.55	19.70	19.86	21.75
带息负债比率	63.40	67.58	68.82	72.31	68.17
流动负债/负债合计	40.56	40.10	40.76	33.05	34.78
偿债能力					
流动比率	2.29	2.24	2.21	2.71	2.64
速动比率	0.55	0.66	0.61	0.60	0.66
保守速动比率	0.48	0.60	0.45	0.40	0.41
有形资产/负债合计	0.26	0.26	0.26	0.26	0.30
EBITDA/负债	—	0.02	0.06	0.06	0.07
经营活动产生净现金流/带息债务	0.03	0.11	0.03	-0.11	-0.12
现金流量					
销售商品提供劳务收到的现金/营业收入	190.25	130.63	111.90	110.67	76.61
经营活动产生的现金流量净额/营业收入	23.87	54.58	10.16	-40.83	-28.43

（资料来源：Wind）

从盈利能力来看，公司净资产收益率和销售净利润率均高于房地产企业平均水平，与其整体土地储备的区域和质量较好有关，但2021年出现下滑，主要受其周转率下滑的拖累。2020年，该发行人为"橙色档"房企。

从资本结构和偿债能力来看，公司资产负债率绝对水平很高，债务压力较重，特别是短期债务占比有抬升的趋势，导致货币资金对短期债务的覆盖倍数出现下滑。进一步观察其债务结构可发现，存量债务的集中到期压力在2023年。

从现金流情况来看，公司现金收入比持续改善，2021年三季度现金收入比达到2,

即现金是收入的 2 倍。由于杠杆压降举措，公司的筹资现金流大幅净流出拖累公司整体净现金流量，经营现金流占收入比例存在一定的周期性。

从整体信用资质来看，地产行业尚处于景气度下行阶段，该发行人虽然坐拥金融街区域高端商业地产作为其高质量资产的基本盘，但由于其业务结构的变化优势存在被持续削弱的可能性，尚未在住宅开发领域展示出足够的品牌和运营能力。然而，考虑到该发行人股东背景强，再融资渠道通畅，实际信用风险仍然较低。投资中，我们主要关注行业政策和景气度对信用利差的影响即可。

该发行人外部评级结果参考：中金评分 4+，YY 评级 4 档，中债资信评级 AA，中债隐含评级 AA+。

（二）联想控股股份有限公司

1. 公司简介及经营概况

联想控股股份有限公司（以下简称"联想控股"），前身为中国科学院技术研究所新技术发展公司。中国科学院控股有限公司、北京联持志远管理咨询中心和泛海控股集团有限公司为该公司前三大股东，实际持股比例分别为 29.04%、20.37%、16.97%。总体来看，该公司股权较为分散，不存在控股股东和实际控制人。公司创始人柳传志，于 2019 年卸任。

联想控股主营业务为战略投资+财务投资，为双轮驱动，战略投资方面包括信息技术、金融、消费服务和农业食品等板块，旗下核心企业有联想集团、卢森堡银行、拉卡拉支付、汉口银行等企业，其中以联想集团为代表的信息技术类战略投资贡献大部分投资回报（占比 90%）；财务投资方面包括君联资本、弘毅投资、联想之星等投资机构。

从其核心的信息技术板块来看，旗下联想集团同样为港股上市公司，联想控股持股比例为 33%，包括智能设备业务、基础设施方案业务、方案服务业务三大板块，其中智能设备业务占比达到 85%。联想集团是目前全球最大的 PC 供货商，2019 年全球市场占有率为 24%。但是，传统的计算机生产商面临更加激烈的竞争环境，在产业链中的地位逐渐弱势，需要关注其经营风险。

2. 财务及信用评价

联想控股部分财务比率概览如表 5-4 所示。

表 5-4 联想控股部分财务比率概览

项目	2021/06/30	2020/12/31	2019/12/31	2018/12/31	2017/12/31
杜邦分析					
净资产收益率	10.48	6.38	5.78	7.54	9.56
销售净利率	4.49	2.10	2.15	2.00	1.54
净利润/利润总额	77.31	72.09	81.55	84.14	65.35
利润总额/息税前利润	83.17	69.83	65.20	66.02	67.04
息税前利润/营业总收入	6.98	4.18	4.05	3.60	3.50

(续表)

项目	2021/06/30	2020/12/31	2019/12/31	2018/12/31	2017/12/31
权益乘数	11.06	10.77	10.19	8.05	6.16
总资产周转率	0.35	0.65	0.66	0.80	0.96
资本结构					
资产负债率	86.54	86.70	85.19	85.04	76.29
流动资产/总资产	49.09	49.13	47.01	47.82	51.71
有形资产/总资产	-4.78	-4.67	-5.35	-4.86	-6.28
带息负债比率	55.31	55.73	57.61	58.72	36.00
流动负债/负债合计	71.30	71.14	73.96	76.41	67.71
偿债能力					
流动比率	0.80	0.80	0.75	0.74	1.00
速动比率	0.66	0.69	0.66	0.66	0.84
保守速动比率	0.35	0.34	0.30	0.44	0.68
有形资产/负债合计	-0.06	-0.05	-0.06	-0.06	-0.08
EBITDA/负债	—	0.05	0.04	0.04	0.07
经营活动产生净现金流/带息债务	0.01	0.14	0.03	0.01	-0.06
现金流					
销售商品提供劳务收到的现金/营业收入	102.54	101.29	97.65	98.78	100.08
经营活动产生的现金流量净额/营业收入	1.41	10.24	2.37	0.77	-1.70

（资料来源：Wind）

从盈利能力来看，公司净资产回报率水平长期位于偏低水平。但2021年有所改善，主要源于其净利润率的小幅提升，呈现"低利润、低周转、高杠杆"的商业模式。由于公司的主要收入来源为投资收益，其非经常性损益变动将是影响盈利能力的关键，需要对其持有的股权和对应的子公司进行进一步分析。

从资本结构和偿债能力来看，公司资产负债率显著高于同行业可比公司，债务负担已经到了比较危险的程度；带息负债比例同样偏高，可以预见其新发债券和新增授信几乎全部用于存量债务的滚续；短期偿债指标同样不容乐观，账面货币资金对短期债务的覆盖率不足；同时公司存在一定的对外担保风险。

从现金流情况来看，公司收入现金比尚可，但经营现金流占收入的比例波动较大，这也与公司商业模式需要频繁地购置和出售资产有关。2021年半年报显示，公司历史首次出现了大额现金净流出，现金净减少115亿元，需要重点关注。

从整体信用资质来看，公司存在业务多元化的明显倾向，但旗下各经营主体的协同效应尚不明显，投资回报虽然不失稳健，但财务杠杆的运用策略过于激进，底层资产回收变现的难度较大，需要依靠持续的融资维持基本盘。投资中，我们需要关注其存量资产布局和新增投资项目，外部融资环境的潜在变化等。从市场定价来看，存量债券估值反映出投资者对其资质的不认可,即使投资短久期债券仍需要非常审慎,如有长期债券持仓需要减持。

该发行人外部评级结果参考:中金评分4-,YY评级6档,中债资信评级AA,中债隐含评级A+。

(三)远东国际融资租赁有限公司

1. 公司简介及经营概况

远东国际融资租赁有限公司(以下简称"远东租赁")为国内融资租赁行业最早的一批公司,曾是国内最大的融资租赁公司,目前总资产和净利润等核心经营指标仍排在行业前三水平。母公司远东宏信为港股上市公司,目前第一大股东为中化集团,持股比例为22%。中化集团对远东进行了多方的流动性支持,包括财务公司授信、投资其发行的部分债券和ABS,对外共同占用银行授信额度等。

公司业务完全为融资租赁类及其衍生业务,从2020年的租赁资产的行业分布来看,主要集中于医疗健康(12.4%)、文化旅游(11.9%)、工程建设(5.7%)、机械制造(5.4%)、化工医药(2.7%)、电子信息(4.2%)、民生消费(4.7%)、交通物流(5.7%)和城市公用(47.3%)等领域,行业分散度尚可,在城市公用板块的投放以华东、西南和华中地区为主,规避了高风险区域的新增投放。资产质量较好,不良率长期在1%附近,公司拨备覆盖率长期保持在250%以上水平,与同业金融机构相比处于优秀水平。

2. 财务及信用评价

远东租赁部分财务比率概览如表5-5所示。

表5-5 远东租赁部分财务比率概览

项目	2021/09/30	2020/12/31	2019/12/31	2018/12/31	2017/12/31
杜邦分析					
净资产收益率	10.55	14.24	12.22	13.43	12.89
销售净利率	37.43	35.26	25.54	22.36	22.52
净利润/利润总额	75.95	77.02	73.85	72.89	74.25
利润总额/息税前利润	100.19	99.81	97.88	95.94	97.36
息税前利润/营业总收入	49.18	45.87	35.34	31.97	31.16
权益乘数	6.65	6.59	7.12	8.26	8.22
总资产周转率	0.06	0.08	0.09	0.10	0.09
资本结构					
资产负债率	79.83	80.28	80.51	83.66	84.08
流动资产/总资产	51.36	50.16	46.43	39.93	37.58
有形资产/总资产	13.00	12.96	13.08	10.67	9.11
带息负债比率	81.73	81.83	74.20	75.75	77.17
流动负债/负债合计	53.00	50.93	51.76	39.86	34.86
偿债能力					
流动比率	1.21	1.23	1.11	1.20	1.28

(续表)

项目	2021/09/30	2020/12/31	2019/12/31	2018/12/31	2017/12/31
速动比率	1.21	1.23	1.11	1.19	1.28
保守速动比率	0.17	0.16	0.14	0.19	0.19
有形资产/负债合计	0.16	0.16	0.16	0.13	0.11
EBITDA/负债		0.05	0.04	0.04	0.03
经营活动产生净现金流/带息债务	0.03	0.04	0.07	0.06	-0.29
现金流					
销售商品提供劳务收到的现金/营业收入	98.73	84.87	104.17	109.27	940.22
经营活动产生的现金流量净额/营业收入	32.68	30.77	43.73	42.24	-238.39

（资料来源：Wind）

从盈利能力来看，公司的净资产收益率和利润率处于同业较高水平，营业收入经历了2019—2020年的小幅负增长后2021年增速回正。归母净利润呈现持续稳健增长的态势，由于金融类企业的特性，财务杠杆较高。

从资本结构和偿债能力来看，高负债行业导致其债务负担较重，历史公开债券募集资金多用于偿还存量债务。从资产负债期限匹配上来看，公司应收融资租赁款加权期限与有息债务期限相当，期限错配的情况并不明显。但考虑到债务到期压力，货币资金对短期债务的覆盖程度尚不够理想，好在金融机构授信总额充足，外部融资渠道通畅。

从现金流情况来看，公司2020—2021年资本开支压力较大，连续两年保持250亿元左右的大额资金净流出。公司现金收入比尚可，经营活动现金流占营业收入比例长期保持在30%的稳定水平。

从整体信用资质来看，融资租赁行业在金融去杠杆、城投和地产债务出清的大背景下面临较高的风险暴露。但远东租赁一直位于该行业经营和风险控制能力的第一梯队，属于弱信用行业里的"优等生"。同时考虑到股东中化集团有一定的支持力度，公司信用风险相对可控。投资中，中短期债券可积极参与，长久期品种控制仓位进行投资。

该发行人外部评级结果参考：中金评分4+，YY评级4档，中债资信评级AA+，中债隐含评级AAA-。

（四）北控水务集团有限公司

1. 公司简介及经营概况

北控水务集团有限公司（以下简称"北控水务"），主要从事污水处理服务、水环境治理和技术服务等业务。2021年半年报显示，污水及再生水处理及建造服务贡献收入为106亿港元，占比78%；技术及咨询服务以及销售设备贡献收入为15.5亿港元，占比11%；供水服务贡献收入为14.6亿港元，占比10.7%。公司在2008年收购了中科成环保集团后经营实力大增，目前为国内第一梯队的水务集团，供水和污水处理总规模均处于行业前列。

公司的水处理服务业务模式以BOT、TOT、PPP、EPC等方式开展，这种模式下建设期的投入量和垫款规模较大，同时回款周期较长，对金融机构等社会资本和政府付费的依赖程度较大。以PPP项目为例，一般为公司与政府共同出20%～30%的资本金，其余部分通过银行贷款解决；或通过结构化融资的业务模式吸引保险等金融机构出资成为优先级投资人，公司作为劣后方兜底。

考虑到公司在水处理领域的特许经营权和在境内外的融资优势，这种业务模式目前看依旧具有一定的可持续性。截至2020年年末，公司签订服务特许权安排及委托协议的水厂共1334座。

2. 财务及信用评价

北控水务部分财务指标概览如表5-6所示。

表5-6　北控水务部分财务指标概览

项目	2021/12/31	2020/12/31	2019/12/31	2018/12/31	2017/12/31
利润表摘要					
营业总收入	238.16	221.69	258.70	220.56	181.19
非经常性损益		2.47	5.32	5.49	4.42
归属母公司股东的净利润	34.31	32.74	38.81	33.69	26.65
同比	7.87	−18.07	12.68	20.58	38.78
EBIT	69.66	75.87	89.29	77.69	56.50
EBITDA	—	81.66	94.63	82.16	59.89
资产负债表摘要					
流动资产	323.78	348.84	315.78	280.18	196.76
资产总计	1 501.30	1 467.83	1 354.07	1 107.35	839.76
流动负债	406.34	437.00	438.73	319.96	231.49
非流动负债	575.38	550.05	498.52	456.08	332.08
负债总计	981.73	987.05	937.25	776.04	563.57
股东权益	519.57	480.78	416.82	331.31	276.20
现金流量表摘要					
经营活动现金流量		−30.82	−37.90	−48.83	−56.13
投资活动现金流量		−16.72	−16.68	−26.37	−0.96
筹资活动现金流量		64.00	50.15	114.26	33.17
现金净流量		21.54	−4.62	35.16	−19.36
期末现金余额		123.32	108.33	110.47	71.85
关键比率					
ROE（摊薄）	10.48	11.20	16.12	17.54	17.88
ROA	2.34	2.57	3.55	3.94	4.10
销售毛利率	37.48	38.37	36.06	35.68	30.50
销售净利率	18.77	19.90	20.23	20.78	20.49
资产负债率	65.39	67.25	69.22	70.08	67.11
资产周转率	0.16	0.16	0.21	0.22	0.24

（资料来源：Wind）

从盈利能力来看，除2020年受新冠感染疫情拖累施工进度减缓外，公司营业收入整体呈现稳健增长态势，一定程度上反映了较强的项目获取和经营能力，且净利润率较高，常年保持在20%附近，虽然资产周转率较低，ROE仍处于良好水准。

从资本结构和偿债能力来看，公司资产负债率偏高，实际债务负担较重，尚有部分永续债未计入；债务结构尚可，短期债务占比在20%左右，但货币资金对短债的覆盖不充分，需要依靠未使用授信方能覆盖账面短期债务。

从现金流情况来看，公司现金收入并不理想，几乎可以用糟糕来形容。因大量项目在建，公司需要支付的工程款较多，近两年经营活动现金流呈持续大额净流入（每年超过30亿元），且公司原本的经营模式势必存在持续高强度的资本开支，只能通过持续的再融资弥补自由现金流缺口，但也因此增加了利息支出负担。

从整体信用资质来看，北控水务虽然具备良好的股东背景和经营实力，但天然的业务模式导致其长期面临现金流差、政府回款慢、大量融资和高额财务费用等问题，且当前部分地方政府偿债能力本身尚存在一定不确定性，在特定阶段可能会对公司的信用基本面构成不利影响。投资中，我们需要重点关注资金回流情况和外部融资环境的潜在变化，防范信用利差变化带来的估值波动。

该发行人外部评级结果参考：中金评分4+，YY评级3档，中债资信评级AA+，中债隐含评级AAA。

（五）新疆天业（集团）有限公司

1. 公司简介及经营概况

新疆天业（集团）有限公司（以下简称"新疆天业"）为新疆生产建设兵团第八师国资委下属企业，实际控制人为新疆生产建设兵团。公司主要业务包括氯碱化工、水泥、塑料节水制品和材料销售，具有完整的上下游一体化产业链，实现了原材料全部自给，因此形成了较强的成本优势。公司是中国最大的PVC、氯碱化工生产基地之一，在PVC和烧碱等领域的产能规模和市场占有率均排名行业第二。此外，公司还有超过400万吨的水泥产能和每年600万亩的节水滴灌器材生产能力。

需要注意的是，化工行业本身存在较强的经营周期性，公司经营业绩受PVC等产品价格波动影响较大，从历史上来看，价格区间为5000元/吨～10 000元/吨。但公司由于原材料自给的优势，在行业景气度较好时经营改善的弹性同样较大。

2. 财务及信用评价

新疆天业部分财务指标概览如表5-7所示。

表5-7　新疆天业部分财务指标概览

项目	2021/09/30	2020/12/31	2019/12/31	2018/12/31	2017/12/31
利润表摘要					
营业总收入	207.14	178.31	166.94	171.55	144.36
归属母公司股东的净利润	8.28	-0.76	2.10	4.96	3.85

（续表）

项目	2021/09/30	2020/12/31	2019/12/31	2018/12/31	2017/12/31
同比	562.62	−135.96	−57.64	28.82	121.77
EBIT	—	11.85	14.41	25.84	25.15
EBITDA	—	23.05	28.17	45.88	43.78
资产负债表摘要					
流动资产	105.86	91.29	81.28	107.45	99.35
固定资产		164.89	185.07	213.00	225.70
资产总计	458.04	445.29	428.64	406.65	369.98
流动负债	212.33	209.05	191.20	153.08	116.54
非流动负债	92.77	111.26	94.37	103.28	130.92
负债合计	305.11	320.31	285.57	256.36	247.46
股东权益	152.93	124.98	143.08	150.29	122.51
现金流量表摘要					
销售商品提供劳务收到的现金	241.05	173.86	215.13	198.55	162.80
经营活动现金净流量	43.24	26.38	40.61	28.72	14.60
投资活动现金净流量	−11.22	−15.56	−45.20	−28.05	−11.69
吸收投资收到的现金	0.11	0.55		8.04	
取得借款收到的现金	100.58	164.66	62.09	52.68	52.59
筹资活动现金净流量	−18.75	−7.48	−5.46	1.13	−5.94
现金净增加额	13.27	3.34	−10.04	1.71	−2.95
期末现金余额	30.47	17.21	13.87	23.92	22.21
关键比率					
ROA	3.72	0.06	0.19	3.19	3.29
ROIC	6.10	0.28	0.95	6.10	6.28
销售毛利率	20.77	16.87	30.46	35.96	43.20
销售净利率	8.10	0.16	0.47	7.21	8.57
EBIT Margin	13.25	7.21	6.88	14.58	17.06
EBITDA Margin	—	13.49	15.13	26.27	29.97
资产负债率	66.61	71.93	66.62	63.04	66.89
资产周转率	0.46	0.41	0.40	0.44	0.38

（资料来源：Wind）

从盈利能力来看，公司收入增长较为平稳，但由于行业周期性，净利润的波动范围较大，2020年全年甚至出现录得亏损；利润率水平受产品市场价格影响，同样表现不稳定。但2021年行业景气度恢复明显，各项盈利相关指标大幅好转，带动公司的信用基本面改善。

从资本结构和偿债能力来看，公司债务负担较重，但2021年资产负债率有小幅下降，存量债券规模下降；债务结构较差，短期债务占比在60%左右，货币资金对流动负债的覆盖比例较低，即使考虑公司持有的上市公司未质押股票，以及未使用的银行授信，尚不足以覆盖短期债务，有一定流动性压力。

从现金流情况来看，现金收入短期改善趋势明显，表现为显著增长的经营性现金流入，同时适当压降债务规模导致筹资现金流出。由于新增产能的需要，公司近五年投资现金流均为净流出。

从整体信用资质来看，化工行业的强周期性和较差自由现金流的商业模式削弱了公司经营的确定性和长期信用基本面，虽然新疆天业在行业内有一定的竞争优势，但仍不能避免其面临的市场风险，需要密切关注产品价格变化趋势和利润变现情况。考虑到该行业短期内景气度较高，对短久期债券可以积极参与，而对长久期品种仍然需要保持谨慎。

该发行人外部评级结果参考：中金评分 4-，YY 评级 6 档，中债资信评级 AA-，中债隐含评级 AA-。

三、信用债投资随笔漫谈与历史复盘①

本节结合笔者日常对信用策略分析框架的再认识，整理归纳了自己从业期间对信用债的一些阶段性的心得和思考，供读者参考。

（一）浅谈不同视角下的信用债分析框架

2018 年，信用债的"存在感"越来越强。一方面，基本面下行叠加上下游企业盈利分化导致信用违约创历史新高；另一方面，从去杠杆到宽信用，政策面的相机抉择对信用债市场结构持续施加影响。

但当时市场上关于信用债的研究大多更关注发行人基本面的分析，本篇笔者将从研究、交易、投资等不同视角重新对信用债重做一番观察。

1. 评级视角——信用研究员

简单来讲，传统的信用风险评估模型便是将贷款申请人的各项资质指标进行变量分组赋分，通过建模将变量分组转化为信用分数并计算授信门槛分数（Cutoff Score）。

因此理论上，银行信贷的逻辑与信用评价的逻辑有较多的共通之处。而实践中，两者的区别可能包括以下几点：银行信贷对质押和担保更为关注；贷款只是客户经营的其中一项工具，银行更看重综合效益而非固定利率；银行信贷更强调贷后管理相机抉择管控风险；等等。

从信用基本面研究的维度看，信用研究习惯上被分为宏观、中观、微观三个层面。

（1）宏观层面的信用环境分析偏于定性。对信用债的影响路径至少有以下方面：一是经济增长对企业盈利和负债成本的影响；二是经济周期和债务周期的共振，与违约率较强的相关性；三是宏观流动性对信用扩张的传导；四是宏观经济政策对金融机构和企业行为的控制和影响。

（2）中观层面的行业状况分析是定性与定量的结合。从产业链的角度看，企业可分为传统的生产型企业和服务支持型企业。上游发行人受供给侧结构性改革影响较大，部

---

① 本节主要内容根据作者个人公众号"劈柴胡同"2019 年文章整理。

分细分行业尚处于市场出清阶段，并购与整合已是常态；中游发行人受环保限产影响，成本居高不下，利润率受到挤压，同时再融资有一定压力；下游发行人民企比例较大，多数为轻资产运营模式，资质总体偏弱。行业分析中，关键是要把握不同行业现金流获取的逻辑和特点，以及在经济周期中的经营特征。

（3）微观层面的具体企业的信用资质分析偏于定量，一般从经营面、财务面、外部支持进行分析。需要注意的是，产业债和城投债、国企和民企的微观分析框架并不相同，例如城投平台与政府间存在大量应收账款，虽然其账龄较长，但侧面反映出与政府间的联系，同样可被认为是政府隐性担保的证据。

潜在信用风险对资产价格和发行人的影响方式主要有以下几种：一是因短期债务到期压力或负面舆情导致的估值压力；二是因实际的资金缺口导致的"技术性违约"，又无法得到地方政府的紧急救助；三是资不抵债，实质违约且短期内无力偿还的发行人，只能通过破产重组、债务重组或债转股来解决问题。

2. 市场视角——债券交易员

从信用债曲线与利差交易来看，与利率债相比，信用债流动性相对弱，静态价值较强，交易属性偏弱。主流的交易策略运用主要集中于高等级信用债。

信用债曲线方面，形态上更接近国债（同样属于强配置弱交易品种），同时也受国开债曲线影响（主力需求方都是非银行金融机构，具有类似的税收政策）。

从信用债曲线上可以分别对比期限利差和信用利差的斜率，从而判断信用债承担信用风险或久期风险，以及票息和持有收益对风险敞口的保护程度。同时随着国内信用衍生品的发展，未来信用利差交易值得期待。

从供需格局与市场情绪来看，信用债的供需还需要区分二级市场和一级市场。二级市场是机构间博弈的赌场，除了出现信用风险被动减持外，错误定价出现的概率相对较小；同时由于信用债较高的票息和持有收益，除非单边行情外，二级市场的卖盘具有较强黏性。一级市场是企业直接融资的窗口，存在大量的刚性供给，因此往往价格空间更大，对市场情绪的影响和牵制作用也更明显。

不妨考虑如下例子：2019年年初，信用违约频发，信用债投资需求萎缩，一级市场因价格敏感性更弱往往发行票面利率高于二级，而新债供给会呈现趋势性增长的态势，从而产生一级发行利率不断创新高同时拉动二级的负向循环，这也意味着大量的意图抄底的投资者会逐渐拥挤到一级市场来"薅企业的羊毛"。

在这个过程中，融资刚性越强，对价格越不敏感的发行人债券，实际利率会上行较多，例如城投、地产发行人；反之，对于现金流充裕的发行人，例如国网、铁道债券，有更多相机抉择的空间，因此这类发行人的发行利率容易下行却不容易上行。而等到一级市场发行量减少（如取消发行增加），说明当前利率已经超过了多数企业的承受范围，资产供给开始收缩后可能也意味着发行利率上行将告一段落。基于这种情况合理的应对策略是初期应卖出城投、地产债券，买入国网、铁道债券，后期反而要拉长久期，使资质下沉。

而作为一名债券交易员，对信用债进行有效定价，特别是对隐含评级、流动性与特殊条款进行分析判断,是其核心能力。由于外部评级的失真,隐含评级是我们熟悉信用债价格网络的基础、定价的第一步,能够确认相应发行人所处的公允隐含评级区间,也能够依据隐含评级利率曲线进行发行人曲线的拟合定价。基于隐含评级的定价,本章下节我们还会展开。

而流动性是很难被量化的指标,我们不妨采用给信用债"贴标签"的思路。下面是一个观察"区域标签"相关定价的典型示例(见图5-7),相关区域的负面信息越多,往往意味着区域标签对应的价差越大,流动性越差;反之亦然。

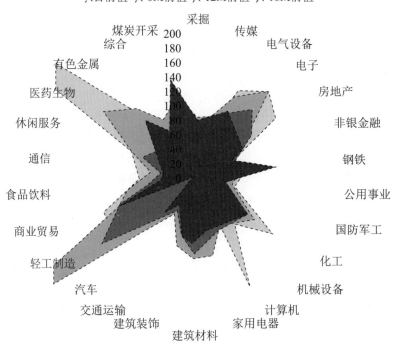

图 5-7　AAA 产业债信用利差跟踪示意

这样做的理由也与当前多数投资机构对信用债一刀切的信评模式有关。例如"东北""港口""城投"在 2019 年都为偏负面标签,即使财政上独立于东北之外的大连港也未能幸免,逃脱不了在市场中被"错杀"的命运。

特殊条款定价方面主要集中于含权债和永续债,属于债券交易员进阶的能力。例如重定价周期的永续债具有与浮息债券类似的定价逻辑,是回售权、赎回权、调整票面权等常见权利的组合,需要建立远期曲线和利率波动率模型方能精准定价,实践中目前仍以经验判断为主。关于含权债定价,后续我们将通过历史案例展开讨论。

3. 组合视角——基金经理

杠杆、久期、信用资质下沉又被戏称"信用策略三板斧",对于债券市场传统的三种策略,大家都懂,但能做到完美的并不多。在信用债投资实践中,更重要的是考虑具体品种在策略中的适用程度。

在杠杆策略中，我们考虑的是 Carry 空间、债券质押的便利程度以及杠杆比例调整的灵活性，同时尽量减少在久期和信用资质上的风险敞口。

在久期策略中，除了简单地判断利率调控的方向外，我们还可以通过多种工具优化组合的利率期限和凸性结构，例如用浮息债进行防御和互换套利，用含权债调整凸性博弈波动率，用永续债提高静态收益对久期保护等。

信用资质下沉又被称为高收益债策略，是建立在深度信用研究的基础上的，也是信用债投资中较多机会创造 alpha 的策略，尤其是对违约预期债券的"捡破烂""捡哑雷"等极限操作，往往能获得权益投资级别的收益。

同时，我们还需要根据投资组合的目标与约束考虑性价比。在投资组合的目标层面，我们要追求业绩（业绩目标又分为绝对收益目标和相对收益目标），同时追求低波动、低回撤、高胜率，力求减少操作层面的交易次数，等等。而约束层面包括投资范围的限制、债券评级和久期的限制、衍生品策略和敞口的限制、发行人财务指标的限制等。这些指标往往跟委托人（出资方）的主要诉求有关，投资组合经理不仅要熟悉资产端主要工具及其功能性特征，更要了解负债端的情况和条件，这样才能有的放矢，真正实现"受人之托、代人理财"的目标。

（二）标签化视角看广义城投债定价

信用债定价，一直以来都是债券市场相对难以量化的部分，而城投债作为中国特色的市政债券，由于财务分析有效性的局限，对政策面较为敏感，定价更为困难。部分传统机构仍基于地方政府信用来认识城投债，也因此衍生出了"城投信仰"。本书尝试着对城投债个券做一番"贴标签"，并尝试着对不同层次的标签差异进行探讨，进而构建一定的基准和框架，供各位读者参考。

1. 泛标签化社会的运行逻辑：歧视与偏见

最近几年，网络上关于"标签化思维"的讨论越来越多，笔者认为"标签"的来源其实是歧视与偏见。例如"黑人"在华人语境中可能意味着不安全因素。所有的人与物几乎都可以被分类成若干标签的集合体，而每一个标签都对应某个特别的群体，在信息碎片化、获取信息快餐化的情境下，大众倾向于认为具备某个标签的个体同样具有总体的主流特征。

标签化思维被诟病的理由众多：阻碍理性思考与独立判断，限制想象力，加剧歧视与偏见等。而容易被忽略的是这样做的好处：我们在牺牲一定认识深度，却更容易获得认知的广度。这种优势在信用债领域或许表现得更为明显：全市场存量发行人的广度令投资者望尘莫及，进行标签化的管理成为粗放经营的必然选择，而这种广泛的行为特征，势必对其市场表现产生影响。

2. 招聘和住宅市场：标签化定价的实例

招聘和住宅这两个市场或多或少与信用债市场存在一定的可比性：交易双方信息不对称；中介力量强；买入持有需求强于短期交易性需求；供需驱动价格；等等。

因此我们能看到许多格式化的交易"暗号"。如招聘市场的"招研究员，要求名校本硕，有CFA、CPA、FRM证书者优先，具有相关经验若干年，熟练使用××工具等"的要求，为了满足雇主的需求，求职者便会努力获取这些含金量较高的"标签"，但如果某个标签的群体总量增速超过雇主对应需求增速，该标签也可能面临贬值。

又如住宅市场的"地段"和"户型"要求。住宅市场是比较接近信用债尤其是城投债市场的，通过租赁房产可以获得固定收益。地产的一级市场与二级市场同样存在分割状态，同样的标签在不同市场获得的溢价也有所不同。

3. 信用债市场的标签、认可度与流动性

在信用债投资交易领域，标签化思维同样大行其道，回购市场较为典型：资金融出方给质押券框定了若干标签，如"AAA非永续非民企非负面非过剩……"，而质押券标准一般与各家机构的信评有关，资质下沉的具体方向和下沉的力度，往往反映了投资者对不同标签的"偏好程度"。以下笔者整理了部分机构的标签分类。

评级标签：四大评级、中债资信评级、外资评级、中债隐含评级。

行业标签：城投/产业，过剩产能（标准可能不同）。

财务标签：资产负债率超80%、亏损发行人、审计保留意见等。

类属标签：央企、国企、民企、金融机构、其他企业、上市公司。

区域标签：东北、天津、新疆、省会、百强县、计划单列市。

品种标签：非公开、永续债、含权债、浮息债、担保债。

当然，有效开展标签化定价是以下面几个基本假设为基础的：一是市场上众多投资机构对信用基本面识别的精细程度并不明显强于以上罗列的标签（或更为精确细致的甄别并不显著影响全市场认可度的差异）；二是发行人流动性和偿债能力在短期内不会发生大幅变化；三是不同层次的标签叠加后的溢价应是简单的加法关系（虽然很可能不成立）。

例如，"常熟市交投平台发行的非公开债如何定价"类似的问题可以简化为百强县、城投、交运、AA+、非公开等标签分别对应的溢价。当然，如果我们有常熟市交通平台发行的债券作为定价基准，问题便简化很多，只需要知道非公开对应的利差溢价即可。如果我们能找到另一家江苏省普通区县级AA+交运平台的债券定价基准，便能从理论上推导出，"百强县"这一标签对应的溢价的模糊区间。

4. 构建发行人标准券曲线

有效比较的前提在于建立一个可比的基准。目前信用债个券交易以中债估值作为主要参考定价，因此我们不妨使用中债隐含评级将市场划分为几个可比区间，这样我们可以更方便地去判断信用债定价的结构。资深的交易员每日看到全市场第一笔成交便可判断出整条基准曲线，但业余选手还需要借助工具，这样更为严谨、稳妥。

信用曲线定价示意如图5-8所示。图5-8的左侧为中债隐含评级对应的收益率，右侧为13赣粤中期票据（以下简称中票）的估值信息，剩余期限为3.96年（以下"年"简写为Y，表示债券剩余期限），估值收益率为4.13，对应隐含评级为AAA。因隐含评级选

取的样本券是该类别最优资质,一般该区间其他券会略弱于对应曲线,判断该券资质位于 AAA 曲线与 AAA- 曲线之间,又因为剩余期限位于 4～5Y,假设两点之间为直线,根据两点所确定的斜率先求出 3.96Y 对应的 AAA 及 AAA- 收益率,得出目标券在两条曲线间的百分位点,从而近似得出发行人标准券(不含权公开债)对应的整条曲线。这也是我们比较不同标签发行人利差的基础。

year	0.25	0.5	0.75	1	2	3	4	5	2019/3/20	year		
国债	2.15	2.24	2.35	2.47	2.61	2.79	2.93	3.07		4.13	3.96	1382076 13赣粤MTN 江西
国开	2.39	2.41	2.58	2.62	3.07	3.20	3.31	3.50		4.06		
AAA+	2.87	3.01	3.11	3.23	3.46	3.58	3.91	3.92		4.29		
AAA	2.88	3.07	3.17	3.28	3.48	3.72	4.04	4.05		0.28		
AAA-	2.97	3.19	3.26	3.35	3.5							
AA+	3.07	3.27	3.36	3.43	3.6							
AA	3.25	3.40	3.48	3.55	3.9							
AA(2)	3.51	3.66	3.69	3.76	4.0							
AA-	5.20	5.36	5.46	5.56	6.0							
13赣粤M	2.91	3.10	3.19	3.30	3.5							

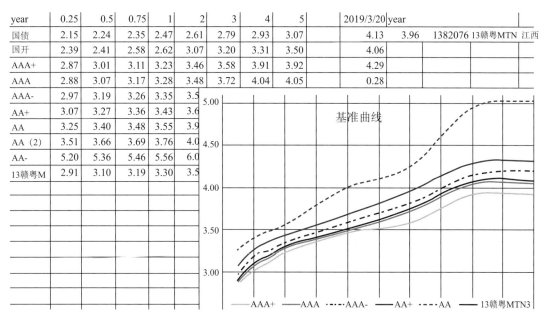

图 5-8　信用曲线定价示意

标签化定价的思路应用在城投债中更为合适(相对产业债而言)。财务数据失真以及政策的高敏感性,往往城投债的实际资质判断的定性指标多于定量指标,同时城投债具备一定的金边属性,违约风险可控,利差隐含的违约预期可能相对较少,与标签和认可度关联更大。

5. 区域标签对广义城投债定价影响的实例

区域标签可以算是平台类债券最重要的标签了,虽然投资者长期以来习惯了城投债的刚性兑付,但实际上仍然会根据区域的财政实力和政治地位给出不同级别的利差。2018 年,新疆生产建设兵团第六师的"技术性违约"让整个新疆地区发行人的信用利差出现了系统性的抬升,其本质便是区域标签的价值重估,同样的情况在广义城投债领域也有出现。

以下我们不妨以港口行业为例子。相对传统城投而言,港口行业虽然比较市场化,但其景气度与腹地经济关系紧密,呈现较为明显的区域特征。但究竟区域标签和行业标签哪个对港口债的影响更显著呢?我们试着来探索一下。

区域利差和个券利差走势如图 5-9 所示。图 5-9 中的信用利差选择兴业研究统计的城投债中位数。这里使用辽宁与天津区域的城投债信用利差中位数作为区域标签进行比较;个券层面选择两个区域功能和体量都比较类似的龙头港口发行人,并通过上节所述方法拟合出不同发行人对应的整条标准券曲线,作为利差定价基础。可以观察到,两个龙头港口发行人利差与区域利差呈现比较明显的同向变动,虽然大连作为计划单列市相对辽宁省有一定的经济独立性(可能因此导致一定的观测误差),但其在本行业内利差的相对变动仍然与区域利差波动存在明显的相关性。

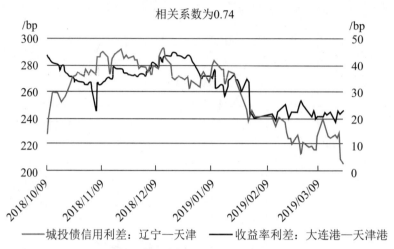

图 5-9　区域利差和个券利差走势

当然,从统计上来看,强相关性并不一定具备因果关系,也可能只是其他原因导致的连带结果而已。接下来我们剔除行业标签变动的影响,观察区域标签对港口债券的影响是否确实显著。图 5-10 为港口行业个券利差相对走势。

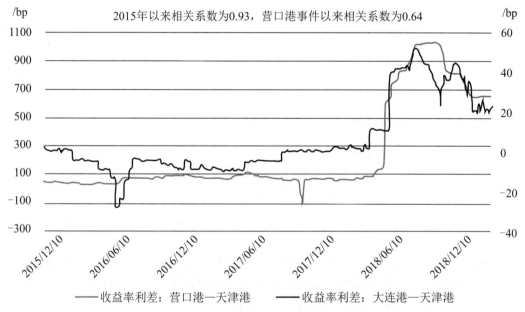

图 5-10　港口行业个券利差相对走势

图 5-10 同样利用标准券拟合方法进行利差对比。观察同区域港口发行人相对另一区域类似主体的利差变动。2015 年以来,两组利差的相关系数达到 0.93,虽然我们无法求

出该利差的分布和置信区间,但"辽宁"或"东北"的区域标签的认可度变化似乎能够解释多数情况下营口港和大连港相对天津港的利差变动。

2018年6月,营口港某期融资计划违约,导致整个存量债券利差大幅走扩,营口港事件以来,两组利差的相关系数下降为0.64。可能的解释是,虽然营口港事件导致区域标签出现了系统性的价值重估,但同样也加剧了区域内部结构的分化,致使区域标签对资产价格变化的解释力度(即显著性)降低;同时虽然理论上以天津港作为基准(剔除行业变动),但可能引入新的"违约"标签。

6. 再议信用利差

2018年以来的债券牛市与上轮相比,重要不同便是低等级信用债利差的收敛大幅落后于利率下行的节奏。以往信用债"牛市越牛,熊市越熊"的波动特征似乎已经被证伪。对此现象可能的解释主要有以下几点:2018年信用违约创下历史新高,投资者对低等级债券的学习效应增强,同时货币对信用端传导不畅,广义信贷利率居高不下,非标融资渠道被阻塞。2019年年初,AA城投及产业债利差已经呈现筑顶形态(见图5-11),笔者认为后续收窄的概率相对较大,不妨来讨论近期的一些迹象。

图 5-11 国债利率和信用利差走势分化

(资料来源:Wind)

第一,年初社融数据显示,非标融资止血明显,委托+信托贷款量位于0值附近,虽然去杠杆仍为长期政策,但短期内该类融资渠道仍可能作为必要手段得到保护。

第二，市场主流预期逐渐转向"股债双牛"，一是流动性持续宽松导致的资产价格普涨，二是在经济筑底阶段股债两类资产对基本面的预期反映机制存在差别，即债券价格反映经济动能处于阶段性底部的事实，而股票价格则反映经济触底反弹的可能性。如果这两种反映机制成立，介于两者之间的高收益债理论上将受益。

第三，商业银行信贷扩张的资本约束逐渐打开，大量银行转债上市、永续债发行等，对后续补充一级资本打开通道。

第四，资产荒或将持续（资产荒的表现形式之一，便是转债一级市场低于历史平均的中签率），不断精确下沉评级将是投资者的必然选择。同时信用违约潮加剧市场出清速度，"大浪淘沙"后可能机会反而大于风险。

（三）首旅事件看亏损主体债券

上面针对信用债市场标签化定价的思路进行了简单的讨论，其中也提到了城投债发行人财务面失真，因此发行人资质的甄别倾向于定性分析。多数情况下，区域和行业标签是信用债最重要的类属特征，但2018年发生的首都旅游（以下简称"首旅"）信用债券停牌事件，也让我们看到在某些特定阶段，"财务标签"同样会对债券定价和重估产生重大影响。值得探讨的是，这种影响究竟源于财务标签的差异，还是因为财务差异导致的"类属标签调整"？笔者试图通过简单的分析，进行一定的探索。

1. 首旅事件简要复盘

2019年4月4日，北京首都旅游集团挂出关于公司债券可能被暂停上市交易的风险提示性公告，连续两年归属母公司所有者的净利润亏损的公司债就要被交易所暂停上市，虽然信用基本面并未出现明显变化，但投资者依旧将面对两类损失：持仓的公募公司债"降格"为私募债，收益率将大幅上升；首旅公司债质押式折合标准券90元，从高等级质押品沦为不可质押。事发后，虽然中债估值并未及时更新，但市场报价和成交已有反映。

事后来看，首旅集团的亏损确实并非信用资质的问题，该发行人为北京国资委下属综合性集团公司，公司盈利主要来源于其下属上市公司，而债务分布于非上市的部分，产生亏损是因为首旅在建环球影城主题乐园，这两年属于前期投资较大的时期，因而债务规模上升，利息支出对利润侵蚀较大。

而这类信用资质较优的发行人产生亏损的情况，同样见于其他行业，甚至是一些公益属性较强的企业，相对于股票投资者而言，债券投资者更看重企业现金流的确定性，对利润表指标反映相对"钝化"，毕竟首旅在2017年全年亏损的情况下，2018年的三季报归母净利润仍然为负，不难判断其年报情况，而这次首旅退市，也算是给了市场一个典型的案例。

2. 浅谈信用债财务标签

虽然财务指标作为信用基本面的重要基石，但由于市场参与机构进行财务基本面甄别的精度有限（特别是对城投和高等级产业的区分度偏弱），其主要精力都在于防范信用风险（确定资质下沉的边界和尺度），因而"安全区域内"发行人的财务瑕疵对市场定价差异的影响力可能有限。

相似行业及期限信用债利益对比如图5-12所示。AA+级新疆机场和AA级苏南机场中期票据，剩余期限均在1Y附近，其中新疆机场2012—2017年均为亏损状态，但2018年三季报扭亏为盈（两者标签差异大概率归零），而苏南机场2017年以来均为盈利状态。以新疆机场扭亏为盈作为观测时间的起点，从2018年10月披露三季报到2019年一季度，利差上升54bp（负值收敛），即新疆机场相对苏南机场个券利差表现走弱。

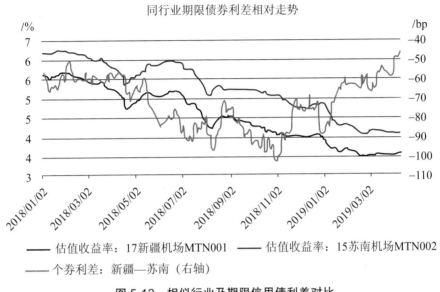

图5-12 相似行业及期限信用债利差对比

按照我们标签化定价的思路，两个发行人的重要差异有三个：区域标签、评级标签和财务标签。如果我们假设观察期内，除此之外其他条件不变（没有更明显能影响定价的标签差异），再剔除掉区域和评级差异的影响，便能够近似看出财务面变化对利差的影响。

机场作为区域重要的基础设施平台，往往兼具城投和产业的双重属性，这里我们用以上两个指标近似表达——区域标签和评级标签差异所导致的利差变化。2018年10月至2019年4月，区域利差上升13bp，评级间利差上升13bp。区域利差和评级间利差走势如图5-13所示。

如果假设亏损与否对债券定价影响明显，那么在考虑了区域利差和评级间利差的影响后，扭亏为盈的新疆机场其收益率相对苏南机场而言理应下行更多，然而在观察期内我们似乎无法验证这一假设。

如果缩短观察期，以三季报披露至2018年年底作为时间基准，则个券利差上升13bp，区域利差下降2bp，评级间利差下降7bp，即在这一时期内，虽然区域利差和评级间利差都在向有利于新疆机场的方向变化，但在个券利差表现上新疆机场相对苏南机场仍然走弱。虽然我们无法对其他扰动因素尽数剔除，但至少就本案例而言，利润指标的明确改善并未对新疆机场信用债券相对定价的变化产生显著影响。当然，如果参考基准能从苏南机场换成"机场类债券指数",将会进一步剔除可比标变化产生的误差。

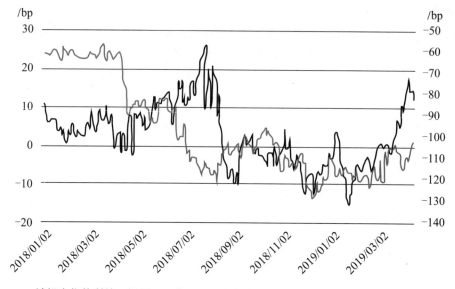

图 5-13　区域利差和评级间利差走势

(资料来源:Wind)

3. 亏损发行人概览

如果我们之前的结论成立,即对于不存在退市风险的银行间债券而言,亏损与否对信用债定价的影响并不显著,那么便可以进一步推断,交易所债券的亏损标签对其定价影响的主要路径便应该是"是否存在暂停上市风险"。下面我们来看目前交易所债券发行人亏损的基本情况,如图 5-14 所示。

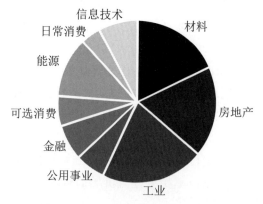

图 5-14　交易所亏损主体债券分布

(资料来源:Wind)

如图,截至 2019 年 4 月,交易所亏损主体债券存量规模约为 900 亿元,占交易所所有债券规模的 1.4% 左右,各行业均有分布,主要集中在材料、房地产、工业等领域。由于连续两年亏损便会导致发行人面临公募公司债下调为私募债的情况(如首旅),

与首旅存在类似问题的债券应该符合两个特征：信用资质较好，特别是下调前可质押的个券；2016年以前盈利，但2017年亏损，2018年业绩表现尚不明朗。笔者按照上述标准筛选出了符合条件的债券（见表5-8）。

表5-8 部分财务亏损发行人存量信用债

代码	债券简称	隐含评级	外部评级	行业	净利润	债券类型
136134.SH	16番雅债	AA	AA	房地产	-1.8	一般公司债
136280.SH	16北汽01	AAA-	AAA	可选消费	-5.5	一般公司债
136080.SH	15北汽01	AAA-	AAA	可选消费	-5.5	一般公司债
112339.SZ	16中航城	AAA-	AA	房地产	-0.3	一般公司债
136174.SH	16工艺01	AA+	AA+	工业	-4.9	一般公司债
112638.SZ	18湘电01	AA	AA+	可选消费	-2.4	一般公司债
136031.SH	15常发投	AA	AA+	金融	-1.5	一般公司债
136892.SH	17北汽01	AAA-	AAA	可选消费	-5.5	一般公司债
122323.SH	14凤凰债	AA	AA	房地产	-1.6	一般公司债
143214.SH	17晋然债	AA	AA+	能源	-1.6	一般公司债
136693.SH	16晋然02	AA	AA+	能源	-1.6	一般公司债
143005.SH	17长发01	AA	AA	工业	-1.0	一般公司债
136235.SH	16晋然01	AA	AA+	能源	-1.6	一般公司债

（资料来源：Wind）

4. 退市债券的定价思路

类似首旅这种优质公募债下调为私募债后，中债估值往往更新滞后，交易实践中如何进行重新定价？

假设短期内退市债券信用资质保持不变，利差上升的来源主要为品种利差和质押便利性差异，如果能够找到另一个交易所可质押债券发行人，且其具有存量公司债和私募债，通过比较两者利差，就可近似求解。

遗憾的是，首旅所处的旅游休闲行业并无符合条件的可比标的（同时有存量公司债和私募债）。退而求其次，我们选择信达地产作为比较。

交易所私募债报价：

124D 135727.SH 16信地04 Bid/-- --/-- 中债 4.1383 AA+/AA 中诚

一般公司债报价：

1.93Y 136294.SH 16信地02 4.30*/4.10** --（*）/4000（**）中债 4.2363 AA+ 国际

根据隐含收益率曲线作为基准进行拟合后（见图5-15），16信地04私募债拟合后2Y对应估值收益率约为4.98bp，与公司债价差约为4.98-4.23=75bp。

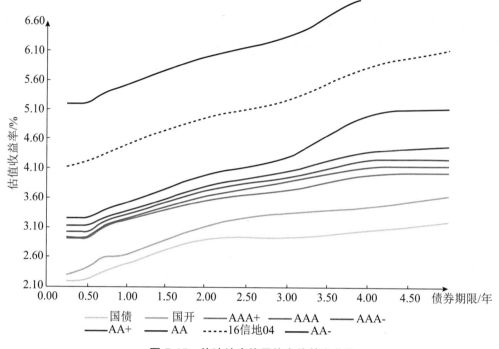

图 5-15 信达地产信用债定价基准曲线

（资料来源：Wind）

同时，如果考虑到质押便利性的差异，信达地产公司债折扣标准券为 70 元，低于首旅，因此单纯从静态估值视角看，首旅 2Y 公司债与私募债的价差理应大于 75bp。

5. 机会与风险并存

通过关注交易所债券发行人的亏损情况和盈利变化趋势，从而对其类属未来变化的概率进行预判。

目前来看，对于亏损主体债券的投资交易策略，至少存在三种超额收益的空间：一是通过梳理过去若干年盈利尚可，但上一财年亏损，且本年度改善存疑的发行人，提前卖出持仓的潜在风险债券；二是根据质押便利性和类属差异对因亏损而暂停上市的公司债进行定价，把握市场超跌后的抄底机会（前提是确认信用基本面无变化）；三是持续跟踪因亏损两年被下市的私募债券，如果企业未来扭亏为盈，符合相关条件后可以重新"晋升"为公募公司债，提前买入等待获利。

根据笔者观察，资本市场高收益债投资长期以来主要通过三种投资者结构的差异来盈利：机构行为差异、考核机制差异、风控差异。因此，投资者自身的目标和约束，未尝不是另一种形式的"标签"，而需要思考的是，在发行人资料浩如烟海的市场里，如何寻找差异与变化中的相对确定性。

（四）陡峭的中等级信用债曲线反映了什么

2018 年，经济下行压力叠加大量债券发行人违约事件，同时宽货币对信用扩张传导路径不畅，导致各等级债券的信用利差都出现了系统性的抬升，也是 2018 年债券行情区别于历史经验的重要特征。2019 年一季度以来，信贷投放和融资数据强劲，权益市场复苏提升了风险偏好，信用利差终于迎来了明确压缩的拐点，虽然信用风险仍时有发生，但城投和地产债表现较好，到 2019 年 5 月，信用利差已回归到 2009 年以来 1/2 分位点以下，其中 3 年 AAA 中短期票据收益率与 3 个月理财产品收益率甚至出现倒挂，信用债筹码普遍偏贵。

1. 陡峭的中等级曲线

仔细观察目前的信用债曲线，特别是直接反应市场定价的中债隐含评级曲线，不难发现一个有意思的现象：信用债曲线 3～4Y 处呈现历史级别的陡峭状态，其中在隐含评级 AA 曲线上表现得最为明显，如图 5-16 所示。

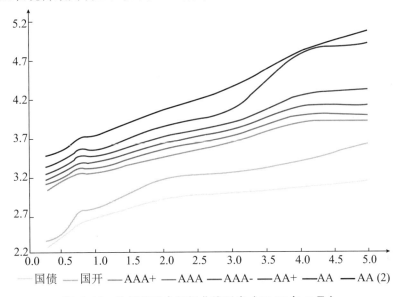

图 5-16　信用债隐含评级曲线形态（2019 年 5 月）

（资料来源：Wind）

根据 2016—2018 年的统计数据，隐含 AA 曲线在 3～4Y 上的期限利差达到历史 97% 的分位点，而国开和国债对应的期限利差相对较窄，这也意味着，3Y 和 4Y 的"信用利差之差"同样位于极端值区间。那么，究竟是何种原因导致了如此特殊的情况？未来市场情绪可能如何演绎？其中又有哪些机会？

观察信用债隐含评级曲线，我们不难发现，相对于 AA 隐含曲线而言，资质更差的 AA（2）曲线并没有呈现特别斜率。根据笔者猜测，这可能是中债曲线样本券选择的问题，因为 AA（2）曲线并非"中短期票据收益率"，而是"中债城投债收益率"，因此所包含的样本可能不包括产业债。

那么我们进一步猜测，隐含 AA 曲线的长端极端陡峭状态，是否主要源于该曲线的产业债样本券？带着这样的疑问，我们先来看下几个隐含 AA 发行人的两个案例。

衡阳城投 PPN001 存量信用债估值情况如图 5-17 所示。该发行人外部评级为 AA+，隐含评级为AA，省内经济地位名列前茅，算是比较典型的“弱区域龙头”中等级信用债发行人。3.85Y衡阳城投估值为4.63%，低于4Y隐含AA曲线17bp，然而1.93Y衡阳城投估值4.08%，与2Y隐含AA曲线表现相同，即衡阳城投个券曲线明显更为平坦。

18衡阳城投PPN001　剩余期限 1.6959+2Y　票面利率 6.38%(年付)　主体/债项(隐) AA+/-(AA)
031800052.IB　衡阳市城市建设投资有限公司　到期日期 2023-01-30(一)　成交(中介/CFETS) -/-

基本资料　ALLQ　最新行情　历史行情　相关债券　相同发行人　资讯　|　深度资料F9　计算器　精简报价

代码	简称	剩余期限	久期	票息	中债	成交价	类型	买量
101800296.IB	18衡阳城投MTN001	3.85Y	3.5425	5.7800	4.6317	-	-	-
101900689.IB	19衡阳城投MTN001	2.96Y+2Y	4.5352	4.7600	4.4673	-	-	3000
101760019.IB	17衡阳城投MTN001	2.91Y+NY	7.4120	5.9500	5.7088	-	-	-
031778001.IB	17衡阳城投PPN001	2.9Y	2.7543	5.6000	5.1084	-	-	-
031900234.IB	19衡阳城投PPN002	2.83Y+2Y	4.3467	5.4900	5.0983	-	-	-
031900173.IB	19衡阳城投PPN001	2.79Y+2Y	4.2859	5.7800	5.0929	5.0800	D	--+--
101656049.IB	16衡阳城投MTN002	2.44Y	2.3535	3.2800	4.1984	-	-	-
101800808.IB	18衡阳城投MTN003	2.18Y+2Y	3.7147	5.2600	4.1500	-	-	-
101656021.IB	16衡阳城投MTN001	1.93Y	1.8994	4.2000	4.0782	-	-	2000
101800540.IB	18衡阳城投MTN002	1.93Y+NY	7.1123	6.9700	5.5272	-	-	-
031800231.IB	18衡阳城投PPN002	1.91Y+2Y	3.5998	5.8900	4.9202	-	-	-

图5-17　衡阳城投PPN001存量信用债估值

（资料来源：Wind）

常州城建MTN001（以下简称“常城建”）存量信用债估值情况如图5-18所示。该发行人外部评级为AA+，隐含评级为AA，位于江苏省内鄙视链上游“苏南”的末端，因地方平台数量较多。债务负担重，沦落至中等级信用债发行人。3.85Y常城建估值为4.38%，低于4Y隐含AA曲线42bp，然而156D常城建估值为3.37%，低于0.5Y隐含AA曲线5bp，即常城建个券曲线明显更为平坦。

18常城建MTN001　剩余期限 3.6247Y　票面利率 6.30%(年付)　主体/债项(隐) AA+/AA+(AA)
101800003.IB　常州市城市建设(集团)有限公司　到期日期 2023-01-05(四)　成交(中介/CFETS) -/-

基本资料　ALLQ　最新行情　历史行情　相关债券　相同发行人　资讯　|　深度资料F9　计算器　精简报价

代码	简称	剩余期限	久期	票息	中债	成交价	类型	买量
011802310.IB	18常州城建SCP006	93D	0.2575	3.9500	3.3113	-	-	-
011900021.IB	19常城建SCP001	100D	0.2767	3.7500	3.3251	-	-	-
011802450.IB	18常城建SCP007	110D	0.3041	3.9200	3.3407	-	-	-
011900491.IB	19常城建SCP002	131D	0.3616	3.3700	3.3611	-	-	-
011900708.IB	19常城建SCP003	149D	0.4110	3.4300	3.3691	-	-	1000
011901023.IB	19常城建SCP006	156D	0.4301	3.4800	3.3708	-	-	-
011901008.IB	19常城建SCP004	212D	0.5836	3.4800	3.4081	-	-	-
011901014.IB	19常城建SCP005	212D	0.5836	3.4800	3.4081	-	-	-
031490477.IB	14常城建PPN006	18D	0.0521	7.5000	3.7578	-	-	-
031490416.IB	14常城建PPN005	5D	0.0164	8.0000	3.9518	-	-	-
031490780.IB	14常城建PPN007	111D	0.3068	7.2000	4.1920	-	-	-
031490999.IB	14常城建PPN011	179D	0.4932	6.8000	4.2248	-	-	-
145468.SH	17常城03	327D+4Y	4.4060	5.5000	4.3699	-	-	-
031771017.IB	17常城建PPN001	1.07Y	1.0166	6.1700	4.3772	-	-	-
101800003.IB	18常城建MTN001	3.62Y	3.3029	6.3000	4.3812	-	-	-
101800327.IB	18常城建MTN003	3.85Y	3.5280	6.3000	4.3839	-	-	-

图5-18　常州城建MTN001存量信用债估值

（资料来源：Wind）

如果以上两个案例具有一定普遍性，那么很可能隐含 AA 曲线样本券中的产业债曲线将会非常陡峭，我们同样选择两个案例来分析，此处省略 Wind 系统截图，仅列示个券：3.85Y 龙湖到期估值为 4.77%，低于对应隐含评级曲线 3bp，2.78Y 龙湖估值为 4.11，高于隐含评级曲线 3bp，陡峭程度与基准曲线相近；3.9Y 绿城到期估值为 5.37，高于曲线 57bp，2.8Y 绿城估值为 4.04，低于曲线 4bp，陡峭程度明显高于基准曲线。

因市场深度有限，我们无法以所有隐含 AA 存量券举例，但仅就以上 4 个案例而言，历史级别陡峭的中等级信用曲线似乎更可能是由于以地产为主的产业债期限利差居高不下而导致的。考虑到商品房销售一般以 3 年为周期，那么 3~5 年期信用债投资者对地产行业表现得更为谨慎，便是情理之中的事情了。

结合实际的交易经验来看，长端中等级信用品的供需格局也能够验证以上结论，即对于 3Y 以上的中等级信用债而言，城投债比产业债的交投明显更活跃。以下列出几笔代表性成交：

5.14Y　127510.SH　17 诸城债　4.86 TRD　中债　4.7897　AA/AAA 国际
6.89Y　152163.SH　19 汉江债　5.07 TRD　中债　5.1404　AA+ 平安
6.68Y　1680050.IB　16 岳阳专项债　4.92 TKN　中债　4.8977　AA+ 信唐

另外，信用债曲线的陡峭化并非个例，从历史角度比较，可能是普遍现象，如图 5-19 所示。

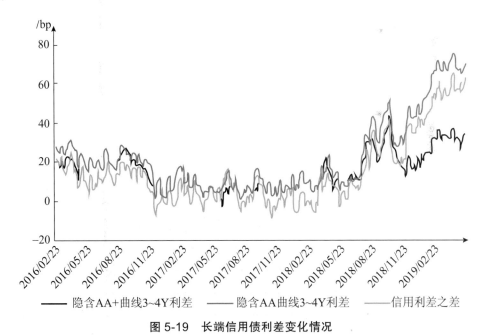

图 5-19　长端信用债利差变化情况

（资料来源：Wind）

如图 5-19 所示，我们不难发现其实隐含 AA+ 曲线长端同样处于历史级别的陡峭，只是期限利差的绝对值小于 AA 曲线的表现，说明虽然有信贷投放和社融的支撑，投资者对 3Y 以上的中等级信用债总体仍然比较谨慎。

"拉久期不如下沉资质，下沉产业不如下沉城投"大概是当时市场情绪的真实写照，从中等级信用债曲线形态隐含的投资者预期，可以概括为：2019年以来，债券投资者面对结构性资产荒的局面以及宽信用谨慎乐观的预期，开始从资质和期限两个维度放宽信用债投资的准入门槛，而市场放宽信用评级（资质下沉）的方向和力度，其临界点似乎在4～5Y中低等级城投和3Y内中等级产业债。但从边际上来看，考虑到信用尾部风险叠加低利率环境，投资者是否会选择承担更多信用和久期敞口，取决于配置力量的约束和变化。

2. 配置力量的约束和变化

如图5-20所示，从利率债投资者的情况来看，2019年以来配置力量总体是偏弱的，表现为国债长端曲线的持续倒挂，7Y国债的绝对收益较高。

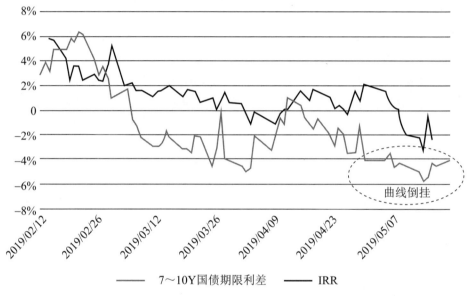

图5-20　7～10Y国债期限利差及IRR情况

（资料来源：Wind）

当然目前市场似乎已经意识到了这点，连即将被踢出国债期货交割券篮子的7Y国债都有活跃成交记录：

6.56Y 180028. IB 18 附息国债 28 3.32 TKN 中债 3.3125 -- 国利

从2014年的情况来看，配置力量面对的主要约束包括以下几个：一是2018年以来虽然流动性宽松但银行仍然缺负债，表现为个人及单位存款占资金来源比重持续下降，高息结构性存款飙升；二是2019年上半年地方债供给高于历史同期水平，从而挤占了配置盘的资金；三是理财负债成本与资产收益倒挂（见图5-21），这也是约束信用债主要配置力量的原因。

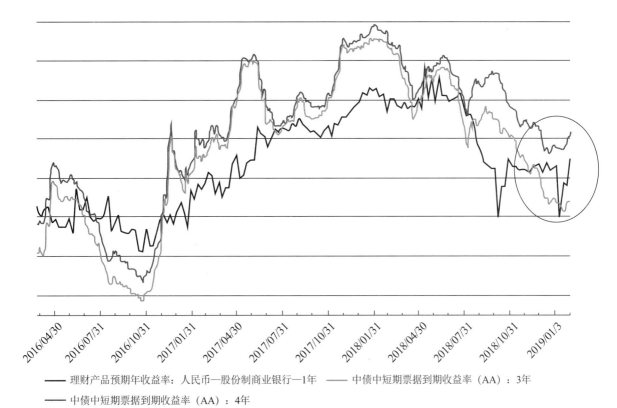

—— 理财产品预期年收益率：人民币—股份制商业银行—1年　　—— 中债中短期票据到期收益率（AA）：3年
—— 中债中短期票据到期收益率（AA）：4年

图 5-21　理财产品和信用债收益率情况

（资料来源：Wind）

如图 5-21 所示，2019 年年初股份行理财产品预期收益和 3Y 隐含评级 AA 信用债已经倒挂且有加深趋势，需要通过加杠杆或拉长久期方能满足收益需求，而 4Y 隐含评级 AA 信用债静态收益则高于理财负债成本。考虑到当时中等级曲线的陡峭程度已经达到历史极端状态，银行理财投资者可能主要依赖宽松的资金面进行杠杆操作。

3. 中等级曲线斜率会修复吗

如果上一节我们对中等级信用债陡峭曲线隐含的投资者预期判断成立，即投资者对信用债投资范围的放宽尺度已经到达 3Y 附近中等级产业债，那么下一阶段机构是否会把交投热点集中在曲线上最陡峭的这段，进而导致曲线的斜率修复吗？

讨论未来交投的热点，要考虑方向和结构两个问题，这里我们不妨做一个简单的假设：如果配置力量边际修复且风险偏好提升，则对于信用债配置的思路将会继续沿着下沉资质或拉长久期的方向进行。如果假设成立，那么根据当时的节奏是需要考虑投资者会偏向于适度拉长中等级产业债的久期，还是将长端城投债的资质进一步下沉？如果是前者，则中等级曲线有望修复走平。

笔者当时对于宏观变量做了一些简单的预测，仅供各位读者参考（见表 5-9）。

表 5-9 短期市场展望情况

配置力量变化	风险偏好变化
债市经过调整后配置价值上升，托管数据显示银行自营和险资开始发力	A股调整后进入震荡区间，贸易摩擦仍为主要矛盾，同样影响美国经济
银行理财陆续落地，委外资金可能增加。套息空间仍在，可能继续加杠杆	政策对融资环境修复较为显著，中等级信用债有望继续受益
下半年地方债供给压力下降，但信用债存在到期量压力	低等级产业债可能需要见到企业盈利回升和信用端更明确的扩张信号
银行负债结构约束主要作用于高等级	通胀预期可能导致曲线持续陡峭

可见，配置力量归位的概率较大，而风险偏好难以把握。如果风险偏好大幅上升，那么投资者必然调降久期，通过转债和高收益债获取收益，即下沉资质而不是拉长久期；如果风险偏好大幅下降，叠加信用尾部风险未缓解，则投资者可能倾向于超配高等级信用和类利率品，而非增加中等级信用的敞口。只有当配置力量显著增加，且风险偏好扰动较少时，随着融资政策的改善，市场可能才会关注到 3Y 以上中等级产业债的价值，但考虑到目前贸易摩擦为主要矛盾且不可控（trump twitter），预计来自风险偏好变化的扰动仍然偏强。

所以，陡峭的中等级曲线短期看仍然难以修复，即使满足相关条件，AA+ 隐含评级曲线也可能会先于 AA 曲线走平，而 AA 隐含评级曲线 3~4Y 历史级别陡峭的情况，恐怕会维持较长时间。

4. 可能存在机会与风险

观察 AA 隐含评级曲线（见图 5-22）与自身历史相比也处于陡峭区间，这也带来了较好的骑乘收益策略空间。

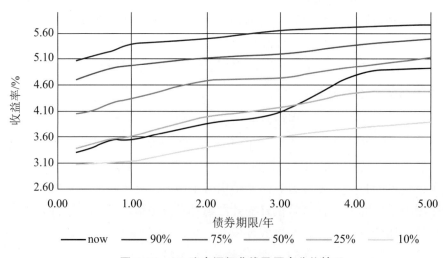

图 5-22 AA 隐含评级曲线及历史分位情况

（资料来源：Wind）

虽然中等级信用债曲线修复的概率不大，但从相对价值的角度看，投资者依旧有机会获利。如果担心信用尾部风险带来估值压力偏大，也可以关注 AA+ 隐含评级曲线当中的机会（见图 5-23），在当时来看 AA+ 隐含曲线的斜率同样位于历史极端值区间内。

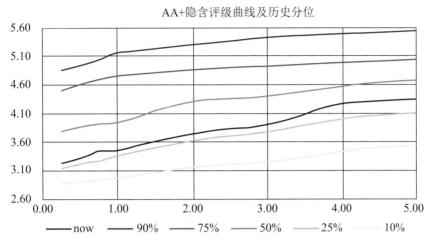

图 5-23　AA+ 隐含评级曲线及历史分位情况

（资料来源：Wind）

考虑买入 4Y 中等级债券持有一年的骑乘策略，同时可以使用国债期货对冲现券头寸的利率风险，从替代头寸的角度看，综合效果优于直接持有 1Y 中等级债券，劣势在于如果信用利差走扩可能会带来更多损失，以及组合头寸现券端流动性差。以上两条可以通过资质相对上调来部分解决，例如隐含评级 AA+ 中的河北钢铁集团、高速交运类债券，能够在一定程度上弥补组合头寸劣势。

最后，我们可能还能得到一个推论：2019 年全市场存量可转债和可交换债，剩余期限几乎全部集中于 4～5Y 范围内，其中也不乏大量中等级发行人。因为转债债底的理论价值，往往直接按照对应剩余期限的中债曲线收益率进行折现，而实践中由于存在回售条款的约束，大部分有转股意愿的转债，实际应按照"行权期限"对应的纯债收益率进行折现（牛市时直接强赎，剩余期限更短），所以在曲线陡峭时很可能存在债底价值被低估的情况。

而转债对应的"回售权利"，也广泛存在于信用债中。下节我们将讨论内嵌类期权的信用债。

四、内嵌期权信用债的风险收益特征

内嵌期权信用债（以下简称"含权债"）主要指债券条款内嵌发行人赎回权（callable bond）或调整票面权利，以及投资者具有回售权（putable bond）的信用类债券。该类债券的定价和交易规则相对复杂，本篇通过该类证券的历史表现分析其风险收益特征。

2018 年，中债估值发布含权债的内嵌期权价值，通过每天日评附件的 SPPI 文件可查询每只债券的期权价值。这也意味着，含权债"野蛮生长"的时期将告终结。曾经大量虚值和平值（甚至部分实值品种）的含权债被"金子当沙子卖"，如今中债引入了三叉树模型进行分离定价，未来的交易模式可能会发生根本转变。本篇笔者力图通过简单的例证，再现旧时代含权债经典的特征，说明其与不含权债券之间的替代作用。

1. 债券市场广泛存在的替代效应

在第二章我们将投资组合资产配置形象地比喻为营养金字塔，而不同食材之间存在一定的替代效应（香蕉替代甜品、土豆替代主食），理解含权债，也可以从资产间的替代效应切入。除了投资组合，债券市场受供给需求影响，也存在更广泛的替代效应。

从发行人视角，融资工具之间存在明显的替代作用：转债对定向增发的替代、可交债对股票质押的替代、地方债对城投债的替代等。其本质是发行人根据自身财务约束与核心需求之间平衡的结果。

从投资者的视角，替代效应又被称为"比价"或"价差交易"等，如短融与存单之间的比价、国开债与非国开之间的价差交易等。其本质便是寻求风险与收益性价比相对最高的投资工具。

而含权债的替代作用主要是对行权期限和到期期限相同、资质相同或相近信用债的替代。例如一只 2+3Y 的含权债，即可作为 2Y 债券的替代品，也可作为 3Y 债券的替代品，而替代后的优化效果，取决于投资者（即持有人）或发行人对应权利的性质和行权价格。

2. 持有人权利债券的替代优化

持有人权利，即为上调票面权 + 回售权。以投资者买入 2+3Y 含权债为例，可近似看作 2Y 普通券现货 +3Y 普通券的看涨期权，或 5Y 普通券现货 +3Y 普通券的看跌期权。因而此类含权债对 2Y 普通券和 5Y 普通券均有替代效应。

在图 5-24 中，12 石油 07 为含权债，当前期限为 0.32+3Y，行权的票面利率（简称"行权价"）为 4.73%，条款为典型的上调票面 + 回售权。按照行权期限和到期期限分

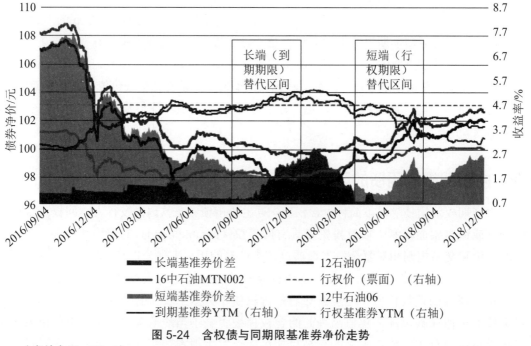

图 5-24 含权债与同期限基准券净价走势

（资料来源：Wind）

别取两只基准券进行对比得出：12 中石油 06（3.32Y，到期期限基准券）、16 中石油 MTN002（126D，行权期限基准券）。

2017 年到 2018 年年初，债券熊市利率上升，含权债净价大幅跑赢到期期限基准券，表现为随着利率上升到行权价以上，含权债久期敞口缩短为行权期限，其波动更接近行权期限基准券，如在 2016 年年底使用 12 石油 07 替代 12 中石油 06，则能达到较好的防御效果。

2018 年年初到 2019 年年初，债券牛市利率下降，含权债净价大幅跑赢行权期限基准券，表现为随着利率下降到行权价以下，含权债久期敞口增加到到期期限，其波动更接近到期期限基准券，如在 2017 年年底使用 12 石油 07 替代 16 中石油 MTN002，则能达到较好的进攻效果。

即使如此，虽然 12 石油 07 因其相对较高的行权价（4.73%），能够较好地把握熊市转牛市的拐点机会，创造高于基准券的超额收益，但对牛市转熊市的防御效果一般，直到 2017 年三季度（市价升高到行权价以上），才开始切换至行权久期，从而跑赢长端基准券。

我们再来看一个典型的防御案例（见图 5-25）。

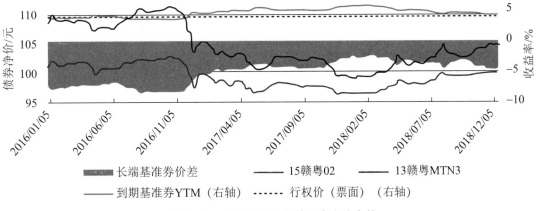

图 5-25　含权债与到期基准券净价走势

（资料来源：Wind）

图 5-25 中 15 赣粤 02 为含权债，当前期限为 1.8+2Y，行权价为 3.85%，相对而言行权票面利率处于历史较低分位点，因而在牛转熊时防御效果更好。2016 年 11 月债市暴跌，含权债看跌期权迅速由虚值切换为实值，15 赣粤 02 相对其长端基准券 13 赣粤 MTN3，除了表现明显的防御特征（跌得少），相对优势一直维持到熊市结束。

当然该含权债在熊市中下跌也比较明显，这是因为彼时距离行权日期较远，2Y 的看跌期权相对于 4Y 的行权期限本身边际影响有限，这里如果换成行权期限较短的品种，回溯效果更好。

综上，预期牛市转熊市，可考虑用含权债替代对应到期期限的基准券（在市场趋势拐点左侧提前埋伏债券价格的虚值看跌期权）；预期熊市转牛市，可考虑用含权债替代对应行权期限的基准券（在市场趋势拐点左侧提前埋伏债券价格的虚值看涨期权）。当然，以上结论仅限于分析内嵌上调票面权+回售权的含权债。

3. 发行人权利债券的替代优化

发行人权利，这里简化为发行人具有赎回权且持有人无回售权。具有敏感性的读者读到这里应该意识到了，赎回权也可以理解为延期权，该类含权债的特殊形式即为永续债（即具有一定权益属性）。

仍然投资者以买入2+3Y含权债为例，可近似看作2Y不含权普通券+卖出看跌期权（若利率上升使延期权），或5Y普通券+卖出看涨期权（若利率下降行使赎回权）。需要注意的是，买入该类债券意味着具有卖出波动性，若利率超预期波动，可能"收益有限，损失无限"，同时债券的凸性较低甚至可能为负，如果说持有人权利的含权债更多表现出的是"超额收益"特征，那么可赎回债券表现出的则是"潜在风险"，投资者通过让渡权利价值获得相对基准券更高的票息。

在图5-26中，含权债为16深航技MTN001，当前期限为0.6+2Y，内嵌权利为发行人单边赎回权，行权价为3.4%；短端基准券为16深航技PPN002（忽略类属利差）。

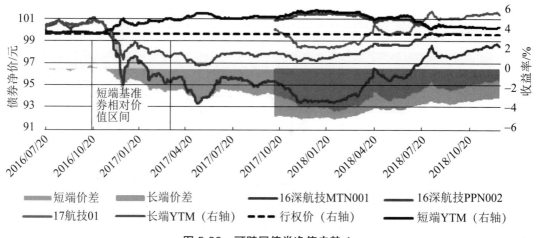

图5-26 可赎回债券净值走势1

（资料来源：Wind，笔者整理）

2016年三季度，债券牛市进入尾声，该券市价低于行权价，若买入该券可近似看作3Y普通券+卖出2Y看跌期权（平值或虚值），然而利率并未继续下行，而是在当年四季度掉头向上，看跌期权切换为实值，期权卖出方大幅亏损。可见，自四季度以后可赎回债券大幅跑输对应短端基准券，波动率接近长端基准券。

再举一个例子，同样的发行人（值得警惕的深航技），不一样的错配。在图5-27中15深航技MTN001A为可赎回债券，当前期限为0.6+1Y，行权价为4.49%；长端基准券为17航技01。

2018年三季度以前，该券市价长期位于4.49%之上，可赎回债券为对应到期期限基准券+虚值看涨期权，当年三季度以后，债券牛市延续利率快速下行，看涨期权切换为实值，卖出波动性方亏损，可赎回债券切换至行权久期，明显跑输基准券。

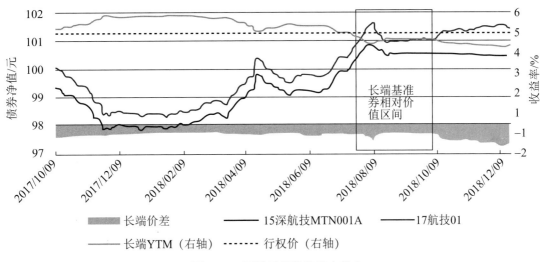

图 5-27　可赎回债券净值走势 2

（资料来源：Wind，笔者整理）

综上，对于可赎回含权债，从基准券替代视角来看，如果预期未来利率维持窄幅波动，且波动幅度不超过该券行权价的上限或下限，同时买入收益率显著高于对应基准券，则是比较理想的操作时机。

以上几个案例均基于相对简单的假设，有可能忽略实践中其他重要的两大影响因素：一是利率曲线形态变化的影响，例如可回售债券虽然在牛市中切换成到期久期，但如果利率曲线形态大幅走陡，则超额收益势必减少；二是行权期限与到期期限的相对比例也会产生重要影响，如 2+10Y 的含权债，期权价值对债券价格的影响较大，而 10+2Y 的含权债，期权的相对价值比例较小。

除了标准的含权信用债之外，与债券有关的期权还有很多，因此还可以衍生出更多的替代。例如，看似相对边缘化的强债性的可转债和可交换债，对高收益债券或许也存在替代效应。可转债相对高收益信用债，YTM 虽然相对弱化，但多了一个债转股选项，对发行人和投资者都提供了资产（或负债）额外的解决方案，同时转债流动性强于纯债，历史上尚无违约先例等，也让这种替代成为可能，而目前的约束主要是转债市场缺乏深度，难以形成规模效应。同时，期权之间也存在一定的比价和替代效应，例如我们上一章提到的利用 10 年期国债期货长久期交割券的基差头寸，可以模糊构建出行权价为 3% 的利率看涨期权，从而与含权类信用债形成可比的价格基准。

4. 含权债的特殊形式：混合权利与浮息永续债

以上我们对可回售债券与可赎回债券进行了初步介绍，但实践中这两类含权债并非市场主流。根据笔者的观察，"回售 + 上调票面"债券主要为 15 年以前发行的老券（诞生初期条款相对丰厚，可转债也存在此类情况），未来存量会持续减少；而可赎回债券发行人多见于保险和券商类机构，随着投资者的风险意识逐步增强，此类债券或将被更多具有利差保护的债券替代。

而现实中最主流的两类含权债，即混合权利（回售＋调整票面）债券及可续期债券，其实是以上两种基础品种的特殊形式。前者仍然可以理解为短端债券＋看涨期权的组合，只是行权价并非事先约定，而是在行权日前（2 个月左右）由发行人确定，之后投资者可自行决定是否行权；后者可理解为嵌入赎回权的利率可调整债券（与浮息债的原理类似），每个利率调整周期票面＋200～300bp，或根据基准利率＋利差重置，发行人同时在每个利率调整日前有提前赎回权。当然，市场上大多数可续债发行人并不打算承受 200～300bp 的融资成本增加，更多只是将其作为调整资产负债的工具，也因此部分投资者可能会将浮息永续债简单地归类为短端债券。

下面我们通过几个案例来讨论混合权利债券和可续期债券的情况。

1）混合权利债券的波动特征

下面仍以长短端基准券来对比含权债的相对走势。

在图 5-28 中，16 龙湖 01 为混合权利债券，即为"回售＋可调整票面"债券，剩余期限为 0.05+2Y，利率调整已公告（利率高于市价，反映发行人再融资意愿较强），行权价确定为 4.5%，从长端视角看为虚值看跌期权，无理论行权价值，故理性投资者选择继续持有。

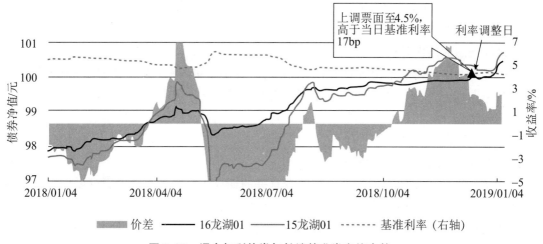

图 5-28 混合权利债券与长端基准券净值走势

（资料来源：Wind，笔者整理）

15 龙湖 01 为长端基准券，剩余期限为 1.5Y（存在久期误差），从混合权利债券与长端基准券二者净价走势不难发现，长端基准券波动更大，呈现"牛市越牛，熊市越熊"的特征。而混合权利债券表现了较强的防御属性，较好地控制了净值回撤，同时也有较明显的 beta 收益。但在单边上涨行情中相对表现不佳，即使发行人上调票面价格明显超过市价，含权债也只是短暂跑赢基准券，随后价差持续走扩。

关于这种现象笔者有两个初步的猜想：一是对于该类混合权利债券，期权价值远远小于投资者单边权利债券，可能市场更倾向于用短端期限对其定价，因此波动特征更接近短久期信用债，呈现低波动特征；二是该类债券也可以看作调整周期较长的浮息券，每 2～3Y 票面调整为当期"基准券利率＋再融资溢价"，因此相对固息券具有更好的防御属性。

接下来我们观察短端基准券的相对表现（见图 5-29），看是否可以验证以上猜想。

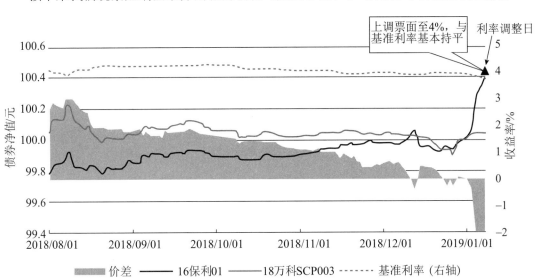

图 5-29　混合权利债券与短端基准券净值走势

（资料来源：Wind，笔者整理）

16 保利 01 为混合权利债券，剩余期限为 0.02+2Y，因发行人存量样本券有限，故基准券选择资质相似主体普通券；18 万科 SCP003，剩余期限为 0.05Y。

2018 年年初，两只债券净价呈现同步波动，但 16 保利 01 相对强势，而价差收敛相对平缓，这可能与两者的资质相对变化有关，地产债内部分化也有加剧趋势。

有趣的是 2018 年 11 月中旬以后，两只债券呈现不同步的波动方向，可能的解释是，临近行权日票面调整至市价或以上的预期较强，且短端债券存在买方"欠配"（即存在供不应求的情况），同时越接近回售日，意味着债券价格的波动来源越偏向于"行权价待定的看涨期权"而非"短端回售久期"。虽然最终行权价仅高于市价 2bp，但因市场看多情绪浓重，平值看涨期权迅速切换为实值，也为该券贡献了一年来最高的涨幅。

简单总结下，相较于单边权利而言，混合权利债券对基准券虽然具有一定替代效应，但获取超额收益的空间相对有限：一是以长端基准券的替代视角来看，该类品种能够表现出浮息债的防御属性，但进攻属性偏弱，且隐含发行人赎回权（发行人行使赎回权的原因一般是缺少再融资意愿，表现形式为下调票面利率或者不调整），替代效果有限。二是以短端基准券的替代视角来看，该类品种攻守兼备，虽然期权价值相对单边权利债券大打折扣，但依然有机会获得至少三种超额收益：一是发行人调整票面价格好于市价；二是利率继续下行（平移假设），长端涨幅大于短端；三是利率调整公告后到投资者选择回售有 14 天左右的时滞，类似国债期货空头举手制度的"相机抉择"权。

从以上的案例我们还能发现一个有意思的现象，虽然同为地产债券发行人，行权日也比较接近，但龙湖和保利调整票面的力度不尽相同，这背后既反映了发行人对后市融资利率的判断（可能是在承销商的游说影响下），也能看出不同企业对再融资的依赖程度。

说到这里，我们不妨再举两个"更不差钱"的例子：16 上港 01，调整的票面利率 3% 低于市场公允价格，但发行人选择不调整，坐等投资者回售；如果说上港因其港口龙头的资质有些许傲娇的资本，那 15 宇通 01 票面 3.38% 选择不调整就有点厉害了，鉴于民企融资困难，宇通客车仍然向市场发出如此信号，可谓最强民企"已在阵中"。

基于此情况，虽然混合权利其价值相对单边而言较小，且定价困难，但依然具有博弈空间。通过综合判断发行人的财务安排和再融资意愿，可以对其调整票面的概率及空间做出判断，研究思路与可转债转股价下修类似，且博弈格局相对简单（双方和多方博弈的区别），如果提前布局，赚钱亦是大概率事件。

2）可续期债券的波动特征

因前期北大荒和广州地铁可续期债意外的条款调整，给投资者带来超预期损失，市场对永续债关注度持续升高。由于跳升条款的约束，长期以来市场默认可续期债仅为企业阶段性调整权益负债比例的工具，是"假永续"。对于高等级品种，相对普通中票实际的利差位于 60bp 附近，基本只体现了流动性溢价，但实践中仍然有很多被投资者忽视的条款，成为潜在超预期损失的风险来源。

说到这里，笔者忍不住指出债券市场的怪现象：无论是信用债踩雷还是永续债被条款坑，都是投资经理考核周期（1 年或更短）和发行人信用周期（3～5 年）错配的结果，且缺少长期追责机制，往往当年投资经理埋下的潜在风险却需要后面接盘的投资经理来负责（当然信用周期很难预测），这本身是不合理的，正所谓"前人种树，后人背锅"。

对于常规类条款的"假永续"，利率惩罚条款较为严格，因而具有明确赎回预期，实际权益属性并不强。如果忽略跳升 300bp 及以上的续期可能性，重定价周期类永续债最接近传统意义上的"可赎回债券"。例如 15 贵阳轨道可续期债 1580210，期限为 $4\times 5Y+N$，即以长端视角来看，相当于买入 20Y 的信用债同时卖出 3 个每 5Y 末的看涨期权（因 $4\times 5Y$ 的期限范围内，每 5Y 末发行人都有赎回或延期的权利，因此对于投资者而言，相当于在每个发行人可行使权利的时间范围卖出期权），对于此类品种投资者需要额外的票息补偿。

下面我们来讨论下更常见的重定价周期信用债——"浮息永续债"，即期限为 $N\times 5Y+N$ 或 $N\times 3Y+N$，利率定价的方式一般以 Shibor 利率或国债利率作为基准，在此基础之上增加 100bp～300bp，每个重定价周期重置一次票面利率，同时发行人具有赎回权或延期权的浮动利率债券。

在图 5-30 中，15 中电投可续期债为浮息永续，发行期限为 $4\times 3Y+N$，每 3Y 发行人可行使赎回权（投资者卖出看涨期权），票面利率为利率确定日前 1 周 Shibor750 日均值 +201bp（基本利差），剩余期限为 2.4+3+3+N，当前定价周期票面为 4.6%；长端基准券 14 中电投 01 为固息债，剩余期限为 10Y。

与长端基准券相比，浮息债的防御特征非常明显，价差变化完全由长久期债券主导，即使在第一个重定价周期终了票面下调超过 100bp，引起的净价波动相对于长久期基准券而言也是微乎其微，随着新一波牛市开启，价差再次走扩。

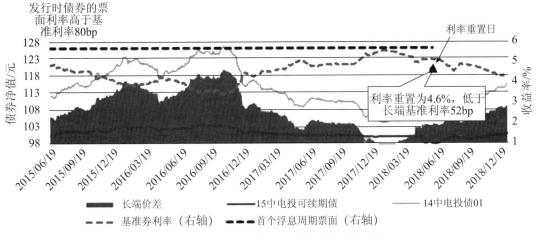

图 5-30　永续浮息债与长端基准券净价走势

（资料来源：Wind，笔者整理）

但对于这种情况，更可能的解释是，市场倾向于将该券认定为 3Y 的永续债（学习效应尚未开启）而非浮息债，同时需要注意的是 3Y 的重置周期并非主流（就浮息债而言过长）。另外，由市场基本利差变动而引起的浮息债价格变动，很可能也未被考虑在内。

而站在发行人的角度，这只债券不失为一次成功的长期融资案例，虽然发行时票面利率比长端基准高 80bp，但由于合理的条款设计，在第二个重定价周期锁定了远低于该基准的未来 3Y 利率，大大节约了财务费用开支。

在图 5-31 中，在两个不同的重定价周期选择两只基准券进行对比。13 中电投 PPN004 为短端基准券 1，18 电投 03 为短端基准券 2，期限与浮息债当期重定价周期剩余期限近似一致。以短端视角来看，该券相当于 3Y 信用债 + 卖出看跌期权（发行人延期权利），行权价为下一个浮动利率的含权债。

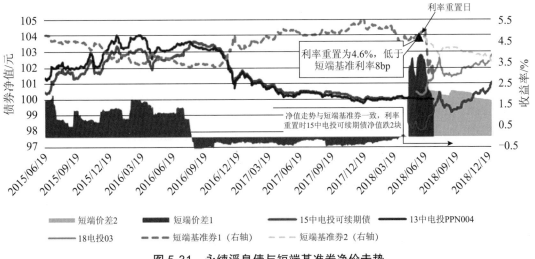

图 5-31　永续浮息债与短端基准券净价走势

（资料来源：Wind，笔者整理）

如果不考虑 2016 年 9 月牛转熊时期价差的趋势压缩（原因待解），浮息债与短端基准券价差基本保持在相对稳定的区间，波动也基本同步。第一个利率重置日前的暴跌（相对短端而言）也验证了之前的猜想，即市场似乎并没有意识到浮息债内嵌的发行人权利价值，而将其视为带有流动性溢价的短端债券。然而，利率重置后浮息债仍然锚定新的短端基准券净价同步变动。

更有意思的是，重置利率居然比短端基准还低了 8bp，站在发行人角度看，是时候给当年的承销商同志们开个表彰大会了！

6. 基本利差之随笔漫谈

我们都知道，浮息债价格变动主要包括三种因素：票息重置周期、市场要求利差、浮动上下限的约束。而在以上案例里，国内市场上下限约束条款较少，具体到永续债上，重置周期往往过长（主流周期半年内）。因此考察"市场要求利差"的变化更为关键，特别是基本利差是否充分反映了提前赎回风险，从历史的角度看是否具备穿越牛熊周期的空间。

例如 15 中电投可续期债，如果从静态角度看，似乎发行时高于 13Y 的 14 中电投 01 到期收益率 80bp，还是具备一定性价比的（毕竟彼时还被当作 3Y 替代品），但是从基本利差的角度看，如果把 1 周 Shibor 简单等同为资金成本，那么 201bp 的空间并不具备足够的吸引力。

因为长端信用债样本稀少，图 5-32 中我们选择 10YAAA 级信用债与 Shibor 7D 利差进行统计（数据取自 2011 年至 2021 年），80% 以上的利差落在 197～261bp 之间，如果考虑到高等级永续债 70bp 的品种溢价，再考虑到中电投资质位于 AAA 最优质区间，给予其低于 AAA 均值价差 30bp，则高频区间的中枢范围应在 237～301bp，因此可以得出初步结论认为该券基本利差保护不足。

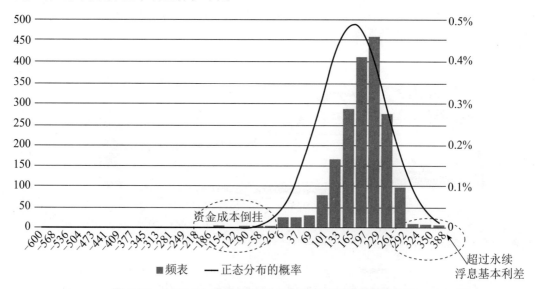

图 5-32　10YAAA 信用债与 Shibor 7D 利差正态分布曲线

（资料来源：Wind，笔者整理）

同时，该类浮息永续定价基准往往是过去若干交易日 Shibor 均值，因此关注该均值背后的样本容量同样重要。样本数量较小时,反映的是近期市场 Carry 的水平和曲线斜率;反之反映历史级别的利差均值。从投资者角度看,在利率曲线陡峭、信用利差高企时发行的浮息永续往往有利可图,一般对应着货币市场宽松而广义信贷紧缩的时期。

实际上,本节我们讨论的信用类含权债的期权挂钩指标仍是利率。后面章节我们将讨论两类更特殊的含权债:一是资本结构分层上相对非金融企业永续债更偏权益属性的商业银行次级债;二是期权挂钩标的为上市公司股票的可转换债券。

五、商业银行资本工具的风险收益特征[①]

商业银行作为国内资本市场重要的证券发行人,为各类投资者提供了多层次的投资工具,包括 A 股、H 股、可转债、优先股、永续债、二级资本债、商业银行债、同业存单及存款等,基本覆盖了大类资产全部的主流品种。

其中可转债、优先股、永续债和二级资本债又被统称为"混合权益性金融工具",该类资产往往具备股票和债券双重的资产属性。近年来为了补充资本金,除银行转债外,以二级资本债和永续债为代表的资本工具发行也持续放量。对这类资产的研究,既能让我们对广义信用品种有更深刻的理解,为进一步认知可转债等混合资产提供多元的视角。

另外,在融资端多层次差异化的资金来源安排也显著增强了银行资本结构的稳定性和抗风险能力。本节从商业银行经营逻辑和资本结构出发,结合其存量证券历史走势案例,分析其各类资本工具的风险收益特征和估值定价逻辑,为资产组合管理人提供投资决策参考,同时对非金融企业证券发行市场提出优化建议。

(一)商业银行经营模式与资本结构简析

1. 盈利来源及驱动因素

与传统的非金融企业不同,商业银行经营的对象主要是货币,即通过货币的信用派生为实体经济提供金融服务,以利息收入或非息收入的方式从企业端利润中获取固定回报。对于经济体而言,合理的宏观杠杆率和信用扩张节奏有利于增长,如 2014—2020 年国内商业银行资产规模复合增速超过 10%,显著高于 GDP 整体增速。

从杜邦公式拆解的角度看,其实银行的盈利模式与工商企业亦有可比之处,即 ROE=销售净利率 × 资产周转率 × 权益乘数。销售净利率类似银行净息差,即资产收益率 - 负债成本,负债成本即为吸收存款的加权利率;资产周转率则取决于银行的经营效率,例如资产证券化业务便是提升商业银行资产周转率的重要方式;权益乘数方面,商业银行动辄十几倍的杠杆率将存贷息差充分放大,是其区别于实体企业最重要的经营差异,同时也是商业银行最核心的经营风险之一。

2. 经营风险及损失吸收机制

商业银行高杠杆的经营模式,一方面可以将净息差放大,另一方面在资产负债利差

[①] 原文刊发于《中国保险资产管理》2021 年第 3 期。

倒挂或资产质量出现的问题时同样会放大损失,即"信用+杠杆"的模式天然具有小概率极端负偏离的回报分布,如金融危机时期的花旗银行、2018年包商银行等历史案例。基于这样的问题,我国商业银行进行了多层次资本的安排,这也是极端情况下吸收损失的五道防线:当资产端贷款出现违约时,银行吸纳损失的第一道防线是拨备覆盖资金;拨备之后吸纳亏损的是核心一级资本(如普通股),当拨备资金无法兜底必须补充拨备时,银行会减少当期利润甚至体现为当期亏损,这时候核心一级资本就会减少;如果核心一级资本消耗严重,其他一级资本(如永续债、优先股)将吸纳亏损;其他一级资本消耗完后,二级资本(如二级资本债)将先亏损;二级资本之后,则是商业银行债、同业存单、存款等。

关于不同资本对应证券的风险收益特征,以下从五道防线的普通股和债券来具体分析。

(二)银行股本与债务的估值差异(以2019年为例)

1. 债务与股本的相对价值的演变

从A股市场表现来看,银行板块2019年以来持续跑输沪深300,反映了投资者对基本面的悲观预期。事实上,银行股基本面也确实存在一些长期值得关注的问题:中短期来看,一是贷款利率下调和持续的让利政策导致净基差收窄;二是信贷需求偏弱,资产规模增速放缓;三是信用违约同比激增,银行资产质量承压。长期来看,经济增速持续下台阶,中长期贷款利率(LPR)下降,行业内部的同质化竞争、存量博弈和产能过剩都是较为不利的因素。

然而值得注意的是,虽然对应类似的经营基本面,2019年以来银行的股本与债务估值却出现了显著的分化行情(见图5-33),即银行股估值持续探底,银行债券收益率持续下行,估值越来越大。

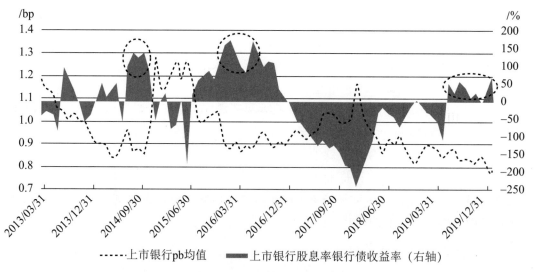

图5-33 2013—2019年银行债券与股票估值变化

(资料来源:Wind)

由于银行普通债券收益率随无风险利率下行,而股票估值创历史新低,银行股息率和银行债券利率的差值达到历史相对高位。而从历史上来看,这种股本和债务极致的分化往往意味着银行股估值触底反弹的潜在拐点。

这样的经验逻辑上也有合理性:权益和信用是公司价值在资本市场的两个映射,虽然风险收益特征(股权和债券的权利与义务)不同,但都来源于相同的经营基本面状况。如果两者的价格隐含了明确的"预期差",那么可能有一方是出现了定价偏差。

银行分级基金的历史表现也呈现类似情况(见图5-34),这里我们可以将A份额近似看作债务投资者,B份额看作股票投资者。虽然理论上A、B份额都受母基金影响,但从实证上来看,优先级A与5年国债期货相关性更强,而劣后级B基本跟随沪深300波动。这似乎表明银行股债的相对走势受证券主体经营基本面的影响,可能远远不如受其对应大类资产风险因子(如利率、风险偏好、经济增长)的影响。

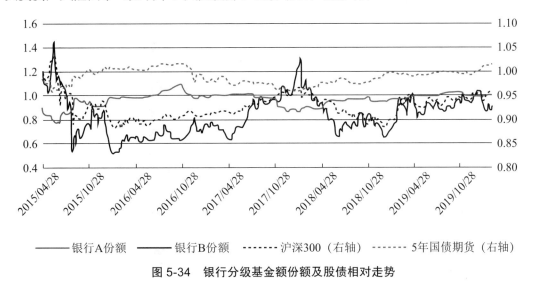

图 5-34 银行分级基金额份额及股债相对走势

(资料来源:Wind)

(二)银行股债存在持续隐含预期差的原因

1. 市场分割下投资者的偏好特点

考虑投资者对资产的定价,除了证券发行人基本面和宏观因素之外,微观层面还需要关注不同类型投资者是否具备差异化的收益目标与风险约束。因此资产价格隐含的预期差,同样是有效市场理论假设与投资者结构分化现实的差异(见图5-35)。

在市场分割状态下,银行股对于股票、债券和混合投资者的吸引力都非常有限。目前市场环境下银行股最大的功能性价值主要来自纯债替代策略(安全边际较好、低波动、高分红),但估值修复仍受到两个微观结构的制约:一是国内真正意义上的大类资产配置者缺位(仅有社保和中投公司);二是传统债券投资者似乎并没有完全意识到类债券股票的价值(也可能受到组合波动率约束)。

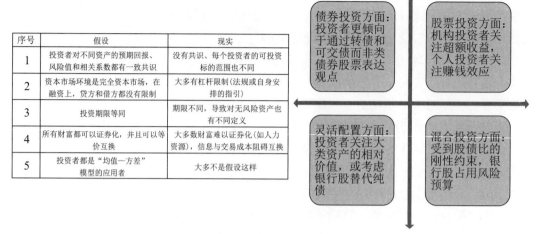

图 5-35　投资者结构差异

（资料来源：《探秘资管前沿》，笔者整理）

同一时期银行转债的估值状态似乎也印证了我们关于市场分割的猜想（见图 5-36），即转债内嵌的看涨期权被高估（隐含波动率高位），但期权挂钩的资产被低估（银行股破净）。而定价偏差可能同样存在潜在的投资机会，对于投资范围约束较小的投资者，可以考虑使用银行正股替代转债（多现货空期权），获得市场分割状态下"廉价的午餐"。

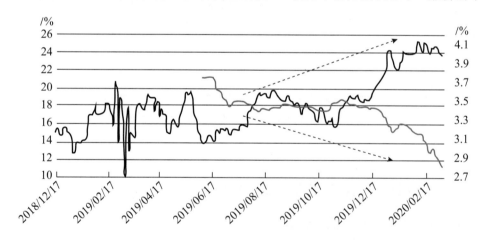

图 5-36　银行转债及二级资本债估值走势

（资料来源 Wind）

2. 信用分层在银行资本的映射

2019 年，包商银行存单打破"刚兑"，市场开始关注中小银行存在的信用风险。2019 年年底多家城商行再度打破二级资本债定期赎回的"潜规则"，银行债务及资本工具呈现分层（见图 5-37），从侧面反映出部分银行资本充足率不足，这也导致了实体经济局部的信用收缩与分层。

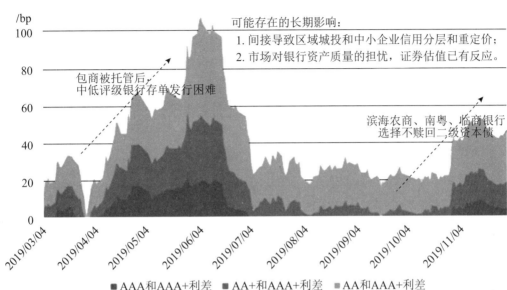

图 5-37 银行债务及资本工具呈现分层

(资料来源：Wind)

信用分层典型的表现形式在于高等级主体的信用利差压缩，低等级主体的信用利差走扩。反映到债券市场中的实例是居高不下的违约率和历史最低 AAA 信用利差的共存；反映到银行资产负债表上的实例是越接近吸收潜在亏损的资本越低估，清偿顺序越高的资本越高估。这也是银行股债估值分化潜在的理论解释，只是我们暂时没有合适的方法去进行验证。

以下我们继续观察清偿顺序接近的银行永续债和二级资本债定价逻辑。

(三) 银行永续债及二级资本债定价逻辑 (以2021年为例)

1. 永续债及二级资本债利差特征

回顾 2021 年一季度大类资产表现，银行永续债堪称该季度超额收益最显著的类固收资产，有分析认为这与现金管理新规对其潜在的豁免条款有关。事实上，相对非金融企业类永续，银行永续条款隐含的权益属性更强，但在定价层面市场似乎仍然参照信用债逻辑，以下我们选择股份行里面的招商银行和民生银行存续资本工具估值作为定价参考，根据两家银行存量债券估值和中债隐含评级曲线拟合的结果，如图 5-38 所示。

由图 5-38 可得出以下结论：第一，民生银行与招商银行小微债利差较小，短端定价差异接近两家银行存单利差；第二，从绝对利率来看，两家银行各资本工具排序与清偿优先顺序一致；第三，从相对利差来看，民生银行永续债相对其二级资本债的溢价偏低。

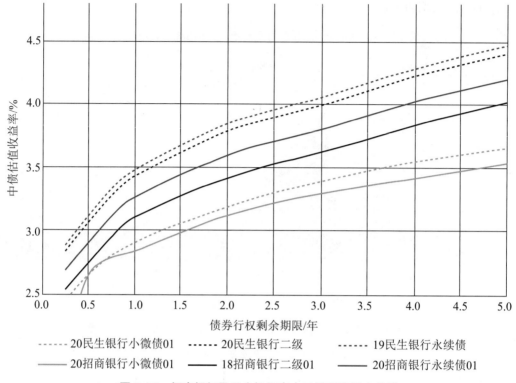

图 5-38 招商银行及民生银行资本工具利率拟合曲线

（资料来源：Wind）

前两点比较符合常识，而第三点是值得关注的：正如投机级相对投资级债券期限溢价指数级扩大的道理一样，弱资质（指民生银行）相对强资质银行（指招商银行）在更劣后的资本工具上理应呈现更大的主体风险溢价，但事实上这里呈现了相反的特征。以下我们观察全市场资本工具价格均值（见表 5-10）。

表 5-10 全市场资本工具价格均值

主体评级		AAA	AA+	AA
永续债	评级间利差	—	0.54%	0.05%
	绝对收益率水平	4.30%	4.84%	4.89%
二级资本债	评级间利差	—	0.46%	0.36%
	绝对收益率水平	4.13%	4.59%	4.95%
永续债与二级资本债的利差		0.17%	0.25%	-0.06%

（资料来源：Wind、东北证券）

而从市场整体利差情况不难看出，永续债的评级间利差（54bp）大于二级债评级间利差（46bp），而品种间利差同样随着资质下沉而走扩，这也是符合常识的情况。但图 5-38 中民生银行两类资本工具定价与常规情况刚好相反，我们来讨论一下具体原因。

2. 证券定价错位的原因与解释

对于民生银行永续债和二级债定价的错位，笔者认为可能存在如下几种解释：第一，从资本充足率角度，民生银行各层次资本的相对安全边际差异较大，如劣后于永续债的防线相对较厚（清偿顺序在永续债之后的包括拨备覆盖和核心一级资本），而劣后于二级债的防线相对较薄（清偿顺序在二级资本债之后的包括拨备覆盖、核心一级资本和其他一级资本）；第二，投资者结构和偏好差异导致，例如二级债流动性或交易属性更强，事件冲击下（民生银行一季报利润同比下滑）市场出清更快；第三，资本结构和经营环境承压导致民生银行资本工具定价体系重构，导致其估值逻辑阶段性偏离市场均值。

观察两家银行2021一季度的资本管理指标（见表5-11），事实证明两家银行在一级资本充足率与核心一级资本充足率上的相对差距接近，并不存在显著的倍数差别。因此第一个解释似乎缺少合理依据（但或许可以映射到其他资本结构存在相对差异的企业，进而指导夹层证券定价）。

表 5-11 2021 年一季度年报——资本充足率

充足率类型	拨备覆盖资金充足率	一级资本充足率	核心一级资本充足率
招商银行	438.88%	13.79%	12.19%
民生银行	141.11%	9.86%	8.59%
差距倍数	3.11%	1.40%	1.42%

（资料来源：Wind）

接下来对比两家资本工具和股票利差的相对走势（见图5-39），能看出一季报发布后民生银行股价大幅下挫，进而股息率抬升，同时资本工具也出现大幅价格重估。而在此之前，民生银行二级债相对招行有5bp左右的"流动性溢价"，永续债利差波动则更接近普通股相对走势。以上趋势似乎用后两个解释都能说得通。

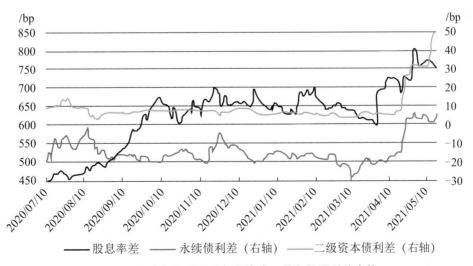

图 5-39 招商银行及民生银行资本工具和股票利差走势

（资料来源：Wind）

而根据 Wind 数据，银行永续债 2021 年 5 月月度换手率约为 5%，而二级债 2021 年以来换手率为 8%，实际水平比较相近。同时根据银行间交易的惯例，票息更高的永续债实际更受交易盘的青睐。因此第二个解释似乎缺乏证据。

为了进一步验证第三种解释，我们选择同样面临信用和经营风险压力的锦州银行（见图 5-40）和盛京银行（见图 5-41）进行对比。这两家东北区域银行无存量永续债和股息率数据，故使用股票价格倍数作为近似指标替代。我们发现，两家银行的二级资本债利差变动与股价相对 alpha（均以招行存量资本工具定价作为基准）高度相关。

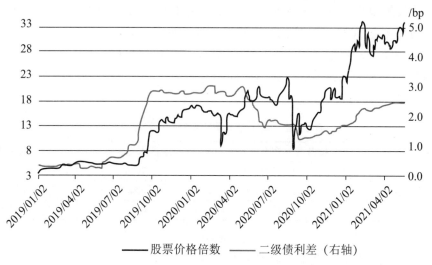

图 5-40 招商银行及锦州银行资本工具和股票走势

（资料来源 Wind）

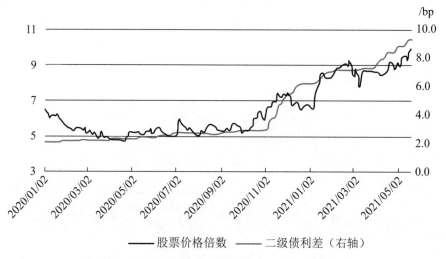

图 5-41 招商银行及盛京银行资本工具和股票走势

（资料来源：Wind）

根据以上事实，笔者总结以下两点：第一，作为介于股债之间的类属资产，二级资本工具和转债一样有着"随时准备脱债向股"的可能性,区别在于转债是期权多头,二级债是期权空头;第二,民生银行公布一季报前,市场并没有充分认知到信用和经营风险,因此其二级债仍然以纯债逻辑定价(虽然永续已具备显著股性特征)。利空冲击后,二级资本债和永续债迅速切换为偏股特征,且这种风险收益特征的边际变化幅度大于永续债,因此出现了有别于市场平均的利差价格。

3. 对非金融企业次级债券市场的启示

相对银行复杂多层次的资本结构而言,国内非金融企业发行人的资本结构相对简单,而在海外成熟市场,传统企业同样存在多层次的资本结构和工具,这也为投资者和融资人提供了更多元的选择。

在国内市场的债券市场中,"高收益债"往往意味评级向下迁移或实质违约的信用债,约等于"堕落天使"。事实上广义的高收益债还应包括两种类型:高资质企业次级债券和成长期企业信用债券。

在高资质企业次级债券下,与参考商业银行的资本结构类似,非金融企业债务也可以按照清偿顺序排列:有担保或抵押贷款、信用类贷款、优先级债券、次级债券、优先股、永续债及其他夹层工具。次级债券接近目前商业银行二级资本工具的风险收益特征,兼具股债双重属性,只是在企业不同的经营周期反映出不同的偏股和偏债程度。次级债相对估值示例如表 5-12 所示。

表 5-12 次级债相对估值示例

信用主体	存量证券报价	利差基点	优先于该证券债务/EBITDA	劣后于该证券债务/EBITDA	FCF/债务总额	EV/EBITDA
Mobile 公司	3Y 8%	400bp	3.0 倍	5.0 倍	3.0%	6.0 倍
Cell 公司	5Y 10%	600bp	5.0 倍	5.0 倍	2.5%	5.5 倍
Phone 公司	4Y 7.5%	350bp	4.0 倍	5.0 倍	2.5%	6.2 倍
Wireless 公司	7Y 9.5%	600bp	5.0 倍	5.5 倍	5.0%	7.0 倍
Data 公司	6Y 9%	300bp	3.5 倍	3.5 倍	3.5%	5.8 倍

(资料来源:《高收益债实务精要》)

而成长期企业信用债券是区别于"堕落天使"的"明日之星",往往是中小企业在快速成长阶段资金需求难以得到满足,公司经营存在一定不确定性,需要通过更高的风险溢价来补偿才推出的债券。事实上,CNN(美国有线电视新闻网)等大企业都曾借力高收益债实现成长初期的发展。这类初创成长期企业往往是私募股权投资者青睐的夹层类投资标的,除了高票息补偿不确定性,同时用转股条款满足未来潜在的收益弹性。

近年来,我们一直在致力于构建多层次资本市场体系,而"多层次"特征不仅反映在融资人资质的层次上,更反映在工具的多样性上,如 ABS、REITs、转债等兼具股债属性的结构化证券快速扩容发展满足。而高收益债和夹层资本工具尚未起步,笔者认为未来高收益债市场体系的成熟还需要满足以下几个条件:第一,有别于传统的"违约一刀切"

考核机制的资产管理产品；第二，逐步形成对于延期支付、债务重组及债转股情景下的证券定价体系；第三，高等级企业参照商业银行采取多层级阶梯的资本结构设计。

而无论是资本结构多元化，还是危困债务定价、资金属性匹配和投资政策引导，都对当前市场瑕疵信用债流动性断崖式分层的情况具有缓释效应，使证券基本面和价格变化呈现渐进式的特点，而不是危机中的自我强化。

展望未来，商业银行各层次资本工具的投融资实践将是非金融企业与证券市场建立多层次连接的参考依据，长期看可以有效促进资本市场的价值发现、优胜劣汰和价格形成机制。

而大力发展以次级资本工具、可转债、可交换债为代表的混合权益性金融工具，对于降低企业部门宏观杠杆率，化解信用风险，维护金融系统的稳定同样意义重大，我们有理由相信这一市场的容量与深度都将持续扩大和深化。

关于另一类重要的混合权益性金融工具——可转债，我们在第六章还会展开探讨。

六、基于股票视角对信用风险定价的思考

随着信用违约常态化的趋势持续，传统的信用债"配置+杠杆"的躺赢投资模式已经逐渐过时。2022年，伴随着地产行业持续出清，以及城投平台信仰难以持续，投资者关注的品种转向金融机构次级债和资产支持证券等具备品种溢价的信用类资产。同时，产业债发行占比也在持续提升，特别是以"高成长债""科创债"为代表的新兴行业品种进入投资者视野，由于该类发行人以AH股（A股和H股的简称）上市公司为主，在证券发行人基本面分析中与股票等资产有一定的共性特征，因此可以借鉴股票的分析视角进行观察。本节将以此为观察起点，对相关的规律进行总结和讨论。

（一）权益和信用相对风险溢价的再认识

1. 股票与信用类资产的内在联系

直观地看，股票和信用债都是投资者基于证券发行人持续经营成果的利益分配，并以合同契约形式确定双方的权利、责任和义务。当上市公司经营绩效表现良好时，能够给股东带来超额经济利润，同时也是债权人还本付息的重要保障；当公司陷入困境和景气度低谷时，股东则难以获得回报，极端情况下也会影响债权人的本息兑付。

一个常见的比喻是，债权人是企业资产的"优先级份额持有人"，对经济利润具有优先但固定的索取权利；而股东是企业资产的"劣后级份额持有人"，仅对支付债权人利益后的剩余价值具有索取权利，但该价值上不封顶。

结合自上而下的视角看，投资者在衡量两类资产的要求回报水平时通常还会考虑风险利率、通胀水平、风险偏好等因素。从这个意义上来看，两类资产的回报和风险来源具有一定的同质性。

在实践中，投资者对股票的要求回报率一般高于信用债，这有三点原因：一是两者

承担的权利与义务存在差异;二是两类资产价格对公司基本面变化的敏感度差异形成的"确定性差价";三是两类资产的投资者结构存在差异。

关于股债风险溢价,接下来我们要讨论的问题是:对于相同证券发行人的股票与信用债,其公允的风险溢价或预期回报率的差值应该如何确定?对相关资产的研究又有何指导意义?

2. Fed模型下风险溢价的局限性探讨

美联储估值模型(Fed model)是一种经典的股债估值方法,将股票的收益与长期政府债券进行比较。该模型以股票与债券的风险溢价差值走势作为是否买卖股票或债券的决策依据。作为重要的资产配置思想,其核心理念在于,当股票的预期回报率或风险溢价或分红收益率相对债券收益率更高时,超配股票;反之,超配债券,从而形象地刻画出股债的"相对吸引力"。

根据这一海外成熟的资产配置方法的相关结论,国内市场的应用一般以股票指数的市盈率倒数(或股息率)作为风险溢价或预期回报的代理变量,并以此和债券收益率作差进行比较。而在长周期维度来看,基于市盈率倒数标准的计算结果显示,国内的股票与债券的相对风险溢价水平存在明显的"均值回归属性"(见图5-42),这也与FED模型的相关推论吻合。

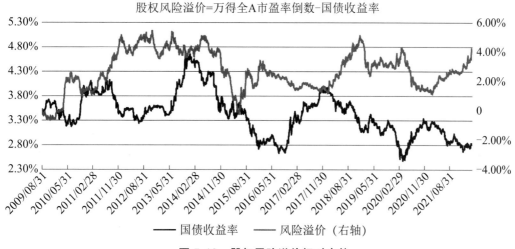

图 5-42 股权风险溢价相对走势

(资料来源:Wind)

从2009年以来国内市场的实际情况来看,"股债回报差"的区间运动规律大体是成立的。以Fed模型常规的表现形式来看,股票相对国债的风险溢价水平长期在-2%~4%的区间内,且在极端值附近出现相反的方向性变化(股债相对行情反转)的概率较大。

下面我们进一步观察以信用债和不同股票指数交叉组合计算的股权风险溢价变化趋势(见图5-43)。考虑到上证50、沪深300和中证500对应的成分股信用质地存在差异,这里分别以隐含评级AAA-、AA+、AA作为模糊的中枢基准处理。

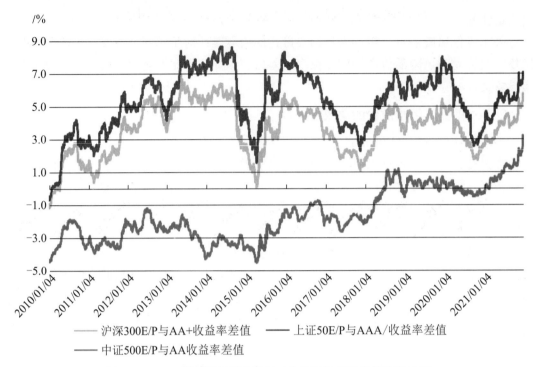

图 5-43　Fed 模型下主要股指相对信用债的风险溢价变化走势

（资料来源：Wind）

从近 10 年的历史情况来看，上证 50 和沪深 300 相对信用债的风险溢价水平同样具有较强的均值回复属性，且总体趋势和万得全 A 的国债收益率（见图 5-42）的走势一致，而中证 500 的风险溢价则呈现趋势向上的态势，表现了明显的风格差异，且 2019 年以前的数据显示，和 AA 信用债收益率相比，其相对风险溢价长期为负。

笔者认为，这种差异本质上反映的是中证 500 指数的"成长性溢价"（见图 5-44）。

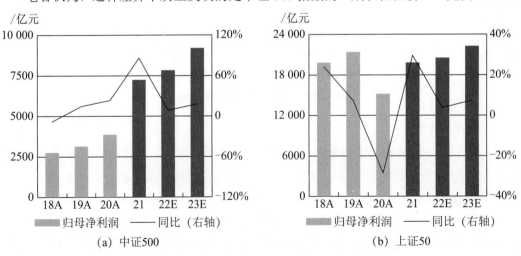

图 5-44　中证 500 和上证 50 历史盈利及预期

（资料来源：Wind）

从盈利预测的角度看，中证 500 成分股的增速水平显著高于上证 50，这也意味着两者 PE 倒数代表的经济意义并不完全相同。Fed 模型中直接使用 E/P 作为股票预期回报的代理变量，是基于美国经济体整体已经进入低增长阶段，大量上市公司已经处于企业生命周期的成熟甚至衰退期，而国内经济增速仍然较高，以中证 500 为代表的中小盘股票具备更高的成长性，因此并不适合直接套用 E/P。另外，还应该考虑其估值的"隐含增长率"。以 DCF 估值的视角来看，对于零增长且净利润等于自由现金流的企业来讲（美股接近这一标准的资产远多于 A 股），其 PE 倒数约等于要求回报率（或折现率），也更接近风险溢价的概念；而对于较高增速的企业而言，即使预期回报率（或折现率）相同，其理论静态 PE 水平也会相对低增长企业更高。因此 Fed 模型在国内的应用可能需要进行进一步的"本土化调整"。

以 DCF 二阶段增长模型为基础，将自由现金流替换为企业净利润（初始值标准化为 1），第一阶段增长率为 g_1，第二阶段永续增长率为 g_2，折现率为 r，第一阶段增长年份为 n_1，计算结果如表 5-13 所示。可以发现，基于不同的增长率水平在相同折现率下对应的 PE 值也存在显著差异。

表 5-13　DCF 二阶段增长模型参数及结果的敏感性分析

公司增长模式的适用模型	一阶段增长率 g_1	一阶段持续年份 n_1	二阶段增长率 g_2	折现率/预期回报 r	对应当前静态PE倍数
零增长模型	0%	3	0%	10%	10
固定增长率模型	3%	3	3%	10%	15
二阶段增长模型	10%	3	3%	10%	18
	15%	3	3%	10%	20
	20%	3	3%	10%	23
	25%	3	3%	10%	25
	30%	3	3%	10%	29
	35%	3	3%	10%	32
	40%	3	3%	10%	35
	45%	3	3%	10%	39
	50%	3	3%	10%	43

如果只看 E/P 水平，我们便无法解释为何 50% 增速的公司对应 43 倍市盈率和 10 倍市盈率的零增长公司"风险溢价"为同一水平。但根据 DCF 二阶段增长模型的输出结果，便可以更清晰地理解不同预期增速企业股票的估值差异。那么，对于成长性较强的公司，以"高成长债"的收益率作为基准，是否还存在长期可比的"股权风险溢价"？Fed 模型应该如何优化以适应风格结构的差异？

3. 信用债收益率与盈利增速相互验证的设想

Fed 模型是用来帮助投资者判断股债的相对价值的。对于高成长企业，投资者还需要跳出 E/P 范式寻求差异化的对比方法，同时可参考历史中枢对股票和信用债相对预期回报或风险溢价做出合理估计。进一步来讲，如果能够确定"公允的股权价值 – 信用风险溢价"，便建立了两类资产估值连接的桥梁，甚至可以通过一类资产评估另一类资产的定价合理性。下面我们以信用债收益率和股票盈利增速两个核心估值参数为例，试图探寻两者相互验证的可行性。

为了讨论简便，我们做出如下假设：第一，以 DCF 二阶段增长模型作为基础，并以净利润作为自由现金流的代理变量（现实中只能估算 FCF 的大致比例）；第二，所有公司均按二阶段增长模型计算盈利和估值，一阶段增长年限为 5 年，且永续增长率均为 3%（现实中难以估计，依赖线性外推）；第三，高成长企业作为一个整体，其股票相对信用债的"理论风险溢价"，一般高于低增长或零增长企业；第四，同类公司的信用债和股票的预期回报差值存在均值回复属性。可参考历史中枢，即历史上股票相对信用债的风险溢价水平。

下面我们对第三条假设的合理性做简要解释。历史统计表明，更高的预期增速往往意味着更大的不确定性，即较高的盈利预期增速，也意味着更高的"被证伪"概率。如图 5-45 所示，预期增速 10%～15% 的股票最终低于预期的概率为 47%，而预期增速 40%～45% 的股票有 81% 最终低于预期。一个合理的解释是，高增长预期背后往往是短期供需缺口带来的高资本回报率，即超额经济利润，长期看必然会吸引新增资本涌入和更多潜在竞争者，最终回归市场平均回报的均衡状态。因此这一假设的底层逻辑是，与高成长属性相伴而生的"低确定性"需要更高的收益补偿，而非成长性本身（对于稀缺的"高成长高确定性"企业并不适用）。

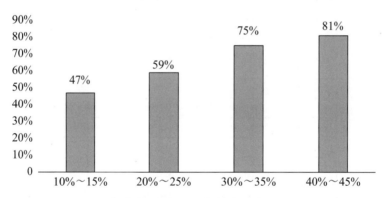

图 5-45 不同预期增速股票低于预期的占比（2010—2021 年）

（资料来源：国盛证券）

那么，首先根据"确定性溢价"原理来考证，高成长和低确定性股票理应具有更高的股权风险溢价。虽然这种不确定性在某种意义上已经反映在了"高成长债"的信用利差中，但在一般情况下（企业能够持续经营，尚无信用违约）信用债定价对企业经营基本面的敏感程度远低于股票，因此低确定性与高确定性公司相比，其股债的风险补偿差价应该更大。另一个可参考的例证是，信用利差曲线期限结构存在"非线性特征"，即低等级信用债（发行人经营确定性低）相对高等级信用债（发行人经营确定性高），其收益率曲线一般更为陡峭（如 1 年期 AA 和 1 年期 AAA 的等级利差为 100bp，而 5 年期 AA 和 5 年期 AAA 等级利差可能达到 300bp）。这一规律也意味着，随着信用类证券剩余期限的延长，低确定性公司风险溢价的"增长"速度显著快于高确定性公司，而当信用类证券的期限"无限延长"后,则变成了永续债、优先股这类"偏股型资产"(即随着信用债期限的增长,其风险收益特征逐渐接近股票,资产价格对公司经营基本面的反应越来越敏感),而这类资产在不同确定性公司间的"风险溢价差值",显然应该大于普通信用债所反映的差值。

这里以上证 50 指数代表"低增长企业"与高成长企业进行对比。根据历史平均值,上证 50 指数相对隐含评级 AAA- 信用债的风险溢价均值为 5.3%(2011 年以来),根据上述讨论,简单假设高成长债券发行人股票的合理溢价水平为 6%。根据 DCF 公式和给定的 PE 水平、信用债收益率和股权风险溢价便可以倒推出公司在该假设下隐含的一阶段盈利增速(见表 5-14)。

表 5-14　部分高成长债收益率反推出的隐含盈利增速

公司名称	金龙鱼	建设机械	圆通速递	生益科技
PE-TTM	60.9	17.8	22.2	13.3
信用债收益率	3.1%	5.3%	3.3%	3.3%
股权风险溢价	9.1%	11.3%	9.3%	9.3%
倒推的一阶段增速	50%	20%	16%	3%
一致预期增速 2022	58%	37%	46%	22%
一致预期增速 2023	24%	72%	24%	18%

当然,现实中以上假设很难同时成立,因此计算结果并不具备指导投资的能力,但这样做的意义在于以下三点:一是建立了同一证券发行人的信用风险溢价推导其隐含利润增速的模糊路径,反过来看已知盈利增速亦可推导高成长债券的发行定价;二是当股票和信用债两类资产估值显著偏离中枢水平时,通过这一路径可进行交叉验证(例如推导增速显著低于预测增速,则相对债券其股价可能被高估);三是假设收益率和利润增速均为输入变量,将股权风险溢价作为输出变量,检验其在不同主体上的规律差异,是否能验证本节的第三个假设。

下面我们把一致预期增速作为输入参数,尝试求解上市公司"高成长债券"的理论定价水平,并与现实情况进行对比。考虑到一致预期数据时间维度多为 3 年,因此将绝对估值模型的一阶段时间由 5 年调整为 3 年,仍以 6% 作为合理溢价,计算示例如表 5-15 所示。

表 5-15　部分高成长债券发行人盈利增速推导信用定价示例

公司名称	川能动力	科伦药业	中国通号	风华高科
3 年预期增速均值	126%	16.3%	7.66%	20.5%
PE-TTM	58.5	19.8	13.7	20.4
股权风险溢价	9.9%	8.9%	10.4%	9.13%
推导的信用收益率	3.9%	2.9%	4.4%	3.13%
信用债实际估值	3.79%	3.3%	3.16%	2.85%
外部评级	AA	AA+	AAA	AA+

从盈利增速推导的信用债收益率来看，与实际值仍然存在明显偏离，但考虑到其背后隐含的强假设，似乎误差也在可以接受的范围内。基于测算过程，我们进一步总结的可优化的方向和应用局限性如下所述。

（1）高成长债券6%的溢价水平假设过于简单，没有考虑到不同公司行业特性、资本结构和经营确定性的差异。正如我们之前讨论的，单就"经营确定性"差异的维度便应该给予不同确定性的公司差异化的股债风险溢价。例如以历史一致预期的偏差程度作为确定性的衡量尺度，采取分档打分并加权的方式进行定性评价（公司经营确定性对股债风险溢价的映射关系示例见表5-16）。

表5-16 公司经营确定性对股债风险溢价的映射关系示例

衡量尺度	极高确定性	中高确定性	中等确定性	中低确定性	极低确定性	建议打分权重
站在T年对T+1年的平均盈利预测偏离度	0～5%	5%～10%	10%～20%	20%～30%	30%以上	25%
站在T年对T+2年的平均盈利预测偏离度	0～7%	7%～14%	14%～28%	28%～42%	42%以上	20%
站在T年对T+3年的平均盈利预测偏离度	0～10%	10%～20%	20%～40%	40%～60%	60%以上	15%
资产负债率（财务杠杆依赖度）	0～20%	20%～40%	40%～60%	60%～80%	80%以上	20%
行业周期性（收入利润稳定性维度）	收入利润连续5年正增长且增速>5%	收入利润连续5年正增长	收入利润连续3年正增长	收入连续3年正增长，利润均为正	近3年存在收入负增长或亏损	20%
股权相对信用债的风险溢价水平	+5%或信用收益率的2.5倍	+6%或信用收益率的3倍	+7%或信用收益率的3.5倍	+8%或信用收益率的4倍	+9%或信用收益率的4.5倍	—

表5-16为笔者基于主观经验判断，实践中还可以考虑将同类确定性评价结果的资产参数（市盈率、一致预期增速、信用收益率等）进行统计，并对特定经营确定性下的股权和信用风险溢价的映射关系（加法或乘法）进行回归，最后选取解释度最高的一组参数作为信用收益率和盈利增速的推断依据。

（2）虽然从总量角度看，股票资产相对信用债的风险溢价水平确实存在实证角度的均值回归属性，但这一整体性规律具体到特定证券发行人的股票和信用债之间是否仍然存在，还有待论证。

（3）DCF二阶段模型需要根据实际情况调整参数，部分企业存在不符合永续经营假设的情况，必要时需要使用其他合理的估值方法进行验证。

（二）KMV模型中股票与产业债的关联特征

通过Fed模型的调整方案，我们初步建立了股票和产业债之间关于风险溢价的映射关系，事实上在证券发行人一致的前提下，两者还存在更立体的理论关系。本节我们继续介绍成熟市场中基于股权价值的信用定价工具——KMV 模型。

1. KMV模型理论概述

该模型为 KMV 公司基于上市公司股票价格信息预测其债券违约概率的模型，其核心思想来源于 Merton 的债务定价模型和 B-S 期权定价模型。根据前者的相关理论，上市公司的权益视为基于公司资产为标的的看涨期权，公司负债为该期权的执行价格（见图 5-46）。公司负债到期时，若资产价值高于存量债务价值，则股东选择不违约（相当于执行期权），即债权人得到本息偿付，股东获取资产剩余价值；若资产市值低于债务面值（此处设计为违约点），则股东会选择违约公司债务并将所有权转移给债权人（相当于不执行期权）。

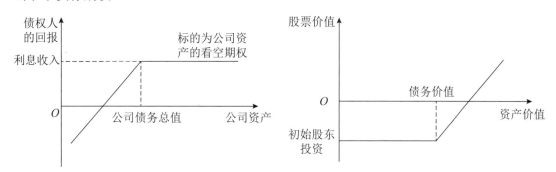

图 5-46 债权人和股东视角下基于资产价值的损益结构

由此上市公司违约问题便可以简化为"股东是否执行期权"的判断，期望违约率将是涉及公司资本结构、资产现值和波动率等变量的函数。资本结构在一定时间范围内相对稳定，而资产价值和波动率则可以通过以下公式求解：

$$E = V_A N(d_1) - e^{rT} D N(d_2) \quad \text{（公式1）}$$

$$d_1 = [\ln(\frac{V_A}{D}) + (r + \frac{1}{2}\sigma_A^2)t]/\sigma_A\sqrt{t}, \ d_2 = d_1 - \sigma_A\sqrt{t} \quad \text{（公式2）}$$

$$\sigma_E = \frac{V_A N(d_1)}{E} \sigma_A \quad \text{（公式3）}$$

其中 E 为公司的股权价值，D 为债务价值，σ_E 为股价波动率，r 为无风险利率，t 为债务期限，股权价值及其波动率均可直接通过资本市场数据获得，前两个等式中除公司资产价值 V_A 及其波动率 σ_A 以外，其他变量均已知，公式3由公式1微分而得，将以上公式联立，即可求得资产价值及其波动率。

同时假定资产价格的变化符合正态分布（见图5-47），并将资产价值距离违约点的标准差定义为"违约距离"，记作 DD（Distance-to-Default），同时期望资产价值记为 E（V1）。

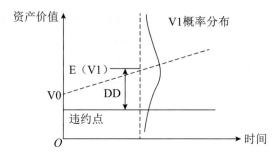

图 5-47 违约距离与违约点关系示意

违约距离 DD 的计算公式如下,其中 DP 为违约发生最频繁的临界点,$E(V_A)$ 是公司的预期资产价值,σ_A 为资产价值波动率:

$$DD = \frac{E(V_A) - DP}{E(V_A) - \sigma_A}$$

显而易见的是,违约距离越长,公司期望资产价值距离违约点越远,股东看涨期权的行权倾向越强;反过来随着资产价值不断接近违约点,看涨期权将从实值向平值方向变动,从而降低股东行权的倾向性。同时基于 B-S 模型原理,资产价值的波动率越高,在同样期望值下资产价格落到违约点附近的可能性也越大,从而增加了违约概率。

因此,在企业价值服从正态分布的前提下,基于大量历史违约数据,在违约距离(DD)和预期违约率(EDF)之间建立映射关系(同时拟合曲线),并通过预期违约率 EDF 衡量上市公司未来违约可能性大小,具体公式如下:

$$EDF = P[E(V_A) \leqslant DP] = N[-\frac{V_A - DP}{V_A \sigma_A}] = N(-DD)$$

对预期违约率进行估计后,再将其作为已知变量参数可计算得到相关产业债的"理论信用利差",具体过程如下所述。

信用利差 = 流动性溢价 + 杠杆便利性补偿 + 违约损失补偿

其中流动性溢价和杠杆便利性补偿可根据经验和市场行情进行主观判断,重要的是计算违约损失补偿。

违约损失补偿 = 违约率 × (1 - 违约回收率)

因此只要再计算违约回收率即可。目前全球债券市场违约回收率约为 30%~60%,中枢值为 45%。而国内债券市场整体的平均违约回收率在 30% 左右,投资者可参考这类历史数据进行参数估计。

从总体上看,违约距离到信用利差的计算路径虽长,但根据实证检验,确实存在一定相关关系,如图 5-48 所示。违约距离越长的债券发行人,其信用利差越低。并且,该曲线还存在一定的"凸性特征":当违约距离大于 5 时,再增加该距离也很难进一步降低信用利差了;而向左看,违约距离减小时信用利差指数级扩大,这也与信用债自身"改善概率小,恶化空间大"的风险收益特征相吻合。

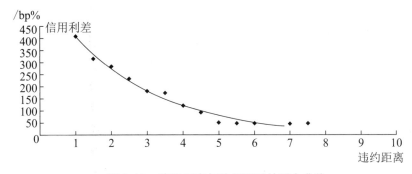

图 5-48 违约距离与信用利差的拟合曲线

(资料来源：中信证券)

2. KMV 模型的应用与调整

"尽信书不如无书"，KMV 模型的思想逻辑清晰，可操作性强，根据市场研究机构对信用债市场的 KMV 计算结果，总体上信用等级和违约距离确实存在显著的正相关性（见表 5-17），高评级产业债的违约距离显著高于低等级品种。

表 5-17 基于 KMV 模型的违约距离均值估计

年份	AAA	AA+	AA	AA-	A+
2012 年	6.42	4.27	3.81	3.36	—
2016 年	3.73	3.10	2.55	2.35	—
2019 年	5.17	3.31	2.79	2.65	2.46
2020 年	5.05	3.24	2.7	2.37	2.28

由于上市公司存量产业债的结构不断变化，因此不同时间截面上各评级产业债的实际资质不具备直接的可比性，但从较长时间维度对比来看依然有值得关注的特点：一是各等级产业债的违约距离有下移趋势，这可能也反映了评级机构尺度逐渐放松的趋势（评级为 AAA 的信用债相对所有评级的信用债占比大幅提升）；二是从各个时间截面上来看，AA+ 到 AA- 甚至 A+ 的违约距离并没形成显著差异分布（相对 AAA 到 AA+ 而言），因此投资中对于非 AAA 品种，可能关注其资产质量是否足够扎实，资产价值的波动率将更为关键。

另外，KMV 模型具体到国内产业债市场应用仍有较多需要调整和考虑之处。

（1）违约点的重新设定。在现实中违约点的设立还需要进行调整，实证研究表明，企业违约的临界点并不在"资产价值＝债务价值"附近。例如海外成熟市场实证统计显示，多数的违约情形为"资产价值＜短期债务价值＋0.5 倍的长期债务价值"，即公司股东倾向于在困境中继续努力扭转局面而不是破产清算；而在国内市场情况恰好相反，由于对债权人保护的法律尚不健全，许多发行人的"实际违约点"可能远高于理论值，即使正常经营的状态下也有违约案例存在。

因此具体到国内实践还需要进一步引入"发行人偿债意愿"的定性评价，即股东更倾向于"困境反转"还是"遇事躺平"，其中还涉及更深层次的公司治理判断，可参考

ESG 评分体系在信用研究领域的具体应用进行调整。投资者也可以考虑参照统计经验，对不同类型的债务给予不同的系数（以此反映债务结构的差别，如表 5-18 所示）求解最佳违约点，并对发行人的违约距离进行回归，最终选取对信用利差隐含违约率解释度最高的一组系数来作为最佳违约点的参考标准。

表 5-18　最佳违约点对应的债务系数示例

经验违约临界点触发条件	简评
资产价值 < 2 倍的短期债务价值 + 长期债务价值	经验判断同等体量的流动性负债潜在风险高于非流动性负债，因此给予更高权重系数
资产价值 < 2 倍的公募债券价值 + 信贷类债务价值 + 其他类型债务	公募债券市场存在较强的投资者羊群效应，再融资的保障力度远不如银行信贷，因此给予更高权重系数
资产价值 < 1.5 倍的有息债务 +0.5 倍的非息债务	非息债务大多为应付和预收款项，来源于企业较强的议价能力，可考虑给予更低的权重系数
资产价值 < 1.5 倍的本金偿付债务 +0.5 倍的可转股债务	可转股债务的存在为企业调节资产负债率提供了另一种选择，可适当降低系数

（2）资产价值和波动率的估计。对于上市公司资产的公允价值，国内尚无统一的行业标准测算。例如对于房地产企业，其不动产只能以历史成本进行会计记账，对这类资产的重置价值判断存在困难，现实中可能需要使用公司市值作为代理变量。类似的情况对波动率同样适用，即需要采用股价或市值波动率替代，但由于 A 股投资者结构导致其波动率显著偏高，可能还会存在高估资产波动率的情况。另外，上市公司还存在大量的限售流通股，这一比例的差别也可能导致二级市场价格的失真。

3. 上市公司预期增长率的修正

传统的相关研究中一般假定公司资产价值的预期增长率为 0 或忽略不计，考虑到欧美成熟市场较低的经济增速，这样的假设似乎也是合理的，但中国经济目前仍保持在 5% 以上的增速水平，而上市公司代表国内经济体中最优质的资产，理应获得更高的资产价值增长率预期。

4. KMV 模型的其他局限性

模型假设资产价格服从布朗运动和正态分布规律，但这在现实中并不存在，特别是国内资本市场尚处于初级发展阶段，并没有大量的数据进行模拟和验证。

国内信用债市场流动性不佳，整体违约率和违约样本仍较少。这决定了信用利差的来源短期仍以流动性溢价为主，受供需关系影响可能更大，因此基于 KMV 模型计算的违约概率对信用债定价只具有参考意义，并不能指导投资。

（三）浅谈股票质押与信用风险

上市公司股票在信用债研究中的作用，除了指导风险定价，从定性视角出发也有借鉴意义，例如通过对证券发行人的股票质押率的跟踪，发现潜在的信用瑕疵，进一步验证信用风险。

1. 股票质押的融资工具特征

股票质押是指符合条件的资金融入方以所持有股票等有价证券提供质押向符合条件的资金融出方融入资金,并约定在未来返还资金,解除质押的交易行为。股票质押的交易结构与银行间债券质押式回购有相似之处。

一般情况下股票质押的资金融出方为券商、银行和信托,资金融入方为上市公司大股东、地方融资平台、高净值个人等。2013 年 6 月,券商获准开展质押回购业务。股票质押业务相关标准如表 5-19 所示。

表 5-19 股票质押业务相关标准

资金融出方	券商	银行	信托
质押率	20%～50%	30%～40%	20%～40%
资金用途	无限制	须批准	须批准
融资成本	参考融资融券	理财收益率加点	参考委托贷款
期限	<3 年(灵活)	1～3 年(固定)	1～2 年(固定)
质押股票	上市公司非 ST	企业股份(含私募)	企业股份(含私募)

作为融资工具,股票质押很难成为融资人首选的方式。我们与其他主流融资工具做简单对比,得出以下结论。

(1)与信用债相比,股票质押的融资成本显然更高。信用债一般按照贷款利率加点或参照二级市场信用利差定价,对应投资者机会成本主要为银行表内资金;股票质押则是非标资产定价逻辑,机会成本为银行表外、券商资管等要求回报率更高的资金,且需要质押品。

(2)与银行信贷相比,股票质押同样需要抵质押物,但抵质押率显著低于不动产等主流的信贷抵押品,且融资成本大幅高于信贷。

(3)与可转债相比,股票质押的实际融资成本更高,且没有转股途径,融资人到期时必须选择回购或者展期。

另外,股票质押业务还有警戒线和平仓线两个关键的临界值,警戒线比例(质押股票市值/贷款本金×100%)最低为135%;平仓线比例(质押股票市值/贷款本金×100%)最低为120%。接近警戒线时,出质股东会被要求即时补足因证券价格下跌造成的质押价值缺口,如果质押市值跌至平仓线,则资金融出方有权直接出售质押股票(这也意味着融资人失去质押股票所有权)。

总体上看,股票质押很难成为融资人的首选(反过来看,对投资者比较有利可图),若不是情势所迫一般不会被作为选择。因此如果融资人采取大比例的股票质押融资,往往意味着以上几类常规的融资渠道不通畅或已无更多额度,这本身就是信用风险的重要信号。

2. 高质押率对信用风险的传导路径

股票质押的融资主体往往是上市公司股东,较高的质押比例往往意味着股东的再融资环境和信用状况存在问题,并且有可能进一步影响相关的上市公司(特别是控股股东存在高比例质押的情况）。需要说明的是，虽然股东与发行人为两个不同的主体，但两者具有非常强的相关性，如果股东质押率偏高，在一些极端情况下难免不会对上市公司的信用产生影响。比较常见的路径有以下几个。

（1）控股股东在较高的股票质押率下遇到股价大幅下跌，击穿平仓线被强平卖出，从而导致上市公司的控制权发生变化，进而影响其正常的经营活动。

（2）在情况（1）的情景下，如果控股股东与上市公司存在较多的业务往来、关联交易、应收应付款和信用担保等，则股东的质押违约势必大大增加上市公司的经营和信用风险。

（3）即使上市公司和控股股东能够做到真正意义上的"完全隔离"，按照信用债二级市场长期存在的"标签化定价"倾向，控股股东的负面信息大概率将会在子公司信用债定价层面产生影响。

（4）若股东因高质押率遭到强行平仓，资金融出方卖出质押股票势必会对上市公司股价进行进一步的冲击，而大幅下跌的股价一方面将影响投资者的风险偏好，另一方面从理论上来说会降低公司的资产价值（基于 KMV 模型，会降低违约距离）。

（5）即使股东在高质押率下没有碰到平仓线，融资到期时也将面临较大的本金偿付压力（可能导致解押期的违约风险），进而增加其利用上市公司主体作为"融资工具"的倾向，使上市公司难以专注本业进行正常经营。

3. 股票质押相关的风险案例回顾

从历史上来看，较高质押率导致的信用风险一般包括两种主流情况：一是上市公司股东自身高比例质押或触碰平仓线导致违约，并对其发行信用债造成连带影响；二是这种影响扩散到了上市公司，进而导致信用资质恶化、公司债重定价等。

而此类风险案例多集中爆发于质押股票大幅下跌的时期，此时往往上市公司景气度相对偏弱（或业绩暴雷），进而引发股东被迫追加质押，被动抬升质押率。以下我们对相关案例做简要回顾。

（1）控股股东股票质押暴雷连累上市公司。2018 年 1 月，神雾环保发布公告称，由于利益相关方众多、决策流程较长且复杂，终止与神雾节能的重大重组事项并于次日股票复牌；复牌后的神雾环保、神雾节能股价双双下跌（神雾集团除了持有神雾环保 42.67% 的股份，还持有神雾节能 59.81% 的股份，其中前者股票质押部分占其所持股份的 99.78%，后者为 96.36%）。因股价跌幅较大，控股股东神雾集团所持已质押股票部分触及平仓线，存在平仓风险，神雾环保再次停牌。

同时，神雾集团因多项股票质押式回购触及平仓线以及融资租赁逾期支付问题，使得其持有股份被司法冻结。联合信用评级也因此在 2018 年年初将神雾集团主体长期信用等级由 A- 下调至 BBB，进而导致上市子公司评级跟随下调，神雾环保主体在 2018 年经历两次下调，从 AA 下调至 BBB+ 并列入观察名单。

信用评级下调、股价下跌，不仅使神雾环保市值大幅缩水，冲击公司信用，融资难度进一步增大，而且其控股股东神雾集团由于股价波动导致部分质押触及平仓线，自身债务高企，无法为子公司提供流动性支持。前期高比例股权质押埋下的流动性风险彻底暴露,最终导致"16 环保债"违约。

(2) 股东高质押比例背景下自身债务违约。亿利集团持有上市公司亿利洁能 49.16% 的股权,是控股股东,从盈利上看,上市公司贡献集团盈利的 30% 以上;从资产质量看,母公司合并报表中的货币资金大多数都在上市公司账上,母公司无法随意调动,而负债多集中在母公司,是典型的"子强母弱"。截至 2017 年 6 月末,集团所持亿利洁能 93.51% 的股权也已质押,到 12 月末质押比例已经达到 96.92%,股价的负面变动显著影响了公司流动性,最终导致亿利集团 2017 年 11 月一期中票发生技术性违约。

另一个类似的案例是亿阳债券违约。亿阳集团为上市公司亿阳信通的大股东,持股比例为 32.89%,截至 2017 年年中,亿阳集团持有亿阳信通的 99.98% 的股票已办理质押登记手续,而在三季报中显示亿阳集团持有亿阳信通的所有股票均已被冻结,还因此被联合下调集团主体评级至 A/ 负面。截至 2018 年年底,亿阳集团累计爆出 7 次债券违约,其上市主体受拖累也沦为了 *ST 信通。

(3) 股票质押风险引致可交换债违约。可交换债是指上市公司的股东依法发行、在一定期限内依据约定的条件可以交换成该股东所持有上市公司股份的债券。可交换债的交易结构设计与股票质押式回购具有相似之处,主要区别在于当上市公司股价上涨时,可交债发行人还可以通过换股的方式"提前兑付本金",加上可交换债具有可流通的二级市场,实际信用风险较低,而可交换债的首单违约也是来源于股票质押问题。

飞马投资为上市公司飞马国际控股股东,持有飞马国际股份约 7.86 亿股,累计质押股份约 7.53 亿股,占持有飞马国际股份的 95.76%。同时通过质押上市公司股票发行私募可交换债,而飞马国际股价由 2018 年 1 季度末的 12.3 元 / 股开始一路下跌,最低至 3.69 元 / 股。飞马投资质押股票因此触碰平仓线并导致部分股票质押回购交易业务违约,与此同时资金融出机构万联证券、国海证券、第一创业及五矿证券处置了部分质押的股票。

2018 年 9 月,飞马投资发行的私募可交债 16 飞投 01、16 飞投 02 未能如期兑付逾 8 亿元资金,构成实质违约,1 个月后,16 飞投 03、16 飞投 E4 因未如期兑付回售本息 5.15 亿、7.2 亿构成违约,飞马投资成为首家实质违约的私募可交债发行主体。

而飞马投资的信用事件也拖累了上市公司,对于飞马国际而言,股票持续下跌,控股股东股票质押爆仓、可交换债券违约,公司的再融资能力和偿债能力均受到影响,中诚信也将其列入可能降级的信用评级观察名单。

第六章
分类资产策略之可转债

可转债及可交换债（以下简称转债 EB）均为嵌入股票看涨期权的公司债，价格波动呈现股债双重驱动的特点，因此在投资组合中表现多功能的特性：有弹性、票息递增、可质押、嵌入条款、股债双重驱动等，而不同个券表现的优势功能并不相同。作为广义上"债券衍生品"，转债 EB 与国债期货和含权信用债一样，转债能够为投资组合提供更多的优化方案和风险收益结构的可能性。

同时转债 EB 具有 Gamma 特征①，类似于纯债（纯债指利率信用等无权益属性的债券）中凸性的概念，即"跌时比正股少，涨时比纯债多"。又由于发行人天然的促转股意愿和回售条款约束，转债的安全边际往往非常明确，除部分隐含信用风险的个券外，实践中跌穿债底（即转债绝对价格低于其纯债价值）的品种总体较少，虽然转债上涨空间也受赎回条款的约束，但与纯债相比已经足够。

本章我们还是延续之前的结构，从分类资产的基础策略框架开始，结合笔者基于从业经验的心得和思考对投资相关的特定问题展开讨论。

一、转债基础策略概览

从大类资产配置的视角看，转债 EB 对投资组合的重要意义在于拓宽了固收类资产的有效前沿（见图 6-1），以 2019 年度数据为例，其中上证转债波动率为 8.7%，收益率为 12.3%；中证转债波动率为 11.9%，收益率为 15.7%。近年来转债 EB 相对信用债的超额收益明显，如果按照风险平价估算，波动率大概是同等级信用债的 3～4 倍，对于传统二级债基组合而言，基准持仓 20% 已经成为比较主流的配置比例。

---

① Gamma 特征：衡量期权 Delta 值对标的资产价格变动的敏感度。

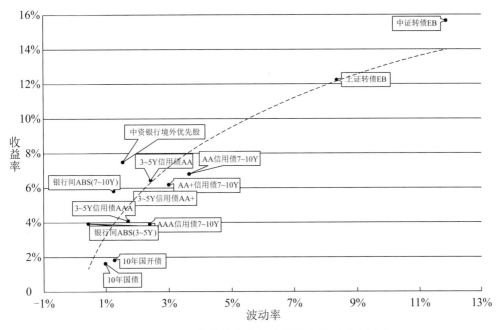

图 6-1　固定收益类资产有效前沿（2019 年以来）

1. 绝对价格策略：简单有效

从历史情况来看，转债尚未出现到期无法兑付的情况，因而长期投资者最终主要面对三种情况：达到条款赎回价转股、碰触回售条款提前兑付、到期兑付。

从已退市转债的收盘价分布来看（见图 6-2），最终价位集中于 100 元～190 元，部分个券退市前甚至接近 300 元。退市日期在 2007 与 2015 年两次股票大牛市中相对集中，但也不乏大量震荡市甚至熊市中高价退市的转债（部分为发行人的下修动作）。正是基于无信用风险和发行人促转股意愿的假设，转债市场"绝对价格策略"基本有效，即 100 元以下买入，等待赎回或回售获利。该策略最大的优点是简单有效，没有个券研究成本，对于个人投资者操作的性价比较高。但随着投资者学习效应的不断完善，市场上优质且绝对价格低的品种越来越少，截至 2022 年年初，二级市场 100 元以下的转债品种已经消失殆尽，这也意味着该类策略的空间也在持续压缩。

2. 低估值策略：构建相对价值体系

图 6-3 中横轴为全市场转债的平均溢价率[①]，纵轴为平均平价[②]。平价溢价率曲线是目前主流机构的标配。由于转债市场存量证券相对上市股票的数量偏少，再加上这些转债位于不同的平价区间，传统观的 P/E、EPS 等估值方法对其适用性较差。而溢价率提供了一种跨越行业的比较方法，通过对相似波动率标的和平价区间的个券，对其期权价值进行估算，追求"模糊的正确"。

---

① 平均溢价率：转债交易价格相对平价的溢价水平。
② 平均平价：转债立刻转换成股票对应的股票价值。

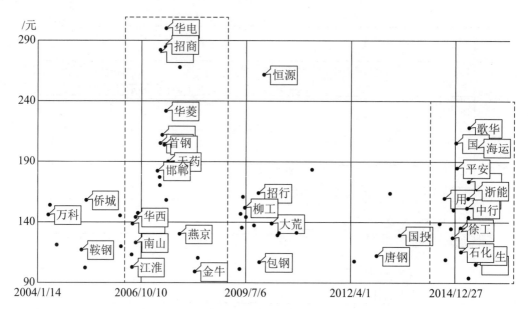

图 6-2　历史上部分已退市转债最终收盘价分布

(资料来源：Wind)

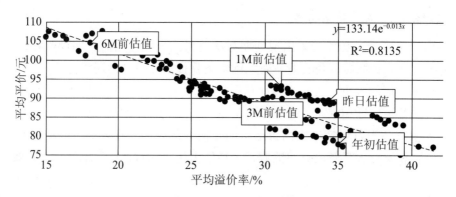

图 6-3　转债平价溢价率曲线

其他常用的估值指标还包括到期收益率（回售收益率）、债底/纯债价值（明确的安全边际）、纯债溢价率、正股隐含波动率等。

低估值策略的本质是寻找安全边际更明确的投资标的，进而在控制回撤空间和波动率的前提下，获得超额收益。

3. 纯债替代策略：更具吸引力的票息和虚值期权

一直以来，转债的主要机构投资者为固定收益资产管理人，因而市场更注重个券的"弹性"，转债票息和YTM被视为辅助指标。高YTM往往对应低转股价值，偏债型品种比较容易被边缘化，但如果信用风险可控且YTM与纯债接近，意味着内嵌期权几乎免费（深度虚值），则作为纯债替代品依然有价值。

在图 6-4 中，我们选取凤凰传媒存量债券进行对比，中票剩余期限与可交债基本一致。2018 年以来，大类资产走势表现为债强股弱，中票收益率不断压缩，可交债收益率同步向下，但受正股波动影响，两者 YTM 波动节奏并不完全对应，特定区间内转债 EB 收益率甚至高于中票，配置价值明显。虽然去年权益市场表现不佳，但凤凰转债 EB 净价走势仍然跑赢中票，可以算是较为优质的纯债替代品。

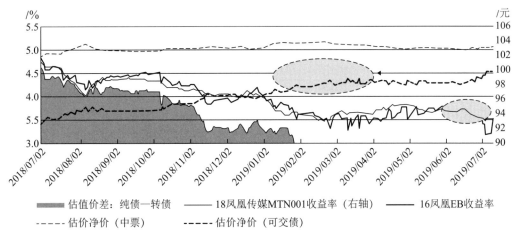

图 6-4　凤凰传媒信用债及可交债相对价值走势

（资料来源：Wind）

从图 6-5 的情况来看，即使是存在信用风险的债性转债，如果 YTM 明显高于对应等级曲线，仍然有可能为组合带来超额收益，考虑到转债市场尚未出现过实质违约，虽然期权同样为深度虚值，但在企业偿债压力较大的情况下，相比高收益纯债，额外给发行人和投资者提供了一个债转股的期权（可通过转股价下修的方式实现），化解风险的渠道相对传统债务更为多元。

图 6-5　偏债型转债与信用债的比较

（资料来源：Wind）

4. 条款博弈及套利策略：复杂的多方博弈

该策略主要聚焦于转股价下修时机及下修空间的博弈。博弈转债下修条款的动机及阻力示例如表 6-1 所示。

表 6-1　博弈转债下修条款的动机和阻力示例

下修动机	下修阻力
大股东参与配售后因转债长期破面而浮亏，同时存在资金压力	对正股和控制权的摊薄效应
发行人规避回售压力，求生欲强	小股东存在的否决权
补充资本金的刚性需求，多见于金融类等高杠杆行业的转债	银行转债下修的硬性指标约束
转债利息摊销对公司利润的影响	

博弈策略对投资者基本面的研究能力和公司长期紧密的跟踪要求较高，需要结合发行人在资本市场其他融资计划和财务安排综合判断，同时考虑下修存在的现实和潜在约束，以判断下修成功的概率及空间（往往未必到位）。

套利策略则多用于正股价格位于转债条款触发条件附近的个券。在赎回条款触发附近，发行人有动力借机促转股；在回售和下修条款附近，发行人有动力规避相应条件的触发，以上两条为套利策略的基本假设。目前二级市场主流的转债低风险套利类策略主要包括以下几条。

（1）正股价格接近回售、下修、赎回条件时，买入正股或转债。

（2）溢价率为负，或转债价格跌幅大于正股（考虑跌停板）时，存在套利机会。

（3）确认回售时，短期收益率可能高于资金成本；到期赎回临近，可能促转股。

（4）参与一级市场转债申购，或通过提前买入正股获取配售权利，高等级上市首日破面概率小，但网上中签率普遍偏低。

（5）与大股东合作，为股东参与一级发行配售提供资金（优先或劣后均可），并通过远期代持或回购协议规避限制转股期，并以此获取固定或浮动的收益。

5. 量化高频类策略：交易期权的尝试

该类策略多见于量化对冲团队，通过交易转债的内嵌期权，同时通过个股或股指期货进行对冲，更接近于欧美发达金融市场的波动率交易，主流工具为 B-S 模型、二叉树、蒙特卡洛模拟等，因此部分券商把转债研究放在金融工程团队。

这里简单介绍两类理论上较为主流的交易策略：Delta 策略和 Gamma 策略。Delta 类似纯债里"久期"的概念，即正股价格每变化 1 元时，转债内嵌期权变化的幅度；Gamma 则更接近纯债的"凸性"的概念，即期权价格对正股价格的二阶导数。

Delta 策略实例：在正股和转债上持有方向相反的头寸，通过调整比例使得组合的 Delta 为 0，如果忽略转债债底价值和溢价率的波动，此时组合的股票价格敞口被近似对冲，净值波动的主要来源切换为正股波动率变化导致的期权价格变化，从而近似持有了做多或空波动率的头寸。

Gamma 策略实例：类似纯债的凸性增强策略，与正股相比，寻找正股上涨时价格相关系数更高，正股下跌时价格相关系数更低的转债资产。也就是说，当正股上涨时，期权 Delta 递增；当正股下跌时，期权 Delta 下降。需要注意的是，该策略虽然理论性价比高，但准确计算期权相关的数据实际比较困难，仅有参考价值。

6. 指数替代策略：配置大盘转债

大盘转债其正股市值高，与股指走势相关性较强（见图 6-6），对于精力有限而无法跟踪分行业个股的投资者来说，配置大盘转债是一种跟踪指数的便利选择。同时大盘转债还具备流动性好、质押融资便利等优势，无论是配置还是交易，都有明显价值。

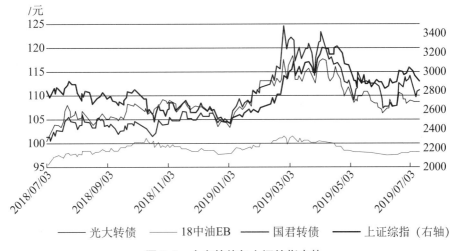

图 6-6 大盘转债与上证综指走势

（资料来源：Wind）

近年来出于补充资本金的诉求，各家银行的转债密集上市，一方面为投资者提供了更多选择，另一方面加剧了市场供给压力。作为补充商业银行核心一级资本的重要工具，银行转债已经成为宽信用路径约束的重要影响因素，值得投资者进一步关注。

二、可转债市场历史回顾与复盘

由于近年来可转债市场持续扩容，特别是公募固收 + 产品带来了资金端更快的增速，截至 2022 年年初，全市场转债的估值和风格均处于历史极端水平，这对传统转债策略的应用带来了一定挑战，本节我们来讨论市场环境的状态、成因和微观结构的潜在变化。

1. 历史极端的转债估值水平

从历史相对分位水平和平均转股溢价率来看，历史上的几个高点分别出现在 2018 年 10 月、2020 年 4 月和 2021 年 11 月，但究其原因略有不同。中证转债与上证指数相对走势如图 6-7 所示。转债平均转股溢价率变化趋势如图 6-8 所示。

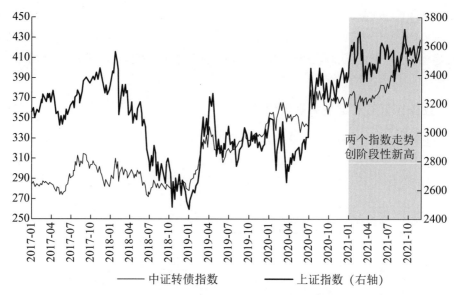

图 6-7 中证转债与上证指数相对走势

(资料来源:国泰君安证券)

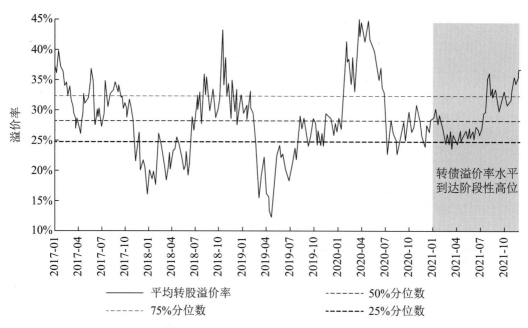

图 6-8 转债平均转股溢价率变化趋势

(资料来源:国泰君安证券)

2018 年下半年,由于贸易摩擦和信用紧缩等因素,A 股呈现缩量下跌的熊市行情,大多数转债对应正股表现疲软,转股价值受到明显压制。但由于转债交易价格还受纯债价值支撑,跌幅明显少于正股,表现为大幅走扩的转股溢价率。而 2020 年与 2018 年有相似之处,同样由于新冠感染疫情导致 A 股杀跌,同时市场波动率大幅走扩导致转债隐含期权价值抬升，股债分化的走势下转股溢价率抬升。

2021年年底，单纯从转股溢价率角度来看，似乎转债的相对估值水平并没有达到前期历史的高点，但如果进一步考虑市场微观结构便不难发现，可转债估值已是历史最高水平。对于不同转股价值的转债，其转股溢价率是没有可比性的，且相对前两轮行情而言，此时A股市场仍然在连续第三年的慢牛走势中，全市场已经不存在100元以下的转债品种，这也意味着整体更高的转股价值水平。因此，考虑到全市场偏债型品种占比如此低的情况，转债依然有着远超历史平均的溢价率，才显得更为特殊。

自下而上来看，在这一时期我们也能找到不少转债相对高估的证据。例如长城汽车可转债，作为偏股型标的对应溢价率调整后的正股市值，为长城汽车港股的2.5倍；立讯精密可转债，作为偏债型标的不仅到期收益率为负，同时转股溢价率一度超过100%，这也意味着不仅向上的弹性因需要消化的转股溢价率而变弱，向下的债性保护也不够充分。

2. 转债走出独立行情的原因复盘

极端估值水平的背后是可转债在2021年度给投资者带来丰厚回报的事实，如图6-9所示。

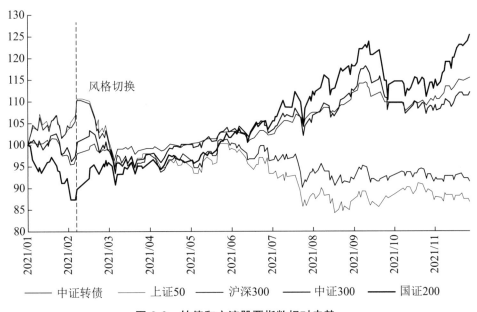

图6-9 转债和主流股票指数相对走势

（资料来源：国泰君安证券）

从指数表现上来看，中证转债在2021年显著跑赢了多数各类主流的A股风格指数，超额收益明显。事后来看，主要包括以下几点原因。

（1）转债对应的正股在行业分布和大小风格上具有结构性优势，即可转债对应正股的行业和风格的阶段性表现相对明显。从行业上来看，截至2021年年底，医药生物、电子、基础化工、机械设备和汽车为占比最高的前五大行业（见图6-10），使得转债充分受益于2021年周期成长股的行情；从风格上来看，历史回测表明可转债指数与中小盘风格指数相关性更强（见图6-11），在中小市值占优的结构行情中表现较好。

行业	日期							
	2018-06-30	2018-12-31	2019-06-30	2019-12-31	2020-06-30	2020-12-31	2021-06-30	2021-12-01
交通运输	1.92	3.57	3.01	2.99	1.75	2.00	1.99	1.96
传媒	5.77	5.95	4.51	3.59	2.19	2.00	1.71	1.68
房地产	1.92	1.19	0.75					
汽车	11.54	11.90	8.27	8.38	7.02	6.67	6.55	6.44
电力设备	7.69	7.14	7.52	7.19	7.89	8.00	6.84	5.60
计算机	3.85	3.57	5.26	7.99	3.51	5.33	5.41	4.76
商贸零售	1.92	1.19	0.75	0.60	1.32	1.00	0.85	1.12
环保	5.77	5.95	4.51	5.39	5.26	4.67	4.27	3.92
建筑装饰	5.77	4.76	5.26	4.79	4.82	6.00	5.70	5.88
银行	9.62	8.33	6.02	4.19	3.07	3.00	3.99	3.92
农林牧渔	7.69	4.76	3.76	2.40	3.51	3.00	2.56	3.08
医药生物	7.69	7.14	9.02	9.58	8.33	8.33	9.40	9.80
基础化工	5.77	5.95	6.77	7.19	7.89	7.00	7.98	8.12
建筑材料	1.92	2.38	1.50	1.80	0.88	1.00	1.71	1.68
机械设备	1.92	1.19	3.76	3.59	4.82	6.33	6.27	7.00
电子	7.69	7.14	6.77	6.59	6.58	7.33	7.69	8.68
社会服务	1.92	1.19	1.50	1.20	1.75	1.00	0.85	0.84
钢铁	1.92	1.19	0.75	0.60	0.88	1.00	0.85	0.56
公用事业	1.92	2.38	3.01	2.99	2.63	2.33	2.85	2.52
国防军工	1.92	4.76	3.01	1.80	2.19	1.33	1.99	1.96
通信	1.92	1.19	2.26	2.40	2.19	2.33	1.99	1.96
非银金融	1.92	1.19	1.50	1.20	1.75	1.33	1.71	1.68
纺织服饰		1.19	2.26	2.99	4.82	3.33	2.85	2.80
食品饮料		1.19	2.26	1.80	1.32	1.33	1.71	1.96
有色金属		1.19	2.26	3.59	3.51	5.00	4.27	3.92
轻工制造		2.38	2.26	5.39	7.02	5.33	4.56	5.04
家用电器				1.20	1.75	1.67	1.99	1.96
煤炭				0.60	0.88	0.67	0.85	0.56
石油石化					0.44	1.00	0.57	0.56

图 6-10 可转债行业分布变化

(资料来源：Wind，笔者整理)

指数名称	近一年回归系数	近三年回归系数	近六年回归系数	近一年回归R方	近三年回归R方	近六年回归R方
上证50	0.25	0.70	0.73	0.09	0.41	0.39
沪深300	0.41	0.84	0.90	0.23	0.60	0.61
中证500	0.88	0.96	0.92	0.71	0.91	0.87
中证1000	0.78	0.89	0.85	0.85	0.94	0.88
国证2000	0.82	0.92	0.88	0.93	0.96	0.89
申万大盘	0.35	0.79	0.83	0.18	0.55	0.56
申万中盘	0.70	0.92	0.91	0.56	0.85	0.84
申万小盘	0.82	0.92	0.88	0.86	0.94	0.89
国证成长	0.30	0.73	0.83	0.19	0.61	0.69
国证价值	0.57	0.90	0.94	0.30	0.56	0.57
大盘成长	0.18	0.60	0.72	0.09	0.46	0.54
大盘价值	0.32	0.72	0.74	0.11	0.38	0.35
中盘成长	0.46	0.80	0.84	0.36	0.74	0.78
中盘价值	0.64	0.92	0.94	0.51	0.75	0.77
小盘成长	0.70	0.88	0.87	0.66	0.88	0.85
小盘价值	0.62	0.93	0.91	0.57	0.81	0.81
万得全A	0.74	1.00	0.97	0.55	0.84	0.81

图 6-11 可转债指数与其他股票指数的相关性回测

(资料来源：Wind，笔者整理)

（2）以公募固收+为代表的资金持续净流入（见图6-12），提升转债估值。增量资金主要包括两类：二级债基的增量来自很多理财子公司发行的固收类产品，无法投资于权益类资产（混合型基金）或仓位受限的替代需求，故而这类投资者通过二级债提升收益的弹性；而偏债混合和灵活配置等基金则得益于近两年打新政策红利，规模增长同样迅速。另外，传统的以利率和信用为代表的纯债策略与转债相比，还面临投入产出比持续下降的问题：相对低的利率水平和利率波动率让波段交易的盈利空间受限，而信用端仍在面临违约率不断提升的"一刀切"取舍，相比之下转债以其较高的"日内反向交易便利"[①] 和较

---

① 日内反向交易便利，转债可在日内完成买卖两个方向的交易，而股票当日买入最早次日卖出。

低的实际信用风险受到更多传统纯债投资者的青睐。

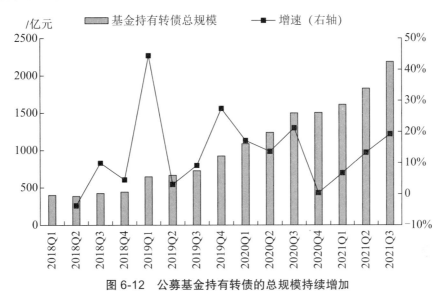

图 6-12　公募基金持有转债的总规模持续增加

（资料来源：国泰君安证券）

（3）存量可转债公告不行使赎回权利的案例增加（见图 6-13），而发行人选择不赎回导致理论上的转股溢价率收敛为 0 的理论条件失效，这客观上打开了转债 130 元以后进一步上涨的空间。更重要的是，转债发行人也向市场释放了一种信号，即公司现金流充裕，且不担心转债财务摊销对盈利可能构成的不利影响①，显示了对公司股价的充分信心，这对投资者情绪有很大的提振作用。

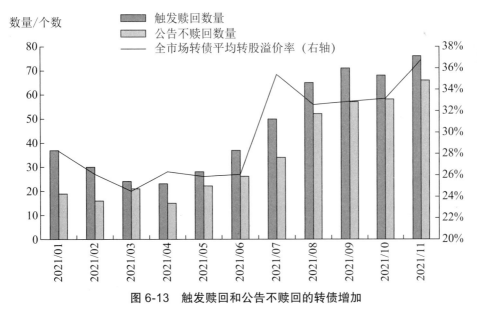

图 6-13　触发赎回和公告不赎回的转债增加

（资料来源：国泰君安证券）

---

① 转债摘牌前，其会计上的财务成本所用利率为当期纯债部分对应的折现率，而非转债票息。

3. 转债市场结构变化的趋势

从 2022 年转债公告发行上来看，转债供给量超过 2800 亿元[①]，加上存量赎回摘牌显著变少，市场存量有望达到万亿元规模，以目前 10% 换手率估计日均成交量上千亿元，能容纳一部分大资金。同时，发行人的质量也在提升，"专精特新"的标的非常多。

一方面，从投资者结构的变化来看，选择公募基金和年金等的专业投资者的比例持续提升，这是转债投研业态持续股票化的结果。公募基金长期以来在主动权益上的优势能够有效复制到可转债资产的投资中，从而形成稳定的超额收益。同时，一般法人持有转债的比例持续下降，这可能与大股东参与一级转债配售策略的多样化有关。例如，通过银行优先级资金配资的方式参与配售，大股东作为劣后资金承担市场波动；或非银投资者作为劣后方，通过限售期后远期交易的模式让大股东锁定转债配售的"固定收益"。

另一方面，机构投资者对转债信用风险重定价也有渐行渐近的趋势。例如 2020 年年底永煤事件发生时，鸿达兴业、本钢板材、广汇汽车等可转债标的绝对价格跌破 80 元，充分反映了市场对发行人信用风险的担忧。而随着信用违约常态化，相信转债的刚兑信仰也会慢慢改变，特别是对于传统双低策略和纯债替代策略而言，需要投资者计算更精细的债底价值，把投资转债可能面临的尾部风险控制在合理范围内。

三、转债平衡策略与红利低波股票相对价值探讨[②]

可转债除了与次级资本工具有可比性外，作为部分纯债投资者风险资产仓位的替代，与传统权益类资产（特别是类债券股票）也有一定的可比性，比较典型的便是红利低波类股票。

另外，2018 年以来随着资管新规征求意见稿从出台到落地，传统预期收益型理财被动"让出"了市场份额，作为其替代的"固收+"产品和相关策略迎来快速发展。而转债与股票作为主流的两类固收增强资产也被传统债券投资者广泛关注。下面我们选取这两类资产中比较有代表性的策略——红利低波和转债平衡进行讨论，分析其风险收益来源及差异，并基于绝对收益目标构建组合策略，进而为多资产管理人提供决策依据和参考。

（一）资产策略的历史情况概览

1. 策略情况简析

股票红利低波策略主要在传统主动选股框架中对股息率、分红水平、估值保护、波动率等指标进行一定偏离，进而构建股票组合，使其具备深度价值和防御属性等特征。

以东证红利低波全收益指数为例，近三年绝对收益率为 18.26%，近三年年化波动率为 17.4%，夏普比率为 1.05，累计跑赢沪深 300 指数 3%。东证红利低波与沪深 300 相对走势如图 6-14 所示。

---

① 截至 2021 年 12 月 10 日，近两年已公告可转债预案的转债有 158 只，规模合计 2823 亿元。
② 原文刊发于《中国保险资产管理》2021 年第 6 期。

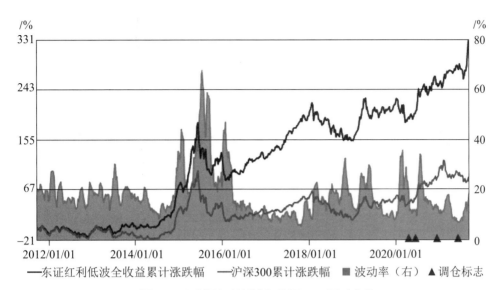

图 6-14　东证红利低波与沪深 300 相对走势

（资料来源：Wind）

转债平衡策略区别于传统的纯债替代和正股替代策略，主要选取到期收益率为正且转股溢价率较低的品种，以确保在 A 股牛市中可以较快跟上正股的涨幅，同时熊市中基于债底提供的支撑和到期收益率可以较大限度确保投资本金安全，以充分发挥可转债"进可攻，退可守"的风格特征。

以中证转债平衡策略指数为例，近三年绝对收益率为 26%，近三年年化波动率为 14.03%，夏普比为 1.84，同时跑赢了沪深 300 和红利低波指数。

从两种策略三年维度的业绩表现来看，无论是红利低波还是转债平衡，都表现出了相对沪深 300 更优的风险收益特征，是比较有效的 smart beta。但两者实际的风险和收益来源并不相同，特别是转债平衡策略，其成分券对应的正股以中小盘标的为主，与沪深 300 的风格差异性较大，因此历史超额收益的可参考价值需要审慎判断。

2. 历史行情回顾与讨论

以下选取沪深 300、东证红利低波全收益、中证转债平衡策略近五年净值走势作为参考，来总结其风格差异和表现情况，如图 6-15 所示。

从历史行情表现来看，两类策略和沪深 300 的相关性较为显著，我们重点复盘发生方向性背离的几个历史时期。

2017 年下半年，由于央行持续的流动性紧缩，非银资金回购成本全年维持在 4% 左右的中枢水平，限制了债券投资者运用杠杆的能力；同时资管新规出台，限制了银行理财配置非标类资产和长久期信用债的能力，甚至在后期导致了局部的信用收缩。十年期国开债收益率一度升破 5.1%，全年债券熊市，受此影响转债和股票表现明显分化。

图 6-15 沪深 300、东证红利低波全收益、中证转债平衡策略近五年净值走势

（资料来源：Wind）

2018 年全年，受中美贸易摩擦和信用收缩影响，股票呈现显著的负收益，而转债由于债底支撑并受益于流行性环境全面改善，当年收益率在盈亏平衡线附近。

2020 年上半年，全球新冠感染疫情持续发酵对传统接触型经济和终端需求打击较大，投资者风险偏好迅速降至冰点。股票市场在国内国外两轮新冠感染疫情中出现"二次探底"，平衡转债则由于期权隐含波动率放大、流动性充裕等因素创阶段性新高。而在二季度债券市场大幅调整时，股票底部温和反弹，转债表现相对弱势。

2020 年年底 2021 年年初，因永煤债券违约事件大幅冲击地方国企产业债信用"信仰"，大量低评级转债纯债价值在投资者大幅抛售下面临重估，出现多只跌破债底价值的标的，绝对价格到 70 元附近，中证转债指数连续 11 个交易日下跌，而沪深 300 指数在春节前后再创新高。

2021 年三季度，由于供需结构性失衡，PPI 创新高，上游大宗和资源品等股票大幅上涨，显著跑赢科技成长、医药消费等新兴行业。这也导致了红利低波指数和沪深 300 指数的背离，从结果上看，转债平衡的行业偏离与红利低波指数类似，同样表现出显著超额收益。

3. 启示与小结

对比红利低波股票和沪深 300 来看，超额收益主要来自两方面：一是红利低波因子的长期有效性；二是行业偏离产生的收益。事实上，近期行业偏离带来更显著的收益贡献。以下我们对比两类指数行业分布差异（见图 6-16）。

从成分行业分布来看，红利低波公用事业、工业显著超配，医疗、信息技术显著低配。可能的解释是，一般分红能力较强的企业对应较少的新增产能投放和大额资本开支，主要对应企业生命周期中处于稳定成熟期的上市公司。

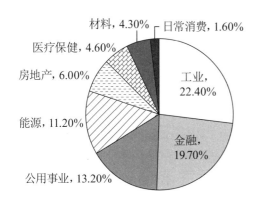
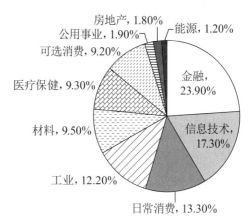

(a) 东证红利低波全收益成分行业分布　　　(b) 沪深300成分行业分布

图 6-16　东证红利低波与沪深 300 成分行业分布

(资料来源：Wind，笔者整理)

而转债平衡由于其标的筛选方式（单纯看转债指标而非正股）不容易产生稳定的行业偏离方向，其超额收益主要来自以下几个方面：一是转债市场发行人整体存在的小盘股为主（数量加权）、金融类为主（市值加权）的偏离；二是由于债券市场和股票市场微观结构和投资者行为差异导致的波动差异；三是转债期权（含下修）特征的贡献。

（二）收益与风险的来源分析

1. 红利低波的收益与风险来源

根据成熟市场的经验和相关理论，红利因子长期看确实是显著且有效的，从理论层面来看：第一，分红能力往往和公司自由现金流的创造能力密切相关，企业经营中现金含量较高的业务带来更好的盈利质量，同时也意味着企业债务问题相对较少；第二，高分红是企业重视股东价值和投资者关系的表现，符合 ESG 选股框架；第三，高股息率往往对应相对低的估值水平，从股票二级市场长期实践来看，买的价格便宜往往对应更高的隐含预期回报率。

同时考虑到中国长期利率下行和全球低利率环境持续的情况，以及信用债违约常态化，高股息高分红相对债券的风险收益比在不断提升。

图 6-17 为红利因子的理论价值，接下来我们逐条讨论红利因子可能潜在的风险和局限性。

1）分红能力和公司质地是否相关

理论上，企业在当期经营实现盈利后既可以分红，也可以扩大产能，因此许多企业选择分红可能只是产能的边际投入产出比较低（存在对 ROE 水平的摊薄效应，进而降低资本回报率），虽然上市公司基于以上判断选择分红而非多元化投资，是对股东负责任的表现，但这往往意味着行业或赛道的渗透率已经较高，未来的终端需求增长乏力。与之类似的情况是，公募资管产品的分红机制设置除了考虑用户体验外，也往往和再投资压力（或出于止盈考虑）相伴而生。

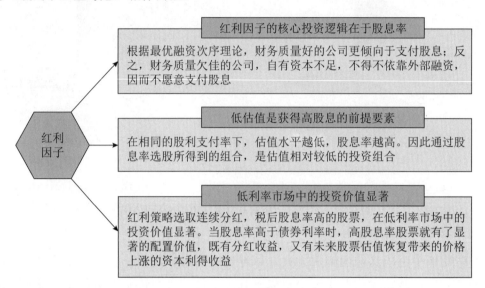

图 6-17　红利因子的理论价值

（资料来源：建信基金）

图 6-18 为通过分红能力预测净利润增速的命中率分布。其结果似乎表明，成长能力最差的公司倾向于将利润留存而不分红；成长能力最好的公司出于将利润用于再生产的考虑，也倾向于不分红。因此，虽然大概率上"差公司难分红，分红多的公司不差"是成立的，但红利因子可能代表的更多是"优秀公司"而非"卓越公司"。真正低渗透率的好赛道公司往往倾向于将实现盈利投入扩大再生产中，而不是直接分配给股东。

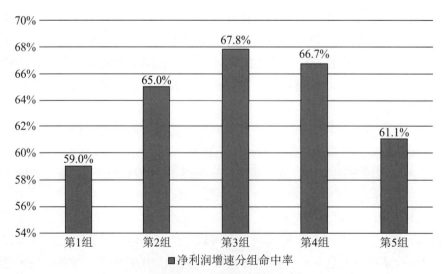

图 6-18　通过分红能力预测净利润增速的命中率分布

（资料来源：长江证券）

2）估值较低的股票可能存在"价值陷阱"

根据传统的股票定价模型 $E/P=r-g$，低 E/P 隐含的可能未必是更高的"r"，也可能是更低的"g"。当然，丧失成长性但质地优良的公司可能并不是大问题，真正的风险在于：低估值股票可能根本不是低增长股，而是高增长高风险（即盈利和成长的确定性极差）的股票，因为市场倾向于对高度不确定性的增长"索取"更高的认知风险补偿。但这样的股票可能反而被标记为价值股，因为它们看起来很"便宜"。

而这种潜在的价值陷阱往往和企业所处的竞争格局密切相关。行业发展的客观规律导致的商业竞争的终局形态可能是"百花齐放"，也可能是"一超多强"，而"赢家通吃"行业里的二线龙头最容易成为这类价值陷阱。

3）低利率环境下红利高股息会显著受益么

首先，利率与长期固息债券价格存在的线性关系并一定不适用于股票，特别是红利低波成分股中以保险和银行为代表的利率敏感型行业可能还存在阶段性的利空（或行业竞争格局变化导致的不确定性）；其次，从相对价值的视角来看，按照企业股权现金流分布的"股票久期理论"，不分红的成长性公司对应的股权现金流久期更长（即当期现金流低，远期现金流高），因此按照相对价值来看，这样明显比红利类公司更受益。

2. 转债平衡的收益与风险来源

传统的转债二级市场投资策略主要包括纯债替代策略、正股替代策略和平衡型策略。

转债平衡策略的本质是选择估值合理，同时绝对价格或溢价率位于平衡型区间的品种，为讨论方便，我们将特定指数意义上的转债平衡策略延展至"合理估值的平衡型转债策略"。

（1）根据海外市场的成熟实践，长期来看主要的收益来源包括以下两种。

第一，运用到期收益率和转股溢价率刻画的估值体系要选择合理或低估值标的，本质上是支付较少的"期权费"（premium），例如转债对应正股历史波动率为30%，而经过模型计算该类转债期权隐含波动率为20%，则期权存在被低估的可能，即期权费比较"便宜"。因此持续买入低估值期权并加以分散，便可以获得期权价值回归（隐含波动率扩张）的收益。

第二，平衡型转债一般转股价值在100元附近，对应内嵌期权为平值期权，根据相关的期权定价理论，平值期权的 Gamma 值（Delta 导数）相对虚值期权（偏债型转债内嵌期权以虚值为主）和实值期权（偏股型转债内嵌期权以实值为主）都更高（见图6-19），这也意味着其 Delta 值对标的资产（正股）非常敏感，随着正股价格上涨，转债与其相关性迅速放大，随着正股价格下跌，这相关性又迅速衰减。这相当于内嵌了"追涨杀跌"的自平衡机制。

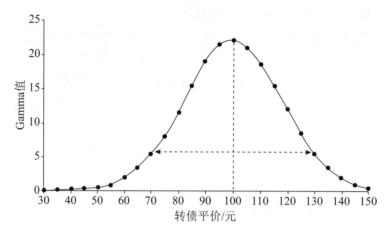

图 6-19 转债平价与 Gamma 值关系示意

Gamma 类似纯债中凸性的概念，从图 6-20 中不难看出平价 100 元附近的平衡型转债的 beta 权益不稳定的特征最强，这也意味着该类品种损益结构的非对称性最强，是真正的高赔率品种。

（2）风险来源方面，转债平衡需要关注以下几个方面。

第一，当市场定价体系比较有效时，"便宜的期权"可能隐含的是天然的发行人质量瑕疵，如正股盈利一致预测较差，预期上涨的概率较小；或转债存在或有的信用违约问题，尾部风险较大，投资者并不愿意为了低估值的期权承担额外的信用风险。

第二，期权价值的计算方式可能存在较大误差，一是传统的 B-S 和二叉树模型并不能精确刻画转债各类条款博弈中可能存在的情形，二是目前 Wind 采取对应评级的样本券曲线作为折现率对债底价值进行计算，会导致因评级内较大区分度产生的误差，同时没有充分考虑转债实际存续期限和剩余期限之间的差异。

第三，多数转债发行人为小市值公司，整体质量较差，缺乏卖方研究覆盖，认知风险较高。而正股质地较好的公司发行的转债一般估值较贵或上市首日即兑现涨幅脱离平衡型区间，因而大多不在该策略的成分券范围内。

（三）基于绝对收益组合的应用

1. 绝对收益组合的目标与约束

和相对收益考核的组合不同，绝对收益目标考核的账户并不强调"战胜市场""以丰补歉"，而是"旱涝保收"。这类投资者多见于保险资管、银行理财、券商自营等机构，主要差别有两点：一是绝对收益考核的周期不同，保险资管（3～5 年）＞券商自营（自然年度）＞银行理财（季度、月度）；二是机会成本不同，保险资管主要基于精算假设对当期保费保证金折现，银行理财一般需要跑赢通胀和债券市场利率，券商自营则要对公司 ROE 产生正向贡献。

同时，绝对收益目标因其天然对收益率确定性的要求，还可以用特定持有期对应的回报分布来进行绩效刻画（见图 6-20）。

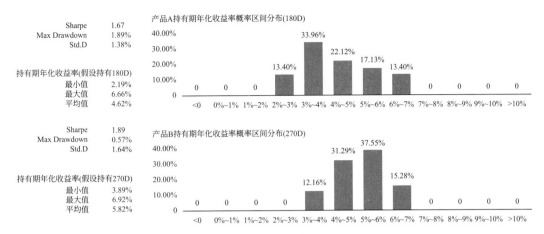

图 6-20 绝对收益组合绩效参数示意

而终端客户对绝对收益类产品的风险收益预期,可以通过以下几个维度来刻画:确保预期收益率能够实现的持有时间,一般越短越好;实际的回报水平,分布区间越窄越好(如 6%~8% 的收益率强于 5%~9%),中枢水平越高越好(如平均 8% 收益率强于平均 7%);本金保障的概率越高越好(最好任意时间买入都能实现 100% 正收益);历史极端情况下遇到的最大损失(即回报分布的负偏离程度)越小越好。

而红利低波和转债平衡策略,能够比较合适地匹配这类确定性较高的回报需求。

2. 基于平衡型转债的类保本组合策略

从目前资管行业的赛道来看,保本类的产品形态非常丰富。而该类型产品能够大规模发展的本质,可能是由于终端投资者的"彩票"心理——愿意为确定性的下行空间和有想象力的上行空间支付额外溢价。

而转债正是天然具备这种特性的绝对收益品种,其中内嵌的"追涨杀跌"机制与 CPPI 的技术原理如出一辙:组合出现浮盈后自动放大权益预算。

下面我们通过历史数据回测来观察转债的类保本特征(见表 6-2)。

表 6-2 可转债风险收益特征历史回测

持有价格/元	80~90	90~100	100~105	105~110	110~120	120~130	130~150	150~200
持有 60 天	85%	69%	59%	54%	46%	46%	42%	39%
持有 120 天	96%	70%	64%	54%	39%	34%	25%	24%
持有 250 天	99%	77%	69%	53%	30%	24%	12%	8%

(资料来源:中信证券)

该表格表示的是:以转债绝对价格区间(首行)和持有天数(左列)刻画的胜率值。可以看出平衡型个券的短期胜率普遍在 50% 附近,同时该类品种的纯债溢价率可以刻画出潜在的最大亏损空间(对正股持有观点的投资者也可以使用 PE-EPS 计算市值底价来刻画安全边际)。基于这两个指标,投资者就可以通过量化的手段对转债进行风险预算,进而考虑组合存在保本约束时转债的最大仓位水平。

当然，这样做可以奏效至少要满足两个假设：一是历史胜率依赖的微观结构不变（即发行人有较强的促进转债转股意愿，并考虑使用下修条款来达成）；二是转债市场未出现实质的信用风险（债底折现率不变）。

另外，除了下行空间和概率方便管理，转债的预期收益也具备一定规律。基于转债月度收益率和纯债溢价率回测的量化研究成果显示（见图6-21），存在最优的纯债溢价率阈值（23%左右，平衡型区间），具备最高的预期收益率（月度1.2%），若放松对纯债溢价率的限制，反而会导致预期收益的下降。这也意味着平衡型转债历史上具备较高的预期回报水平。

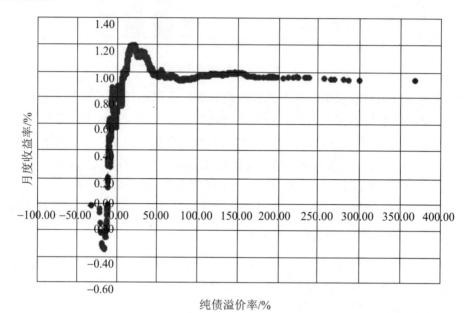

图 6-21 纯债溢价率与月度收益率关系

（资料来源：光大保德信基金）

3. 红利低波替代转债平衡的探讨

虽然根据3年和5年期的策略历史回测都表明，转债平衡相对红利低波的风险调整后收益和绝对收益率都表现更优，在投资管理实践层面，转债平衡的风格和绝对收益组合目标的匹配度也更高（相对而言股票难以进行精确的风险预算）。但这并不意味着投资者在构建绝对收益弹性仓位时只考虑转债。事实上，在一些特定的市场环境或特定个券层面，选择股票可能是更优解。

以下我们试图讨论当转债平衡作为资产管理人表达"低置信度权益观点"的工具，在何种情况下红利低波可能是更好的选择。

考虑到此处对转债平衡策略和红利低波股票的相对价值判断是基于绝对收益目标框架下的决策，红利低波概念延展至"风险收益确定性较高的股票"。

1）银行股对银行转债的替代

银行股是红利低波指数重要的成分股之一，目前银行整体行业估值在历史极端底部区域，PB[①] 大部分跌破 1（即单位股权的交易价格低于每股净资产价值），甚至有股份制商业银行 PB 低至 0.2 附近的情况。而银行转债多为偏债型和平衡型，转股溢价率为 20%～60%。如果投资者持有"银行不会更差了"的观点，那么银行股向下的空间可能并不显著多于转债，同时向上空间不需要消化高昂的转股溢价率，阶段性价比可能高于转债。

2）高质量正股对转债的替代

由于转债机构投资者存在入库门槛，天然青睐于卖方覆盖较全或本方股票核心池的相关品种，这样做确实有效规避了正股基本面的"认知风险"，但也阶段性推高了部分优质正股对应转债的估值水平。部分公司平衡型转债的转股溢价率和纯债溢价率之和甚至超过 100%，这意味着持有该类公司的转债，虽然相对持有正股能获得确定的安全边际（如果超过 20%，实际意义也有限），但达到同样预期收益的情境下，转债对应的溢价率调整后需要达到的市值可能是正股目标市值的两倍。

3）"烟蒂股"的平衡转债替代

传统意义上的烟蒂股往往来源于格雷厄姆的深度价值投资体系，强调绝对意义上的估值保护，企业的交易价格显著低于其清算价值。由于不考虑永续经营假设，该类策略在数学上的可预测性较强。同时该类公司往往处于自身景气周期的底部，存在"困境反转"的可能性。和平衡型转债相比，选择"烟蒂股"是胜率更低但赔率可能更高的策略。传统股票策略概览如表 6-3 所示。

表 6-3 传统股票策略概览

股票类型	买入时机选择
当前优势型	对发展天花板存在质疑和分歧，受黑天鹅事件打击，估值重新回归合理区间
高峰拐点型	市场充分反映业绩下降预期，高峰拐点被证伪，新业务发展"二次创业成功"
持续低谷型	股价大幅低于净资产价值，企业出现重组、私有化、新管理层等重大价值重估机会
困境反转型	压制企业价值增长和景气度的因素出现边际改变，估值同时处于历史性底部
未来优势型	阶段性业绩不达预期导致估值去泡沫化，外围竞争加剧

（资料来源：《公司价值分析》）

4）其他类债券股票的替代

广义的红利低波股票在特定市场环境下可作为平衡型转债配置的机会成本看待。2021 年资本市场上市了第一批 REITs 产品，其资产所属发行人多为交运、公用事业类公司，具备稳定现金流和高分红属性。包括的部分持有型物业公司，如果具备合理的估值和盈利的确定性，也是转债平衡可选的替代资产。

4. 红利低波与平衡转债风险收益的特征差异

第一，从风险因子的角度看，红利低波主要暴露 beta 权益，与股指走势相关性显著提升；而转债对流动性和信用风险的暴露更高，历史上显著的债市流动性冲击和信用违约事件对其资产价格重估影响较大。

第二，从证券结构的角度看，红利低波主要受公司基本面影响，存在分红—除权—

---

① PB，每股股价与每股净资产的比率。

填权效应；而转债由于特殊的内嵌期权结构，天然具有更高的凸性，反映为损益的非对称性，也因此对正股的波动率水平更敏感。

第三，从行业特征的角度看，红利低波对成熟期、价值型行业的偏离较大；转债的行业分布则非常不稳定，往往和发行人结构及转股节奏相关，除金融类品种外，多数转债发行人处于持续的资本开支周期。

第四，从机会成本的角度看，传统红利低波投资者主要面对来自其他风格股票的替代选择，而传统转债投资者主要考虑相对信用债、定增大宗等交易策略的比较优势。但随着多资产投资者的增加，红利低波和平衡转债本身可能互为机会成本，可能导致这一差别正在被弱化。

四、固收+组合中转债择券的应用

作为同时兼具了利率风险、信用风险和权益市场风险的组合型证券，可转债在投资组合中的应用具有多元化特征，在不同场景下展现差异化的组合功能，如图6-22所示。

纯债类组合	混合偏债组合	混合偏股组合
• 业绩相对排名的"胜负手" • 纯债替代类转债，不拖累组合静态，缓慢增加权益暴露 • 避开低等级品种后，转债打新贡献稳定的低风险套利收益	• 动态调整组合股债比和杠杆等参数的工具 • 以转债为原料构建的多元化策略（抢权、条款、套利、量化）降低组合策略相关性 • 周期性绝对低位机会	• 风险管理工具，支付溢价率锁定下行空间 • 正股替代类转债，用于替代把握度有限但弹性较好的个股标的 • 与股票衍生品构建多元化策略并形成替代

图 6-22 转债在不同组合中的应用

本节我们将结合转债的策略型因子、择券的具体方法和投资实战案例展开讨论。

（一）转债策略型因子的回测结果讨论

这里我们以市场主流研究机构对可转债策略型因子（参考 smart beta 概念）的回测结果作为基础，结合作者个人经验对其底层逻辑和有效性进行讨论。

（1）从平价因子来看，高平价转债近年来表现优于低平价（见图6-23），这意味着正股绝对价格的高低会影响转债表现，但逻辑上的依据较弱，毕竟股票的长期表现是看 PE、PB、ROE 而不是看绝对价格。另外，高低平价的表现分野实际出现在2019年后，2016—2019年，两者并没有明显的差异。合理的解释是，高平价转债意味着更高的权益风险暴露和溢价，由于2019年，至今 A 股表现为慢牛行情，beta 权益更高的资产自然表现更好。但如果市场环境不是这样，表现则未必如此，因为低平价转债同时对应低绝对价格，盈利空间反而更大，同时股价长期徘徊在低位叠加发行人促转股的诉求，可能还会让投资者获得转股价格下修的"条款红包"。

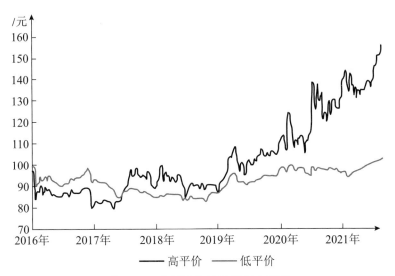

图 6-23 高低平价转债的历史表现

（资料来源：华泰证券）

（2）从估值因子来看（见图 6-24），估值的有效程度同样存在时间上的局限性，即低估值组相对高估值组的超额收益全部集中于 2018 年以前，此后两者并没有明显的收益差距。相反，2021 年以后，高估值组表现反而更好。这可能意味着早期投资者对转债的认知不足，选择低估值标的会有显著的超额，而随着投资者学习效应和信息传播途径的发展，市场越来越有效，低估值转债隐含的看似便宜的个股期权可能并非被市场错杀，而是"便宜有便宜的道理"。由于正股存在明显瑕疵或信用风险，所处行业或赛道不符合市场风格等原因导致低估值，但同时也难有估值修复的机会，未来单纯靠估值择券可能成效有限。

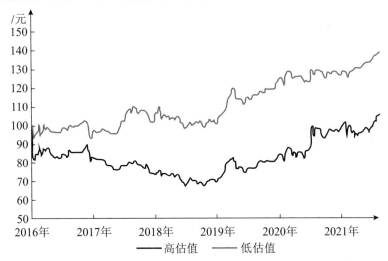

图 6-24 高低估值转债的历史表现

（资料来源：华泰证券）

（3）转债绝对价格因子同样存在类似的阶段性特征，2018 年以前低绝对价格组显著跑赢，毕竟转债诞生初期，"100 元以下买入，130 元卖出"几乎是最有效的策略。而2020 年以来，高绝对价格持续跑赢，原因应该和高平价的超额收益类似，均来源于 A 股牛市让偏股型转债更受益(见图6-25)。需要注意的是,许多因子和绝对价格并不是独立的,例如低绝对价格同时对应低平价、高YTM、低流动性等特征,因此对于具有超额收益的因子,其有效性可能只是因为它们恰好是和另一类因子交集比较多而已,又或者两个同样有效的因子,只是同一条底层逻辑表现出的不同形式而已(如低价格转债盈利空间大是底层逻辑,那么低转股价值和高到期收益率两个因子自然就会比较有效,但它们只是果,不是因)。

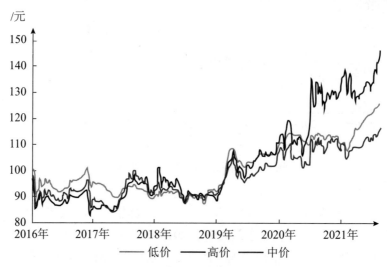

图6-25 高低价格转债的历史表现

(资料来源:华泰证券)

(4)从规模因子来看,转债规模因子有效性较强(见图6-26)。近年来中小盘转债明显跑赢大盘,这可能是因为小盘转债的正股往往具备更高的波动率,但在权益市场低迷时转债隐含波动率容易被低估(如2019年以前),所以小盘转债期权价格修正的空间更大,同时向上的弹性也更足。从实践经验来看,当投资者看好某一类高成长空间但低确定性行业,可通过小盘转债表达"低置信度"的观点,利用转债的期权特征提高组合的容错率。

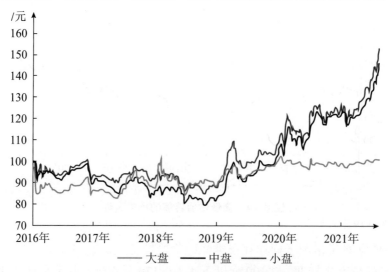

图6-26 正股规模高低转债的历史表现

(资料来源:华泰证券)

（5）从股债型因子来看（见图 6-27），2019 年以前平衡型转债小幅胜出，此后则是偏股型转债大幅跑赢。后期偏股型胜出的原因与平价因子和高低价格因子基本一致，而早期平衡型胜出的结果合理的解释是，平衡型转债内嵌的平值期权的 Gamma 值最大（凸性最强），因而在长期投资维度上面对高波动行情时能够更充分地发挥可转债"进可攻，退可守"的风险收益特征。

图 6-27 不同股性特征转债的历史表现

（资料来源：华泰证券）

（6）2016 年以来，高流动性组长期跑赢低流动性组（见图 6-28）。高流动性一般意味着转债的正股关注度较高，各家主流投资机构均可纳入投资范围，因此二级市场交易表现更为活跃；同时高流动性转债也对应着更高的"股性含量"，毕竟低流动性因子和绝对价格有一定相关，偏债型转债的交易量和换手率一般都会偏低。

图 6-28 高低流动性转债的历史表现

（资料来源：华泰证券）

（7）信用评级因子的情况相对复杂（见图6-29），以低等级转债为例，往往同时意味着风格偏小盘、流动性较弱，同等价格下YTM水平较高。从两者的相对表现来看，与大小盘特征的超额收益分布类似。同时需要注意的是，历史上转债并没有出现实质违约，而信用溢价由于其回报负偏和厚尾的特征往往会延迟风险暴露，因此这类因子还需要经过更长时间的检验。

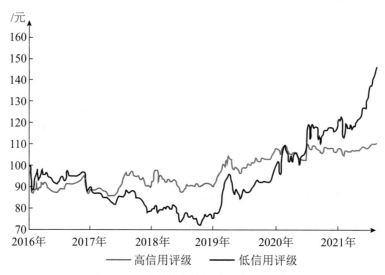

图6-29　高低信用评级转债的历史表现

（资料来源：华泰证券）

（二）高效择券与组合管理方法探讨

考虑到全市场400多只可转债标的，其中相当一部分并没有被主流券商研究覆盖，投资者面对的"认知风险"较高，因此在投资实践中采取充分分散的"摊大饼"策略便成了自然选择，那么如何结合转债因子回测的结果，构建一个风险收益合理的转债备选范围呢？我们不妨将市场主流的转债策略型指数的编制方式作为参考。

1. 中证转债平衡策略指数（Wind代码：931340.CSI）

中证转债平衡策略指数样本选择的方法相对简单，即"将样本空间中的可转换公司债按纯债到期收益率由高到低、转股溢价率由低到高综合排序，选取排名前1/3的转债作为指数样本券"。

（1）纯债到期收益率较高，往往意味着在特定持有期内可转债可实现确定性的本息回报，由于最后2年可转债常规的回售条款存在，实际的持有周期一般短于转债的剩余期限。这种择券的方式确保了择券标的在一定时间范围内的底线收益率。

（2）转股溢价率较低对应的是转债具备较好的股性和弹性，当正股上涨时，不需要消化较多的转股溢价率便可以跟上涨幅。这样择券的好处还在于，假如正股价格不变，因转债估值压缩，溢价率压缩带来的下跌空间小；反之，因转债估值扩张，溢价率抬升带来的上涨空间也更大。

历史回测表明，该策略指数显著优于中证转债指数（见图6-30）。同时在此基础之上，华泰证券还编制了增强版的"高性价比择券策略"。

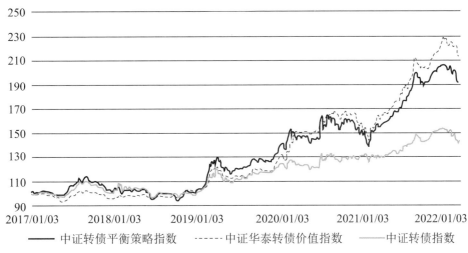

图 6-30　转债策略指数相对走势回顾

（资料来源：Wind，笔者整理）

2. 中证华泰转债价值指数（Wind代码：931411.CSI）

中证华泰转债价值指数基于高性价比择券策略，主要的编制规则为：将样本空间中的债券按过去10个交易日纯债到期收益率的均值由高到低排序，选取排名前1/3的债券；在的剩余债券中，剔除转股溢价率小于−5%或大于30%的债券；在前两项筛选的剩余债券中，剔除上月成交量排名后20%的债券，选取剩余债券作为样本券。

可以看出，与中证转债平衡策略类似的是，华泰转债价值同样把到期收益率作为重要的择券指标。笔者的理解是，投资实战中控制风险比获取超额回报更容易，也更有必要，出色的投资业绩可遇而不可求，但坚持纪律的风险管理措施却可以首先让投资者"不会犯大错"，因此两个策略指数都不约而同地把反映回报底线和确定性的到期收益率作为核心筛选指标。

不同的是，华泰采取对转股溢价率脱离中枢范围的转债进行剔除，大于30%意味着偏债型品种和估值较高的平衡型品种都不在可选范围内；到期收益率较高同时溢价率小于−5%的情况较少，一般为公司公告强制赎回后，转债溢价率迅速归零导致的结果，而这种情况确实也不适合进行持续投资。最后则是将流动性较弱的个券剔除，一是根据历史回测高流动性因子表现更好，二是为增强指数实战落地的可行性与策略容量。

3. 其他择券方式补充

除转债策略型指数样本选择的标准外，笔者根据个人经验再补充一些择券的方式与指标，供读者参考。

第一，平价区间择券。考虑到平值期权的 Gamma 值最高，具备更好的损益结构，因此优先选择平价水平位于 80～90 元这一区间的转债品种（意味着正股价格略低于行权价），同时通过到期收益率较高的资产进一步筛选个券。

第二，波动率定价偏差择券。根据 B-S 模型计算结果模糊估计出可转债当前价格对应的隐含波动率水平，与历史回测的正股波动率水平进行对比，当正股波动率显著高于隐含波动率时，表明转债的期权价值可能被低估；反之，若隐含波动率显著高于正股历史波动率，则转债期权价值可能被高估。当然，这种方式并未充分考虑 B-S 模型对刻画其他转债条款的局限性，还需要结合发行人实际情况综合判断。

第三，盈亏比择券。以转债的纯债价值和正股价格预期下限对应的转股价值孰高原则作为转债潜在的最大回撤空间，同时把正股盈利预测对应目标价格的转股价值作为上涨空间，优先选择上涨空间为最大回撤 2～3 倍的标的进行投资，对于盈亏比较高的资产投资者对胜率和确定性的要求可适当放松。

第四，正股基本面择券。与量化选股的方式类似，基于传统的财务指标进行择券，如 PE、PB、ROE、ROIC、利润率、自由现金流、股息率、收入和利润增速、一致预期调整等，关于这部分我们在后面两章还会具体展开讨论。值得一提的是，对于正股股息率较高的转债而言，每次分红除权时转股价会随之调整进而提升转股价值，消化溢价率。因此具有高股息正股和低转股溢价率特征的资产，同样值得投资者关注。

4. 组合动态管理的要点拾遗

转债资产动态特征较强，如某偏债型转债因正股上涨变为偏股型，从组合层面看相当于卖出了债券而买入了股票，因此对持有转债的组合进行细致的动态管理是十分必要的。转债组合的管理要点示例见图 6-31。

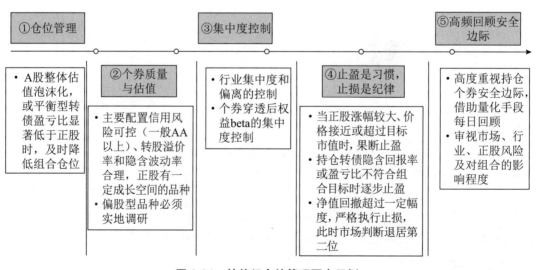

图 6-31　转债组合的管理要点示例

转债组合的管理方式与绝对收益股票组合有一定相似之处。区别在于转债需要控制信用风险，并对更动态的权益风险暴露进行再平衡，在杠杆化和分散化投资上做法也更为极致。

而从目前业内的实践来看，纯转债的组合形态并非主流，一般固定收益组合会在信用债基础上增加 10%～20% 的转债，以提升组合弹性。下面我们以这种主流组合形态进行风险收益预算（见图 6-32）。

信用及转债组合风险收益测算（不含产品税费和管理费的情形）					信用债：	AAA信用	AA+信用	高等级ABS
组合久期（Y）：	2.65	权益暴露：	4%		加权久期	2	1	3
投资周期（Y）：	0.49	票息贡献：	4.3%		估值方式	市值	市值	摊余成本
业绩比较基准：	3.60%	加权期望年化收益：	4.31%		票息贡献	3.6%	4.0%	4.5%
利率变化(bp)	权益涨跌幅	绝对收益率	年化收益率		持仓比例	50%	15%	50%
					可转债：	偏债型	平衡型	偏股型
40	−20%	0.4%	0.7%					
30	−15%	0.8%	1.6%		权益暴露	20%	40%	70%
20	−10%	1.2%	2.5%		票息贡献	3.0%	1.0%	0.0%
10	−5%	1.7%	3.4%		持仓比例	4%	5%	1%
0	0%	2.1%	4.3%		现金及回购			
−10	5%	2.6%	5.2%					
−20	10%	3.0%	6.1%		杠杆比例	130%		
−30	15%	3.4%	7.0%					
−40	20%	3.9%	7.9%		现金比例	5%	现金收益	1.85%

图 6-32　转债 + 信用组合的风险收益测算示例

图 6-32 测算选择 10% 比例仓位的可转债作为固定收益组合增强，同时增加了对股债市场未来表现的期望分布，进而估计不同情境下组合的实际表现。对市场走势有主观判断的投资者还可以对不同的情景假设施加一定的概率分布预测，以提高组合整体测算的准确性。

以下再补充一个信用债期限和等级选择的盈亏测算示例（见图 6-33），供读者参考。

	当前收益率/%			持有1年盈亏平衡点/bp		持有半年盈亏平衡点/bp	
	1Y	3Y	5Y	3Y	5Y	3Y	5Y
AAA	2.97	3.45	3.73	24	19	12.2	9.6
AAA−	3.06	3.59	3.90	26	21	13.1	10.5
AA+	3.26	3.89	4.31	31	26	15.6	13.1
AA	3.70	4.34	4.76	32	26	15.9	13.2

图 6-33　信用债期限和等级选择的盈亏测算示例

相比转债，信用债投资测算中需要考虑的因素相对较少，重点需要考虑的是承担利率和信用风险所获得的收益补偿的程度，类似我们在利率债骑乘策略中提到的"防御收益率"概念，即在组合特定持有期内对提高久期或信用下沉进行评估权衡时，如果预计利率与信用利差上行的幅度有限，那么这种策略便是可行的。

五、转债投资实战案例汇总

本节列举部分作者实际参与二级市场转债投资的具体案例。

1. 金能转债（正股：金能科技）

金能科技是一家资源综合利用型、经济循环式的综合性化工企业，主要产品对甲基苯酚、山梨酸（钾）、炭黑、白炭黑、甲醇、焦炭、丙烯、聚丙烯等应用于医药、食品、钢铁、汽车、塑料、化纤等多个领域。2019 年，焦炭、炭黑和精细化工产品营收占比依次为 58%、20% 和 16%。公司在对甲基苯酚细分领域是全国最大的生产商之一。金能科技能源循环经济模式具有一定的成本优势，例如焦炭副产品原材料自给自足，节约了生产成本；具有最佳销售半径，节约了运输费用；具有 PDH（丙烷脱氢技术）业务的成本优势等。金能转债的募投项目为青岛 90 万吨/年丙烷脱氢项目和 8 个 6 万吨/年绿色炭黑循环利用项目。目前金能科技现有和在建产能情况如表 6-4 所示。

表 6-4 金能科技现有和在建产能情况

产品	产能/万吨	2019 年产能利用率	新增产能/万吨	应用领域
焦炭	230	97%	—	炼铁级有色金属冶炼
炭黑	24	119%	48	橡胶的补强剂和填料以及油墨等
苯加氢	10	50%	—	基础化工原料
甲醇	20	80%	—	重要的基础化工原料和能源替代品
白炭黑	6	55%	—	彩色橡胶制品补强剂、抗结块剂等
对甲基苯酚	1.5	81%	—	合成材料抗氧剂、医药中间体等
山梨酸（钾）	1.2	114%	—	食品防腐剂、树脂、香料和橡胶等
丙烯	—	—	90	基础化工原料
聚丙烯	—	—	45	生产塑料制品

同时需要关注的是，金能科技在煤化工产业链靠近上游，从历史经营情况来看公司业绩有一定的周期性，原材料价格上涨或下游汽车生产商产能投放及销量的季节性变化，都会对公司收入和利润产生影响。

如图 6-34 所示，2019 年 11 月上市初期的金能转债，尚处于平衡型价格区间，估值合理偏低。纯债溢价率和转股溢价率均低于 20%，到期收益率接近 2%。根据当时的测算，其正股金能科技的年化波动率在 40% 左右，但金能转债的隐含波动率水平仅有 21%，从期权角度来看存在被大幅度低估的可能性。此外，金能科技当时的市净率水平仅为 1.2 倍，位于历史最低区间；同时 2020 年的盈利预测显示，其每股收益 (earnings per share, EPS) 的最小值为 1.6 元，考虑到公司当时正处于周期性的底部区间，若以历史中枢偏低的 9 倍市盈率 PE 水平进行估值，对应正股价格为 14.4 元，而二级市场交易价格在 17 元左右，再考虑到纯债价值的债底保护，转债实际的理论下行空间在 10% 左右。综合权衡后，决定逐步买入。

从第一年持有周期来看，金能转债的绝对回报只能算中规中矩，勉强超越同期短久期信用债水平，但低价转债毕竟是"输时间但不输钱"。2020 年，随着公司的新增产能陆续投放，战略规划上从焦化进军烯烃，并积极布局 PDH 等新领域业务，市场逐渐开始关注并认可正股的成长逻辑，股价开始大幅上涨并带来转债翻倍的盈利。

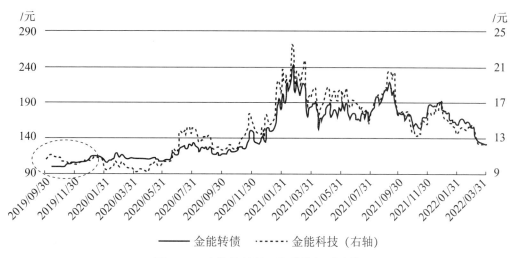

图 6-34　金能转债及正股价格相对走势

（资料来源：Wind）

2. 伊力转债（正股：伊力特）

伊力特是新疆维吾尔自治区的白酒龙头，被称为"新疆茅台"，公司主品牌"伊力"牌系列白酒占据新疆白酒消费主流位置，市场份额占新疆第一位，收入增长相对稳定。新疆经济和居民消费增长趋势如图 6-35 所示。公司在区域内发展较好，2014—2019 年，区域内营收规模从 10.74 亿元增长至 17.02 亿元，历年增速均在 5% 以上，复合增速为 9.65%，规模增长稳定。在西部大开发的战略背景下，新疆区域持续人口净流入，2019 年净流入 27.15 万人，这也在一定程度上带动了当地的"消费升级"，为区域内白酒龙头带来了发展机会。

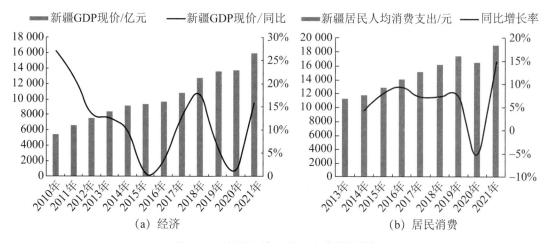

图 6-35　新疆经济和居民消费增长趋势

（资料来源：国泰君安证券）

从转债市场的行业分布来看，伊力转债具有一定的稀缺性，白酒行业作为国内"最好的商业模式",现金流非常充沛,即使需要额外的资本开支,一般也不用进行再融资。而通过可转债这类工具进行融资的白酒企业,恐怕也只有伊力特了。这也从侧面说明了其业务模式和竞争力相对一线高端白酒差异明显。但即使如此,伊力特的商业模式放在全市场转债发行人中可能也是"相对较好的生意"。

从2019年10月的市场情况来看,伊力转债转股溢价率和纯债溢价率均位于23%左右,到期收益率不到1%,转换价值为90元,交易价格在110元附近,隐含波动率为27%。可见伊力转债属于典型的平衡型转债,估值谈不上便宜,只能算是基本合理。但考虑到转债组合在行业集中度上需要保持一定的分散度,伊力转债作为全市场唯一的白酒主题资产可以给组合带来分散行业风险的作用,且当时并无主流研究机构覆盖正股,机构关注度较低。其正股对应的市盈率和市净率等估值水平也位于历史中枢一倍标准差以下,正股行业稀缺+正股低估值+转债估值合理,故选择买入。伊力转债及正股价格相对走势如图6-36所示。

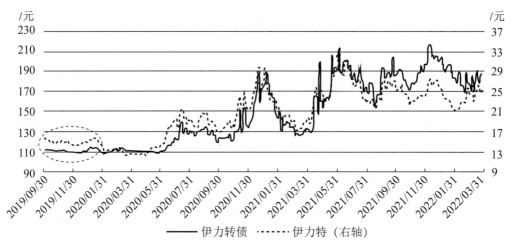

图6-36 伊力转债及正股价格相对走势

(资料来源:Wind)

从2019年年底到2020年年初,虽然正股价格下跌,但转债经历了一波"拔估值"行情,在转股价值下跌的情况下转股溢价率抬升至50%,隐含波动率走扩至33%。此后,受益于新冠感染疫情后新疆消费经济持续恢复,公司经营基本面持续改善,同时省外经销商体系的逐步构建,打开了新的市场空间,正股逐步吸引了增量资金,从而为转债带来了丰厚的回报。

3. 赣锋转债(正股:赣锋锂业)

赣锋锂业为锂资源行业的龙头企业之一,其产品广泛应用于众多领域,尤其是在电动汽车、化学品及制药等方面。赣锋锂业拥有垂直整合的业务模式,业务涵盖上游锂提取、中游锂化合物及金属锂加工以及下游锂电池生产及回收等价值链的各重要环节。

公司最大的看点在于充分绑定了新能源车产业链。行业数据显示,2015年中国新能源汽车销量仅为38万辆,其后连续数年快速增长,2019年实现销量120万辆,从而带动了锂资源需求快速提升(见图6-37)。而赣锋先后与特斯拉、大众和宝马等整车品牌商签订供货合同或合作协议,进入全球一线车企和动力电池厂供应链体系。

(a) 中国新能源汽车销量数据　　(b) 中国新能源汽车销量数据

图 6-37　中国新能源车销量数据

（资料来源：国信证券）

2019 年 10 月，赣锋转债，总体上是估值偏贵的，如图 6-38 所示。转换价值仅有 50 元出头，属于非常深度的虚值期权，也因此转股溢价率接近 100%，这也意味着假设正股即使价格翻倍，也无法全部消化转债的溢价率估值，这自然导致赣锋转债跟随正股向上的弹性偏弱。从纯债替代的视角来看，1.5% 左右的到期收益率和 12% 的纯债溢价率也是乏善可陈，也就是说，单纯从转债视角出发，赣锋并不具备价值吸引力。

但当时新能源汽车赛道潜在的成长空间巨大，且四季度为新能源汽车传统的销售旺季，存在销量超预期的可能性。而在赣锋主营的正极材料领域，全行业的库存水平较低，存在较明显的供需缺口，锂价尚在底部区间，触底反弹的可能性也较大。另外，其正股的估值较低，PB 为 3 倍左右，在历史最低水平。考虑到转债的容错率较高，选择尝试性买入观察。

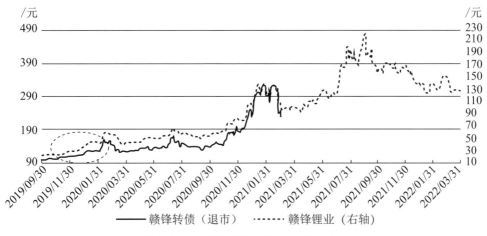

图 6-38　赣锋转债及正股价格相对走势

（资料来源：Wind）

然而赣锋的"催化剂"并未随之兑现，从 2019 年年底到 2020 年上半年，公司的业绩并不理想，锂价依旧处于底部运行状态。2019年年报显示，公司的利润和现金流情况均出现明显下滑。股价在这一时期仍然小幅上涨，遂决定顺势止盈，但也因此错过2020年年底的大行情。事实证明，超出自身认知的钱，多数时候是很难赚到的。

4. 山鹰转债（正股：山鹰国际）

山鹰国际（原名：山鹰纸业）是安徽最大、国内排名前三的包装纸生产企业。公司产品以箱板纸、瓦楞原纸等包装用纸为主，此外还纵向拓展废纸回收、纸箱生产以及包装物流业务，横向拓展华中、华南市场和防油牛皮纸业务。长期来看，电商业务的发展带动快递业务高速增长，催化包装纸增量需求（见图6-39）。同时环保政策趋严加速落后产能出清，行业集中度持续提升，2020年箱板纸CR4①为55%，瓦楞纸CR4为23%，对造纸龙头企业构成了一定利好。造纸细分行业竞争格局如图6-40所示。

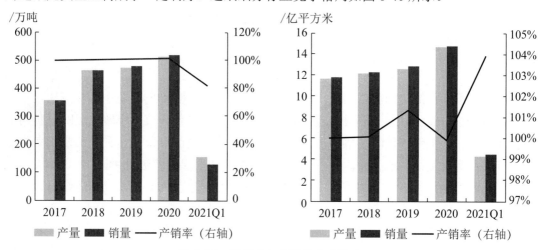

图6-39 造纸业务产销量变化情况

（资料来源：开源证券）

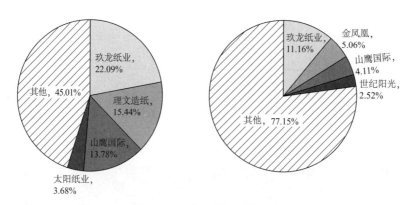

图6-40 造纸细分行业竞争格局

（资料来源：开源证券）

---

① CR4：行业前14名份额集中度指标。

公司的主营业务竞争力相比行业前两名有一定差距，相对优势在于较早布局了原材料供应渠道，成本控制能力较强。公司历史上存量公开债券发行较多，固收投资者对其比较熟悉。

山鹰转债及正股价格相对走势如图 6-41 所示。2019 年 11 月，山鹰转债处于平衡型价格区间，转股价值在 95 元附近，纯债溢价率和转股溢价率都比较低，分别为 11% 和 13%。由于发行时债底价值较高，到期收益率达到 2%。正股的估值水平也在历史低位，PB 在 1 倍附近徘徊，以历史最低的 PB 水平测算正股的理论最大回撤空间不超过 20%，属于安全边际相对明确的资产。长期来看，虽然包装纸并不是增速较快的核心赛道，但行业集中度的进一步提升依然可期，故选择在山鹰转债绝对价格和溢价率的"双低"区间买入。

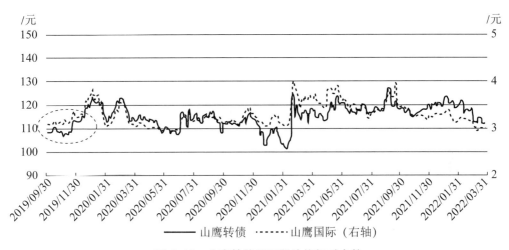

图 6-41 山鹰转债及正股价格相对走势

（资料来源：Wind）

从复盘来看，山鹰转债一直表现平平，股价的弹性也总体偏弱。造纸行业景气度呈现周期性特征，转债价格长期在 100 元～ 120 元区间震荡，其实是理想的"做波段工具"，但笔者自认为没有这种把握行业景气度边际变化的能力，故选择放弃，在绝对价格相对高点止盈。

5. 海澜转债（正股：海澜之家）

海澜之家是我国男装一线品牌，市场占有率行业领先。公司 2014 年借壳上市，凭借"大众性价比男装"的定位和创新性的连锁经营模式实现了品牌知名度和销售渠道的快速扩张。同时公司上市以来一直保持较高的现金分红比例，正股的股息率持续保持在 5% 左右。2018 年以来，休闲服装赛道需求持续下滑，街铺流量被购物中心逐步替代，消费场景和偏好有改变，海澜之家收入利润增速下行，公司开始实施渠道、产品、品牌形象等各类改革措施，剥离大众女装等失败业务。

2020 年 6 月，由于股价长期表现低迷，海澜转债持续在偏债型品种的价格区间交易（见图 6-42），到期收益率长期维持在 3% 以上，纯债溢价率也在 3% 以内，均处于合理偏低的估值区间。虽然此时转股溢价率接近 100% 限制了转债向上的弹性，但从纯债替代的视角来看海澜转债已经具备了一定配置价值，且正股对应 2021 年最悲观的盈利预测[①]下每股收益尚有 0.65 元，使用历史最低的 8 倍市盈率计算股价的底部在 5.2 元左右，而正股价格在 5.8 元附近，继续下跌的空间也非常有限。此外，根据我们当时与公司管理层的交流，发现海澜之家对可转债促成转股的意愿较强，不排除使用下修方式促成转股。

综合来看，海澜转债相当于在确定性的到期收益率和债底回撤空间保护的前提下，还存在转股价下修和业绩困境反转等潜在利好因素，故选择逐步加仓买入。

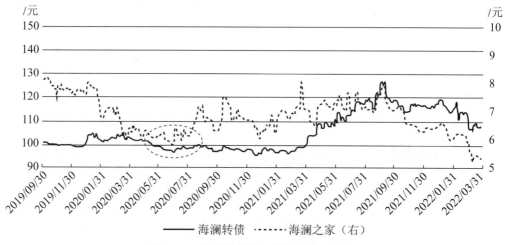

图 6-42　海澜转债及正股价格相对走势

（资料来源：Wind）

买入后正股继续维持了一段时间的低迷态势，但转债价格到债底附近止跌（最低下探至 95 元），此后公司基本面逐渐回暖，2020 年三季度扣非净利润增长由负转正，2021 年二季度海澜旗下各品牌全面恢复增长态势，特别是电商和直营模式保持高增长，带动股价持续反弹。同时，转股价下修预期也于 2021 年 4 月落地，带动转债逐步恢复弹性，和正股一起重启上升通道。

6. 比音转债（正股：比音勒芬）

比音勒芬与海澜之家同属于男性服装赛道，主要差别在于海澜定位大众男装，比音勒芬定位高端时尚运动（高尔夫）服饰。从长期发展趋势上来看，中高端服装品牌的增速快于大众品牌，高尔夫文化服饰在中国富裕群体中受众较广，可深挖的文化内涵丰富，2013—2019 年公司收入复合增速 22%，净利润增速 27%，具备较好的成长性特征，国内运动鞋服和高尔夫需求增长情况概览如图 6-43 所示。与海澜相比，比音勒芬商业模式的比较优势还反映为更高的利润率水平和资本回报率。

由于正股质地较好，比音转债上市时的定位也较高，几乎没有落入过完全偏债的价格区间，但由于新冠感染疫情对其开店节奏的扰动，市场对其盈利增长的确定性一直存在分歧，股价表现平平。

---

① 指券商研究机构盈利预测的最小值。

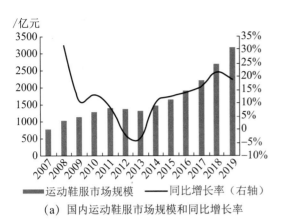
(a) 国内运动鞋服市场规模和同比增长率

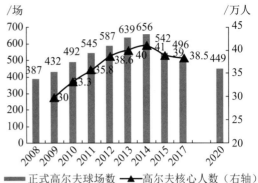
(b) 国内高尔夫球场和高尔夫核心人数变化趋势

图 6-43 国内运动鞋服和高尔夫需求增长情况概览

(资料来源:国信证券)

2020 年 11 月,比音转债来到了相对合意的估值区间(见图 6-44),虽然到期收益率为 -1% 水平,债底溢价率也达到 35%,但其转股溢价率仅有 4%,且公司正股对应的 PE 为 18 倍左右,显著低于历史均值,即使估值回到历史最低位 13 倍市盈率,正股也仅有 28% 的理论回撤空间,考虑到转债的 Gamma 特征,转债实际的潜在回撤大概率不超过 20%。此时的比音转债属于较为理想的正股替代资产:以极低的溢价率保证了向上的充分的弹性,转债的纯债价值和正股的"理论底部市值"构成的"双重保护"提供了比较明确的安全边际,何况正股基本面有亮点,成长空间可期。此外短期还存在一定的"催化剂",根据公司 2020 年 10 月底发布的三季报显示,公司收入同比增加 28%,毛利率显著提高,已呈现了景气底部反转的态势,故作为弹性资产选择买入。

和海澜之家类似,买入后比音转债继续维持了一段时间的"阴跌行情",但随着公司景气恢复的趋势持续被验证,股价从 2021 年年初开始反弹,2021 年一季度净利润同比增长超过 50%,上半年利润同比增速达到 47%,比音转债价格一度超过 200 元,不久便触发了发行人赎回条款,最终成功转股退市。

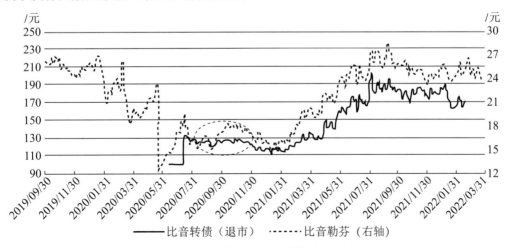

图 6-44 比音转债及正股价格相对走势

(资料来源:Wind)

7. 亨通转债（正股：亨通光电）

亨通光电主要从事光纤光缆、电线电缆及相关产品的生产，是国内该领域的龙头企业之一，另外两家行业龙头东方电缆和中天科技同一时期亦有转债发行，反映了增量海缆业务对资本开支的较高要求。亨通拥有完整的"光棒—光纤—光缆—光器件"生产线，海上风电场的建设持续利好公司的海缆业务。2020年上半年受新冠感染疫情影响公司一季度业绩低于市场预期，净利润同比下滑49%，2020半年报净利润同比下滑39%，股价在这一时期也呈现持续下跌趋势。

雪上加霜的是，2020年11月，永煤违约事件带动整个转债市场的信用风险出现大范围重估。亨通光电的母公司亨通集团此前被多家银行列入信贷观察名单，从而导致市场担忧亨通转债的信用风险，到2021年年初转债价格甚至跌穿债底，纯债溢价率阶段性为负值（见图6-45）。

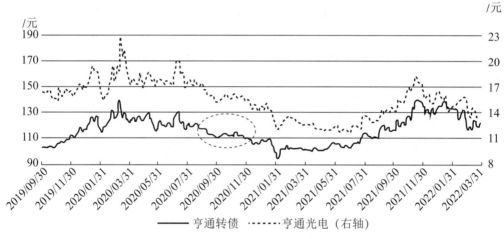

图6-45 亨通转债及正股价格相对走势

（资料来源：Wind）

以2020年12月刚受到信用冲击的亨通转债来看，其基本估值指标几乎满足所有主流策略的筛选标准。一是符合传统的"双低审美"，15%的转股溢价率和105元左右的绝对价格；二是兼顾弹性和静态收益，转股价值略高于90元，同时到期收益率接近2%；三是隐含波动率持续低于15%，显著低于正股实际的历史波动率；四是纯债溢价率不到10%，理论回撤空间有限。当然，看上去合意的估值状态隐含的是一定的信用风险，特别公司是对下游三大运营商依赖度较高，短期债务占比高。但观察当时的正股基本面已经有了触底反弹的态势，2020年三季度净利润同比下滑幅度收缩至5.7%，毛利率环比开始改善。此时的亨通转债虽然存在一定的信用风险，但如果业绩反弹转债将切换为股价支撑，因此当时选择买入，押注信用不暴雷或业绩可反转。

但事后看，介入时点过早，亨通转债2021年年初最低下探至94元，作为偏债型品种回撤幅度达到12%，虽然2021年公司海洋业务板块迎来高增长，但由于亨通竞争力（研发实力）弱于东缆、中天等同行，公司业绩和股价相对表现更弱，使得最终的投资回报率不尽如人意。这也充分说明转债投资中对正股相对价值的判断很多时候比转债量化指标更为关键,需要更深入的基本面研究作为决策依据。

8. 桐20转债(正股:桐昆股份)

桐20转债为桐昆股份发行的第二期公募可转债。桐昆是国内涤纶长丝行业龙头,在长丝行业中市占率排名第一,又称为行业的"沃尔玛"超市,基于其产品结构和技术装备的优势,平均吨聚酯盈利能力始终优于同行,同时其产能和产品的持续差异化让公司的竞争优势持续提升。另外,桐昆表内投资了浙江石化20%的股份,不仅获取了丰厚的投资回报,还稳定了公司的原料供应。

公司所在行业存在一定周期性,2020年一季度,桐昆股份的业绩低于市场预期,净利润同比下滑18%,受境外需求收缩影响涤纶长丝的产销率同比大幅下滑,而国际油价的大幅下跌拖累了产品价格,导致毛利率同比收窄。2020年二季度,桐昆股份业绩再次低于预期,净利润同比下滑33%,经营性收入显著小于投资收益,参股浙石化贡献的利润占到了单季度利润的95%,公司股价也一直在相对低位徘徊(见图6-46)。

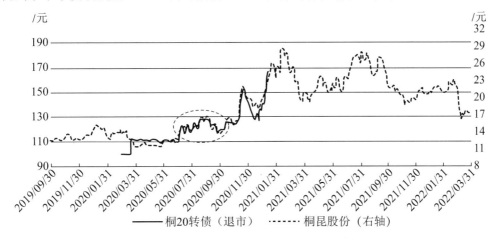

图6-46 桐20转债及正股价格相对走势

(资料来源:Wind)

站在2020年7月初观察桐昆转债,相对海澜、亨通而言,它谈不上特别"便宜",只能算"估值合理",其转股溢价率和纯债溢价率都超过20%,到期收益率基本可以忽略不计,隐含波动率为25%,绝对价格超过110元,在当时属于估值合理偏贵的平衡型转债。相对高估值的一个合理解释是,历史上的桐昆首期可转债和2017年发行的可交换债都实实在在地让投资者"赚到了钱",这种认知带来的资产溢价效应在转债市场非常显著,后来的东财转债、隆基转债的定价都存在类似的特点。但抛开这点来看正股,当时桐昆股份的PB水平不到1.2,为公司历史最低水平,PE-TTM水平在8.7倍,也显著低于历史均值水平。此时的桐20转债相当于略贵的期权+景气底部的行业+好公司+极低估值+历史赚钱信仰,所以选择买入。

与海澜、比音、亨通转债不同的是,桐20转债自此之后并没有出现过明显的持续下跌(也就没有更多的低位价格继续补仓机会),而是随行业走出低谷和景气反转一路上涨,同时由于实际仓位有限,这部分投资对组合的整体贡献只是中规中矩。

9. 大秦转债（正股：大秦铁路）

大秦铁路为中铁太原局控股公司，拥有大秦、南北同蒲等多条铁路线路，主要承担山西、陕西、内蒙古地区的煤炭运输工作及部分客运服务。公司坐拥西煤东运重要通道大秦铁路，近年来煤炭发运量占全国铁路煤炭发运量20%以上，为西煤东运名副其实的中流砥柱（运量见图6-47）。受益于煤炭行业供给侧，西煤东运的需求在近年来提升明显，同时公路转铁路的货运政策持续推进，铁路货运需求得到较大支撑，对公司的煤炭运输业务形成长期利好。

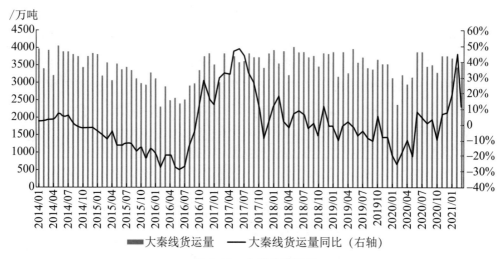

图6-47 大秦铁路运量

（资料来源：华创证券）

此外，大秦铁路的现金流充沛，公司在较长年份保持50%左右的分红比例，且承诺未来三年每年每股现金分红不低于0.48元，正股股息率常年在6%～8%。

与前几只转债的投资逻辑不同，大秦铁路的正股属于典型的"红利低波"资产，公司所处的交运类行业长期的成长空间相对有限，业绩增速也较慢，股价难以获得大幅度的上涨，转债长期处于偏债型价格区间（见图6-48）。

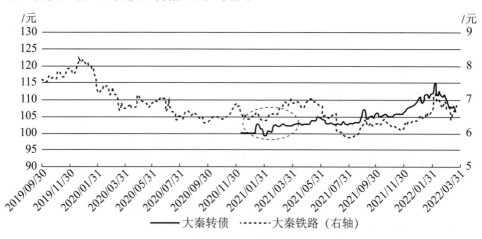

图6-48 大秦转债及正股价格相对走势

（资料来源：Wind）

但即使如此，大秦转债依然是比较理想的信用债替代类资产。2021年2月底，大秦转债到期收益率为2%，正股股息率为6%～8%的，因每次正股分红派息后，对应可转债的转股价格会按比例向下调整，进而提升转债的转股价值，以18%左右溢价率来看，3年时间转股溢价率便会归零，相当于剩下5年半确定能拿到纯转债票息11%+3年大秦正股的分红收益率（15%～24%）+几乎免费的虚职看涨期权，对应5%～6%的静态预期回报水平，显著好于同时期的高等级信用债。另外，该正股PB估值仅为0.8倍左右，位于历史极低水平，安全边际相对明确，故作为纯债替代标的买入。

此后一年时间里，新冠感染疫情对货运的扰动逐渐消除，2021年2月大秦线日均运量同比高增45.3%，达到123万吨。进一步别除春节错期因素看，1—2月大秦线日均运量121万吨，较2020年同期日均运量增长32.1%，较2019年同期日均运量增长1.0%，这也意味着其经营基本盘已经完全恢复到了新冠感染疫情前的水平，而大秦铁路正股持续稳健的业绩也给转债带来了超过10%的"低波动稳健回报"。

10. 三峡可交债（正股：长江电力）

长江电力作为三峡集团的水电运营平台，是其经营发展的核心发动机，集团也不断将成熟的水电资产注入公司体内。在2003年上市前，公司仅拥有一座葛洲坝电站，上市后持续收购集团成熟的在运水电资产，目前已全资拥有葛洲坝、三峡、溪洛渡、向家坝四座大型水电站。通过收购，公司的装机、电量、营收、利润获得了两次阶跃式的增长。作为全球最大的水电上市公司之一，长江电力总装机4559.5万千瓦，权益装机超过1000万千瓦。

与大秦铁路的行业性质类似，长江电力属于典型的红利低波类股票，该公司的绝对派息政策带来分红的高度确定性（2016—2020年每股分红不低于0.65元，2021—2025年不低于净利润的70%），同时公司的经营质量和成长性优于大秦，表现为更高的ROE和利润率水平。2001—2020年公司营业收入复合增速达到20.4%，归母净利复合增速达到21.9%。

2020年6月底，三峡可交债，是比较理想的平衡型资产（见图6-49）。转股溢价率

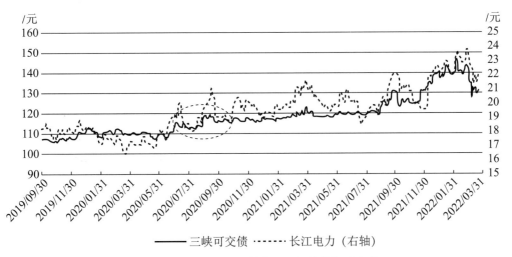

图6-49 三峡可交债转债及正股价格相对走势

（资料来源：Wind）

在 6% ～ 9% 区间，这保证了无论是正股价格上涨还是分红派息都能让转股价值得到提振并迅速消化溢价率；隐含波动率为 10% ～ 12%，显著低于正股历史波动率，到期收益率小幅为正，可忽略不计；纯债溢价率为 11%，考虑到正股经营基本面较强的确定性，其潜在回撤空间预计更小。与大秦转债类似，正股高分红的特性同样带来了确定性的长期回报驱动力，同时三峡可交债股性更强，故选择买入。

事后来看，三峡可交债一年期的持有回报并不理想，只表现出了"纯债替代"级别的收益率水平，直到 2021 年下半年供给侧能源危机时才赶上一波电力整体的板块性行情。

11. 贵广转债（正股：贵广网络）

贵广网络是贵州广电传媒集团旗下三家大型企业之一，主要从事广播电视网络的建设运营，主要业务包括广播电视节目收视服务、数字电视增值业务的开发与经营、数据业务、有线电视相关工程及安装、节目传输、终端销售等，为广电网络运营商，处于产业链中游。

该公司有在贵州省覆盖范围最广、覆盖密度最高的基础信息网络优势，并在持续完善城乡广播影视服务体系，拓展业务边界。公司营业收入从 2014 年的 17.49 亿元上升至 2019 年的 34.18 亿元，保持稳定增长态势。但在收入增长的背后，其经营质量却在持续下滑，ROE 从 2017 年的 25% 下降到 2019 年的 4.5%，主要原因是净利润率和资产周转率大幅下滑。2020 年以后，正股再无卖方覆盖，属于"无人问津"的投资标的，贵广转债交易价格也持续下跌，如图 6-50 所示。

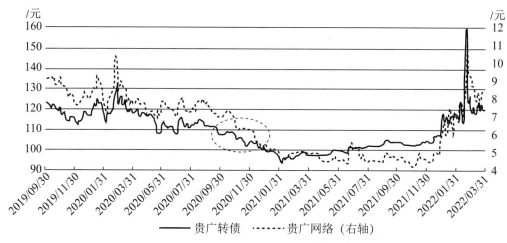

图 6-50　贵广转债及正股价格走势

（资料来源：Wind）

与亨通转债相似的是，贵广转债在 2020 年年底也经历了一波"信用危机"，到 2021 年 1 月其交易价格显著低于纯债价值，作为 AA+ 债券，其到期收益率达到 4.3%，纯债溢价率为 -0.5%，绝对价格刚好在发行时的 100 元附近，此时的贵广转债具有一定的高收益债替代属性，但与亨通相比，该公司业务的吸引力和成长性都比较弱，因此进行投资前需要明晰的问题便是其信用风险。

从公司 2020 年三季报的情况来看，其资产负债率达到 70%、属于偏高水平，同时已经出现小幅亏损的态势，看上去并不乐观。但同时观察到贵广的负债结构尚可，长期负债占比 40%，并没有存量的公募债券（主要公开债务集中在集团母公司），这意味着极端情况下不会因遭到二级市场抛售形成闭环的负反馈；公司的现金收入比为 63%，绝对水平较低但好于 2019 年同期，经营向现金流量 2.1 亿元，为近三年最高，这表明收入的现金含量至少没有恶化。即使按照悲观情景测算其账面资产价值能够覆盖有息债务，且核心资产脉络清晰，与主业高度相关，不存在盲目多元化的倾向。综合权衡后选择以较低的仓位买入。

复盘来看，短期转债价格进一步下探到 94 元附近，同时 2020—2021 年的财报显示，公司的经营基本面并没有结束持续恶化的态势。单纯从基本面来看，此前的判断并不靠谱，但市场似乎非常"买账"（可能有游资短期炒作的成分），到 2021 年年底贵广转债迎来一波大牛市，充分兑现了"彩票的收益"。对于贵广转债的投资，属于典型的"错误的判断导致正确的结果"，是需要进一步反思的。

12. 本钢转债（正股：本钢板材）

本钢板材是本钢集团有限公司所属的国有控股钢铁主业上市公司，是集炼铁、炼钢、轧钢等为一体的特大型钢铁联合企业，拥有东北大容积高炉、世界先进的冷轧生产线，钢铁整体技术装备达到业内先进水平。公司所从事的主要业务有钢铁冶炼、压延加工、发电、煤化工、特钢型材、铁路、进出口贸易、科研、产品销售等。

本钢转债的基本面情况与贵广转债有一定的相似性：都存在较明显的信用瑕疵，但主要的公开债务压力在集团母公司，上市公司的资产相对优质；都受到永煤事件影响，转债交易价格都大幅跌穿债底。但和贵广转债相比，本钢的下跌幅度更大一些。

如图 6-51 所示，2020 年 12 月，本钢转债的交易价格跌至 84 元附近，纯债溢价率为 -18%。但这里存在折现率不准确的问题，当时本钢集团（母公司）的存量公募债券二级市场卖盘报价大概在 7%，但并无买盘。考虑到本钢板材为集团旗下优质资产，集团非上市部分经营亏损，利润贡献主要来自上市公司，如果相对乐观以 7%～8% 的到期收益率作为本钢转债纯债价值的折现率，其对应的理论价格在 84～89 元[①]。另外，由于本钢转债的债项评级为 AAA，仍属于可质押标的，其融资功能并未受到影响，成了全市场少有的"高收益可质押券"。同时，公司作为"深度纯债型"品种，转股溢价率仅有 25%，这意味着一旦信用危机接触，转债向上的弹性非常大，进一步考虑公司作为辽宁省属国企的实际地位和转债市场的"零违约信用信仰"，选择控制仓位买入。

---

① 根据当时的 B-S 模型测算。

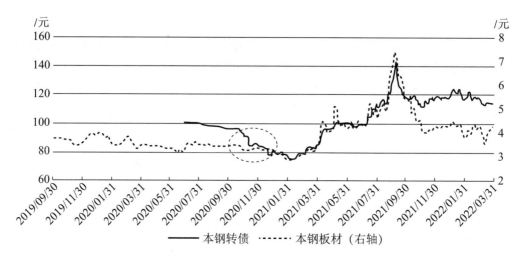

图 6-51 本钢转债及正股价格相对走势

（资料来源：Wind）

买入后，市场的信用担忧继续了较长时间，本钢转债最低跌至 73 元，造成这部分仓位回撤达到 14%，直到 2021 年 3 月价格才开始反弹。值得注意的是，此时的反弹并非意味着信用危机的解除，更多是源于正股相对强势的表现。而本钢转债逐步"收复失地"的剧情并未结束，到 2021 年下半年，由于能源供给紧张大宗商品价格暴涨，带动本钢转债价格上探到 140 元。而这部分盈利属于投资框架外的"惊喜"，即最开始计划赚信用情绪修复的钱，结果最终还赚到了周期性行业阶段性产品价格高点的钱。

13. 转债投资案例总结

通过本节的案例，不难发现二级市场转债的几种主流的操作思路。

（1）买入被低估的期权，保持耐心，等待"彩票收益"。

（2）先做好风险控制，买入安全边际明确的资产，并进行充分分散，至于能否赚钱交给市场。

（3）选择正股有一定亮点或短期催化剂，同时转债估值比较合理的"白马标的"，做时间的朋友。

（4）在正股景气度底部时将转债作为左侧试错工具，押注困境反转。

（5）把握发行人促转股的意愿和能力，买入潜在下修预期的转债。

（6）把转债作为替代利率债的波段交易工具，赚市场短期波动的钱。

（7）把转债作为替代高收益债的配置工具，赚信用利差修复的钱。

（8）把转债作为股票的替代工具，基于对正股基本面的深度认知，赚价值投资的钱。

下面的章节我们进一步对股票的投资方法论进行探讨，亦可作为转债投资的有益参考。

第七章
分类资产策略之股票

与债券相比,股票的风险收益特征有一定的特殊性。

第一,从时间截面和时间序列的维度来看,股票的回报分布方差更大(债券的长期回报接近其买入到期收益率,而股票不存在类似的共识),主要源于估值的大幅变动和上市公司盈利业绩的波动,且盈利同时会通过改变市场预期水平反作用于估值。

第二,股票为权益类资产的代表,不同证券间的回报分布方差极大,资产内部不存在明显的同质化,而多数固定收益证券,即使发行人存在质量差异,映射到债券层面的差异也较小。

第三,股票投资研究涉及的信息和参数更多,二级市场表现受证券相关的新增信息影响更大,同时根据传统股票估值定价模型,需要同时考虑利率、风险溢价、盈利、增长速度和分红比例等变量,因此需要的研究投入更高。

股票其价格波动的内在规律较为复杂,因此也衍生出了多种流派和风格的投资方法,如传统固定收益投资者通过大宗买卖、定向增发等交易手段获利;又如基于高频量化方法的多因子选股或指数增强策略;再如最传统的自下而上的基本面选股;等等。本章我们主要讨论第三种方法,主要脉络沿着中观行业到微观个股,试图为读者展示一个初步的股票投资策略框架。

一、行业基本概念与投资机会初探[①]

股票的行业属性是决定其资产回报的重要因素,这有两点原因:一是产业景气度的周期性变化导致中短期内表现最好的大多是盈利业

---

① 行业分类以 Wind 二级行业为准,财务绩效部分省略报表,相关数据截至 2020 年年底。

绩增速较高的行业，行业内部同涨同跌的现象明显，选行业的 beta 重要性甚至凌驾于选股的 alpha；二是行业特征直接决定了公司经营的生意属性，如上下游产业链的价值分布、财务表现的特点、面临的潜在竞争、集中度和格局等。

以下我们就 A 股部分市值占比较大的行业做简要介绍。需要说明的是，由于上市公司的业务日趋多元化，基于产业链的一体化整合成为潮流，行业分类的边界变得越来越模糊，投资中需要仔细甄别。

（一）能源行业

能源行业主要包括能源设备、石油天然气和煤炭等子行业。

1. 能源设备行业

能源设备行业指生产销售能源开采设备的行业，包括海洋油气设备、页岩气设备和煤机设备等。该行业上市公司总市值约为 2500 亿元，市值占比 0.28%，前三大市值的公司分别是中海油服、杰瑞股份和石化油服。

全球一次能源主要分为六大类，分别为石油、天然气、煤炭、核能、水力发电、可再生能源。其中，可再生能源主要包括太阳能、风能、生物质能。

从行业发展的趋势来看，该行业具备持续增长潜力的细分赛道包括以下几个。

（1）海上油气。由于我国原油对外依存度超过 70%，持续加大能源勘探力度成为必要的战略举措。而中国海上油气资源丰富，是油气勘探开发的重点领域。据中海油官网披露，2020—2021 年海上原油增量占国内原油增量的 80% 以上。

（2）页岩油开采。2021 年年初，国家能源局提出页岩油进入"十四五"规划，全力推动页岩油勘探开发。在此背景之下，新一轮油气开采相关的资本开支有望加速，从而给上游厂商带来发展机遇。

（3）新能源设备。近年来，随着碳中和、碳达峰目标的提出，我国能源结构持续转型，对风能和太阳能等清洁能源基础设施建设投入力度较大，因此带来了诸多新能源设备相关的投资机会，如锂电设备、光伏设备、风电设备等。光伏设备景气度与长期空间预测如图 7-1 所示，风电设备装机量增长预测如图 7-2 所示。

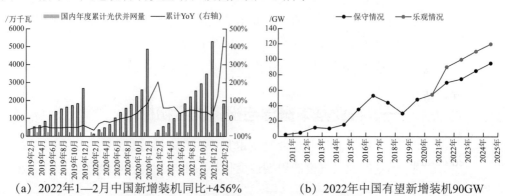

图 7-1　光伏设备景气度与长期空间预测

（资料来源：国泰君安证券）

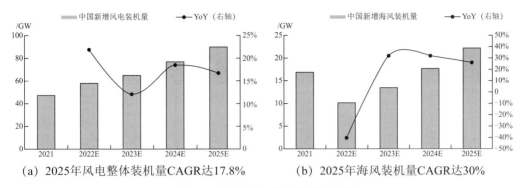

(a) 2025年风电整体装机量CAGR达17.8%　　(b) 2025年海风装机量CAGR达30%

图 7-2　风电设备装机量增长预测

（资料来源：国泰君安证券）

从近年财务绩效表现来看，能源设备行业当前的状况堪称惨淡：毛利率和净利率都比较低，这与下游设备采购商相对强势的市场地位有关，设备商往往缺乏议价能力；ROE 常年低位徘徊景气底部，整个行业出现大面积亏损；行业增速归零，未来行业增长点可能仅有结构性机会（如新能源设备的投资机会），传统能源设备日渐式微；资产负债率较高，部分上市公司可能存在信用风险。

2. 石油天然气行业

石油天然气行业指从事石油及天然气勘探、生产、炼制、营销、运输或者石油化工的行业。该行业上市公司总市值约为 15 000 亿元，市值占比 1.74%，前三大市值的公司分别是中国石油、中国石化和上海石化。

（1）石油行业。石油行业又分为原油炼制（汽油、柴油、煤油、液化气等）和石油加工（石化产品为主）两个赛道，涉及其下游终端消费的行业包括交通运输、电力、房地产、建筑、汽车、纺织服装等。该行业景气度受原油价格和生产成本影响较大（具体影响因素见图 7-3），作为全球定价的重要商品，境内外原油储量分布及产量、消费量是油价背后供需格局的决定性因素。而石油生产成本又分为两大类：一类是油气阶段成本指标体系（或称生产流程成本指标体系）；一类是油气完全成本指标体系（或称损益成本指标体系）。习惯上，投资者会根据一定产量下的阶段成本或者完全成本来分析单位油气的成本水平。

（2）天然气行业。天然气产业链按照上下游可以分为三部分：一是上游资源的勘探和开发环节；二是中游运输、存储等环节；三是下游输配和分销环节。

其中，上游的天然气勘探包括区域勘探、预探、详探三个不同阶段；天然气开发包括气藏工程、钻井工程、采气工程、地面工程等。

中游的天然气储运、输配包括天然气的干线、中长线管道输送、储存与调峰，以及液化天然气的运输、接收、储存和气化等。中游的主体业务可分为长输管线运输和 LNG（liq-uefied natural gas）运输两类。

下游的天然气分销主要是中低压管线输配，经过城市输配站的调压送至中压用户网络（居民、商业等）或者次高压用户（大型工业企业）。目前，天然气分销呈现国有和私营公司共存的局面，主要由各城市燃气公司运营。

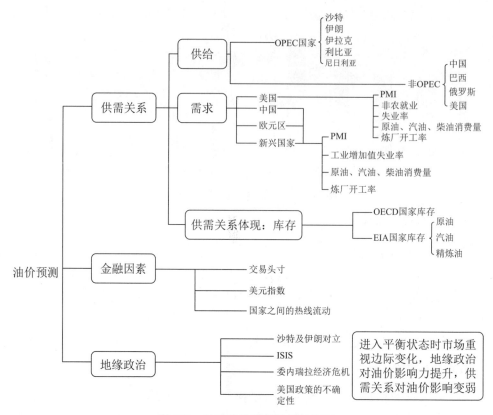

图 7-3 原油价格预测的相关因素

(资料来源:国泰君安证券)

石油天然气行业未来发展的主要机会有以下两个。第一,地缘政治因素日趋复杂,大国之间的矛盾冲突不断,导致原油供给端面临阶段性紧缩,原油价格将在较长时间内维持高位。第二,整体来看,我国天然气仍存在一定供需缺口,进口依赖度常年超过40%,叠加能源结构转型的需求,推动天然气业务快速发展。

根据行业财务状况来看,2020年行业景气度跌入谷底,全行业收入增速−26%,而利润增速甚至比收入增速表现更差,主要源于更低的净利润利率水平,还包括与能源设备类似的行业经营呈现周期性波动的特征,且行业产品整体附加值不高,缺少定价自主权。

图 7-4 为石油开采相关产业链结构及主要上市公司,供读者参考。

3. 煤炭行业

煤灰行业指从事煤炭资源勘探、煤田开发、煤矿生产、煤炭贮运、加工转换和环境保护的行业。该行业上市公司总市值约为 11 900 亿元,市值占比 1.24%,前三大市值的公司分别是中国神华、陕西煤业和兖矿能源。

煤炭按用途主要分为动力煤(用于火力发电、电力供热)、焦煤(用于粗钢制造)和无烟煤(用于水泥、化工、天然气的行业生产)。煤炭行业研究分析框架如图 7-5 所示。

第七章 分类资产策略之股票

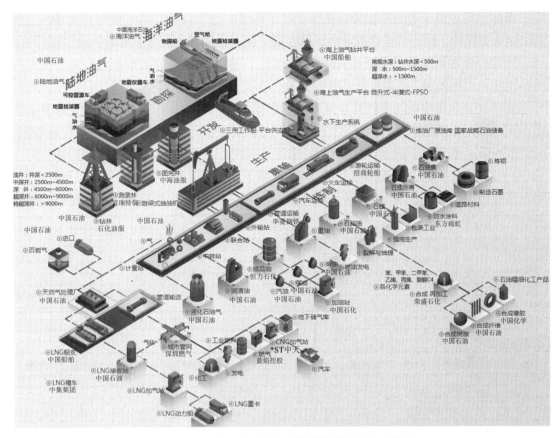

图 7-4 石油开采相关产业链结构及主要上市公司

（资料来源：ifind）

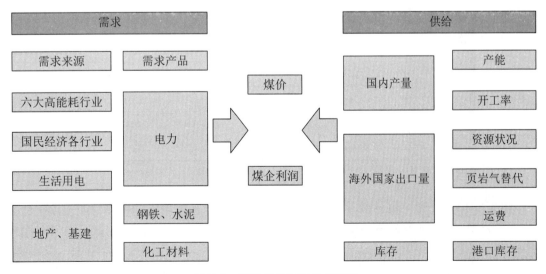

图 7-5 煤炭行业研究分析框架

（资料来源：Wind，笔者整理）

煤炭主要应用于电力、钢铁、水泥、化工四大行业。这些行业既有能源属性，也有化工属性。其中，电力行业是重要的下游行业，化工行业是利润的主要增长点。

从煤炭价格角度看，该行业同时受到煤炭、下游产成品库存和以电力行业为代表的终端消费需求的影响，短期可能还受到限电、限产（如"双碳"目标）导致的供给端冲击。

长期来看，煤炭在能源消费中呈现占比持续下降的趋势，行业整体性的发展空间不大，但潜在机会主要有以下两个：第一，煤炭下游的火电行业正从过去的"市场煤计划电"到"市场煤市场电"转变，如果电价市场化浮动明显，将打开煤炭企业的利润弹性空间；第二，"双碳"目标叠加供给端深化改革，对煤炭开采的质量和环保标准提出了更高要求，抬升行业门槛，加速市场出清和落后产能的淘汰，进而有利于龙头企业竞争优势的巩固和集中度提升。

关于煤炭的需求的具体预测，一般从产量和消费量两方面进行分析，如表 7-1 所示。

表 7-1 全球煤炭 2021—2024 年供需平衡预测

单位：百万吨

地区/国家	2020		2021		2024E		CAGR（2020—2021）		CAGR（2021—2024）	
	消费量	产量	消费量	产量	消费量	产量	消费量	产量	消费量	产量
中国	4148	3844	4394	4071	4755	4350	5.9%	5.9%	2.7%	2.2%
印度	931	764	1056	793	1185	900	13.4%	3.8%	3.9%	4.3%
亚太合计	5984	5809	6374	6085	6919	6495	6.5%	4.8%	2.8%	2.2%
美国	434	485	508	528	431	484	17.1%	8.9%	−5.3%	−2.9%
北美合计	466	540	541	584	462	536	16.1%	8.1%	−5.1%	−2.8%
中/南美洲	48	56	55	73	46	68	14.6%	30.4%	−5.8%	−2.3%
欧盟	390	301	435	329	400	247	11.5%	9.3%	−2.8%	−9.1%
俄罗斯	223	398	227	429	237	500	1.8%	7.8%	1.4%	5.2%
中东合计	12	2	12	2	8	2	0.0%	0.0%	−12.6%	0.0%
非洲合计	198	262	209	260	214	269	5.6%	−0.8%	0.8%	1.1%
全球合计	7632	7641	8170	8035	8586	8383	7.0%	5.2%	1.7%	1.4%

（资料来源：国泰君安证券）

从历史财报来看，煤炭行业毛利率显著高于能源设备和石油天然气行业，属于能源一级行业中相对较好的商业模式，能够在支撑更高费用率水平的同时保持一定水平的净利润率，且近年来核心盈利指标稳定性较好，ROE 达到全行业中等水平。虽然 2020 年煤炭行业收入利润出现下滑，但 2021 年因煤炭持续涨价，前三季度业绩较好，行业龙头的收入利润预期增速在 30% 左右。

图 7-6 为煤炭相关产业链结构及主要上市公司，供读者参考。

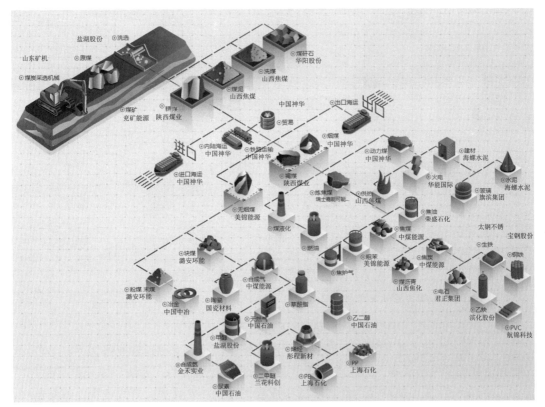

图 7-6　煤炭相关产业链结构及主要上市公司

（资料来源：ifind）

（二）化工行业

化工行业主要包括化工原料、化纤、精细化工等子行业。

1. 化工原料行业

化工原料行业指生产销售化工原料的行业。化工原料是用于生产各种制剂的原料，该行业上市公司总市值约为 21 800 亿元，市值占比 2.43%，前三大市值的公司分别是万华化学、宝丰能源和卫星化学。

化工原料一般可以分为有机化工原料和无机化工原料两大类。有机化工原料又可分为烷烃及其衍生物、烯烃及其衍生物、炔烃及衍生物、醌类、醛类、醇类、酮类、酚类、醚类、酐类、酯类、有机酸、羧酸盐、碳水化合物、杂环类、腈类、卤代类、胺酰类；无机化工产品的主要原料包含硫、钠、磷、钾、钙等化学矿物，以及煤、石油、天然气等。无机化工产品涉及造纸、橡胶、塑料、农药、饲料添加剂、微量元素肥料、空间技术、采矿、采油、航海、高新技术领域中的信息产业、电子工业以及各种材料工业，又与日常生活中人们的衣、食、住、行，以及轻工、环保、交通等息息相关。

这些原材料通过复杂的化学反应和生产制造工艺为下游的应用场景提供素材，如图 7-7 所示。

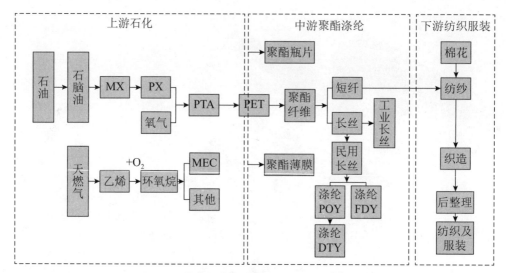

图 7-7 化工原料之 PTA 产业链生产流程[1]

（资料来源：Wind，笔者整理）

化工原料行业长期的投资机会包括以下两个。

（1）部分行业龙头持续进行产业链一体化整合，向上下游延伸业务边界。这样，一方面有效降低了生产成本，另一方面逐步占据下游高附加值的产品线，提升盈利能力。

（2）部分化工原料产品的能耗和碳排放水平较高，受到的监管政策也在逐渐趋严，伴随着部分落后产能的出清，未来行业整体新增产能预计将向"低碳原料"逐步迁移，进而带动相关原料品类的发展。

从历史财务特征来看，行业销售收入增速持续下台阶，表明行业可能逐步进入存量博弈阶段，能够实现产品结构升级和份额持续提升的龙头企业更有可能在未来的竞争中胜出。该行业景气度存在一定周期属性，毛利率稳步提升，资产负债率持续下行，行业基本进入成熟后期，竞争格局相对稳定。

2. 化纤行业

化纤行业指生产销售化学纤维的行业。化学纤维是利用天然的高分子物质或合成的高分子物质，经化学工艺加工而取得的纺织纤维总称，包括人造纤维、合成纤维。该行业上市公司总市值约为 7900 亿元，市值占比 0.88%，前三大市值的公司分别是荣盛石化、恒力石化、东方盛虹。

化学纤维属于纺织纤维的一种，是以石油、天然气等制得的低分子化合物（单体）为原料，经过化学加聚或缩聚而得到合成纤维高聚物（聚酯），高聚物经过抽丝再加工制成的纤维。化学纤维主要包括涤纶、粘胶纤维、锦纶、氨纶等，主要用于纺织服装行业，

---

[1] PTA 是精对苯二甲 pure terephthalic acid 的英文缩写，PTA 是石油的末端产品，同时它是化纤的前端产品，也就是说，PTA 是石化与化纤产业链的分水岭，承前启后；PET 一般指聚对苯二甲酸乙二醇 polyethylene terephthalate；MX 是间二甲苯 m-Xylene；PX 是对二甲苯 para-xylene；MEC 是微生物电解池 microbial electrolysis cell 的英文缩写；涤纶 POY，即预取向丝；涤纶 DTY，即涤纶低弹丝，是涤纶化纤的一种变形丝类型，是以聚酯切片为原料，采用高速纺制涤纶 POY，再经牵伸假捻加工而成；涤纶 FDY，即全拉伸丝。

在纺织纤维中分别占比 57%、5%、4%、0.6%。各纤维品种综合对比如表 7-2 所示。

表 7-2　各纤维品种综合对比

类型		性能特点
涤纶	长丝	光泽度和染色性较好
	短纤	
粘胶纤维	长丝	手感舒适，但遇水强度下降
	短纤	
锦纶	长丝	光泽度和强度较好，可以做超细的产品
氨纶		弹性好，主要用于纺织加弹

从产业趋势来看，化纤行业的主要投资机会有以下两个：第一，全行业近年来新增产能节奏显著放缓，库存得到一定程度的消化，供给端的格局有望持续改善；第二，行业龙头企业持续的技术改造和产品升级，有效降低了经营成本，提升了产品附加值，从而提升盈利能力，实现高质量发展。

从历史财务特征来看，化纤行业增速显著高于化工原料，近年来收入保持在 10%～20% 的中枢增长水平，且净利润增速快于收入增速，显示一定的成长属性。同时该行业毛利率与净利润率持续改善，ROE 已经达到良好水准，但资产负债率偏高，这可能与行业内部分公司相对激进的产能扩张和资本开支相关。

图 7-8 为化纤产业链上下游结构及主要上市公司，供读者参考。

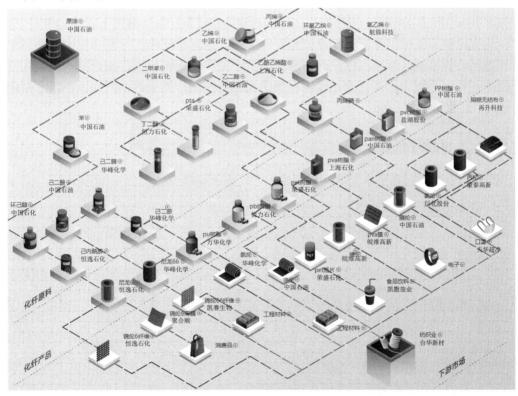

图 7-8　化纤产业链上下游结构及主要上市公司

（资料来源：ifind）

3. 精细化工行业

精细化工行业，指生产销售精细化学品的行业。精细化学品是指对基本化学工业生产的初级化学品进行深加工而制取的具有特定功能、特定用途的系列化工产品，如水质稳定剂、表面活性剂、增塑剂等，其基本特征为小批量、多品种、功能专用。该行业上市公司总市值约为 18 500 亿元，市值占比 2.06%，前三大市值的公司分别是恩捷股份、璞泰来、天赐材料。

相对于总量千万吨级的大宗化学品生产规模，精细化工品生产规模相对偏小，但各自有特定的应用领域。这样，一方面企业较难利用短期景气周期实现利润的迅速放大，单个品种的研发费用可能较高；另一方面，精细化工品的研发难度能帮助企业构筑竞争壁垒，维持价格和毛利率的相对稳定。同时，特定产品领域的优势精细化工企业能通过相近工艺的不同产品来实现低研发费用的产品线拓展，实现长期的持续稳定的经济增长。

总体上，精细化工行业呈现技术壁垒高、行业景气周期长、资金密集度高、产品附加值高、产业关联度强和覆盖范围广等特点。

作为国家政策和资金支持的行业，精细化工领域潜在的发展潜力巨大，长期景气的原因有以下两点。

（1）行业起步较晚，精细化工率显著低于欧美等发达国家，对外依存度高。这对于行业的技术升级和渗透率提升都提供了较大的需求空间。

（2）医药、农药、电子化学品、化妆品等下游市场的快速发展为精细化工带来更广阔的应用场景和需求增量。传统的基础化工企业持续转型发力精细化工领域。

从历史财务特征来看，该行业销售毛利率高，是对精细化工行业高技术壁垒带来高产品附加值的印证，但这种模式意味着更高的研发和销售费用率，因此净利润率并没有达到优良水平，ROE 中枢持续下降；销售收入增速乏力，拖累资产周转率；资本结构相对稳健，抗风险能力较强。

（三）材料行业

材料行业主要包括基本金属、贵金属、钢铁等子行业。

1. 基本金属行业

基本金属是指国民经济和社会各方面使用量相对较多、使用范围较广的常用金属，一般包括铜、铝、铅、锌、锡等。该行业上市公司总市值约为 26 900 亿元，市值占比 2.99%，前三大市值的公司分别是赣锋锂业、北方稀土、天齐锂业。

从产业链结构来看，基本金属包括上游采矿、中游冶炼和下游加工三个生产环节。成本控制和产成品价格是决定公司盈利水平的决定因素。基本金属在下游应用广泛，主要包括电力、交通、建筑、机械、电子信息、航空航天、国防军工等行业，与宏观经济的相关性较强，具有一定的产业周期性。

短期来看，基本金属的景气度有望持续回升，主要的投资逻辑包括以下几点。

（1）2022 年，经济稳增长主线明确，财政政策积极，"加快支出进度"和"适度超前开展基础设施投资"都将为传统经济部门提供需求支撑。

（2）氧化铝呈现供给过剩格局，促进其下游的电解铝行业成本端压力缓释，电解铝盈利有望触底反弹；同时受益于新能源车产销放量，铝加工材料需求端将有强劲支撑。

（3）铜作为重要的导电材料，在风电、光伏、储能等项目中的需求快速提升，为整个产业链带来增长空间。

从历史财务特征来看，由于上游成本端和下游客户端的集中度都偏高，基本金属行业的产业链地位相对弱势，盈利能力相关指标偏弱，净资产回报率显著低于正常权益资本成本，这也是该类公司低PB水平的重要原因。另外，行业上市公司整体的净利润水平波动较大，其主要原因是净利润水平的波动率较高。

2. 贵金属行业

贵金属，指金、银和铂族金属（钌、铑、钯、锇、铱、铂）8种金属元素。这些金属大多数拥有美丽的色泽，化学性质稳定，难以被腐蚀。该行业上市公司总市值约为4700亿元，市值占比0.53%，前三大市值的公司分别是紫金矿业、山东黄金、中金黄金。

相对其他金属，贵金属不仅具有商品特性，还具有金融属性，特别是黄金和白银等金属同样是活跃的投资品。除投资需求外，贵金属行业常见的下游应用包括工业生产、首饰制品等。

影响贵金属价格的因素较多。从供给端来看，影响因素主要包括储备与可采掘的贵金属量、生产端潜在的劳动力供需、市场对利率的预期水平、储备黄金的央行买卖行为等；从需求端来看，影响因素包括地缘政治和冲突（避险需求）、通胀对应的保值需求、婚嫁对应的首饰需求、新材料领域的应用、主权国家储备需求等。利率对黄金价格的影响如图7-9所示。

图7-9 利率对黄金价格的影响

（资料来源：国泰君安证券）

贵金属行业的投资机会包括以下两个：第一，黄金行业并购趋势的深化，进一步提升了行业集中度，让龙头公司的资源优势更加明显；第二，常态化的地缘政治冲突提升了黄金作为避险类资产的功能优势，低利率环境凸显了黄金作为另类资产的配置价值，这些因素都有望支撑金价持续在相对高位。

该行业历史财务特征与基本金属类似，贵金属的毛利率与净利润率略高于基本金属，周期性也略弱（收入增速相对稳定）。2020年，贵金属行业出现爆发式增长，净利润率呈现翻倍提升的态势，因此当年净利润的增速超过了收入增速，行业市盈率水平也位于历史最高。

3. 钢铁行业

钢铁是工程技术中最重要、用量最大的金属材料。该行业上市公司总市值约为10 800亿元，市值占比1.2%，前三大市值的公司分别是宝钢股份、中信特钢、包钢股份。

钢铁行业产业链全景如图7-10所示。

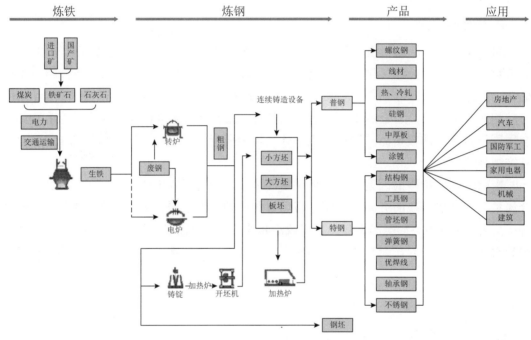

图7-10 钢铁行业产业链全景

（资料来源：Wind）

钢铁行业是最重要的中上游行业之一，上下游行业都是国民经济中最重要的工业品部门，需求端与多类宏观高频指标相关，如PMI新订单、固定资产投资增速、制造业投资增速等。该行业的盈利主要受钢价（受制于供给、需求和库存）、产能利用率和成本（原材料、燃料和运输成本）影响。

与煤炭行业一样，2021年钢铁行业受到了明显的供给冲击，产品价格上涨幅度较大。展望未来，钢铁行业潜在的投资机会包括以下几个。

（1）稳增长政策对钢铁下游的需求改善带来了确定性利好。

（2）深耕细分市场、产品差异性较高的特种钢材料制造商受益于下游核心零部件的需求景气，长期增长空间可期。

（3）短期来看，俄乌冲突导致的钢材供应短缺开始显现，利好国内出口比例较高的钢铁生产企业。

从历史财务表现来看，近年来全行业收入增速基本在通胀水平附近，行业已经进入成熟和衰退期，对下游行业的附加值持续下降，ROE 水平差强人意，但整体盈利能力显著弱于煤炭行业。

图 7-11 为钢铁产业链结构及主要上市公司，供读者参考。

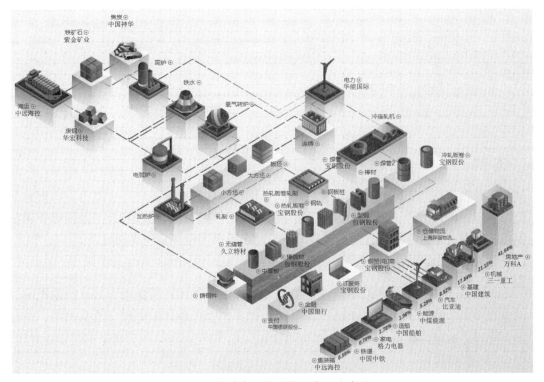

图 7-11　钢铁产业链结构及主要上市公司

（资料来源：ifind）

（四）机械设备及军工行业

机械设备及军工行业主要包括航天军工、电工电网 / 发电设备、工业机械等子行业。

1. 航天军工行业

航天军工行业是指生产销售航空航天装备及各种军工装备的行业。该行业上市公司总市值约为 10 800 亿元，市值占比 1.2%，前三大市值的公司分别是航发动力、中航沈飞、中国重工。

军工产业链和各部门的产品构成如图 7-12 所示。

从长期投资逻辑出发，军工行业的主要细分赛道（如航空制造、红外探测等）近年来受益于国防费用投入的持续增加（据统计，2005—2020 年国防预算复合增速 11.6%），且目前我国国防费用占 GDP 比重仍然显著低于世界其他大国水平，持续高强度的投入依然可期。同时，行业内军需转民用的趋势明显，特别是民用航空制造业方面还存在一定国产替代的需求，支撑行业景气度维持在相对高位。

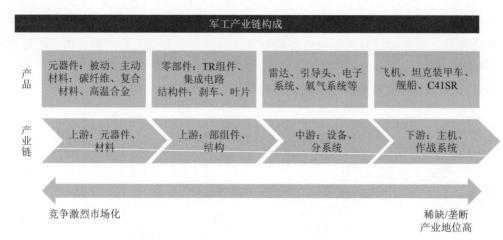

图 7-12　军工产业链和各部门的产品构成

（资料来源：Wind）

该行业内，国企占比较高，企业运作效率和激励机制相对落后，从历史表现来看盈利能力偏弱，ROE 水平常年在低位徘徊，除净利润时常出现大幅波动外，其他财务指标均保持缓慢增长态势，同时行业投资和筹资性现金流表现出一定的周期性。

2. 电工电网/电力设备行业

电力系统中各种电压的变电所及输配电线路组成的整体，称为电力网，简称电网。电网包含变电、输电、配电三个单元。电网的任务是输送与分配电能，改变电压。该行业上市公司总市值约为 40 900 亿元，市值占比 4.54%，前三大市值的公司分别是宁德时代、国电南瑞、亿纬锂能。

电力系统整体的发电流程如图 7-13 所示。

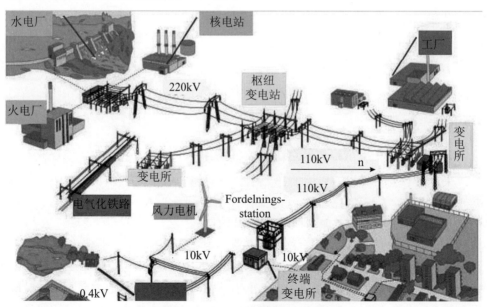

图 7-13　电力系统整体的发电流程

（资料来源：Wind）

从可持续发展出发，能源主要包括可再生能源（太阳能、风能、水能等）和不可再生能源（煤炭、石油、核能等）。前者为目前国内电力行业主要的转型方向。全球电力生产结构预测如图7-14所示。虽然目前前者的发电量和效率暂时还没有达到后者的状态，但给整个行业带来了确定性的增长空间，相关的基础设施建设、设备制造、电力运输等企业均有较好的景气度。

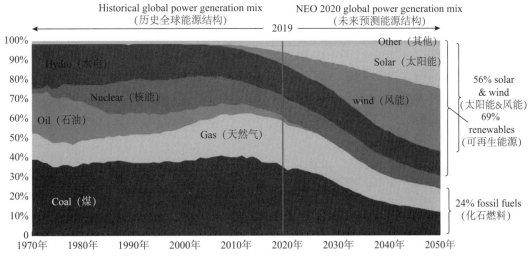

图7-14　全球电力生产结构预测

（资料来源：BNEF）

此外，电力行业的投资机会还包括以下几个。

（1）新能源大比例接入电网，对电网的安全稳定性及新能源消纳比例提出了更高要求。"十四五"期间国家电网和南方电网行业巨头在电力系统的建设方面都增加了大量资本开支，上游供应商有望持续获得收益。

（2）新型电力电子核心零部件IGBT①迎来国产替代浪潮，其在电力端应用前景广阔，持续带动行业发展。

（3）储能业务快速发展，大规模储能系统、智慧能源网络等对先进技术应用的需求持续增长。

（4）动力电池领域具有较高的技术壁垒，且国内龙头公司已具备了世界领先的行业竞争优势，马太效应显著。

近年来，该行业收入水平保持稳定增长，增速逐渐放缓；毛利率水平尚可，但费用率较高，从而压制净利率，拖累了ROE水平。考虑到行业内公司的结构分化较大，龙头公司受益于行业集中度提升，有望持续获得高于平均水准的利润率。

图7-15为风电产业链结构及主要上市公司，供读者参考。

---

① IGBT：绝缘栅双极型晶体管。

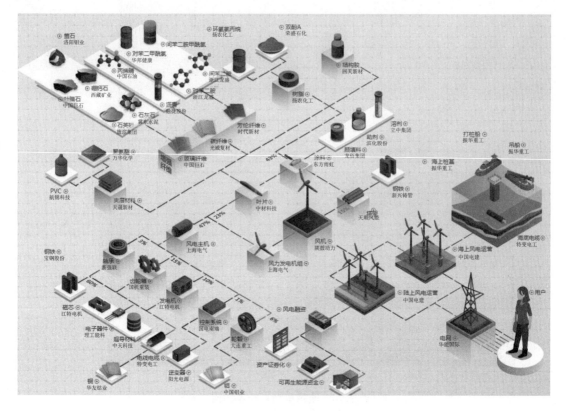

图 7-15　风电产业链结构及主要上市公司

（资料来源：ifind）

3. 工业机械行业

工业机械行业包括通用机械设备（机床、风机、泵、锅炉、阀门、轴承、齿轮、紧固件、五金制品等）和专用机械设备（化工机械、印刷包装机械、纺织服装机械、建材机械、塑料机械、制药机械、食品饮料机械、物流输送装备等）。该行业上市公司总市值约为 26 000 亿元，市值占比 2.89%，前三大市值的公司分别是先导智能、恒立液压、三花智控。

工业机械行业的主要分类如图 7-16 所示。

从行业驱动因素来看，该行业主要需求来自固定资产投资带动的国内需求、产品升级和国产化带来的国际需求，以及全球制造业转移带来的产品价格及附加值的提升。行业展望上，该行业与光伏设备、锂电设备和新能源汽车相关的机械设备景气度较高，传统的工程类机械受制于制造业投资需求偏弱。结构上，该行业具备全产业配套能力的自动化设备核心器件供应商与技术上领先的自动化机床主机厂，长期前景较好。

行业长期趋势带来的投资机会包括以下几个：一是全球动力电池扩张浪潮，带动锂电池相关的机械设备需求持续增长；二是新能源汽车业务高增长，汽车零部件相关的设备企业景气度提升；三是传统工程机械类企业受益于稳增长和基建提速等政策。

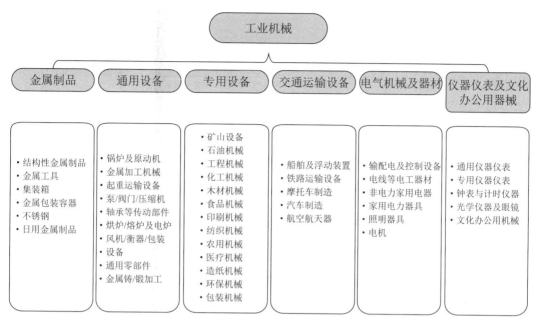

图 7-16 机械行业的主要分类

（资料来源：Wind）

从历年财报来看，该行业净利率周期波动是其净利润增长率大幅变化的核心原因。费用率逐年下降，全行业收入增速放缓。该行业整体的盈利能力偏弱，ROE 和 ROA 水平都不尽如人意，但行业龙头 ROE 水平可达到 15%～25%，有一定分化。

（五）运输服务及设备行业

运输服务及设备行业主要包括航空与物流、海运、陆路运输、机场、公路、港口、汽车及零配件等子行业。这里着重介绍航空与物流、汽车两类行业。

1. 航空与物流行业

航空与物流行业是指航空客运与货运服务行业。该行业上市公司总市值约为 12 400 亿元，市值占比 1.38%，前三大市值的公司分别是顺丰控股、中国国航、南方航空。

航空行业的盈利影响因素如图 7-17 所示。

近年来，航空行业需求端受常态化的新冠感染疫情压制较为明显，票价和客座率都位于历史较低水平，同时还存在高铁等替代性需求的潜在竞争。该行业成本端受燃油价格影响较大，同样呈现周期性波动的特征。

关于航空业的长期发展趋势和空间，我们在下章公司基本面研究案例（春秋航空）中展开阐述。

物流行业，短期受政策面影响较大，2021 年快递相关政策密集出台，超出了历史上任一时期。同时，近年来持续恶性的快递价格战加速了行业出清，未来具备成本控制能力的综合物流服务商有望从竞争中胜出。

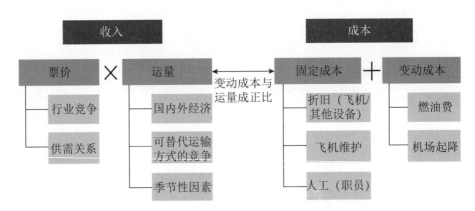

图 7-17 航空行业盈利影响因素

（资料来源：Wind，笔者整理）

2020 年，航空与物流行业受新冠感染疫情影响，行业表现堪称惨烈，预计需要等到产能利用率（或客座率）拐点，同时油价保持在相对低位，才能逐渐复苏。在其他正常年份，行业盈利能力同样偏弱，受成本端周期影响，净利润率波动较大。

图 7-18 为物流产业链结构及主要上市公司，供读者参考。

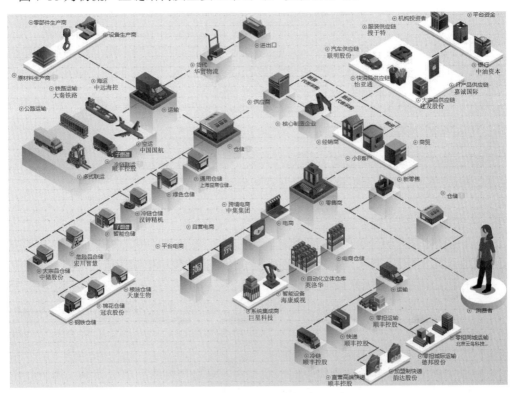

图 7-18 物流产业链结构及主要上市公司

（资料来源：ifind）

2. 汽车行业

汽车行业指生产销售汽车整车及提供相关服务的行业，包括乘用车、客车、货车、特种车生产与销售及汽车服务。该行业上市公司总市值约为 16 500 亿元，市值占比 1.84%，前三大市值的公司分别是比亚迪、长城汽车、上汽集团。

中国汽车产业链的价值分布和格局如图 7-19 所示。

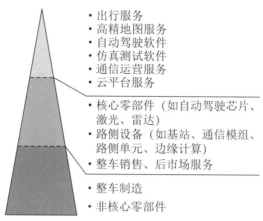

图 7-19　中国汽车产业链的价值分布和格局

（资料来源：德勤咨询）

近年来，国内汽车行业智能化、电动化、自主品牌化的趋势明显，带动全行业增长，特别是新能源车产销两旺，业绩持续超过预期。而传统的整车制造已经不再是部分整车厂的核心业务（甚至选择外包），与电动化和智能化相关的软件类服务，以及消费和科技属性较强的零部件服务占据了价值链的重要位置。

2020 年，中国市场千人汽车保有量为 195 辆，与美、日、韩等国家相比仍有较大发展空间，城市家庭第二台车的占比提升，汽车报废带来的更新替换周期将是需求的重要驱动力。由图 7-20 可知，中国汽车自主品牌份额重回上升通道，这为国内车企带来新的发展机遇。

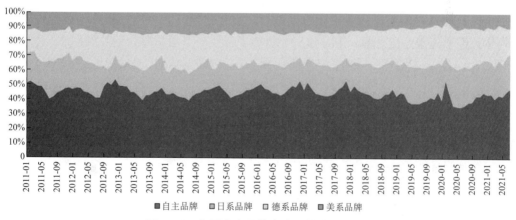

图 7-20　各国汽车品牌在中国的市场份额

（资料来源：国泰君安证券）

从历年财报来看，该行业毛利率净利率呈现持续下滑的态势，收入增速连续两年为负，行业并不景气，这可能与部分传统整车厂逐渐出清和淘汰有关。2021 年，行业估值水平位于历史最高，PE-TTM 接近 75 倍，表明市场对行业的发展前景比较乐观。

图 7-21 为新能源汽车产业链结构及主要上市公司，供读者参考。

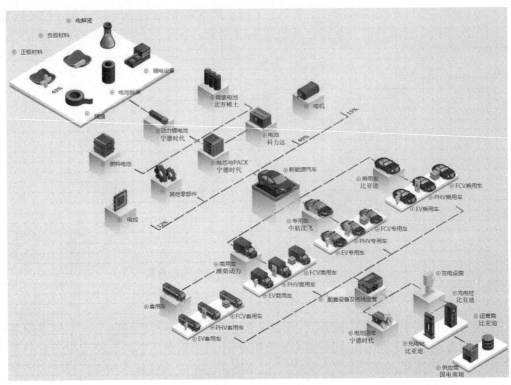

图 7-21　新能源汽车产业链结构及主要上市公司

（资料来源：ifind）

（六）媒体及信息通信服务行业

媒体及信息通信服务行业主要包括教育、文化传媒、互联网、软件、通信设备、电脑硬件、电子元器件及设备、半导体、电信等子行业。下面简要介绍几类。

1. 文化传媒行业

文化传媒行业是指为社会公众提供文化产品、文化传播服务和文化休闲娱乐等活动，及与之有直接关联的用品、设备的生产和销售活动。该行业上市公司总市值约为 9300 亿元，市值占比 1.04%，前三大市值的公司分别是分众传媒、芒果超媒、万达电影。

按监管的路径来看，文化传媒行业由中华人民共和国文化和旅游部及国家广播电视总局管理。

从行业发展当前状态来看，目前国内文化传媒行业整体已经进入移动互联网时期的中后期平稳发展阶段，伴随着政策管控、新冠感染疫情等外在因素的影响下，影视剧、游戏、营销等主要细分行业的发展增速放缓，且龙头的市场集中度提升。

提升用户付费是用户数量饱和后的新发展趋势，特别是国内版权意识逐步普及，用户对高质量文化产品的付费意愿显著提升。因此在用户数量难以出现高速增长的背景下，提升产品力，挖掘客户付费场景和适度的广告投放将成为行业的核心发展方向。

此外，自主 IP 的培育是影视动漫行业的新趋势，同时元宇宙概念为行业带来进一步提升价值空间的可能性。元宇宙相关价值链如表 7-3 所示，其具体场景预计是未来全行业重点投入的方向。

表 7-3 元宇宙相关价值链

七层价值链	具体场景举例
体验	游戏、社交、电子竞技、影院、购物
渠道	广告网络、社交、策展、商店、代理商
创作者经济	设计工具、资本市场、工作流程、商业
空间计算	3D 引擎、VR/AR、多任务处理、空间地理制图
去中心化	边缘计算、AI 计算实体、微服务、区块链
人机交互	手机，智能眼镜，可穿戴技术、触觉、手势、声控设备
基础设施	5G、Wi-Fi、6G、云计算、微机电系统、图形处理器

从历史财务绩效来看，该行业整体景气度持续下滑，毛利率持续下滑，在费用率基本稳定的情况下，净利润和 ROE 水平都落入负值区间，2020 年全行业净利润录得亏损，现金流整体净流出，需要等待底部拐点进一步关注投资机会。

图 7-22 为影视传媒产业链结构及主要上市公司，供读者参考。

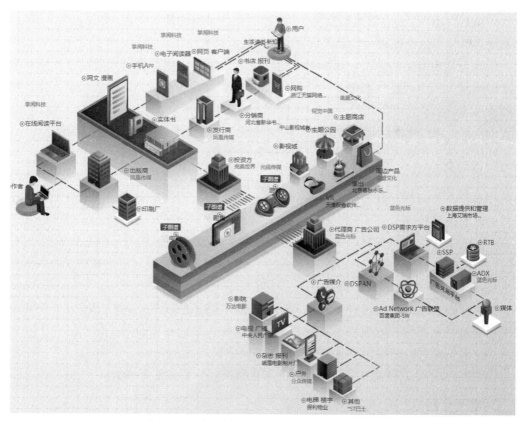

图 7-22 影视传媒产业链结构及主要上市公司

（资料来源：ifind）

2. 软件行业

软件行业指软件产品和 IT 服务的集合。其中，软件产品是一系列按照特定顺序组织的计算机数据和指令的集合，包括基础软件和应用软件。IT 服务是指为支持组织用户的业务运营和个人用户任务，贯穿 IT 应用系统整个生命周期的各项服务的统称，包括支持服务和专业服务两大类。该行业上市公司总市值约为 24 100 亿元，市值占比 2.68%，前三大市值的公司分别是用友网络、金山办公、科大讯飞。

从行业价值链分布的角度看，上游的技术专利和下游的品牌服务附加值较高，而中游的代工制造则价值较小。

从软件公司的商业模式来看，软件按盈利能力从低到高排序主要分为项目型（代工模式）、产品型（产品模式）和平台型（增值服务模式）。项目型软件通常需要解决客户大量个性化定制的问题（如典型的 ERP 系统），因此实施步骤复杂，人员培训成本高，业务扩张的速度慢；产品型软件则是高度标准化，应用较为简单，以解决某一类问题为主，不涉及流程管理方面问题，客户的培训和人员成本都较低，利润率和现金流一般好于项目型软件；平台型软件进一步改变了客户的消费习惯，将业务整体搬至线上，不再需要软件生产（客户直接下载）和渠道销售环节，扩张的边际成本最低。

而对于不同商业模式的公司，考察其基本面的关注点也有不同。平台型公司往往营业收入相对稳定，受人力成本影响较小，更需要关注平台的基本要素，如用户量及其黏性、潜在用户群体和盈利模式；对于产品型公司，则需要关注市场格局、产品竞争力、议价能力、市场蛋糕所衍生的壁垒、研发投入、行业集中度等；项目型公司受经济周期和政策波动影响较大，需要关注其项目执行周期下的每个关键因素，如订单质与量、垫资能力和财务风险、渠道广度等。

近年来，国内软件行业长期保持在 10% 的收入增速水平，增长态势较为稳定。

从软件行业长期发展趋势来看，主要投资机会有以下几个。

（1）多数传统工业企业信息化率较低，通过管理型软件提升其信息化水平和生产效率势在必行，"万物互联"趋势下工业互联网的相关应用带来更多元的业务场景，使得软件的需求量增加。

（2）人工智能和 AI 等技术加速各行业的数字化转型和赋能，提升了信息化的商业价值。

（3）5G 等基础设施持续完善，为更高技术的计算机软件实际应用创造了有利条件，促进技术升级。

从历史财务绩效来看，整体行业产品的毛利率附加值较高，同时研发开支使费用率水平同样维持在高位，导致净利润率表现不佳；收入增速稳中有降，但仍然高于社会平均水平，属于典型的较高利润率较低周转率的商业模式。

图 7-23 为工业互联网产业链结构及主要上市公司，供读者参考。

3. 电子元器件

电子元器件是电子元件和器件的总称。电子元件是指在工厂生产加工时不改变分子成分的成品，如电阻器、电容器、电感器。因为它本身不产生电子，对电压、电流无控

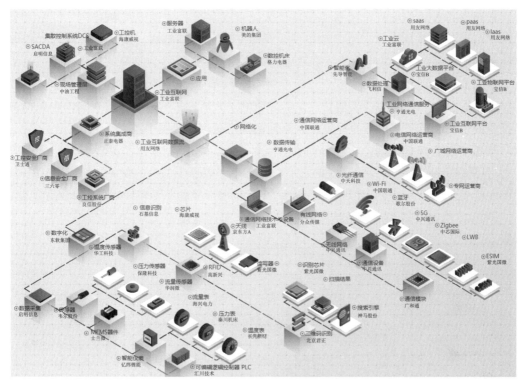

图 7-23 工业互联网产业链结构及主要上市公司

（资料来源：ifind）

制和变换作用，所以又被称为无源器件。电子器件是指在工厂生产加工时改变了分子结构的成品，如晶体管、电子管、集成电路。该行业上市公司总市值约 48 000 亿元，市值占比 5.33%，前三大市值的公司分别是海康威视、立讯精密、京东方 B。

电子元器件位于相关产业链的中游位置，上游产品为电子材料，下游产品为终端产品（见图 7-24）。

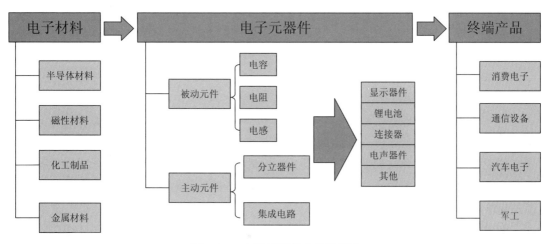

图 7-24 电子元器件产业链概览

（资料来源：Wind，笔者整理）

按照工作是否需要外部能量源，电子元器件又可分为主动元件和被动元件两大类。其中，被动元件包括电容、电阻和电感，是电子行业的基础原材料，又被称为"电气化时代的钢筋水泥"，在电路中发挥着基础连接作用；主动元件包括分立器件和集成电路。

从行业中长期发展空间来看，该行业受益于汽车电子、智能手机、快充技术、5G领域等应用场景和需求端的持续创新，有望带动电子元器件扩容。同时随着国内企业材料，该行业设备和制造工艺水平的提升，元器件的国产化率呈现提升态势。

从历史财务绩效来看，电子元器件行业的毛利率和净利率水平并没有显示足够的竞争力，且呈现不断下降的态势，但ROE水平表现尚可，这源于其较高的财务杠杆和资产周转率，投资性现金流持续超过经营性现金流，表明行业新增产能的节奏较快，资本开支强度较大。

图7-25为消费电子产业链结构及主要上市公司，供读者参考。

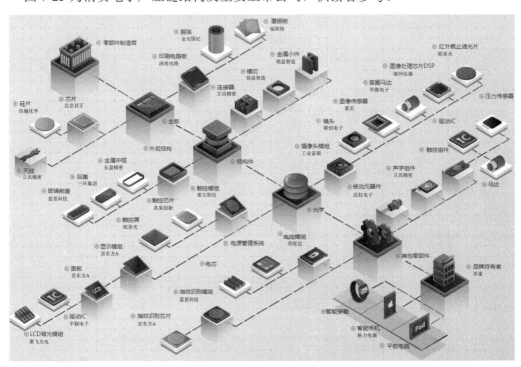

图7-25　消费电子产业链结构及主要上市公司

（资料来源：Wind）

4. 半导体行业

半导体行业指以半导体为基础而发展起来的一个产业。半导体行业上游产业为半导体支撑业，包括半导体材料和半导体设备；中游产业按照制造技术分为分立器件和集成电路。该行业上市公司总市值约为39 000亿元，市值占比4.58%，前三大市值的公司分别是隆基股份、韦尔股份、中芯国际。

半导体下游应用领域广阔，终端需求主要以通信类为主，是实现"万物互联"的关键。目前中国已成为全球最大的半导体消费国，但半导体相关产品的自给率还比较低，具有自主生产制造能力的主要集中在半导体材料、封装测试等相对低技术含量的工序上。而近年来，某些国家开始在半导体产业的关键零部件环节上对中国采取"卡脖子政策"，如芯片设计、半导体设备制造等领域。为了摆脱对他国的依赖，国内半导体行业掀起了一波"国产替代"的浪潮，各大半导体厂商都加大了资本开支和研发支出的计划，为供需缺口比较大的细分赛道带来了发展机遇。由图7-26可知，全球12寸半导体硅片出货

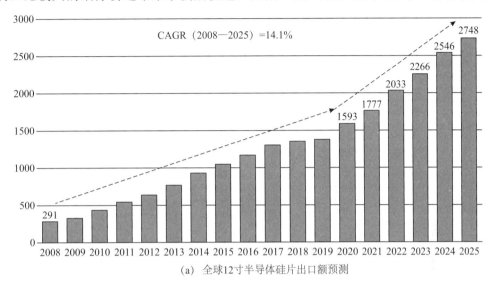

(a) 全球12寸半导体硅片出口额预测

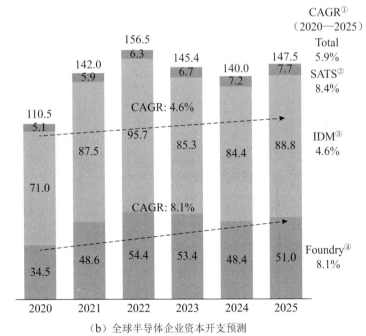

(b) 全球半导体企业资本开支预测

图7-26　全球半导体企业硅片出货额及资本开支预测

（资料来源：SUMCO，国泰君安证券）

---

① 全书的CAGR都代表年化复合增长率。
② SATS是指半导体组装及测试服务商。
③ IDM是指半导体垂直整合制造厂商。
④ Foundry，在集成电路领域是指专门负责生产、制造芯片的厂家。

额不断增加,预计未来将创新高,半导体企业的资本开支继续暴涨;由图7-27可知,功率半导体的市场规模在全球半导体行业的占比基本稳定,中国功率半导体的市场规模在全球的占比逐步增加;由图7-28(a)可知,中国半导体光刻胶市场进入高速提升期,由图7-28(b)可知,半导体光刻胶主要由美日厂商垄断,由图7-28(c)可知,我国半导体靶材市场需求持续增高,由图7-28(d)可知,2020年半导体溅射靶材以海外公司为主。

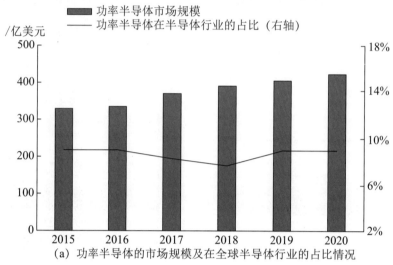

(a)功率半导体的市场规模及在全球半导体行业的占比情况

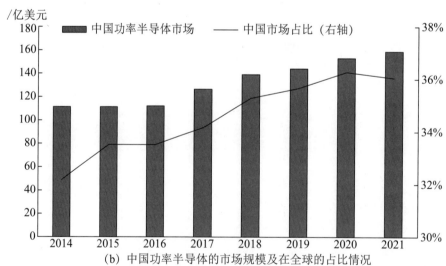

(b)中国功率半导体的市场规模及在全球的占比情况

图7-27 功率半导体市场规模占比

(资料来源:国泰君安证券)

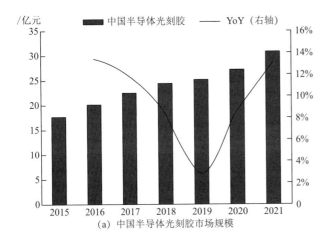
(a) 中国半导体光刻胶市场规模

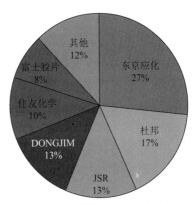
(b) 全球半导体光刻胶市场分布

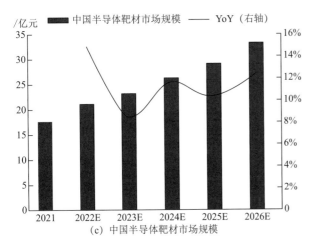
(c) 中国半导体靶材市场规模

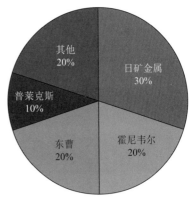
(d) 2020年半导体溅射靶材市场分布

图 7-28　半导体光刻胶和靶材市场的国产替代趋势

（资料来源：国泰君安证券）

从历史财务绩效表现来看，半导体行业的毛利率水平相对稳定，较低的净利润率和 ROE 水平表明国内半导体企业并未占据产业链价值分配的关键环节，所从事的业务附加值较低。随着国产替代的进程加速，预计全行业的资产负债率可能进一步提升，同时研发费用率保持高增。

图 7-29 为半导体产业链结构及主要代表公司，供读者参考。

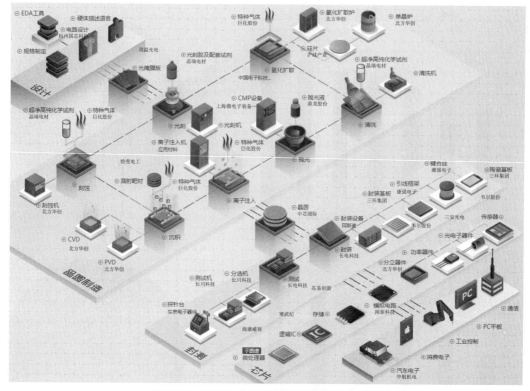

图 7-29　半导体产业链结构及主要代表公司

（资料来源：ifind）

（七）消费品行业

消费品行业主要包括家用电器、家用家居、休闲食品、纺织服装、酒类、软饮料、农业、食品、烟草、日用品等子行业。下面简要介绍几类。

1. 家用电器行业

家用电器行业指生产销售家用消费电子产品的行业。这些家用电器包括液晶电视、视听器材、学习机、视盘机、冰箱、空调、洗衣机、家电综合、厨卫电器、小家电、照明设备。该行业上市公司总市值约为 17 600 亿元，市值占比 1.95%，前三大市值的公司分别是美的集团、海尔智家、格力电器。

家电制造的上游为相关电子零部件，下游为终端消费渠道和客户，如图 7-30 所示。

从行业中长期发展趋势来看，家电技术更新、人口数量/结构变化、城镇化率变化及购买力变化等因素决定了家电行业的空间上限。由于房地产行业发展已进入后周期，住宅新增需求很难出现大幅增长，传统的电视、空调、洗衣机等家电品类未来空间可能有限，而以洗碗机、集成灶、按摩器材、清洁电器、个护小家电为代表的部分新兴品类渗透率仍然较低，增长潜力较大。

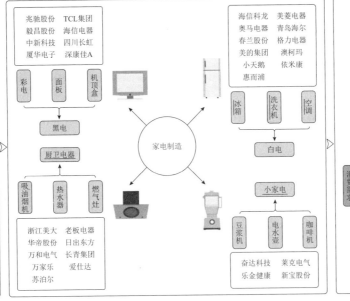

图 7-30　家电产业链上下游全景

（资料来源：Wind）

另外，国产家电"出海"成为行业增长的新趋势，国内家电企业凭借完善的供应链、先进的生产技术及快速迭代产品的能力，逐渐打开海外市场，未来有望持续提升海外份额。同时随着销售场景逐渐线上化，家电行业的竞争壁垒逐渐从渠道转向产品与服务，未来产品力和品牌力突出的公司将更有竞争优势。

近年来，该行业增速已经回到零值附近，产品量价难以看到整体性的提升机会。该行业 ROE 水平堪称优秀，得益于较高的资产负债率且多为占用上下游应收应付款的无息负债，净利润率水平为近年来最高，可能与其持续净流出的筹资现金流导致的低财务费用有关。

2. 酒类

酒是以粮食为原料经发酵酿造而成的，化学成分是乙醇，一般含有微量的杂醇和酯类物质，食用酒的浓度一般在 60 度以下。酒类产品包括白酒、葡萄酒、黄酒、啤酒等。该行业市公司总市值约为 48 400 亿元，市值占比 5.37%，前三大市值的公司分别是贵州茅台、五粮液、山西汾酒。

以白酒为例，其上下游情况如图 7-31 所示。

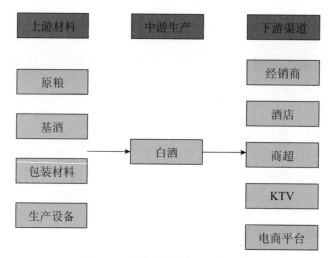

图 7-31　白酒产业链上下游示意

（资料来源：Wind，笔者整理）

高端白酒为资本市场公认的最好的商业模式。

从行业属性来看，白酒的生产工艺没有变化，不需要大量资本开支，虽然行业增速已经开始下降，但在可视范围内尚不会受到新技术的冲击；代表中国文化传承，具有礼品和社交属性，品牌壁垒高，可以脱离成本定价；现金流很好，存在大量的预收账款；产品价格长期跑赢通胀，且所有参与者都在把基本盘向更高价格带迁移，品牌溢价决定高端白酒一般都具有稳定的提价能力。

从需求端来看，随着国内中产阶级消费群体的崛起，白酒达到千元价位附近有稳健支撑，是大概率事件，甚至其价位可进一步提升。

从行业空间来看，虽然白酒整体的市场规模已经没有增长空间，但高端白酒仅占整体白酒销量的不到1%，结构升级空间仍然很大。

啤酒的行业情况和白酒有相似之处，即行业总收入规模已见到天花板，但龙头的市场份额和产品价格在提升，以高端啤酒、精酿啤酒和低度利口酒为代表的啤酒品种近年来增速快于传统啤酒，存在阶段性的投资机会。

从历史财务绩效来看，该行业毛利率水平显著高于其他行业，这反映了酒类产品较高的品牌溢价水平，而较高销售费用主要来自覆盖广泛的销售网络和渠道经销商的开支，但净利润率仍然较高。该行业财务杠杆和周转率都偏低，一定程度上拖累了ROE水平，行业的现金流状态较好，连续多年均为大幅资金净流入。

3. 食品行业

食品是指各种供食用或者饮用的成品和原料以及按照传统既是食品又是中药材的物品，但是不包括以治疗为目的的物品。常见的食品包括肉制品、水产品、乳制品、食用油、调味品、米面、糖果等。该行业上市公司总市值约为19 600亿元，市值占比2.18%，前三大市值的公司分别是海天味业、金龙鱼、伊利股份。

食品行业细分的品类较多，按市值排序前三的分别是肉制品、乳制品和调味品。

从肉制品产业链（见图7-32）来看，肉制品行业受猪肉价格走势影响大，猪价历史上表现较强的周期性特征，受到生猪存栏量和可育母猪量等因素的影响，故肉制品企业盈利的波动性较大。

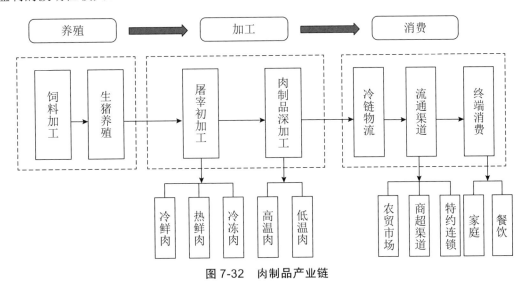

图7-32　肉制品产业链

（资料来源：Wind，笔者整理）

从乳制品产业链来看，乳制品行业分为上游原奶供应、中游乳品加工、下游流动消费等环节。其中乳制品上游与肉制品类似，具有一定的周期性特征。目前，乳制品行业发展已由渠道市场和奶源主导切换为全产业链整合，重点品类由酸奶逐步切换为白奶，同时奶粉、奶酪等新兴品类进一步打开成长空间，成为未来乳业重要的增长驱动力。

从调味品市场来看，调味品作为生活的必需品，行业呈现"小产品，大市场"的特点，2014—2020年，我国调味品行业产量年复合增速为14%，需求结构以餐饮、家庭和食品加工为主。与其他国家相比，该类市场的渗透率和集中度都有较大的提升空间。从细分品类来看，复合调味品的增速显著快于传统调味品。

此外，食品行业还存在一些具备长期前景的细分赛道，例如，随着家庭小型化，"单身经济"和"懒人经济"背景下，速冻食品和预制菜得到迅速发展；又如，宠物养护需求增长带动宠物食品行业逐步标准化、品牌化；再如，新冠感染疫情背景下"宅文化"大行其道，与之场景对应的休闲零食迎来确定性的增量需求。

该行业毛利率水平显著低于酒类，主要与行业内多数公司以食品类加工业务为主有关，商业模式更接近传统生产制造业企业，真正的品牌商占比较低；ROE水平逐年提升至优良；销售收入仍能保持在大幅度增长，表明行业规模在持续扩容，部分低渗透率品类能获得较高的收入增速。

图7-33为食品饮料产业链结构及主要上市公司，供读者参考。

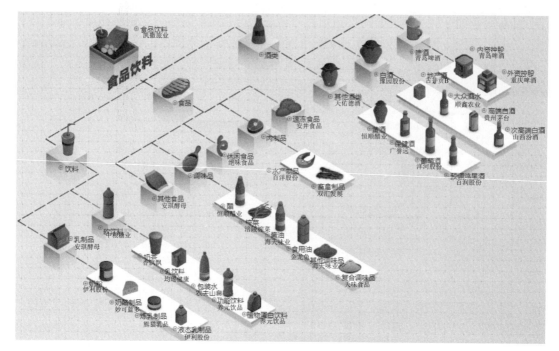

图 7-33　食品饮料产业链结构及主要上市公司

（资料来源：ifind，平安证券）

（八）医疗卫生保健行业

医疗卫生保健行业主要包括医疗保健、生物科技、制药等子行业。下面主要讲解医疗保健和制药两个子行业。

1. 医疗保健行业

医疗保健行业指提供医疗保健设备、用品、服务和技术的行业。该行业上市公司总市值约为 18 600 亿元，市值占比 2.06%，前三大市值的公司分别是迈瑞医疗、爱尔眼科、万泰生物。

医疗行业的长期趋势较好，受益于人口、政策、企业进步等多重因素，如图 7-34 所示。随着人口结构老龄化和居民收入水平的提升，医疗性支出在居民总支出中的占比持续提升。由于医疗卫生保健作为健康相关的刚性需求，该行业的周期性较弱，商业模式同时具备了科技和消费品的双重属性。另外，该行业受政策影响较大，如政府性投入、医保和集中采购政策等。

医疗行业属于典型的"长坡厚雪"，景气度较高的细分赛道有许多种。例如，随着"颜值经济"而生的医疗美容行业发展迅速，具有用户付费意愿高、消费频次较多等特点。男性需求对应的植发和医疗养固，渗透率也有较大的提升空间。又如，随着技术水平和自主创新能力的提升，医疗器械行业发展迅速，特别是体育运动及相关康复设备受益于"全民运动"，其普及率提升。再如，在新冠感染疫情常态化的大背景下，相关的医疗防护装备、核酸检测设备的使用需求持续高增长。

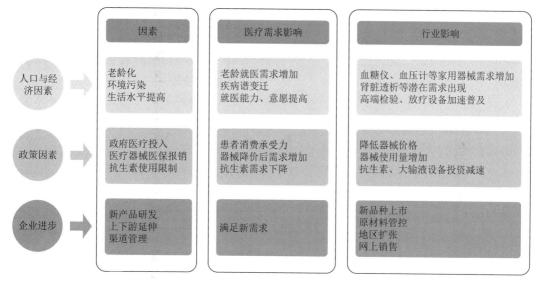

图 7-34 医疗器械行业驱动因素

(资料来源:Wind)

从历史财务绩效来看,医疗卫生保健行业的毛利率水平持续提升,可能与细分行业的结构调整有关(高附加值产品占比提升,导致整体盈利能力改善),ROE 水平同步持续提升至优良,收入增速缓慢下行,但仍维持在尚可水平。

2. 制药行业

制药行业指研究、开发与生产药品的行业。该行业上市公司总市值约为 18 600 亿元,市值占比 2.06%,前三大市值的公司分别是药明康德、恒瑞医药、片仔癀。

按制药的分类来看,药品主要包括化学制剂、生物制剂、中药、保健品和原料药,具体情况如表 7-4 所示。

表 7-4 制药品种分类及概况

分类	细分	国际知名企业	国内主要企业
化学制剂	消化系统用药、血液系统用药、心血管系统用药、皮肤科用药等	辉瑞制药、葛兰素史克、百时美施贵宝、礼来	恒瑞医药、华润双鹤、科伦药业、信立泰、誉衡药业
生物制剂	疫苗、抗毒素类、抗血清类、血液制品、单抗等	Invitrogen、Strategene、Diagnostic System Laboratories	天坛生物、华兰生物、科华生物、上海莱士
中药	中药材及其饮片、中成药	Nuskin、Herbalif	云南白药、同仁堂、天士力、益佰制药
保健品	保健药品、保健化妆品、保健日用品等	默克、赛诺菲、强生、安利	东阿阿胶、江中药业、哈药集团、海王生物
原料药	大宗原料药、特色原料药	Catalent、龙沙、培森、吉友联	东北制药、华北制药、哈医药

(资料来源:Wind)

从行业发展趋势来看，无论是制药行业市场规模还是绝对药品数量都呈现持续增长的态势。

与医疗行业类似，制药行业受政策因素影响同样较大，影响因素包括新药审批和招标政策、基药和医保目录的调整、集采政策、商业贿赂查处等。

制药企业由于较高的技术壁垒，其盈利预测的难度也较大，一般需要对患者数量与增速、处方渗透率、新药成功概率、销售周期和存续生命曲线、用药金额等参数进行假设估计，进而对其进行未来空间和景气度的判断。

未来存在长期性投资机会的制药领域主要集中在创新药和生物制药等领域，空间较大的品种有以下几类。一是 CD47 靶向药物，其相关品种是肿瘤免疫治疗的热门靶点，可以有效增强巨噬细胞对肿瘤细胞的杀伤，其安全性在持续优化当中。二是 PD-1 抑制剂，作为主动免疫中的免疫检查点抑制剂，通过作用于 T 细胞和癌细胞之间，能够识别癌细胞并进行攻击和杀伤。三是 Tigit 单抗和 BCL-2 抑制剂，分别作为替雷利珠单抗和泽布替尼的重要潜在联合疗法药物，具有成为畅销产品的潜力。

从历史财务绩效来看，制药行业的毛利率水平显著高于其他行业，但高强度的研发投入使得费用率维持在高位，导致净利率水平较低；同时偏低的资产周转率和财务杠杆进一步拖累 ROE 水平，且净资产收益率表现逐年下滑的态势；行业现金流状况较好，近年来保持大幅资金净流入。

（九）建筑建材行业

建筑建材行业主要包括建材、建筑等子行业。

1. 建材行业

建材产品包括水泥、建筑玻璃、管材、装饰材料、陶瓷、石材等，广泛应用于建筑、军工、环保、高新技术产业和居民生活等领域。该行业上市公司总市值约为 13 800 亿元，市值占比 1.53%，前三大市值的公司分别是海螺水泥、东方雨虹、天山股份。

行业基本的产业链结构和影响因素如图 7-35 所示。

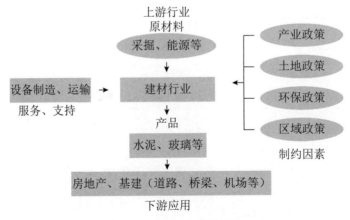

图 7-35　建材产业链概览

（资料来源：Wind）

与钢铁煤炭类似，建材也属于强周期行业。建材行业上游相关产业包括能源、运输、采矿、设备制造等产业，下游相关产业包括房地产、建筑等产业，这就决定了建材行业的景气度与宏观经济周期有着密切的关系。

以建材中市值占比最大的水泥行业为例，其上游的煤炭价格是影响水泥成本的重要因素，而下游以房地产、基建为代表的固定资产投资是水泥最重要的需求反映，与水泥库存共同决定产品的价格，进而影响盈利水平。近年来，水泥行业经历了较大的供给侧产能结构出清，行业龙头的份额持续提升。此外，行业内的投资机会还包括以下几个。

（1）部分龙头企业通过并购整合等方式进行产业链延伸，切入光伏电站等高景气赛道，以获取新的增长点。

（2）骨料业务和混凝土业务等非水泥建材业务增速较快，为传统建材公司提供了新的增长动能。

（3）与房屋精装修和后期维护保养相关的建材服务类业务仍有较为广阔的空间。

从历史财务绩效来看，建材行业的毛利率水平显著高于其他工业原材料和制造业企业，费用率持续下行趋势，净利润率随毛利率稳步提升，ROE 保持在优良水平。同时，该行业发展保持一定增速，净利润增速快于收入，资产负债率小幅下行，现金流状况较好，持续多年为资金净流入。

2. 建筑行业

建筑行业指围绕建筑的设计、施工、装修、管理而展开的行业，包括建筑业本身及与之相关的装潢、装修等子行业。建筑行业的产品是各种工厂、矿井、铁路、桥梁、港口、道路、管线、住宅以及公共设施的建筑物、构筑物和设施。建筑业的产品转给使用者之后，就形成了各种生产性和非生产性的固定资产。该行业上市公司总市值约为 17 200 亿元，市值占比 1.91%，前三大市值的公司分别是中国建筑、中国中铁、中国电建。

建筑行业产业链情况如图 7-36 所示。

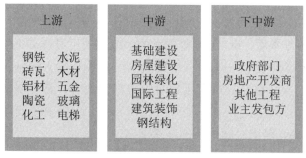

图 7-36　建筑行业产业链情况

（资料来源：中泰证券，笔者整理）

建筑行业位于产业链中游，其生产过程类似于代加工模式，产量受存货和产能的扰动相对较小，定价模式多采取成本法加一定利润的方式，因此其景气度直接由终端需求量驱动，而与产成品价格关系较弱。

建筑行业景气度同样与固定资产投资高度相关，据统计，固定资产投资中建筑安装工程投资比例稳定在 60% 左右。从建筑业总产值的结构来看，房地产投资相关约占 60%，基建相关约占 26%①。近年来，大型建筑企业正普遍从粗犷式的单一建造商角色向多业务模式转变，逐步实现向集"投融资—设计—建造—运营—维护"为一体的综合服务商的转变。在这一过程中，行业的信息化程度尚有较大提升空间。

从历史财务绩效来看，建筑行业的毛利率和净利率水平均显著低于建材行业，依靠极高的财务杠杆来提升净资产收益率。即使如此，ROE 水平仍然逐年下滑，表明行业的盈利能力承压。但行业整体收入增速还维持在两位数水平，表明终端需求有一定支撑。随着房地产后周期拐点的到来，预计未来其收入增速可能会呈现趋势性下行的态势。

（十）其他赛道的长期投资机会概览

正如开篇所说，随着行业间的边界日趋模糊，业内正逐渐用"赛道"概念取代传统行业描述的范围。由于篇幅和笔者认知所限，本章难以覆盖 A 股所有行业的基本情况，以下我们对其他重点领域的长期趋势和投资机会进行简要的补充梳理，供读者参考。

1. 运动鞋服领域

随着居民消费水平的提升，根据马斯洛需求层次理论，物质需求的占比逐渐被文化需求所取代，"文明其精神，野蛮其体魄"，体育运动便是其中重要的增量需求。从参与者视角来看，全民健身的热潮叠加运动科技的持续赋能，消费者对高性能的品牌运动装备需求有望持续增长。目前，许多品牌的运动装备已形成了成熟的二手市场和收藏市场，甚至具备了一定"投资品属性"。

近年来，国内运动鞋服的销售量和单价均呈现持续增长的态势。根据欧睿国际研究预计，2024 年国内运动鞋服零售额将超过 5400 亿元，对应的复合年增长率为 11%。

2. 短视频领域

从基础设施的角度来看，5G 等传输技术的大范围应用显著降低了多媒体信息的传播成本，内容消费沿着"纯文字—图文—动图漫画—视频"的方向升级，而视频相对传统图文表达更生动，受众面更广。短视频相对中长视频而言，消费属性更强（后者带有一定的投资属性，即受众以学习知识、提升自我为目标），随着用户时间的碎片化和快节奏的生活，"kill time（消磨时间）"的需求非常刚性，而短视频正是这一需求比较理想的消化模式。

从商业模式上来看，短视频具有内容成本可控、广告变现能力强的优势，并充分受益于大消费行业"直播电商带货"的营销模式，实现流量变现。

目前，短视频已经逐步超越即时通信成为用户使用时长最长的应用。根据 QuestMobile 的数据，2021 年 12 月短视频、即时通信时长占比分别为 25.7% 和 21.2%；

---

① 粤开证券 2019 年数据。

从典型 App 来看，快手、抖音人均单日使用时长分别为 107.5 分钟和 101.7 分钟，同比增速分别达 13.8% 与 8.3%，远高于微信的 85.4 分钟。

3. 无人机领域

无人驾驶飞机，简称无人机（unmanned aerial vehicle，UAV），是利用无线电遥控设备和自备的程序控制装置操纵的不载人飞行器。相对于传统的人工驾驶飞行器而言，无人机在经济性和使用场景上具有显著优势。随着近年来我国空域管理政策逐步放开，叠加人工智能驾驶和操控技术的升级，无人机迎来了更广阔的发展空间，广泛应用于农林植保、物流快递、地理测绘、环境监测、电力巡线、安全巡查、应急救援等领域。

从用途上看，无人机分为军用（占比 90%）和民用（占比 10%）两类。军用无人机可以实现侦查、电子对抗、支援辅助等功能，其应用可以有效避免人为失误和战斗人员伤亡等问题；而民用无人机可实现智能化的农业浇灌、滴灌、喷洒农药等功能，也可以作为拍摄装备用于居民日常出游、公共安全监控等场景。

根据中航无人机公司公告的相关测算，全球军用无人机市场规模 2022 年规模在 110 亿美元左右，2026 年将超过 140 亿美元，增长空间为 27%。

4. 软饮料领域

中国软饮料行业覆盖的细分品类较多，包括包装饮用水、功能性饮料、即饮咖啡/奶茶、气泡水等。从需求的变化趋势来看，一方面居民收入水平提高，对非酒精类的软饮料具有比较强的消费支付能力；另一方面，传统的社交场景从"中国式饭局"部分迁移到了"休闲茶饮"场景，进而带动需求结构的调整。同时，该行业的集中度尚有较大的提升空间，根据欧睿 2019 年的数据，中国软饮料 CR5[①] 仅为 34%，而这一数据在欧美国家的均值水平为 65%。随着国产品牌化的进程，具有产品及渠道综合优势的厂商有望脱颖而出。

以定位介于包装饮用水和碳酸饮料间的气泡水为例，根据中金研究预测，气泡水 2021—2025 年的销售额将从 135 亿元增长到 338 亿元，复合年增速率达到 26%。

5. 物业管理领域

2021 年，住房和城乡建设部、中央政法委、中央文明办等 10 部门联合印发《关于加强和改进住宅物业管理工作的通知》，明确了物业管理行业市场化、规范化、规模化和品牌化的发展方向，为行业快速发展奠定了基础。虽然房地产开发投资逐渐走入下行通道，但存量房屋住宅的精细化管理和相关服务依然存在一定的需求缺口，即使一线城市核心区域的商品房楼盘依然存在物业管理混乱，管理人员职能缺位的现象，无论是住宅物业管理或是机构物业管理均有较大的渗透率提升空间。此外，物业管理行业还具备围绕社区开展更多增值类服务的可能，如社区零售、家政保洁、居家养老、物品托管、车位租赁、社区广告、会所运营等业务，商业模式有更多拓展。

根据中金研究预测，2021—2025 年物业管理行业的在管总面积有望实现 6.4% 的增长，

---

① CR5：前五大企业集中度。

同时前二十强的行业集中度由14%上升到28%。对于行业龙头公司而言,实现两位数的复合增长将是大概率事件。

对行业或赛道基本情况和长期趋势的掌握,有助于投资者对其发展空间、潜在竞争、长期趋势和财务绩效特点进行定性的判断,而在此基础之上,还需要对行业内的公司和个股进行研究,这将是我们下面要讨论的内容。

二、公司价值判断的逻辑框架

掌握不同行业的特性可以帮助投资者更高效地抓住企业经营的关键信息,并作为组合行业配置的参考,而真正落实到投资层面还需要针对公司与个股展开研究。本节我们重点探讨对公司价值判断的若干标准,供读者参考。

(一)公司价值的表现形式

当谈到公司价值时,不同视角的投资者会有几种不同的理解。作为信用债特别是高收益债投资者,最关注的莫过于公司的"清算价值",即假设最坏的情况发生,公司现有资产能否按公允价值变现来偿还贷款或其他负债,并以此对公司债券进行折价估算。而对于股票投资者,公司价值的形态就比较多样了。

第一种形态是市场价值,也就是"市场先生"对特定公司股票给出的报价,其中隐含了市场众多参与者对公司价值的预期和共识,但"市场先生"的脾气总是阴晴不定的,它习惯性地线性外推,可能会让企业在困难时遭遇极其低廉的报价,而在高光时刻得到一个"坚信此番盛世将会长驻"的高报价。因此预测和追逐市场价值都是一件困难的事,归根结底这只是市场短期投票的结果。

第二种形态是账面价值。账面价值的概念与清算价值接近,但状态定位为正常经营存续期的企业,且考虑的是股东权益对应的资产价值。对应的是公司的净资产,以格雷厄姆为代表的"烟蒂股"策略,便是把市值显著低于净资产的上市公司作为主要投资标的,分散买入,等待公司估值修复的一种方法。但单纯基于账面或清算价值去投资有一定的局限性:只关注公司当前静态的价值状态,而企业动态经营和未来的变化没有被考虑。

第三种形态是公司的内在价值。根据巴菲特给出的定义:内在价值是公司在其经营生命周期内获得全部现金流的贴现值。这是一个相对动态的概念,既要考虑公司当下的盈利能力,又要对未来做出预判,而这种预判必定是主观的,因此不同投资者对同一家公司也会得出不同的内在价值结论。

(二)高价值企业的特征

沿着人力资本内在价值的判断思路,我们便能更容易地理解高价值企业的特征,进而有效判断其内在价值。高价值企业的特征如图7-37所示。

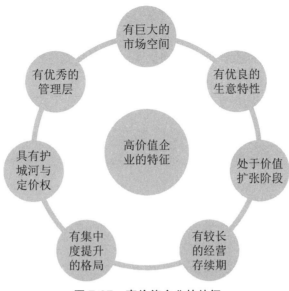

图 7-37　高价值企业的特征

1. 有巨大的市场空间

生意越做越大，必然对应着更大的收入规模与终端需求，这意味着整个行业可以越做越大，企业只要跟上同行的水平就可以自然地分一杯羹。符合这个标准的行业一般是和社会发展与产业进步的长期趋势相契合。就笔者观察，有巨大的市场空间的赛道有如下几种。

（1）随着中国人口结构老龄化趋势，老年人口绝对数量和占比都在显著增加，同时高年龄阶层一般经济实力较强，因此相关的"养老经济"具有较大的发展空间，如养老院、养老医疗保健、商业养老金、老年陪护等产业。

（2）高房价带来的高生育成本，导致年轻人结婚的意愿变弱，单身独居人口占比提升，叠加新冠感染疫情常态化下"圈子社交"的活跃度下降，因此与"宅经济"相关的外卖、游戏、在线视频对应的终端需求将增加。

（3）随着居民收入水平的提升，对应的消费水平也在不断升级，这种升级不仅是购买商品价格和质量的升级，还是需求的升级。根据马斯洛需求层次理论，居民的消费重点将从塔基的生存性需求转向自我实现类需求，而与之相关的教育类、体验类消费比例也将提升。

（4）独生子女一代逐渐成家立业，但这代人的家务动手能力相对较差，能够降低在家操作和动手难度的"懒人经济"应运而生，如预制菜解决了需要采买和洗菜问题，扫地机器人解决了洗拖地板问题，等等。

2. 有优良的生意特性

不可否认的是，生意是分三六九等的。好的生意模式往往具有很强的"躺赢"属性，如高端白酒和消费奢侈品。这类生意具有以下特征：一是具有很高的品牌溢价，消费者忠诚度极高，愿意支付大幅超过其成本的价格来购买；二是行业面临的潜在竞争少，很难被科技进步所颠覆；三是盈利的现金质量好，且维持生意运转不需要大额的资本开支，能够产生源源不断的自由现金流。

差的生意模式受影响因素众多,如影视剧和航空,前者业绩的波动极大且难以预测,同时受到影院排片、审核政策、季节性因素和疫情反复的影响,存在太多人力不可控的因素,且一部影片成功之后还难以持续复制(拍续集),艺人和导演可能会要求涨片酬(但动漫人物不会,这也是迪士尼成功的原因),因此制片公司其实能持续积累下的东西很少;后者则是固定资产投入极高,成本端受原油价格影响不可控,经营模式非常复杂。

3. 处于价值扩张阶段

企业的经营往往有一定的周期性,从长周期的角度看,当前渗透率比较低的行业往往处于其价值扩张的初级阶段,这意味着行业里企业未来有望通过不断扩大的市场份额获得增量价值。而行业本身已经处于成熟期甚至衰退期的企业,市场已经难以出现进一步扩容,企业的价值增量(ROE 提升)只能通过获取竞争对手的存量份额(提升收入/周转率),或通过持续改善经营效率降低生产成本(提升利润率)来实现。

这里我们讨论一下价值创造和扩张的内涵,原麦肯锡董事蒂姆科勒在其著作《价值评估》中明确揭示了公司价值创造的根本驱动力,即以高于融资成本(WACC)的资本回报率(ROE 或 ROIC)实现增长,并且最终转化为自由现金流。一方面,如果企业的资本回报率低于融资成本,那么增长反而代表着毁灭价值,这种情况下增长越快对企业内在价值的伤害越大;另一方面,如果资本回报最终无法转化为自由现金流,则意味着公司维持正常运作要持续投入现金,而无法让股东获得现金回报,仅仅维持"账面盈利",那么这种增长同样是破坏性的。

因此,判断企业价值扩张的具体阶段要思考两点:第一,基于企业经营和成长的周期,资本回报率能否提升或维持在相对较高的水平?第二,在不稀释或拖累资本回报率的前提下,企业的净资产能否持续增厚?这是判断长期大牛股的核心问题。

4. 有较长的经营存续期

爱因斯坦曾经说过,复利是人类的"第七大奇迹",对于投资者而言实现复利增长的核心有两点:一是控制住回撤,二是保持投资的可持续性。而企业的经营存续期正是对其价值创造时间维度的判断。试想一家企业短期业绩非常优秀,但没过几年可能就会停业,那积累的价值实际是比较有限的。历史上,许多曾经卓越的企业没能长期持续盈利,比如柯达胶卷、长虹、苏宁等。有的是因为被技术进步迭代所颠覆,有的则是因为故步自封,没有跟上时代的潮流。

而在经营上能够长期可持续的企业具有一些共性特征:一是核心产品或业务对应的终端需求在可视的时间范围内几乎是永恒存在的,如消费端的衣食住行、医疗、教育等;二是行业内技术替代的效应比较弱,如高端白酒的酿造工艺;三是企业不需要持续的资本投入便可实现业务的正常运转和业绩增长,不依赖负债经营;四是具有弱周期性特征,不遇到意料之外的景气波动就不会"突然死亡"。

5. 有集中度提升的格局

竞争格局是直接决定企业潜在超额利润的重要因素。例如,在完全垄断行业中,企业更容易"榨取"消费者的剩余价值,而在完全竞争行业中,则是产品同质化、供给端竞争激烈。从动态视角看，对企业而言，最理想的格局是从完全竞争向完全垄断的演化过程，随着龙头企业逐步形成差异化的优势，行业的市场集中度会持续提升，优秀的高价值企业可以获取更高的市场份额。

这种集中度可以持续提升的竞争格局背后反映的其实是某一类生意优良的特性，例如，产品定位容易进行差异化设计；先发优势不容易被竞争对手赶超；技术优势不容易被模仿；等等。这些特性又被称为企业的"护城河"。

6. 具有护城河与定价权

护城河的本质是企业经营中形成的竞争优势，在产品定价上有明显的自主权，客户的重置成本一般较高，转化到财务绩效表现上则是具有较高毛利率水平。常见的竞争优势主要包括以下几个。

（1）低成本优势。如某企业通过上下游产业一体化的整合有效降低了生产成本，或通过某项技术研发提高了经营效率，或具有更低成本的融资渠道和能力。

（2）客户黏性。如某商业软件公司的产品已经被客户的工程师使用习惯，贸然更换其他软件大大增加了技术人员的培训成本。

（3）产生品牌效应。这种品牌效应可能源于企业长期的广告费用投入或长期用户端积累的质量口碑。品牌效应能够转化为产品端更高的品牌溢价。

（4）技术优势。技术优势来源于企业长期高强度的研发投入，在专业领域形成了一定的技术壁垒，进而提升了经营效率。

（5）先发优势。如果企业较早地进入某一新兴的业务领域，提前布局了基础设施、制度建设和人才培养，那么在短期内不容易被复制或超越。

（6）牌照优势。许多行业都具有较高的行政准入壁垒和非市场化资源等，导致没有某些特许经营条件的潜在竞争者难以进入。

当然，不同维度的竞争优势在不同的行业里会反映出深浅不一的护城河，这就需要投资者结合具体行业的经营特性来辩证看待。

7. 有优秀的管理层

组织与文化是企业最重要的无形资产，而企业管理层在组织与文化中发挥着决定性作用。优秀的企业管理团队一般具有如下几个特征。

（1）产业布局的前瞻性，即管理团队对企业的业务布局在短期、中期和长期维度都有清晰的规划，且这些规划具有时间上的衔接性。例如，当短期利益和长期利益发生冲突时如何进行权衡？商业上的成功和产业上的进步如何兼顾？当遇到市场变化时这些规划能否及时调整？

（2）较强的战略执行力。企业光有规划还不行，在实施规划的过程中可能遇到各种困难和突发状况，能否在组织层面统一思想，积极作为？制度和激励能否与目标相匹配？这些都是衡量企业是否具有战略执行力的标准。

（3）专注本业。许多企业家在本业遇到发展瓶颈时，或非主营业务看上去"钱景"更好时倾向于进行多元化转型。从历史案例来看，企业因为盲目进行业务多元化而加速价值毁灭的案例不胜枚举。相比之下，更务实、更专注主营业务，把业务做深做透的管理层更行稳致远。

（4）创新能力。商业社会总是在不断的变化当中，包括技术革新、管理和营销模式、消费者行为变迁等。一个具有学习型组织基因的管理层能够通过不断创新经营方式（基于本业的前提下），及时适应市场、终端需求和商业逻辑的变化，唯有如此才能长期立于不败之地。

（5）靠谱的商业道德。本书第三章提到的 ESG 因子选股的重要标准之一就是企业具有商业道德，因为对员工、客户、上下游合作伙伴以及投资者都尽职尽责的企业才是真正的好企业。换言之，伟大的企业都是能够实现多方共赢的，而不是以牺牲相关方利益为代价，仅仅追逐自身利益，特别是在二级市场，股票的大幅波动带来的利益也是巨大的，当管理层道德上存在瑕疵时，往往能力越大越伤害投资者。

（三）财务模型搭建及预测流程简述

判断企业价值除了定性的方法和筛选标准之外，还需要从定量角度对公司质地进行验证，进而合理预测企业业务发展与盈利增长的趋势。目前业内主流的做法是由行业研究员根据对企业各项业务及其对应的经营指标进行拆分，基于对重要变量合理假设的基础之上，再根据财务报表间的钩稽关系建立预测报表，进而估计企业的远期经营业绩情况。

以下我们就财务和估值模型搭建的部分流程进行简要介绍。

1. 利润表重点指标假设与预测

图 7-38 为利润表历史及预测数据示例。

利润表 单位：百万				历史数据					预测期	
	2015	2016	2017	2018	2019	2020	2021	2022	2023	2024
营业收入	8,158	9,928	12,412	14,366	16,749	9,938	15,214	22,364	25,163	28,283
减：营业成本	6,039	7,740	9,859	12,208	14,400	9,674	13,303	17,670	20,050	22,338
毛利	2,119	2,188	2,553	2,158	2,349	264	1,911	4,694	5,112	5,945
减：营业税金及附加	18	19	26	12	10	6	9	13	15	17
主营业务利润	2,102	2,169	2,527	2,146	2,339	258	1,902	4,681	5,098	5,929
减：销售费用	436	461	532	598	676	378	584	836	915	1,000
管理费用	269	312	384	416	448	239	377	531	573	615
财务费用	268	180	269	273	340	658	716	673	596	517
研发费用				7	55	33	50	74	83	93
资产减值损失	-5	-2	3	4	-	-	-	-	-	-
加：公允价值变动净收益					-10	-	-	-	-	-
投资净收益	18	-5	15	196	0	-	-	-	-	-
汇兑净收益										
其他收益	-	-	260	454	447	544	538	532	527	522
加：其他杂项	-	-	42	42	34	34	34	34	34	34
营业利润	1,151	1,214	1,657	1,541	1,292	-471	747	3,134	3,492	4,259
加：其他杂项										
营业外收入	253	449	172	153	112	-	-	-	-	-
减：营业外支出	3	2	2	1	2	2	2	2	2	2
利润总额	1,401	1,661	1,826	1,693	1,402	-472	745	3,132	3,491	4,257
减：所得税	373	411	474	453	385	-118	186	783	873	1,064
净利润	1,028	1,250	1,352	1,240	1,017	-354	559	2,349	2,618	3,193
减：少数股东损益	-19	1	26	7	18	-6	10	41	45	55
归属于母公司所有者的净利润	1,047	1,249	1,326	1,233	999	-348	549	2,308	2,573	3,138
全面摊薄股本	1,966	1,966	1,966	1,966	1,966	1,966	1,966	1,966	1,966	1,966
EPS	0.53	0.64	0.67	0.63	0.51	-0.18	0.28	1.17	1.31	1.60
EBITDA	1,750	1,877	2,631	2,581	2,459	1,108	2,488	4,943	5,338	6,141
减：折旧	290	425	634	676	705	785	901	1,023	1,145	1,268
摊销	42	58	71	91	123	135	124	114	105	97
EBIT	1,419	1,394	1,926	1,814	1,631	187	1,463	3,807	4,088	4,776
所得税率	27%	25%	26%	27%	27%	25%	25%	25%	26%	0%
NOPLAT	1,041	1,049	1,425	1,329	1,183	141	1,097	2,855	3,012	4,778

图 7-38 利润表历史及预测数据示例

（资料来源：嘉实基金）

首先需要观察公司利润表几项重点指标和变化趋势，如营业收入、毛利率、费用和成本结构等。最简单的预测方法是基于历史情况直接进行线性外推，如公司历史上收入复合增速20%且非常稳定，则直接假设未来若干年依旧使用20%的增速对收入进行预测。营业收入又分为量和价两个维度，也可以对销售量和产品均价进行分别的变动预测。进一步来讲，可以将收入分业务线或产品线进行上述预测。

其次，采取增速假设后，根据实际情况调整预测。例如，如果公司近年来在经营规划上将持续进行资本扩张、产品升级，那么其财务费用（再融资）和研发支出可能都会呈现相对历史更高的增速；如果企业主营业务存在大量新增的潜在竞争，市场供需格局恶化，那么在产品价格和销量上需要给予更保守的估计；等等。

2. 现金流量表与固定资产投资

图 7-39 为现金流量表历史及预测数据示例。

现金流量表 单位：百万	历史数据					预测数据				
	2015	2016	2017	2018	2019	2020	2021	2022	2023	2024
净利润	1,028	1,250	1,352	1,240	1,017	522	522	2,312	2,581	3,156
加：资产减值准备	(5)	(2)	3	4	0	0	0	0	0	0
固定资产折旧	290	425	634	676	705	785	901	1,023	1,145	1,268
无形资产摊销	2	3	5	7	10	10	11	13	14	15
长期待摊费用摊销	40	55	66	84	113	125	112	101	91	82
公允价值变动损失	0	0	0	(1)	10	0	0	0	0	0
财务费用	279	202	291	299	370	765	765	722	645	566
投资损失	(18)	5	(15)	(196)	(0)	0	0	0	0	0
存货的减少	0	0	0	0	0	65	(50)	(60)	(33)	(31)
经营应收项目的减少	(521)	(297)	59	(391)	(230)	378	(292)	(373)	(168)	(175)
经营应付项目的增加	866	442	432	324	831	(1,202)	931	1,198	547	567
其他流动资产的减少	15	(57)	(65)	(97)	(88)	(2,273)				
经营活动产生的现金流量净额	1,976	2,027	2,761	1,949	2,737	(826)	2,901	4,937	4,822	5,448
投资活动产生的现金流量：										
加：收回投资收到的现金	0	0	49	10	3	0	0	0	0	0
取得投资收益收到的现金	0	0	0	5	4	0	0	0	0	0
减：购建固定资产、无形资产和其他长期资产支付的现金	4,638	3,457	3,186	4,773	2,991	1,053	1,897	1,903	1,916	2,162
（减去处置收回的现金）										
减：投资支付的现金	43	92	78	43	7,514	0	0	18	0	0
其他投资活动支付的现金流量净额	4	(20)	0	271	968	0	0	0	0	0
投资活动产生的现金流量净额	(4,677)	(3,569)	(3,209)	(4,530)	(9,534)	(1,053)	(1,879)	(1,903)	(1,916)	(2,162)
筹资活动产生的现金流量：										
加：吸收投资收到的现金	760	3,342	5	0	3,091	0	0	0	0	0
取得借款收到的现金（不含短期借款）	5,763	5,587	7,988	6,088	12,541	1,000		(1,442)	(1,299)	(1,648)
							160			
取得借款收到的现金（短期借款）						1,232				
发行债券收到的现金	0	0	0	0	0					
减：偿还债务支付的现金	2,710	6,270	6,645	3,216	7,378	0				
分配股利、利润或偿付利息支付的现金	611	611	681	782	497	982	655	876	1,327	1,327
其他与筹资活动有关的现金流量净额	43	60	221	(32)	(1,063)	0				
筹资活动产生的现金流量净额	3,245	2,108	889	2,059	6,693	1,250	(495)	(2,318)	(2,626)	(2,975)

图 7-39　现金流量表历史及预测数据示例

（资料来源：嘉实基金）

现金流量表分为经营活动现金流、投资活动现金流和融资活动现金流。其中，经营活动现金流与利润表的钩稽关系较多。总结来看，经营活动产生的现金流 = 净利润 + 折旧摊销费用 + 递延税 + 营运资本变动 + 其他非现金科目。因此，预测的核心是基于利润表的预测结果对以上变量进行估计。

而在经营现金流预测中需要根据利润"加回"的折旧摊销费用和投资活动现金流又牵扯到对公司固定资产投资的预测。比较关键的预测变量包括以下几个：①折旧方法的使用，是加速折旧还是直线折旧法？②固定资产占总资产的比重和计划投资额；③在建工程新增和转固的节奏进度；等等。

融资活动现金流的预测则相对简单，主要基于公司未来的股权与债权融资计划、还本付息的节奏和分红派息政策进行预测。

3. 营运资本和资产负债表

（1）图7-40为营运资本历史及预测数据示例。

图 7-40　营运资本历史及预测数据示例

（资料来源：嘉实基金）

营运资本是通过净利润还原经营现金流的关键变量，也是投资者评估公司经营效率的重要参考，分为营运类资产和营运类负债。净营运资本占用越高，表明公司维持日常经营需要的资金量越大，典型的高营运资本结构便是较高的应收和预付账款匹配较低的应付和预收账款，这往往意味着公司在产业链中的地位极其弱势，只能通过激进的赊销政策和低标准的供应链信用管理实现经营业绩。拆分来看，核心预测变量包括以下两个：一是各种应收和预付的周转天数；二是营运资产端的坏账计提比例和存货跌价准备。

（2）图7-41为资产负债表历史及预测数据示例。

资产负债表是财务模型预测中最复杂的部分，牵扯到其他各种报表的综合应用。对于资产负债表的预测主要分为两类：一是现金流量表驱动资产负债表；二是资产负债表驱动现金流量表。两者区别在于作为自变量和因变量的相对位置。

实操中需要考虑的关键点包括以下几项：①现金流量表中的哪个或哪些科目会对资产负债表科目产生影响？②这些现金流量表的科目应该如何影响资产负债表的科目？是增还是减？

对于资产项目，当年资产负债表 = 前年资产负债表科目 - 当年现金流量表的关联科目；对于负债项目，当年资产负债表科目 = 前年资产负债表科目 + 当年现金流量表的关联科目。

财务模型的构建和预测是连接企业基本面和经营绩效的重要纽带，可以让投资者更客观地看待公司价值。下节我们将进一步讨论，基于给定的盈利预测或现金流水平下，公司估值的思路和投资策略。

资产负债表

单位：百万

	历史数据					预测数据				
	2015	2016	2017	2018	2019	2020	2021	2022	2023	2024
流动资产：										
货币资金	1,287	1,689	2,103	1,825	1,622	994	1,521	2,236	2,516	2,828
存货	44	68	90	144	198	133	183	242	275	307
应收票据与应收账款	224	224	258	376	540	316	490	720	811	911
其中：应收票据	0	0	0	8	10	2	9	14	16	17
其中：应收账款	224	224	258	368	529	314	481	707	795	894
合同资产	0	0	0	0	0	0	0	0	0	0
预付款项	94	224	247	525	469	315	434	576	653	728
其他应收款（合计）	1,068	1,097	1,056	2,030	1,208	3,481	3,481	3,481	3,481	3,481
其中：应收利息	1	1	0	0	0	0	0	0	0	0
其中：应收股利	0	0	0	0	0	2,405	2,405	2,405	2,405	2,405
其中：其他应收款（原）	1,067	1,096	1,056	2,030	1,208	1,076	1,076	1,076	1,076	1,076
以公允价值计量且其变动计入当期损益的金融资产	0	0	0	35	113	113	113	113	113	113
其他流动资产	65	472	218	383	497	497	497	497	497	497
流动资产合计	**2,781**	**3,773**	**3,973**	**5,318**	**4,646**	**5,848**	**6,718**	**7,866**	**8,346**	**8,865**
非流动资产：										
金融资产（2018年前口径）										
可供出售金融资产	0	93	147	136	0	0	0	0	0	0
持有至到期投资	0	0	0	0	0	0	0	0	0	0
长期应收款	9	5	18	8	18	18	0	0	0	0
长期股权投资	0	0	0	0	6,774	6,774	6,774	6,774	6,774	6,774
投资性房地产	0	0	0	0	0	0	0	0	0	0
固定资产	5,392	7,843	11,239	9,835	13,380	14,905	16,567	18,109	19,534	20,908
在建工程	4,369	4,976	4,023	5,064	6,132	4,854	4,168	3,487	2,814	2,313
无形资产	21	23	101	111	133	143	151	159	165	170
开发支出	0	0	0	0	0	0	0	0	0	0
商誉	0	0	0	0	0	0	0	0	0	0
长期待摊费用	534	601	657	925	1,250	1,125	1,012	911	820	738
递延所得税资产	7	7	7	8	9	9	9	9	9	9
其他非流动资产	289	38	72	50	797	797	797	797	797	797
非流动资产合计	**10,623**	**13,584**	**16,264**	**16,137**	**28,492**	**28,624**	**29,478**	**30,245**	**30,912**	**31,708**
资产总计	**13,405**	**17,357**	**20,237**	**21,455**	**33,138**	**34,473**	**36,196**	**38,111**	**39,258**	**40,573**
流动负债：										
短期借款	4,409	3,788	3,071	5,628	6,084	7,316	7,476	6,034	4,735	3,088
应付短期债券	0	0	0	0	0	0	0	0	0	0
以公允价值计量且变动计入当期损益的金融负债	0	0	0	0	0	0	0	0	0	0
应付票据和应付账款	571	901	1,007	1,191	1,350	910	1,252	1,663	1,887	2,102
其中：应付票据	65	110	61	107	88					
其中：应付账款	506	792	946	1,083	1,263					
合同负债	0	0	0	0	0	0	0	0	0	0
预收款项	638	687	602	756	1,160	688	1,054	1,549	1,743	1,959
其他应付款（合计）	223	171	249	316	455	455	455	455	455	455
其中：其他应付款（原）	201	160	234	287	455	455	455	455	455	455
其中：应付股利	0	0	0	3	0	0	0	0	0	0
其中：应付利息	22	11	15	26	0	0	0	0	0	0
应付职工薪酬	132	181	225	252	313	210	289	384	436	486
应交税费	303	353	529	452	462	274	419	617	694	780
其他流动负债	(0)	0	(0)	0	0	0	0	0	0	0
流动负债合计	**6,276**	**6,081**	**5,682**	**8,595**	**9,825**	**9,854**	**10,946**	**10,702**	**9,950**	**8,869**
非流动负债：										
长期借款	2,981	2,919	4,996	2,023	6,912	7,912	7,912	7,912	7,912	7,912
应付债券	0	0	0	0	0	0	0	0	0	0
递延所得税负债	0	0	0	0	0	0	0	0	0	0
其他非流动负债	684	623	775	1,237	3,457	3,457	3,457	3,457	3,457	3,457
非流动负债合计	**3,665**	**3,541**	**5,771**	**3,260**	**10,370**	**11,370**	**11,370**	**11,370**	**11,370**	**11,370**
负债合计	**9,941**	**9,622**	**11,453**	**11,855**	**20,194**	**21,224**	**22,316**	**22,072**	**21,319**	**20,239**
所有者权益(或股东权益)：										
实收资本(或股本)	1,136	1,284	1,797	1,797	1,966	1,966	1,966	1,966	1,966	1,966
优先股	0	0	0	0	0	0	0	0	0	0
资本公积金	566	3,753	3,242	3,208	5,113	5,113	5,113	5,113	5,113	5,113
其他综合收益	(0)	1	15	5	5	5	5	5	5	5
盈余公积金	251	368	489	611	709	675	730	960	1,218	1,531
未分配利润	1,412	2,223	3,107	3,808	5,106	4,492	5,091	7,004	8,627	10,679
外币报表折算差额	0	0	0	0	0	0	0	0	0	0
归属于母公司所有者权益合计	**3,365**	**7,628**	**8,650**	**9,429**	**12,899**	**12,251**	**12,905**	**15,049**	**16,929**	**19,295**
少数股东权益	98	107	133	171	45	39	48	89	134	189
所有者权益合计	**3,463**	**7,735**	**8,783**	**9,600**	**12,944**	**12,290**	**12,953**	**15,137**	**17,063**	**19,484**
负债和所有者权益总计	**13,405**	**17,357**	**20,237**	**21,455**	**33,138**	**33,514**	**35,269**	**37,209**	**38,382**	**39,723**

图 7-41　资产负债表历史及预测数据示例

（资料来源：嘉实基金）

三、基于绝对收益目标的股票策略

近年来，国内 A 股市场机构投资者占比逐步提升，其中以公募基金为主的相对收益目标投资者为重要的边际交易力量，2020 年以来“抱团股”概念开始流行，本质上反映的是基于相对收益目标下机构投资者普遍选择“押注”预期资金净流入，符合市场共同审美标准的赛道。但此形势下，机构资金集中，进一步推升了高景气赛道的估值，导致市场环境不利时相关股票可能会遭遇巨大的回撤，这种情况在 2020 年、2021 年和 2022

年的上半年都曾发生,基于传统赛道景气度和市场预测的相对收益股票策略的局限性也曾引起了广泛讨论。

另外,随着公募固收+产品持续扩容,叠加利率持续低位运行,以大量的传统固定收益投资者为代表的绝对收益目标资金开始布局国内股票市场,这类投资者的选股方式往往呈现低估值、高分红、高换手、强制止损或止盈等特点。由于业态发展较快,市场对于以固收+为代表的绝对收益目标股票策略并没有形成框架性的共识。本书结合作者的实践经验和思考,尝试提出一种简单的绝对收益目标的股票策略框架和组合管理方法,为相关投资者提供决策参考。

(一)传统相对收益策略概述

传统相对收益的股票策略一般涉及三个重要的资产配置问题:一是大类资产配置,即权益资产和非权益资产(债券为主)的比例问题,即选择何时增加或减少股票仓位;二是特定风格和因子的选择,即如何控制和平衡权益类资产特定的风险暴露;三是行业配置和个股选择,选择相对景气度最好的行业或个股,进行一定的权重偏离。

1. 股票仓位的择时

从宏观经济、基本面和估值的角度看,比较有代表性的股票仓位择时的观察方式有以下几种。

(1)"货币—信用"组合。作为美林时钟的衍生版本,"货币—信用"组合理论认为,由紧信用过渡到宽信用的初级阶段(经济复苏前期)权益类资产相对表现最好,随着终端需求的复苏,企业的生产意愿恢复(同步带来的是扩张的融资需求),最终形成收入和企业盈利的增长。

(2)基于库存和盈利周期。在库存和盈利周期,被动去库存和主动补库存阶段分别意味着需求的持续扩张和企业对未来市场前景的乐观预期的态度。从历史上看,这两个时期股票相对其他大类资产具有一定超额收益(见表7-5);盈利周期则是通过高频跟踪和调研捕捉全市场ROE的拐点(特别是周期类行业),进而对趋势进行预判。

表7-5 大类资产在库存周期的相对收益率示例

周期	股市	债市	商品	地产
被动去库存	2.47	-0.06	4.18	0.59
主动补库存	2.04	-0.12	2.74	1.03
被动补库存	1.82	-0.04	-0.32	0.47
主动去库存	0.88	0.26	-0.48	0.31

(资料来源:国泰君安资管)

(3)估值比较方式。典型的估值比较方式有FED股债比价模型以及众多的衍生形态,其本质都是判断股票相对债券的风险溢价水平,在相对吸引力或股权风险溢价比较高的位置介入。

(4)资金流向和微观结构视角,即跟踪居民财富向权益市场的转移节奏、产业资本增减持和质押数据、融资融券余额、公募偏股和混合型基金的发行、北上资金流动等指标,判断资金流动和投资者结构变化的趋势。

2. 特定风格和因子的选择

本质上,对风格的选择是投资者对不同回报分布特征的现金流做出选择。以 DCF 估值模型为例,即使在给定且相同的长期永续增长率、期间复合增长率、折现率/资本成本和期初现金流的情况下,周期、价值、高速成长、稳定成长四种不同风格的现金流分布会得出完全不一样的当前市值水平。而对于风格差异的另一种流行的解释是"股票久期论",例如当投资者风险偏好更高的时候,市场会倾向于对长期现金流给予更高的估值溢价(或更低的远期折现率),进而导致成长风格的强化。因此风格选择的核心便是基于外部环境和投资者自身约束对盈利和现金流分布特征做出方向性的偏移。

图 7-42 为不同增速和现金流特征下的估值比较示例,其采用 DCF 增长模型,假设一阶段时间周期为 30 年,永续增速为 0,并假设 8% 的折现率,以此作为模型的输入参数。下面我们来观察不同形态(现金流分布)的一阶段增长对应的市值差异。

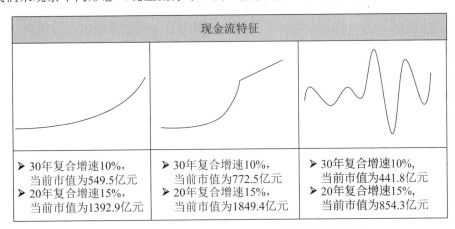

图 7-42 不同增速和现金流特征下的估值比较示例

(资料来源:华夏基金)

对因子的选择则更偏向量化投资视角,正如我们第二章的比喻,把资产视作食材,把因子视作营养元素,把基于因子构建的投资组合视作"营养金字塔"。投资者需要基于股价变动中可被解释的共性特征去认知某一类资产的"因子结构"(当然这种结构也是动态的),进而反过来指导资产选择。目前市场上比较流行的"smart beta"策略便是基于这种思想的产品化应用。

3. 行业配置与个股选择

在相对收益目标体系下,行业配置的核心是基于景气度和资金加持程度的比较,同时大盘对应的基本面判断(前述第一层次)也可以映射到行业比较框架上,例如寻找行业表现相对强弱与经济和库存周期的规律性特征作为决策依据。

从景气度的角度看,主要包括成长性和盈利能力两重视角,传统价值评估理论认为,企业内在价值创造来源于"以高于资本成本的现金回报率实现增长",因此增长速度

（成长性）和资本回报率（盈利能力）是衡量企业经营基本面最重要的尺度。前者的衡量指标包括营业收入、EBITDA、净利润、FCF 的增速，后者代表性的指标则是利润率、ROE、ROIC 等。通过这些财务指标或其一致预期水平的变化，投资者可以根据其"动量效应"去寻找景气度趋势持续强化的行业，进而进行重点配置。从资金流向角度看，主流的策略分析师往往会关注基金行业持仓的结构变化，当某一行业具有景气度拐点的迹象，同时基金存在显著低配时，存在相对超额收益的可能性更大。

个股选择是行业配置的延续，在完成重点配置行业的判断后，还需要寻找质地和性价比最优的资产。市场上选股的逻辑和流派较多，此处不再展开，以下我们重点讨论基于绝对收益目标的选股思路。

（二）基于股票市值的风险收益预算

相对收益与绝对收益的目标在某种意义上是辩证统一的，往往长期绩优的投资管理人既实现了相对收益，又实现了绝对收益。从资产风险溢价的角度看，股票是具有长期（3～5 年）绝对收益的资产，也是相对货币和债券具有超额收益的资产，但这并不能保证股票在短期维度上具有类似的相对和绝对收益属性，毕竟资产的回报分布在自然年度上看是不均匀的。

而从中短期维度看（1～3 年），相对收益和绝对收益的目标区别在于，前者需要"战胜市场，跑赢同行"，更强调领先于市场的"超额认知"，重点在于捕捉信息的预期差，或押注市场在当下阶段最强势的行业和个股；后者则需要"能赚钱且控制回撤"，更看重绝对收益率和回撤空间，为组合留出足够的容错率，投资者倾向于先控制好下行风险，再考虑收益的多寡。

因此在构建绝对收益股票策略时，"安全边际"和"预期收益率"是投资者需要关注的核心因素。如果不考虑上市公司资本运作、分红派息和再融资的影响，那么股价的波动基本接近市值波动，为了简单起见，我们以适用 PE 市盈率估值法的股票为例，计算上市公司的远期市值，进而估算其安全边际和收益率水平。

基于绝对收益目标，我们引入了底价市值、关注市值、目标市值的概念（见图 7-43）。

底价市值	关注市值	目标市值
• 以最悲观的远期盈利预测和历史底部（或两倍标准差）PE或PB作为测算基准	• 以Wind一致预期×折扣系数（0.7～0.8）的估值和历史，或主观中性估值作为测算基准	• 以行业研究员推荐给出的远期市值，或Wind一致预期和历史，或主观中性估值作为基准
• 以底价市值对应的股票价格，作为安全边际	• 对于股价在关注市值附近的标的，根据行业研究员投资建议，再结合公司质地和估值水平择机进行投资	• 对于持仓个股，达到目标市值附近逐步减仓止盈
• 以此作为组合潜在最大回撤的控制参考依据	• 需要充分考虑不同生意特征的差异化估值中枢	• 作为绝对收益投资预期收益率的参考依据
		• 与底价市值共同测算盈亏比

图 7-43 三种功能的市值简述

底价市值对应的是在可预见的最悲观情境下，未来"市场先生"可能对公司市值的"底价"报价。底价市值可作为安全边际的参考。实际应用中，资产管理人还需要对悲观情景下对应的财务核心指标参数进行拆分和验证,并结合不同行业的产业特征进行差异化的赋权,例如高端白酒行业的批发价格、化工行业投入产出比表、商业银行净息差等,都属于差异化的关键变量。需要注意的是,历史底部的估值水平仅作为参考,如果公司的营收结构或商业模式出现了系统性的改变,还需要进一步考虑可能的悲观情景。

关注市值对应的是投资者考虑介入的投资或是纳入关注自选股的标准范围。市场有研究指出,券商行业对下一年度盈利预测的历史平均偏差水平在 18% 左右(见图 7-44),因此这里对盈利一致预期采用 0.7～0.8 的折扣系数,为预测的潜在误差留出空间。需要注意的是,不同行业的预测误差存在显著区别,如银行、建筑、食品饮料等行业误差在 10% 以内,而券商、有色金属等周期性行业预测误差在 30%～50%。而对于历史中性的估值水平,市场参与者并没有标准的共识,需要投资者进行主观判断。关于估值的依据,我们将在下一节展开讨论。

站在 T-1 年 12 月预测 T 年的盈利增速,多数行业误差较大											
	2010	2011	2012	2013	2014	2015	2016	2017	2018	2019	2020	中值
银行	11%	8%	-3%	6%	-3%	-7%	0%	2%	-1%	-2%	-7%	3%
建筑	-32%	-12%	-37%	2%	-4%	-7%	-4%	5%	-9%	-2%	-12%	7%
食品饮料	-1%	21%	1%	-37%	-23%	-9%	-7%	19%	3%	-4%	-7%	7%
房地产	-4%	-19%	-12%	-9%	-21%	-22%	5%	3%	2%	-3%	-27%	9%
家电	23%	7%	-6%	24%	17%	-25%	7%	10%	-6%	-9%	-9%	9%
医药	-3%	-14%	-9%	-5%	-9%	-8%	-10%	10%	-27%	-13%	5%	9%
消费者服务	-23%	-17%	-11%	-7%	-2%	-16%	-2%	17%	-3%	2%	-85%	11%
电力及公用事业	-12%	-31%	3%	2%	9%	-1%	-28%	-19%	-13%	-18%	7%	12%
机械	43%	11%	-54%	-40%	-37%	-8%	-52%	10%	-12%	13%	14%	14%
国防军工	-10%	-37%	4%	-18%	-15%	-98%	104%	-29%	-32%	-18%	2%	18%
计算机	-28%	-17%	-47%	-15%	-25%	-24%	-11%	-17%	-32%	-12%	-20%	20%
传媒	21%	-15%	-1%	3%	-11%	4%	-28%	-98%	-54%	-45%	30%	21%
汽车	53%	-14%	-28%	18%	-9%	-16%	-5%	-21%	-25%	-38%	-27%	21%
建材	15%	21%	-81%	22%	-23%	-64%	23%	78%	61%	-6%	-1%	23%
纺织服装	-16%	-35%	-38%	-35%	-4%	-7%	-14%	-16%	146%	-23%	-65%	23%
石油石化	5%	-15%	-26%	-6%	-30%	-65%	-59%	-25%	21%	-21%	-50%	25%
电力设备及新能源	-6%	-50%	-66%	33%	-12%	-25%	-29%	1%	-36%	-8%	23%	25%
商贸零售	-1%	-6%	-42%	-28%	-16%	-35%	-4%	41%	42%	-12%	-71%	29%
农林牧渔	-12%	16%	-73%	-11%	-58%	-5%	29%	-27%	-47%	91%	-107%	29%
煤炭	10%	-2%	-33%	-40%	-64%	310%	112%	5%	-2%	-6%	29%
轻工制造	-44%	-49%	-103%	20%	-44%	24%	5%	11%	-34%	-14%	-17%	33%
基础化工	-70%	1%	-34%	-33%	-5%	-49%	-20%	2338%	1%	-150%	-14%	33%
电子	-43%	125%	-105%	87%	-19%	-54%	7%	-43%	-22%	-3%	33%
交通运输	264%	-56%	-33%	-22%	8%	-16%	-34%	39%	-17%	-20%	-87%	33%
非银行金融	-9%	-38%	-49%	25%	33%	42%	-44%	9%	-34%	46%	-4%	34%
有色金属	53%	-2%	-82%	-57%	-133%	-261%	194%	64%	-51%	-56%	42%	57%
通信	-35%	-61%	-127%	204%	-17%	-24%	-89%	74%	-22%	-42%	-30%	74%
钢铁	11%	-81%	-92%	288%	-96%	-213%	575%	187%	13%	-58%	-7%	92%

图 7-44 行业盈利预测误差统计

(资料来源:Multi Asset Investor)

目标市值对应的是投资者基于当前企业经营情况线性外推的远期市值,其逻辑依据可以来自本机构行业研究员的推荐观点;在研究资源较少的情况下也可以考虑直接使用一致预期。考虑到公司业绩超预期的情况也是资本市场的常态,目标市值是投资者买入后估计预期收益率的"锚",在股票市值不断上涨接近目标市值的过程中,预期收益率也在持续压缩（假设基本面未出现大幅变化）。同时股票资产的"隐含回报率"是资产管理人考虑减持或换仓至其他资产的重要依据之一。例如对于某成长股，研究员预测三年翻倍，第一年涨幅50%，若结论未变，则后两年预期年化回报降低至15%，如果此时有其他目标市值对应隐含回报率更高的资产可考虑进行替代。

（三）基于股票盈利质量的估值打分卡

在二级市场权益投资中，估值可能是最"艺术"的部分，具有不同产业特征和处于不同成长周期的企业，适用的估值方法不尽相同。为讨论方便，我们这里仅以PE市盈率估值为例。

在信用债投资领域，有成熟的"信用打分卡"模型，即基于债券发行人股东背景、行业状况、经营和财务情况进行定性分档，通过定量加权的方式确定企业信用的综合资质水平，并给予其内部评级符号。不同的评级符号对应着不同水平的"隐含违约率"，而资质越差，隐含违约率越高的发行人，对于投资者而言要求回报率（买入到期收益率）越高。下面我们来重新回顾一下信用打分卡的基本逻辑框架（见表7-6）。

表7-6 信用打分卡的基本逻辑框架

评价指标	打分权重	评分要素	评价内容及指标说明
股东背景	20%	第一大股东的企业性质	分为央企、地方国企、外资、民企、个人等
行业状况	20%	行业盈利水平	营业利润或营业总收入
		行业债务负担	资产负债率
		变现能力	销售商品、提供劳务收到的现金或营业收入
		竞争格局	分为完全竞争、不完全竞争、垄断竞争、寡头垄断和完全垄断
		产业周期性	分为弱周期、周期和强周期
		产业发展阶段	分为导入期、成长期、成熟期和衰退期
		行业景气度展望	分为萧条、下滑、不变、复苏和繁荣
经营分析	20%	规模和龙头优势	包括总资产规模和净资产规模
		产品多样化优势	分为单一产品、两到三类产品但相关性较强、两到三类产品但相关性不强、多元化程度较高
		龙头优势	分为全国性龙头、区域型龙头、非龙头企业
		经营稳健性	结合近年现金流情况、未来资本支出情况和当前债务负担进行分析
财务分析	20%	盈利能力	包括毛利率、期间费用率、总资产报酬率、利润总额、EBITDA、盈利稳定性和成长性共6个指标
		运营能力	有应收账款周转率、存货周转率共2个指标
		现金流压力	有现金营运指数、资本支出压力、经营现金流稳定性和趋势性3个指标
		债务结构和债务负担	有流动比率、现金到期债务比、长期资产适合率、资产负债率、EBITDA、债务压力趋势6个指标
		或有事项	是否存在对外担保以及对外担保金额占净资产的比例、是否存在未决诉讼或仲裁、信息披露完善程度3个指标

在绝对收益股票投资上,我们或许可以部分参考信用打分卡的逻辑,即对于股票盈利质量越高的公司,投资者的要求回报率越低。在不考虑分红率影响的前提下,根据 PB=PE×ROE 公式,更高的要求回报率意味着更低的 PE 水平和更高的折现率,在给定的盈利水平(ROE)下其股权更容易"折价交易",从而表现为更低的 PB 水平。若 PB 约等于 1,则股东长期的资本回报率接近其 ROE 水平;正如面值 100 元交易的债券,长期回报接近到期收益率。

以此我们尝试建立一个"估值打分卡",让盈利质量和估值水平形成映射关系(见表 7-7)。

表 7-7 盈利质量估值打分卡示例

评价指标	评分要素	参考打分权重	评价内容及指标说明
盈利的现金含量	自由现金流	10%	考察企业自由现金流或股东自由现金流,考虑其绝对值、增速和利润占比
	经营、投资、筹资现金流	7%	重点考察主营业务收入创造现金的能力,是否需要持续大额的资本开支,是否大规模举债经营
	应收或预收账款	5%	考察应收账款占收入比例,前十大客户结构和集中度,能否占用上游供应商资金经营
	营运资金占用	3%	关注正常经营占用资金体量的情况
盈利的稳定性	行业周期性	10%	营业收入、毛利率、净利率、营业利润的变化趋势;与宏观经济、地产基建的相关性
	产品多元化	5%	产品体系布局更完整的公司受行业周期影响更小
	客户集中度	5%	单一大客户模式下企业的收入波动性偏大
	公司治理	5%	管理层从业经历及高管变更情况,股权激励是否到位等
盈利的持续性	需求长期存在的确定性	5%	根据第三方咨询数据看远期市场空间、业务是否符合社会和产业发展大趋势
	竞争壁垒	10%	相对同行的竞争优势能否长期存在,是否具有产品差异化特征
	生命周期的具体阶段	3%	处于导入期的企业经营风险较大;进入稳定成长期的企业相对来说经营的可持续性较好;对于成熟和衰退期的企业,需要关注其被技术进步颠覆的风险
	定价权	5%	产品价格跑赢通胀;在不影响需求的前提下,具备稳定的提价能力,或产品持续升级提供更高的客户附加值
盈利的成长性	业务扩张	5%	关注内涵或外延式扩张的情况,企业能否通过利润留存或融资增厚净资产
	利润率提升空间	7%	成本或费用能否下降,产品附加值或价格能否提升,同时考虑经营杠杆
	市场前景	5%	赛道和产业趋势的长期发展前景、渗透率、集中度能否持续提升,终端需求是否具有长期趋势
	财务杠杆	5%	债务水平或权益乘数是否存在进一步提升的空间
	周转率	5%	能否通过高效经营提升总资产周转率

巴菲特曾经说过"股票不过是穿着股票外衣来参加华尔街化装舞会的、长期资本回报率为12%的债券"，从这个意义上讲，我们可以把股票看作"票息不固定，现金支付比例不确定"的债券，支付比例源于企业的现金流和分红政策，而票息则源于每股收益（EPS），估值则是在给定的票息水平下，投资者愿意相对企业净资产以一定的折价或溢价程度去交易股票的价格。

下面我们简单讨论衡量盈利质量的几个维度。

（1）盈利现金含量的评价指标比较直观，对于同样水平的盈利，如果现金含量更高，则意味着股东可分配的资金量越高，毕竟债券如果不用现金付息，也称得上是"技术性违约"了。

（2）盈利稳定性的评价指标考虑当前的"票息水平"是否具备线性外推的逻辑依据，需要规避的是逐年递减或波动过大的"票息支付特征"。

（3）盈利持续性的评价指标。考虑到股票相对债券并无偿还本金条款，需要比一般债券剩余期限更长的经营存续期，才可能获得相对债券更高的现金回报，这种"更长的经营存续期"就变现为盈利的持续性。即使短期盈利高增，但如果经营存续期较短，相当于投资者承担了额外的违约或退市风险。

（4）盈利成长性的评价指标则是考虑"票息"是否有长期增长的可能性。当远期现金流占比提高时，意味着资产的久期更长，因此一个回报分布逐年递增的现金流分布在低利率环境下更具优势。

依据这四个维度建立的盈利质量评价体系，事实上也和经典的DCF绝对估值法的理论框架暗合。以DCF二阶段模型为例，主要的输入参数包括折现率（WACC）、一阶段增长率和持续时间、二阶段（永续）增长率、自由现金流初始值。

（1）WACC求解中的两个重要变量——资本结构和企业贝塔系数，均与经营基本面的确定性和盈利稳定性高度相关。

（2）各阶段的增长率直接反映盈利的成长性。

（3）一阶段增速的持续时间，是否满足永续增长，反映盈利持续性。

（4）自由现金流反映盈利的现金含量。

因此反过来看，估值打分的设计思路又可以看成对绝对估值法的"简易应用"，即把精确定量的估值方法进行定性的模糊处理。而基于以上四个维度的考虑，资产管理人可以根据行业特征差异和投资组合的约束对其进行合理的赋权打分，并根据得分结果对应到不同的估值水平，这种映射关系既可以是绝对值的对应（如90分对应30倍远期PE，60分对应15倍远期PE），亦可以是相对股票自身历史估值中枢的偏离标准差程度，投资者可结合实际情况进行调整和应用。

（四）基于赔率和胜率的绝对收益组合管理

有了远期估值水平的模糊尺度和不同情境下的盈利预测，便可以对绝对收益股票备选资产和投资组合中已持有的权益类资产进行盈亏比（赔率）的大致测算，考虑到目前主流固收+产品客户或渠道端要求的预期收益和最大回撤一般为 2～3 倍（例如 6% 预期收益的产品可接受的最大回撤在 2%～3%），那么拟投资的绝对收益股票盈亏比大于 2 是比较基础的标准，如某绝对收益资产当前市值距底价市值的理论回撤空间为 30%，现价买入达到一年期目标市值的预期收益率超过 60%，便可以作为该类目标组合的备选观察标的。

而根据凯利公式理论，投资中的下注比例 $f=(bp-1)/(b-1)$，其中 b 为赔率，p 为胜率。若投资者经过估算认为某股票盈亏比大约为 3 倍，同时有 40% 的胜率把握（即确定性），那么可以投资 10% 的资金量，这也是传统公募组合最高的单一持股上限。当然，如果资产管理人运作的是股债比例 20/80 偏债混合型组合，则同样案例经调整后应该是 20% 股票仓位的 10%，占总仓位的 2%。

如果遵循凯利公式的思想，意味着满足 2 倍的基础盈亏比，则该资产需要超过 50% 的胜率才有参与的意义。而在投资实践中，通过深度研究和调研持续提升对证券基本面的认知水平，是提升投资胜率的关键。根据笔者个人经验，投资机会胜率的评估需要考虑如下几个因素。

（1）决策相关的信息质量。市场上存在各种原始或加工过的信息来源，投资者需要有所取舍，筛选高质量信息和关键信息作为投资观点的依据。

（2）边际增量信息的跟踪频率。随着机构投资者占比提升，A 股市场有效性提高，证券价格会迅速反映增量信息，这对资产管理人实地调研和跟踪频率提出了更高要求。

（3）研究人员的经验和能力。有竞争力的研究团队能够更好地提炼和整合有效的投资参考信息，并转化为投资结论，有助于资产管理人把握市场机会。

同时，赔率与胜率综合权衡并映射到仓位管理的路径，同样可以作为多资产绝对收益组合中调整分类资产权重的依据。例如对于平衡型转债而言，由于其内嵌平值期权的高 Gamma 特征，假设转债正股上涨时 delta 平均水平为 0.6，正股下跌时 delta 平均水平为 0.4，则意味着在该价格区间盈亏比约为其正股资产的 1.5 倍。因此投资者在考虑使用绝对收益类股票替代平衡型可转债仓位时，在胜率打平的情况下，股票需要更高的"盈亏比补偿"才值得采用。

以此类推，偏债型转债相对平衡型转债或许具有更高的盈亏比（不考虑违约情形），但其内嵌虚值期权的特征使其获得巨大盈利的概率较低，因此常常在组合中偏于战术配置；反过来看，信用债虽然理论盈亏比很差，但其遭遇巨大损失的概率较小，在组合中一般可进行战略配置。这里给我们的启示是，绝对收益目标投资中的胜率不仅考虑盈利与否的确定性，也是对资产综合回报概率分布的一种模糊估计，对于概率分布存在显著正偏或负偏的资产，还需要进一步考察其不同收益空间的可能性。

（五）小结：多资产管理的启示

从主流股债绝对收益组合来看，把权益类资产和固定收益证券纳入相对统一的价值比较框架，可以让投资决策变得更具科学性，而这种可比的标准既可以是自上而下地基于宏观经济环境的大类资产配置决策判断,也可以是自下而上地基于特定证券资产安全边际、预期收益和回报分布的权衡,而后者对于绝对收益目标的投资者可能更有参考价值。

需要注意的是,绝对收益证券的选择除了以上考虑因素外,依然需要充分借鉴传统相对收益股票策略的框架思想。例如资产在行业上的配置不能过度偏离,特别是主观判断的远期中性估值和存在潜在误差的一致预期,如果不充分考虑行业差异,很容易导致过高的行业或风格集中度,从而引入新的组合风险。归根结底,绝对收益和相对收益的目标虽然存在差异,但在方法论上需要资产管理人求同存异,通过多重视角考虑组合约束条件下的最优解。

四、公司基本面分析与估值要点简析

前文我们提出了一个基于盈利质量判断的"估值打分卡"构想,但落实到个股投资上,只建立盈利质量到估值的模糊映射关系还远远不够,需要更系统化地对公司基本面进行分析。以下我们列举一个常规的分析要点汇总(见表7-8),第八章公司基本面研究案例中,我们将以此作为主要模板。

表7-8 公司基本面分析与估值要点概览

分析类别	具体内容	简要说明
公司基本情况和生意特征	公司基本情况	公司业务发展简介,主要的产品和收入结构,上下游的客户情况,销售模式,机构持仓、分红和再融资情况等
	基本生意特征	从历史财务绩效比较关键的经营数据、变化及态势,分析透露出的基本生意特征
核心投资逻辑及业务分析	市场空间及潜力	重点关注公司未来的成长空间是什么量级的
	竞争格局及优势	结合产业特点分析公司业务有无壁垒以及竞争优势的强度
	成长驱动及态势	从需求和供给端、成本与费用端、产能及外延端三个方面分析公司的成长主要靠什么拉动
	主要风险简析	公司有无特别需要注意的地方
	其他重要情况	管理层、股权激励等其他重要信息
综合估值定价评估		对折价与溢价相对水平的评估,得出相对高估或低估
后续跟踪及补充信息		后期的调研信息、更进一步深入的研究、定期财务报告分析等,随时加入补充

(资料来源:《公司价值分析》)

下面我们对以上分析要点进行简单的梳理。

(一)公司基本情况和生意特征

1. 公司基本情况

这一步需要投资者对公司建立一个基本的印象,如公司具体从事哪些业务,收入的结构和变化趋势如何,分产品来看盈利能力处于何种水平,上下游主要包括哪些行业,不同销售模式的占比等。

2. 基本生意特征

观察公司基本生意特征,即通过公司过往的财务摘要观察其基本的生意模式。以下列举部分观察视角。

(1)从杜邦公式拆解的角度看,公司的商业模式是高利润率、高周转、高杠杆中的哪一种?这三个财务指标是否还有提升的空间?

(2)公司的收入和利润增速的态势如何?两者的增速是否出现过阶段性的背离?具体原因是什么?

(3)和同行相比,公司的盈利能力的相对水平如何?如果公司是技术密集型企业,其研发支出相对竞争对手的水平如何?如果是人力密集型(员工人数多、人均薪酬低),人均创利和产出水平如何?如果是资金密集型(固定资产占比高),是否有规模优势,资本开支的节奏如何?

(4)关注成本和费用率结构及其变化趋势,比如销售费用率占大头,能否有效转化为产品的品牌溢价(单价提升)?未来是否有下降的可能?

(5)经营性现金流和收入及利润的比例如何?公司是否有长期持续的自由现金流?如果没有,主要是被哪些因素拖累?

(6)净资产收益率在全市场和同业相比处于何种水平?未来潜在的提升空间可能来源于哪些情况?

带着这些问题,我们才能有的放矢,进一步观察公司的基本面,分析投资逻辑。

(二)核心投资逻辑及业务分析

1. 市场空间及潜力

这一步解决的是公司主营业务未来市场空间的问题。以下列举部分观察视角。

(1)分析公司所从事的业务与社会发展大趋势和行业未来的方向的契合度有多高?

(2)根据发达国家成熟的实践经验和发展路径,公司主营业务渗透率(量)和产品价格(或客单价)的天花板大概是什么量级的?与公司现有的收入规模相比还有几倍的空间?

(3)根据过去若干年的行业增速和当下景气度的判断,其年复合增速大概处于什么水平?

(4)公司目前在布局的新业务前景如何,与其基本盘是否能形成较强的协同效应?

(5)公司的战略布局和发展方向是否能提升其在相关产业链价值分配的相对地位?例如近年来许多生产制造商在向产品设计和品牌营销转型,这可能导致其业务模式发生根本性的转变。

2. 竞争格局及优势

在竞争格局方面,投资者需要关注主要业务领域的其他公司和同行市场占有率的情况、技术和产品上相对领先或落后的方面,以及外围的潜在竞争者等。

公司的竞争优势方面的表现形式比较多,读者可参考本章第二节中提到的"护城河与定价权"的相关内容。

3. 成长驱动及态势

在成长驱动及态势方面,主要观察公司未来业绩增长的来源何在,一般分为以下三个方面。

(1)需求和供给端,即关注公司的终端需求是否有持续增长(如消费场景多元化)的趋势,同时公司在供给端能否跟上正在增长的需求,如产品能否推陈出新,能否丰富产品结构,是否有持续升级的举措,能否挖掘潜在需求,创造新的市场增长点。

(2)成本与费用端,即公司能否通过有效控制生产制造的原材料和人工的成本,或在不影响产品竞争力和市场份额的前提下逐步降低费用率。如果有这方面的趋势,便能够提升公司的毛利率和净利率。反过来看,如果公司加大了费用投入导致利润率承压,那么这种投入是否可以转化为长期更强劲的竞争优势?

(3)产能及外延端,即在产能方面关注公司未来是否有扩产计划、在建产能的情况、满产状态下的供给能力等;在外延端关注公司是否通过收购兼并等方式拓展现有业务边界,从而带来新的发展机遇。

4. 主要风险简析

公司经营层面涉及的风险可谓五花八门,从外部因素来看,包括产品面临的替代与竞争、产业政策的变化、技术的更新迭代、开拓新市场的不确定性等;从内部因素来看,包括公司激励与治理上潜在的瑕疵、组织文化和战略执行力上的潜在问题、历史上曾经的决策失误等。

(三)综合估值定价评估

根据对公司基本面分析的定性结果与"估值打分卡"的定量结论相结合,大致判断公司合理的估值水平,即将基本面历史信息和对未来经营态势的预期,转化为"现金含量、稳定性/确定性、成长性和持续性"四个维度的定性判断;再以估值打分卡中这四个描述盈利质量的标准进行赋权打分,最后将打分结果与中性估值水平建立一种模糊的映射关系,如四项全部10分(假设满分10分),加总得分40分,便给予其远期40倍市盈率估值,并以此作为计算底价市值、关注市值和目标市值的基础。

以笔者个人实践的经验来看,考虑到盈利成长性(增速和空间)对长期回报的影响最高,可适当提高权重,将其满分记为20分,对于高成长性标的且其他三个维度同样优秀的情况下可给到远期超过40倍的估值水平。

这个方法的本质是根据公司盈利质量的判断,确定其估值折价或溢价幅度的"大致水平",从而寻求投资中"模糊的正确"。

同时,考虑到基于远期市盈率的方法仍属于相对估值法范畴,为了提升投资实战中的容错率，我们将引入绝对估值法（DCF 二阶段模型）对市值计算结果进行交叉验证。由于自由现金流较难预测，不妨以盈利预测的最小值作为代理变量，将最远期的预测年份作为一阶段和二阶段的边界（如目前多数上市公司预测覆盖到 2024 年）并统一使用 10% 作为折现率，在此基础上便可以求得当前股票市值的"隐含的永续增长速度"。如果隐含的永续增速大幅高于 GDP 或行业增速，则意味着该市场对公司经营的判断非常积极，投资研究的落脚点应为验证乐观的假设能否大概率实现；反过来，如果隐含的永续增速为负，则意味着市场对公司经营的景气度甚至持续性都存在较大担忧，投资研究的落脚点应为验证事实是否真的如此悲观。更进一步来说，如果资产管理人具备较强的信用分析能力，还可以假设公司在一阶段之后便进入"破产清算流程"（永续增长价值替换为资产负债表账面价值），进而观察在这种极端悲观的情境下，股票资产安全边际的大致水平，并以此作为绝对收益投资的参考。

另外，以上两种方法的应用还存在一个共同的问题，即过分依赖盈利预测的准确度，但现实情况是即使保守地使用盈利预测最小值，依然有可能被证伪。为了解决这个问题，我们可以参考上市公司所在细分行业（如 Wind 四级行业）历史的预测误差（例如站在 T 年对 T+N 年预测的误差率[1]），来估计当前盈利预测的"可靠程度"。

表 7-9、表 7-10 分别为五粮液和喜临门基于盈利质量四维度的相对估值评价、基于绝对估值思路的验证和基于历史预测误差的盈利可靠度判断形成的"股票综合评估"示例，供读者参考。

表 7-9　五粮液股票综合评估示例

评估项目		具体内容		
		评估维度	基本评估	盈利质量打分
基于盈利质量四维度的相对估值评价	盈利质量评估	现金含量	A 股最好的商业模式带来优秀的自由现金流，不需要资本开支，C 端客户应收账款极低	9 分（满分 10 分）
		稳定性/确定性	行业虽受政策影响，但多数时候周期特征不明显，客户集中度非常分散；产品矩阵完善，具有仅次于茅台的品牌力，但公司治理落后于同业	6 分（满分 10 分）
		成长性	全行业已缺少进一步扩张的空间，利润率已处于极高水平，提升空间不大，财务杠杆和周转率长期保持稳定	4 分（满分 20 分）
		持续性	竞争壁垒较高，处于行业生命周期的中期阶段，从历史上看提价能力较强	8 分（满分 10 分）
	绝对收益投资备忘录	根据盈利打分，给予公司中性状态 27 倍 PE 估值水平，对应 2023 年一致预期盈利预测为 328 亿元，目标市值为 8856 亿元；悲观情境下给予其 15 倍估值，对应 2022 年盈利预测最小值为 266 亿元，底价市值为 3990 亿元。当前市值 6100 亿元对应预期回报为 45%，回撤空间为 35%，盈亏比一般，需要等待介入时机		
基于绝对估值思路的验证	DCF 验证	以 2022—2024 年盈利预测最小值作为自由现金流代理变量，假设 10% 的折现率，则当前市值隐含的永续增长速度为 3.6%，如进一步假设公司 2024 年按当前净资产价值清算，则折现市值为 1497 亿元		

---

[1] 误差率 = 实际值 / 预测值 −1。

(续表)

评估项目		具体内容		
	评估维度	基本评估		盈利质量打分
基于历史预测误差的盈利可靠度判断	历史一致预期误差	公司所处 Wind 四级行业下的白酒与葡萄酒行业（2022—2024 年全行业盈利预测增速分别为 23%、20%、18%），2018—2021 年站在 T 年预测 T+1 年盈利的误差率分别为 +4%、+3%、-8%、+1%，从历史上看预测准确度极高		

表 7-10 喜临门股票综合评估示例

评估项目		具体内容		
		评估维度	基本评估	盈利质量打分
基于盈利质量四维度的相对估值评价	盈利质量评估	现金含量	2022 年一季度自由现金流转负，现金收入比尚可，连续多年有大额投资支出	3 分（满分 10 分）
		稳定性/确定性	家具行业受地产周期有一定影响，且历史上公司存在盲目业务多元化的倾向，但在细分领域具有品牌和渠道的竞争优势	5 分（满分 10 分）
		成长性	全行业增速持续下台阶，但床垫细分品类增长有望快于行业中枢；利润率存在被销售费用持续拖累的情况，财务杠杆也没有提升空间	10 分（满分 20 分）
		持续性	伴随国内消费者对于健康睡眠关注度的提高、床垫功能性要求的提升等因素，预计业务长期经营的问题不大，但护城河需要进一步观察	6 分（满分 10 分）
	绝对收益投资备忘录	根据盈利打分，给予公司中性状态 24 倍 PE 估值水平，对应 2023 年一致预期盈利预测为 9.2 亿元，目标市值为 221 亿元；悲观情境下给予其 10 倍估值，对应 2022 年盈利预测最小值为 6.1 亿元，底价市值为 61 亿元。当前市值 103 亿元对应预期回报为 114%，回撤空间为 41%，盈亏比较好，验证基本面后可按现价买入。同业相对估值参考标的：欧派家居、顾家家居		
基于绝对估值思路的验证	DCF 验证	以 2022—2024 年盈利预测最小值作为自由现金流代理变量，假设 10% 的折现率，则当前市值隐含的永续增长速度为 -3.1%，如进一步假设公司 2024 年按当前净资产价值清算，则折现市值 44 亿元		
基于历史预测误差的盈利可靠度判断	历史一致预期误差	公司所处 Wind 四级行业下的家庭装饰品行业（2022—2024 年全行业盈利预测增速分别为 84%、24%、22%）行业，2018—2021 年站在 T 年预测 T+1 年盈利的误差率分别为 -45%、-22%、-11%、-39%。历史上看，预测准确度较低，且实际利润低于预期为常态		

需要注意的是，对于固收＋组合的股票配置，要重点考虑无风险利率和来自纯债市场机会成本对估值的影响，低利率环境对应的资产预期回报率更低，这也意味着更高的市盈率水平。

下章我们将基于本节的分析思路，对部分上市公司基本面和估值展开讨论。

第八章
绝对收益股票研究案例汇总

前文我们分别讨论了股票的行业特性、公司基本面和价值分析的逻辑、基于服务固收＋组合绝对收益目标的选股思路。下面结合笔者曾经研究过的股票（多数为可转债对应正股）经营情况进行整理归纳，并将其转化为盈利质量（包括现金含量、确定性、成长性、持续性）的定性判断，进而初步得出绝对收益价值的结论。因数据和信息来源的时间较早，多数内容并不具备指导投资的时效性，不可作为投资建议，仅供读者作为分析思路的参考。对公司的分析结论也仅代表笔者个人观点，与所在机构无关。

一、立讯精密：消费电子龙头领军者

立讯精密工业股份有限公司（以下简称"立讯精密"）是一家技术导向公司，专注于连接线、连接器的研发、生产和销售，产品主要应用于3C（计算机、通信、消费电子）和汽车、医疗等领域。公司核心产品电脑连接器已树立了优势地位，台式电脑连接器覆盖全球20%以上的台式电脑，并快速扩大了笔记本电脑连接器的生产。目前，公司已经开发出DP、eDP、USB3.0、ESATA等新产品，同时公司正逐步进入汽车连接器、通信连接器和高端消费电子连接器领域，拓展了新的产品市场，确立了自身的竞争优势。立讯精密是USB、HDMI、SATA等协会的会员，拥有自主产品的核心技术和知识产权，已申请多项发明专利，实用新型专利及外观设计专利超过百项。2007年，公司实验室通过国家认证认可监督管理委员会认证，并获"深圳市测试平台"称号。

（一）公司基本情况和生意特征

立讯精密的基本情况如表 8-1 所示。

表 8-1　立讯精密基本情况

公司业务范围	连接器产品研发、生产和销售
业务结构	按产品类型的营业收入占比来看，消费性电子的营业收入占比为 84%、电脑互联产品及精密组件的营业收入占比为 5.8%、汽车互联产品的营业收入占比为 3.7%、通信互联及精密组件的营业收入占比为 3%
上下游及销售模式	产业链下游为电子产品生产和应用商（如苹果公司），上游包括插件、线材、五金等原材料供应商，以直销模式为主
实际控制人	王来春、王来胜兄妹，管理层普遍有持股
机构持股占比	机构持股占比 73.4%，市场关注度很高，东方红、国泰基金、南方基金持仓比例较高
分红增发情况	上市以来，分红率为 12.1%，2020 年年底发行转债

从立讯精密的历年财务摘要（见表 8-2）可知其基本生意特征。

表 8-2　立讯精密历年财务摘要

财报年度 / 年	2012	2013	2014	2015	2016	2017	2018	2019	2020	2021
营收增幅 /%	23.2	45.9	58.9	39.0	35.7	65.9	57.1	74.4	48.0	66.4
毛利率 /%	21.2	20.6	23.3	22.9	21.5	20.0	21.0	19.9	18.1	12.3
三项费用率 /%	8.3	10.6	11.5	10.4	11.5	11.5	11.4	10.8	10.4	7.6
销售费用率 /%	1.7	1.8	1.8	1.7	1.7	1.4	1.1	0.8	0.5	0.5
管理费用率 /%	6.3	7.5	9.0	9.1	9.6	9.3	9.5	9.4	8.9	6.7
财务费用率 /%	0.3	1.4	0.7	-0.4	0.3	0.9	0.8	0.5	1.0	0.4
扣非净利润增幅 /%	2.5	12.7	109.6	67.8	6.2	34.1	77.7	73.7	37.3	-1.2
资产负债率 /%	37.3	49.1	48.8	49.3	42.1	48.2	54.2	56.0	55.9	62.0
应收账款占营业收入比重 /%	40	40	30	30	30	30	30	20	10	20
净营运资本 / 亿元	6.5	10.5	14.7	22.8	48.7	62.0	78.2	47.4	76.4	54.6
固定资产占总资产比重 /%	20	20	20	20	20	20	30	30	30	30
净资产收益率 /%	13.5	15.6	18.2	21.3	13.8	14.0	19.1	26.3	29.9	22.3
净利润率 /%	10.7	10.1	10.1	11.2	8.6	7.7	7.8	7.9	8.1	5.1
总周转率 /%	90	90	90	1.00	80	100	110	150	150	160
财务杠杆（权益乘数）	1.6	2.0	2.0	2.0	1.7	1.9	2.2	2.3	2.3	2.6
总资产增长率 /%	23.7	51.7	55.9	19.6	80.8	28.3	35.5	35.5	41.8	72.2
经营性现金流 / 营业利润	1.1	0.6	0.4	0.4	1.0	0.1	1.0	1.3	0.8	0.9
投资现金流占比 /%	205.3	-276.6	-121.3	462.3	-146.1	470.4	1478.4	-281.1	-202.7	564.4
经营现金流占比 /%	-168.1	106.5	22.0	-183.0	50.4	-30.6	-942.6	333.2	152.3	-490.6
筹资现金流占比 /%	62.7	270.1	199.3	-179.3	195.8	-339.8	-435.7	47.9	150.4	26.3
每股自由现金流 /%	0.2	-1.0	-0.5	-0.4	-1.0	-0.9	-0.6	0.8	-0.1	0.3
流动比率	1.4	1.3	1.4	1.3	1.7	1.3	1.2	1.3	1.1
速动比率	1.2	1.0	1.1	1.0	1.4	1.2	1.1	0.9	0.9	0.8
现金收入比 /%	101.6	90.4	96.1	94.7	90.0	91.7	88.7	94.2	104.9	92.9

由表8-2可知，立讯精密的业务毛利率水平较低，净利润率长期位于10%以下，从费用结构来看，公司持续保持了一定强度的研发开支，同时销售费用率较低，这与公司单一客户集中度较高（近70%）有关。

立讯精密的现金转化率较低，经营现金流持续低于净利润，同时多数年份自由现金流为负，结合其较高的固定资产占比和资产负债率，判断立讯精密是资金密集型且需要持续资本开支维持的企业。

从杜邦分解角度来看，立讯精密的财务杠杆和周转率进一步提升的空间有限，ROE若要维持现有水平，需要依赖产品量价的提升（与大客户景气度深度绑定）或有效的成本控制。

立讯精密是苹果产业链上最重要的硬件制造供应商，营收规模增长与下游客户资本开支计划和产品周期紧密相关，同时容易受贸易摩擦的影响。立讯精密旗下主要产品如图8-1所示。

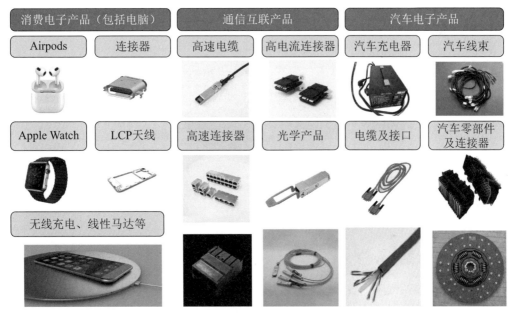

图8-1 立讯精密旗下主要产品概览

立讯精密的净运营资本较高（76亿元），应收账款收入占比持续改善，表明公司在产业链中的地位持续提高。

该行业格局总体比较分散，立讯精密是国内连接器最大的厂商，类似定位的同行是歌尔股份（转债发行人，实际业务有差异化），但其全球份额与国际龙头仍有差距。

（二）核心投资逻辑及业务分析

1. 市场空间及潜力

立讯精密深耕连接器制造。连接器是各类电子产品（计算机、通信、汽车电子、消费电子、工业及军工电子）实现信息互联互通和传输的重要接口设备，在电子行业中是仅次于半导体和PCB（printed circuit boards，印制电路板）的重要下游应用，使用场景多元，市场空间广阔。

目前，连接器市场总规模约5000亿元，其中三分之一供给来源于中国，过去三年市场规模复合增速约为10%，而立讯精密在此期间营收增速持续保持在40%以上，特别是在苹果AirPods等产品上占有率大幅领先，因此我们有理由相信它在连接器和紧密结构件市场中的占有率可以进一步提升，进而获得一定的规模效应和技术壁垒。

同时，根据海外成熟市场的发展路径经验，连接器市场的集中度较高（见图8-2），能够形成差异化的竞争优势。本质原因是连接器是个典型的非标准化精密制造业，对于下游客户而言，连接器占产品的成本比重较低，但出现问题会影响整体的产品质量甚至应用安全（类似车灯之于整车厂商的地位），因此容易形成一定的客户黏性。

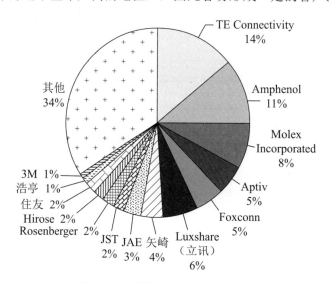

图 8-2 全球市场连接器厂商份额

（资料来源：Wind，笔者整理）

另外，连接器在汽车、通信行业的应用占比超过40%。在4G走向5G的技术变革中，基站向多端口、多波数趋势发展；汽车行业未来将向智能驾驶、车联网、电动车与共享出行四大技术变革方向推进，小型化、智能化和集成化是连接器未来发展的趋势，这项业务虽然目前在立讯精密的营收中占比不高，但发展态势值得关注。

2. 竞争格局及优势

从业务布局来看，立讯精密已经不仅仅是硬件制造企业，还是具备了系统化解决方案的平台型公司，近年来其"零件—模组—系统"的垂直一体化能力持续增强（见图8-3），这个发展路径有望给公司业务带来更多的附加值。

目前来看，连接器生产商仍以境外企业为主（鸿海泰科等），但考虑到中国已成为全球电子产品的制造基地，短期来看工程师和劳动力优势仍比较明显，虽然立讯精密在技术上还没有完全达到欧美的一流水平，但庞大的营业收入规模能够支撑其每年50亿元左右的研发支出，相信基于客户地理位置和人力成本两个优势，立讯精密在行业内"国产替代"提升市场占有率的逻辑应该是可以期待的。

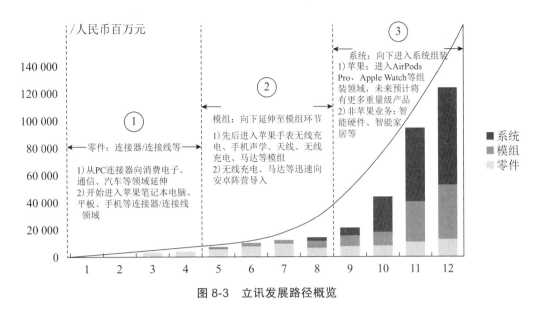

图 8-3 立讯发展路径概览

（资料来源：中金研究，笔者整理）

同时正如之前提到的，在连接器领域，优质的高端客户不会仅仅因为简单的价格因素轻易更换供应商（具有一定的重置成本），因此绑定优质客户通常是比较好的经营策略。而从 AirPods 和 Apple Watch 的供应商占有率来看，立讯精密目前是绝对领先的。

3. 成长趋势及态势

（1）需求和供给端。消费电子连接器仍是短期内公司业绩增长的核心驱动力，2021 年 9 月苹果先后举办两场新品发布会，发布 iPhone 13 系列手机、Apple Watch S7、AirPods 3 等新品。其中 iPhone 13 备受消费者青睐，但 Apple Watch S7、AirPods 3 新品量产发售时间有所延后，需要关注集中出货节奏和到货情况，以及公司作为苹果整机代工的核心供应商相对份额的变化（市场预估小幅下滑）。图 8-4、图 8-5 分别为 AirPods、Apple Watch 的出货量历史及预测值。

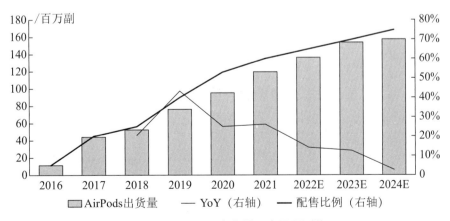

图 8-4 AirPods 出货量历史及预测值

（资料来源：国泰君安证券）

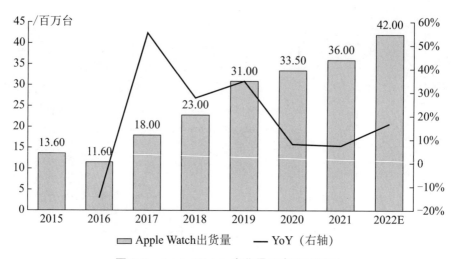

图 8-5 Apple Watch 出货量历史及预测值

（资料来源：国泰君安证券）

长期来看，消费电子领域可能从成长期变为存量竞争阶段，未来公司主要的业务增长点将是 5G 和 AI 背景下的智能互联体系，以及整车行业的智能化浪潮。而立讯精密近年来在通信、数据中心、工业及汽车电子（见图 8-6、图 8-7）市场提前布局了多个产品，如通信业务全面布局有线、无线和光模块业务。随着新能源汽车持续放量，国内外客户逐渐导入，为立讯精密注入新的增长动力。

全球汽车销量预测 / 万辆							
年份	2019	2020	2021	2022E	2023E	2024E	2025E
传统汽车	8811	9018	9220	9380	9501	9606	9585
新能源汽车	221	285	362	490	665	865	1200
合计	9032	9303	9582	9870	10166	10471	10785
连接器单车价值 / 万元							
传统汽车	0.25	0.25	0.25	0.24	0.24	0.24	0.24
新能源汽车	0.35	0.35	0.35	0.35	0.35	0.35	0.35
连接器市场规模 / 亿元							
传统汽车	2202.8	2254.5	2305	2251.1	2280.1	2305.3	2300.3
新能源汽车	77.4	99.8	126.7	171.5	232.8	302.8	420
合计	2280.1	2354.2	2431.7	2422.6	2512.9	2608.1	2720.3

图 8-6 汽车连接器预测

（资料来源：Wind，笔者整理）

图 8-7　立讯精密在汽车电子业务的布局

（资料来源：立讯精密公告）

（2）成本与费用端。立讯精密在 2021 年三季报中披露，由于上游材料短缺、价格上涨、运输能力下降、运输成本上升等因素，利润率受到一定影响（2021Q3 毛利率下降至 16%）。可见其成本端表现出一定的周期性特征。

长期来看，相对于需求与供给端而言，立讯精密的成本与费用端并没有主要矛盾，销售和财务费用占比都比较低，高强度的研发支出大概率也会维持，预计稳态下各项业务的毛利水平仍将位于 15%～20%。一个有意思的事实是，近年来占比持续下滑的电脑连接线业务（曾经的主业）反而毛利最高，如其能保持绝对量的稳健增长，对毛利率可能依旧有正贡献。

（3）产能及外延端。立讯精密自成立以来多次通过收购方式切入新领域、新客户，实现产品线的扩张，目前来看这种趋势还将持续下去，且基于公司管理层的决策和判断能力，这种扩张确实对公司业务发展起到了明显的推动作用。

根据此前公告，立讯精密及其控股股东将收购纬创资通两家全资子公司，完成收购后立讯精密将成为苹果公司的代工厂商。

4. 主要风险简析

（1）公司业务特征为大客户订单模式，业绩对苹果链产品的景气度敏感度较高，同时受政策影响较大。

（2）境外收入占比高，汇率风险大。

（3）通信和汽车等新领域的拓展对管理能力和专业技术提出了更高要求，且目前来看尚未形成明显的盈利贡献。

（三）综合估值定价评估

立讯精密股票综合评估如表 8-3 所示。

表 8-3 立讯精密股票综合评估

评估项目		具体内容		
		评估维度	基本评估	盈利质量打分
基于盈利质量四维度的相对估值评价	盈利质量评估	现金含量	重资产生意模式，没有持续稳定的现金流；现金收入比也呈现较大波动	3分（满分10分）
		稳定性/确定性	大客户经营模式，受终端设备品牌商产品周期和供需格局影响大，但作为苹果产业链最大的供应商，其份额相对稳定	4分（满分10分）
		成长性	多项布局新业务，产品在国内的渗透率仍处于较低水平，中期景气度较高，从历史上看公司管理层的战略决策能力较强，有望持续复制成功经验	13分（满分20分）
		持续性	受益于连接器行业国产替代和技术升级，以及应用场景的多元化，其业务的可持续性较强；但需要关注其在产业链中相对弱势地位可能导致的价值分配重估	5分（满分10分）
	绝对收益投资备忘录		根据盈利打分，基于公司中性状态25倍PE估值水平，对应2023年一致预期盈利预测140亿元，目标市值为3500亿元；悲观情境下给予其16倍估值，对应2022年盈利预测最小值为85亿元，底价市值1360亿元。当前市值2385亿元对应预期回报为47%，回撤空间为43%，盈亏比一般，需要通过深度研究提升胜率。同业相对估值参考标的：歌尔股份	
基于绝对估值思路的验证	DCF验证		以2022—2024年盈利预测最小值作为自由现金流代理变量，假设10%的折现率，则当前市值隐含的永续增长速度为3.3%；如进一步假设公司2024年按当前净资产价值清算，则折现市值为533亿元	
基于历史预测误差的盈利可靠度判断	历史一致预期误差		公司所处Wind四级行业下的电子元件行业（2022—2024年全行业盈利预测增速分别为21%、27%、18%），2018—2021年站在T年预测T+1年盈利的误差率分别为-57%、-58%、-8%、+16%。从历史上看，预测准确度较差，但近两年误差率大幅下降	

二、利亚德：全球LED显示龙头

利亚德光电集团（以下简称"利亚德"）是全球视听科技产品及其应用平台的领军企业，是一家专业从事LED应用产品研发、设计、生产、销售和服务的高新技术企业，致力于为客户提供高效、节能、可靠的LED应用产品及其整体解决方案。公司在全国各地承建了数千个项目，安装了数十万块显示屏，逐步成为LED视频及信息发布显示屏领域的引领者。公司部分产品获得美国FCC认证、UL认证、ETL认证及欧盟CE认证。公司参与多项铁路客运引导系统国家标准的起草工作，并获得了多项产品专利。公司拥有计算机系统集成资质、城市及道路照明工程专业承包资质、钢结构工程专业承包资质和电子工程专业承包资质。公司始终以技术研发为根、产品创新为本，业务布局覆盖智能显示、景观亮化、文旅新业态及虚拟现实四大领域。公司先后被授予"国家技术创新示范企业""中国电子信息百强企业""国家文化科技融合示范企业""北京信息产业十强"等多种荣誉。

（一）公司基本情况和生意特征

利亚德的基本情况如表8-4所示。

表 8-4 利亚德基本情况

公司业务范围	LED 显示技术开发及 LED 显示产品的生产及服务
业务结构	按产品类型的营业收入占比来看，智能显示占比为 76%、夜游经济占比为 11%、文旅新业态占比为 8%、VR[①] 体验占比为 3%
上下游及销售模式	LED 产业链下游为照明显示服务商，上游包括 LED 材料、芯片、封装等企业，下游主要为企事业单位和居民用户，以直销模式为主
实际控制人	公司董事长李军博士从事该行业超过 20 年，管理团队均有股权激励，2021 年 1 月公司回购股票用于员工持股
机构持股占比	机构持股占比 23.4%，市场关注度中等，华宝基金、西部利得基金持仓比例较高
分红增发情况	上市以来，分红率为 17.2%，2019 年年底发行转债

从利亚德的历年财务摘要（见表 8-5）可知其基本生意特征。

表 8-5 利亚德历年财务摘要

财报年度 / 年	2012	2013	2014	2015	2016	2017	2018	2019	2020	2021
营收增幅 /%	13.2	36.8	51.6	71.4	116.4	47.8	19.0	17.5	-26.7	33.4
毛利率 /%	34.4	35.6	39.4	41.8	38.4	40.5	38.8	34.1	31.0	30.2
三项费用率 /%	21.0	22.9	24.0	23.7	21.9	20.7	18.1	18.4	23.2	19.0
销售费用率 /%	9.9	10.8	12.4	10.1	9.0	7.6	7.8	7.7	9.9	8.3
管理费用率 /%	11.2	11.7	10.3	11.8	10.4	9.6	9.3	9.3	11.1	9.4
财务费用率 /%	-0.1	0.5	1.3	1.9	2.5	3.6	1.0	1.4	2.2	1.3
扣非净利润增幅 /%	5.5	33.9	73.8	116.1	113.6	101.7	2.9	-39.2	-245.4	152.3
资产负债率 /%	30.3	40.7	43.5	54.4	45.6	55.5	46.7	45.3	46.8	50.8
应收账款占营业收入比重 /%	50	50	50	60	40	30	30	30	40	30
净营运资本 / 亿元	3.0	4.4	7.9	13.8	22.7	26.8	33.2	37.2	32.3	33.4
固定资产占总资产比重 /%	0	0	0	10	10	10	10	10	10	10
净资产收益率 /%	12.7	11.5	17.6	19.1	19.6	24.0	18.9	8.7	-12.5	8.1
净利润率 /%	10.2	10.3	13.9	16.4	15.2	18.7	16.4	7.8	-14.6	6.9
总周转率 /%	80	70	70	60	60	60	60	60	50	60
财务杠杆（权益乘数）	1.4	1.7	1.8	2.2	1.8	2.2	1.9	1.8	1.9	2.0
总资产增长率 /%	88.9	30.1	57.6	170.1	55.5	54.1	15.3	5.4	-11.3	16.2
经营性现金流 / 营业利润	-1.3	0.1	0.5	0.4	0.0	0.6	0.6	1.0	-1.2	0.6
投资现金流占比 /%	-12.6	268.8	3719.8	-318.5	-422.4	-478.3	63.0	-36.4	173.1	128.6
经营现金流占比 /%	-38.6	-15.1	-1335.3	31.8	5.7	163.3	93.4	242.3	-520.9	-129.1
筹资现金流占比 /%	151.2	-153.6	-2284.5	386.7	516.8	415.0	-56.3	-105.9	447.8	100.5
每股自由现金流 /%	-1.1	-0.8	-0.9	-0.4	-0.4	0.6	0.2	0.3	0.4	0.2
流动比率	2.9	2.1	2.3	1.8	2.1	1.4	1.7	1.8	2.0	1.7
速动比率	2.2	1.5	1.7	1.2	1.3	0.9	1.0	1.1	1.5	1.2
现金收入比 /%	75.3	80.6	87.0	87.9	93.3	94.5	90.4	90.5	100.0	91.7

由表 8-5 可知，利亚德的业务毛利率水平在制造业公司中位于中等偏上（毛利率长期处

---

① VR 即"虚拟现实"。

于 30% 以上），但费用率较高，影响到净利润，考虑到公司下游客户极度分散（前五大客户销售量占比合计仅有 7%），其直营为主的模式销售在费用率方面会大概率维持。同时该行业具有技术密集型属性，使得研发支持维持在高位，因此管理费用率下降空间同样有限。

影响公司毛利率的关键变量在于产品结构变化。根据披露数据，公司文旅及 VR 类产品毛利率较高，但目前其占比尚低，需要关注其后续变化。另外，毛利率可能受益于上游原材料成本的下降，产品定价方面暂时看不到提价趋势（近年来定价缓慢下降）。

从杜邦分解角度来看，基于净利润率短期提升空间有限，且目前财务杠杆处于中性偏高水平，公司未来的增长主要依托其核心产品——小间距 LED、Micro/Mini LED 的终端需求放量，以及新冠感染疫情下衍生的视频会议一体机需求（其渗透率为 1%，营收占比为 1%）。

利亚德属于典型的轻资产公司，固定资产占比不到 8%，其主要的资本性支出应为行业内收购兼并（相关产业链情况见图 8-8），对这方面的业务和战略协同（如上游降低成本）信息值得进一步关注。

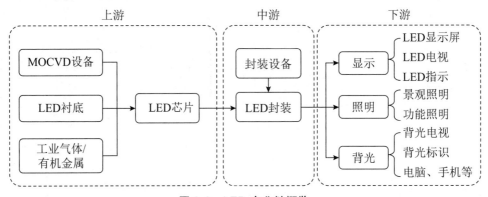

图 8-8 LED 产业链概览

（资料来源：Wind，笔者整理）

利亚德的净运营资本较高（超过 30 亿元），结合其较高的应收账款占比（35%）和自由现金流状况，表明其在产业链中地位相对弱势（不同于掌握核心技术的 LED 芯片企业），但该特征趋势正逐渐改善，这可能意味着利亚德品牌溢价的提升。

整体行业格局总体比较分散，利亚德作为 LED 显示屏全球第一大龙头，其市场份额占比仅为 12%，第二名洲明科技市场份额占比为 10%（历史转债发行人）。观察海外同业情况，该行业集中度分散，近年来提升速度缓慢（近三年 CR8[①] 为 4%）。

（二）核心投资逻辑及业务分析

1. 市场空间及潜力

根据东方证券预测数据（见图 8-9），全球 LED 显示屏 2025 年市场规模在 1000 亿量级，CAGR[②] 为 20%。粗略估算下，假设 2025 年利亚德市占率提升至 15%，则对应 150 亿元的营收规模，相当于 2020 年该业务量的三倍。

---

① CR8：前八大企业集中度。

② CAGR：compound annual growth rate，复合年均增长率。

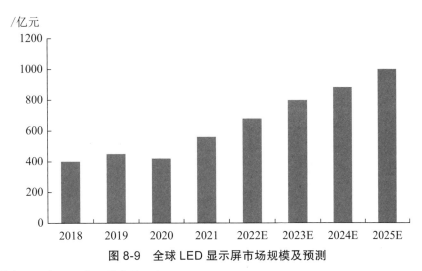

图 8-9 全球 LED 显示屏市场规模及预测

（资料来源：东方证券，笔者整理）

另外，公司近年来布局的 Mini/Micro LED 业务，由于渗透率较低，CAGR 预测达到 100%，对应公司 2021 年约 4 亿元的营收贡献，假设市占率不变、3 年做到 12 亿元，则能贡献至少 1 亿元的净利润。

但以上估算存在一定不确定性：一是因为，2020 年新冠感染疫情，利亚德业绩受损程度显著大于第二龙头企业洲明科技，表明公司在应对极端变化下的经营能力偏弱（当然这也可能意味着疫情好转下业绩反弹性更强）；二是因为，量价存在此消彼长的趋势，小间距 LED 从室内拓展到室外，预测 28% 的 CAGR 也快于行业整体，但其产品价格也在趋势性下滑，需要考察成本端是否存在类似趋势（关注公司垂直一体化的整合进展）。

2. 竞争格局及优势

从竞争格局来看，LED 行业的品牌、规模效应并不明显，技术也相对容易被同行模仿，但国内龙头相对海外龙头的市场份额确实是在逐步提升的。这源自中国广大的应用场景市场，生产商利润率也高于海外同行，因此未来主要的竞争对手主要来源于境内。2019 年全球 LED 显示屏各厂商市场份额如图 8-10 所示。

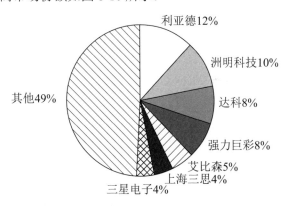

图 8-10 2019 年全球 LED 显示屏各厂商市场份额

（资料来源：Wind，笔者整理）

从竞争优势上来看，利亚德在产品、技术（成立 Micro LED 研究院，拥有数十项国家级专利）上确实有一定的先发优势（LED 技术演进见图 8-11），但是否足够牢靠需要审慎判断。从毛利率和销售费用率控制上来看，利亚德相对同行有优势。另外，公司直销网络的建设完善是否会逐步提升客户黏性和置换成本，值得长期跟踪观察。

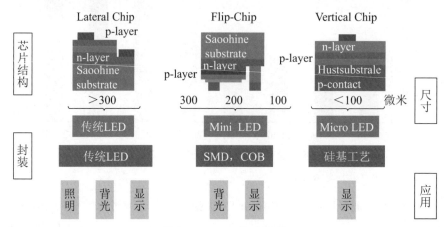

图 8-11　LED 技术演进

（资料来源：LEDinside）

3. 成长趋势及态势

（1）需求和供给端。小间距 LED 仍将是公司业绩增长的核心驱动力，达到行业预测的平均增速问题不大（行业增速参考表 8-6），但需要关注产品价格下降对毛利率潜在的不利影响。同时产品从定制化向标准化转型，也有望降低推广成本和销售费用。Mini/Micro LED、AR/VR 等新业务终端需求有空间，但形成体系化的解决方案和盈利模式需要时间。另外，公司在切入 LED 高端电视等领域，并自建经销商渠道，进行终端客群下沉，如果进行量产，有望在 C 端开拓新市场。

表 8-6　全球 LED 封装应用产值预估

单位：百万美元

项目	2018 年	2019 年	2020 年	2021 年	2022E
手机背光	1167	1073	1025	983	966
大屏显示背光	1771	1650	1518	1410	1329
通用照明	7427	6469	6226	6121	6001
植物照明	1129	1052	992	978	1013
车灯照明	2949	2672	2614	2797	2927
Signs & Display	1962	1876	1946	2103	2285
Consumer & Others	1271	1328	1399	1483	1580
不可见光	697	713	810	959	1144
Micro & Mini LED	1	3	20	195	1030
Total Revenue	18 373	16 837	16 549	17 030	18 275

（资料来源：LEDinside）

（2）成本与费用端。从成本结构来看，公司主要产品是灯珠材料和芯片，前者可以通过产业链整合降低采购成本，后者的议价空间则相对较小；费用端前文已有论述，除财务费用外，在销售费用和管理费用上暂时看不到下行的空间。

（3）产能及外延端。公司通过收购方式积极拓展海外新增产能（见表8-7），公司产品单价下降对开拓海外市场比较有利，需要持续关注海外订单的进度和具体品类情况。

表8-7 利亚德海外布局

时间	情况
2011—2013年	海外营收连续三年翻倍，影响力和知名度大幅提高，先后承接了美国NBC电视台、美国纳斯达克股票市场、德意志银行、德国宝马总部、法兰克福奔驰车展、休斯顿火箭队NBA球场等项目
2014年	投资设立利亚德欧洲、利亚德美国、利亚德日本、利亚德巴西等分公司，完善海外营销服务网络
2015年11月	收购Planar（美国平达）100%股权。Planar在北美的市场占有率为8%，在全球拥有2700个销售网络渠道，采用LED、LCD、DLP、OLED等显示产品，为能源、教育、体育场馆、军事、交通商业、广电、政府、企业等应用领域提供显示解决方案
2016年	使用定增资金建设斯洛伐克工厂，产能足够满足欧美日市场需求。工厂建成后，可直接从海外采购原材料，也可通过斯洛伐克工厂直接向海外销售，从根本上解决了贸易壁垒问题
2017年2月	收购美国NP公司100%股权，进入VR/AR领域
2018年3月	收购德国大屏幕系统提供商艾维视，继续扩大欧洲市场

（资料来源：东方证券，笔者整理）

4. 主要风险简析

（1）行业景气度受宏观经济影响较大，有一定周期性特征，新冠感染疫情期间公司业绩表现较差。

（2）Mini、Micro LED等业务技术难度较大，对公司控制成本和集成能力提出更高要求。

（3）行业竞争加剧，导致毛利率下降，同时新品类拓展及市场占有率不及预期。

（4）外延式并购导致财务风险（潜在的商誉减值损失较大，2020年即减值13亿元），并加大管理难度。

（三）综合估值定价评估

利亚德股票综合估值定价评估如表8-8所示。

表 8-8 利亚德股票综合估值定价评估

评估项目		评估维度	基本评估	盈利质量打分
基于盈利质量四维度的相对估值评价	盈利质量评估	现金含量	盈利现金质量较差，净运营资本占用高，且分红率呈现逐年下降趋势	3分（满分10分）
		稳定性/确定性	虽然利亚德已成为全球行业龙头，但受海外需求影响较大，近年来收入利润波动大；产品布局和技术有一定优势，但面临玩家更多的局面，格局难以确定	4分（满分10分）
		成长性	小间距LED增长可期，渗透率提升空间较大；但行业竞争加剧可能拖累利润率和ROE，需要谨慎观察	10分（满分20分）
		持续性	相对上游芯片行业，利亚德不掌握核心技术，品牌溢价也尚未形成，竞争壁垒的可持续性存疑	3分（满分10分）
	绝对收益投资备忘录		根据盈利打分，给予公司中性状态20倍PE估值水平，对应2023年一致预期盈利预测为12.8亿元，目标市值为256亿元；悲观情景下给予其12倍估值，对应2022年盈利预测最小值为9.7亿元，底价市值116亿元。当前市值190亿元对应预期回报为35%，回撤空间为39%，盈亏比较差，需要等待机会。同业相对估值参考标的：洲明科技	
基于绝对估值思路的验证	DCF验证		以2022—2024年盈利预测最小值作为自由现金流代理变量，假设10%的折现率，则当前市值隐含的永续增长速度为2.1%；如进一步假设公司2024年按当前净资产价值清算，则折现市值为80亿元	
基于历史预测误差的盈利可靠度判断	历史一致预期误差		公司所处Wind四级行业下的电子设备和仪器行业（2022—2024年全行业盈利预测增速分别为49%、33%、21%），2018—2021年站在T年预测T+1年盈利的误差率分别为-20%、-24%、-17%、-13%。从历史上看，预测准确度一般，但呈现持续改善的态势	

三、乐歌股份：人体工学品牌先行者

乐歌人体工学科技股份有限公司（以下简称"乐歌股份"）已成为国内人体工学行业的领先企业，形成了覆盖市场调研、产品企划、研发设计、供应链管理、生产制造、渠道建设、品牌营销和售后服务的全价值链业务模式。乐歌股份基于人体工学技术，围绕办公、家居两大场景，推出创新的人体工学产品。公司已研制出显示器及笔记本支架、多屏显示器支架、站立式显示器支架、升降桌、升降台以及电视挂架、电视推车、智能健身车等多种产品，通过人体工学技术，为用户实现健康的办公方式和家居体验。在国内，乐歌产品已广泛应用于IT互联网、金融证券、政府机构、教育培训等领域，并与多个电视、电脑品牌建立战略合作关系。公司参与起草了国内行业的相关标准，如商务部颁布的《家用平板电视接收机安装架技术规范与使用要求》（SB/T10866—2012）、中国电子视像行业协会标准《平板电视机安装支架技术规范》（CVIA—01—2012）。

(一)公司基本情况和生意特征

乐歌股份的基本情况如表8-9所示。

表8-9 乐歌股份基本情况

公司业务范围	人体工学产品的研发、生产及销售
业务结构	按产品类型的营业收入占比来看,人体工学工作站系列营业收入占比为75.4%,人体工学大屏支架营业收入占比为8.3%,其他生产销售营业收入占比为8.0%
上下游及销售模式	上游为钢板、铝锭、钢管,压铸件、冲压件、塑料件等原材料供应商,也有燃油供应商;下游包括家庭和企业的智慧办公,涉及医疗器械、汽车零部件企业(少量),以及其他轻工出口企业。以跨境电商和海外代工的销售模式为主
实际控制人	董事长项乐宏,2010年至今掌舵公司,管理团队稳定
机构持股占比	机构持股占比62.8%,市场关注度较高,华夏、金信、嘉实基金持仓比例较高
分红增发情况	上市以来,分红率为16.4%,再融资较多,转债和定增均有

从乐歌股份的历年财务摘要(见表8-10)可知其基本生意特征。

表8-10 乐歌股份历年财务摘要

财报年度/年	2013	2014	2016	2017	2018	2019	2020	2021
营收增幅/%	0.0	19.7	29.6	53.3	26.6	3.3	98.4	48.0
毛利率/%	37.7	40.0	50.4	47.1	44.2	46.5	46.7	39.7
三项费用率/%	22.8	27.7	34.9	37.5	37.7	39.7	35.0	34.8
销售费用率/%	11.4	16.2	24.2	25.4	28.0	29.1	24.2	24.0
管理费用率/%	11.0	11.1	11.5	10.0	10.1	10.4	9.1	8.3
财务费用率/%	0.4	0.5	-0.9	2.2	-0.5	0.2	1.7	2.4
扣非净利润增幅/%	0.0	-22.5	59.5	-16.5	-21.8	17.2	277.3	-40.8
资产负债率/%	34.4	50.9	48.4	37.3	36.7	47.1	64.4	52.7
应收账款占营业收入比重/%	10	10	10	10	10	10	10	10
净营运资本/亿元	0.4	0.8	0.4	2.0	2.8	1.5	0.7	1.5
固定资产占总资产比重/%	40	30	30	20	20	20	10	20
净资产收益率/%	18.6	13.9	20.6	12.3	8.1	8.2	23.9	12.6
净利润率/%	11.8	7.6	12.3	8.4	6.1	6.4	11.2	6.4
总周转率/%	0	100	90	90	80	70	90	80
财务杠杆(权益乘数)	1.5	2.0	1.9	1.6	1.6	1.9	2.8	2.1
总资产增长率/%	0.0	43.4	46.6	68.0	6.4	28.8	90.8	40.6
经营性现金流/营业利润	0.7	0.7	0.6	1.1	1.9	1.9	0.9	1.4
投资现金流占比/%	122.5	-97.2	129.5	-208.0	210.1	-37.3	-736.2	-36.1
经营现金流占比/%	-57.7	40.6	-47.8	52.7	-123.3	76.0	182.6	40.0
筹资现金流占比/%	35.2	156.5	18.3	255.3	13.2	61.4	653.6	96.2
每股自由现金流/%	0.0	-0.4	-1.1	-2.1	-0.6	1.9	-3.1	-0.2
流动比率	1.7	1.3	1.5	2.1	1.8	1.5	1.2	1.5
速动比率	1.3	1.1	1.1	1.6	1.4	1.2	0.8	1.2
现金收入比/%	99.4	100.3	96.3	88.7	91.3	93.3	88.8	94.3

乐歌股份的收入端保持较高增速，表明以升降桌为代表的人体工学家居设备景气度较高，利润增速未显著同步的原因是，利润率的大幅波动主要来自原材料成本和海运费用的大幅波动（同所有出口企业一样）。

乐歌股份的毛利水平合理稳定，显著高于同业轻工类企业，是公司逐渐从设备制造商转型品牌商的直接反映。2020年，公司开始稳步压缩代工，提升自主品牌，待营销费用率稳定后，预计未来毛利率中枢有望超过10%，略高于大众消费品和制造业，但低于奢侈品或高端制造的中间水平（2021年波动同样来自海运和原材料的影响）。

乐歌股份的固定资产占总资产比重有下行趋势，主要受电脑支架等非线性驱动业务委托代工影响，生意重资产属性下行。随着品牌力塑造和委外能力提升，乐歌股份资产边际扩张能力上行。

乐歌股份的销售和研发设计费用占比高于同业，这也佐证了公司在品牌端的营销渗透（与国内技术流KOL合作；在海外社交媒体投放广告等）和在自主产品研发设计上的持续积累。

（二）核心投资逻辑及业务分析

1. 市场空间及潜力

乐歌股份的产品矩阵主要包括线性驱动人体工学产品和其他人体工学产品，具体如图8-12所示。

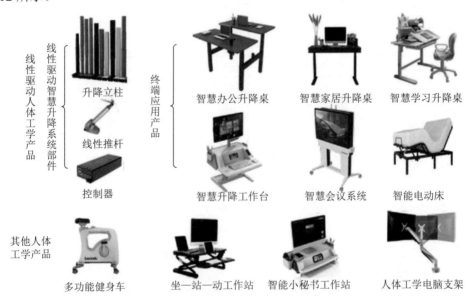

图8-12 乐歌股份主要产品矩阵

（资料来源：太平洋证券）

从人体工学家居的市场空间来看，根据国内卖方研究测算，2020—2023年，全球升降桌市场体量从108亿元增长至236亿元，其中欧美地区预计三年复合增速为22%；国内预计从11亿元增长至31亿元，年复合增速为31%。同时，当前人体工学办公桌渗透率仍然处于较低水平,全球在10%～15%,国内在1%～4%,理论上渗透率持续提升的空间巨大。

从长期发展视角来看,具备线性驱动制造技术的公司一般同样具备较强的品类拓展潜力。并且,线性驱动技术门槛较高,容易形成竞争壁垒。放眼全球,真正形成系统化生产制造能力的厂商寥寥无几。而其应用端,可以向医疗、人机交互等设计自动化机电场景拓展,这些场景目前同样具备广阔的发展空间。

另外,公司从2020年开始布局海外仓业务(见图8-13)。截至2021年中,已在全球设立14个海外仓,有效保障自主品牌高效率履约的同时,也集合了订单,大幅降低配送成本。海外仓是"十四五"规划鼓励建设的重点方向。考虑到跨境卖家需求大,公司自主布局海外仓可有效降低物流成本、提升时效和交付能力。2020年,全球海外仓数量增速达到95%。目前在满足自用需求之后,乐歌股份开始租借给其他跨境电商企业使用,提供大件商品的仓储和物流,其在北美的费用比亚马逊平台更低。且当前乐歌股份所有的自营仓库估值均已翻倍(相比购置成本),在美国电商化率逐步提升以及中国跨境电商迅猛发展的大背景下,港口仓库将成为稀缺资源。乐歌股份预计2023年将海外仓业务单独分拆上市。

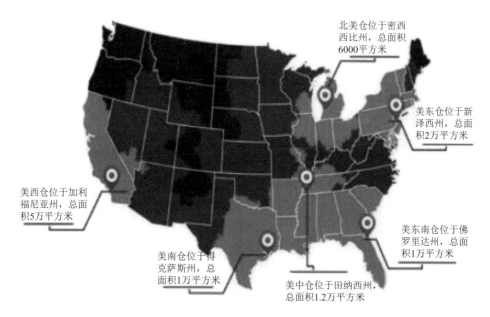

图8-13 乐歌股份公共海外仓布局

(资料来源:乐歌公司官网)

2. 竞争格局及优势

从竞争格局来看,海外线性驱动头部企业不多,丹麦有1家(营收60亿元人民币)、德国有1家,而丹麦和德国的线性驱动企业已经退出了中低端市场。乐歌股份在国内的主要竞争对手是捷昌驱动、凯迪股份。从份额上看,捷昌驱动最高,海外业务市场占有率达30%,研发支出绝对额也最高,捷昌驱动是高端办公桌主要"玩家",乐歌股份是中低端主要"玩家"。乐歌股份的优势在于拥有自主品牌（捷昌和凯迪都没有），因此利润率更高，品牌力塑造的优势更强。境内外同业业务模式对比情况如表 8-11、表 8-12 所示。

表 8-11　乐歌股份与境外同业对比

公司名称	主营业务及产品	自主品牌终端产品价格
Ergotron	成立于 1982 年，主要产品为显示器支臂、坐立交替办公系统、医用推车等	电脑支架：$249～$564 可升降办公桌：$989
Humanscale	成立于 1983 年，主要产品包括人体工学座椅、空立两用工作站、显示器支架、键盘系统、工作台灯等	人体工学座椅：$489～$999
Linak	成立于 1907 年，是全球最早的线性驱动行业生产商之一，主要产品分为办公系列（主要为升降办公桌、工作站）、医护系列（医疗床等）、家庭系列等	主要为线性驱动器，无终端产品
Dewert	欧洲领先的线性驱动器生产企业之一，是行业内著名的电动推杆、升降柱的生产商，专注于医疗护理领域的线性驱动产品，无行业内领先品牌	主要为线性驱动器，无终端产品
乐歌股份	成立于 2002 年，主要包括线性驱动智慧办公升降桌、智能电脑架、智能健身车等健康智慧办公及智能家居类产品	电脑支架：$105～$300 人体工学办公桌：$300～$430 人体工学座椅：$100～$300

表 8-12　乐歌股份与境内同业对比

公司名称	主营业务及产品	业务经营模式	销售毛利率		
			2019	2020	2021H
乐歌股份	成立于 2002 年，主要包括线性驱动智慧办公升降桌、智能电脑架、智能健身车等健康智慧办公及智能家居类产品	M2C 模式，具有乐歌及 Flexispot 两大自主品牌，具备较成熟的境内境外线上线下渠道	46%	47%	40%
捷昌驱动	成立于 2002 年，从事线性驱动产品研发、生产、销售，主要产品有 ICU 电动病床、升降办公桌	ODM 模式，未形成自主品牌，To B 业务模式，以境外市场为主，未开拓线上渠道	36%	39%	30%
凯迪股份	成立于 1992 年，从事线性驱动系统的研发、生产与销售，主要为智能家居、智慧办公、医疗康护、汽车零部件等领域提供配套线性驱动系统产品	ODM 模式，未形成自主品牌，To B 业务模式，主要面向下游家具制造企业销售零部件，布局境内境外渠道，未开拓线上渠道	37%	32%	23%

（资料来源：太平洋证券）

从竞争优势看,乐歌的部分技术水平已经超过国外(技术优势见图 8-14),如升降顺滑度、地面不平自适应技术等。同时公司运营成本方面具有优势,如同样的线性驱动产品,乐歌的成本最低。这是因为海外独立站为自主渠道,在越南布局成本较低,在美国布局免除关税,利用装配自动线可将产品在美国组装。

领先线性驱动技术
- 全球首家应用80mm/s最高速线性驱动、全球首家应用线性驱动地平自适应系统
- 全球首家应用线性驱动敲击升降技术、全球首家应用无接触自感知心率检测技术、应用自研线性驱动控制算法

实验室与检测能力
- 首家通过CNAS国家实验室认证,成立了亚洲第一家UL目击测试实验室和德国TUV、GS目击测试实验室
- UL、GS目击测试实验室拟计划投资3000万元,建设共享EMC实验室,提供对外服务

研发投入
- 600余人研发团队,其中拥有博士学位4人,硕士学位43人,与高校及研究机构进行产学研合作
- 成立人体工学研究中心和健康研究院,持续进行嵌入式系统、物联网、5G技术应用的开发
- 截至2020年9月,公司专利有957项,其中发明专利58项、软件著作权18项、中国驰名商标1项

荣誉
- 国家级高新技术企业、浙江省专利示范企业、省级博士后工作站、省级高新技术企业研发中心、省级企业研究院、市级工程技术中心

设计奖
- 2017年11月,乐歌旗下产品乐小白多功能居家娱乐车成功荣获美国CES2018年度创新奖
- 2018年10月,乐歌V9乐小白多功能学习办公车荣获2018尖峰设计亚太奖
- 2018年11月,乐歌旗下乐小白与升降台M7S一举荣获2018中国设计红星奖

图 8-14 乐歌股份主要技术优势

(资料来源:浙商证券,笔者整理)

3.成长趋势及态势

(1)需求和供给端。从需求端来看,国内市场的使用者多为学生。目前,升降桌在国内的渗透率较低。升降桌整体的海外需求在新冠感染疫情后有明确的抬升,渗透率在15%左右。而在这一渗透率水平下,居家办公的需求对升降桌和支架的短期营收贡献的提升空间很大。以2021年四季度为例,新冠感染疫情是直接催化剂。场景一是很多企业又开始居家办公(见表 8-13),有购买办公桌的补贴。场景二是很多办公族在公司使用办公桌体验好,远程办公较多时也主动购买办公桌。Google、Facebook、摩根大通等美国公司,主要办公区升降办公桌比例高于30%,站起来办公或根据自身需求调节办公桌已经很常见。整体来看,需求侧的渗透率还有理论提升空间,尤其是在居家办公需求下。

表 8-13 北美各大科技公司居家办公政策

公司	居家办公政策
Facebook	允许任何可以远程完成工作的员工申请永久性远程工作
微软	将永久允许员工居家办公
Salesforce	推出员工永久性远程工作的计划
Google	宣布为员工提供更灵活的混合工作周的工作方式，大部分 Google 员工在办公室工作 3 天，剩余 2 天可以选择远程办公
Twitter	员工可按照自己的意愿申请永久居家远程办公
Shopify	公司 6500 多名员工可以永久远程办公。员工可以任意选择想要工作的国家、城市或公司地点

（2）成本与费用端。乐歌股份产品的直接材料（钢管、钢板铝、压铸机等）占营业成本 70% 左右。相关度最高的期货品种为热轧卷板，价格存在一定波动，影响毛利率，海运价格对费用影响较大，与波罗的海干散货指数相关性较高。

海运费用大幅上涨对公司净利率的影响较为显著。以 2021 年为例，海运费用的上涨对公司净利润率造成 2%～3% 的影响（2021 年运输费率在 4% 左右，三季度运输费率高点接近 8%）。公司近期的局部对冲方案是，乐歌股份和中远海控签署长协，按照 6000 元的单价锁定了 300～600 个货柜。

海外仓对价格的影响比较特殊，其费用既是成本费用，也是收入来源。因为乐歌股份有海外仓布局，乐歌与其他出口企业相比，利润率更为稳定，收入也更为多元。

（3）产能及外延端。从线性驱动业务来看，现有的产地合计产能为 15 万套 / 月。2021 年前三季度累计销售 93 万套。产能利用率在 70%，还有 30% 的理论空间。其中，40% 的产能主要安排给非线性驱动产品。如果需求提升较快，每月其产能还可以调节。

2022 年，整体线性驱动产品产能可增加至 20 万套 / 月。依据公司 2020 年年度报告披露，2019—2020 年公司产品销售量均大于生产量，产销比分别为 532/360 及 681/459，产能利用率超过 100%。公司再融资募投主要包括技术产品智能工厂、新产品和技改项目、公共仓及独立站建设等。

4. 主要风险简析

（1）公司收入多数来源于欧美市场，收入端受贸易政策扰动，成本端受海运条件影响较大，经营上有一定的不确定性。

（2）行业面临竞争压力，从市场估值反映的预期看，捷昌驱动在二级市场的认可度更高，且捷昌驱动在高端产品上的卡位更好。

（3）自主品牌能否在国内市场获得持续的消费者溢价，目前还无法下结论，需要进一步研究和观察。

（三）综合估值定价评估

乐歌股份股票综合估值定价评估如表 8-14 所示。

表 8-14　乐歌股份股票综合估值定价评估

评估项目		评估维度	基本评估	盈利质量打分
基于盈利质量四维度的相对估值评价	盈利质量评估	现金含量	现金创造能力差，且需要持续的资本开支；但随着委托代工比例的增加，公司重资产属性在变弱	2 分（满分 10 分）
		稳定性/确定性	海外需求占比较高，且受进出口政策影响大；行业的技术壁垒不够高，竞争格局尚不明朗	2 分（满分 10 分）
		成长性	受新冠感染疫情影响，居家办公基础设施需求增加，加速了升降桌渗透率的提升，市场空间很大；同时海外仓布局较为领先，带来持续的成本优势	11 分（满分 20 分）
		持续性	使用升降桌是居家办公消费升级的重要趋势，业务的可持续性较好；如能成功从制造商转型品牌商，可进一步延长发展赛道	5 分（满分 10 分）
	绝对收益投资备忘录		根据盈利打分，给予公司中性状态 20 倍 PE 估值水平，对应 2023 年一致预期盈利预测为 4.6 亿元，目标市值为 92 亿元；悲观情境下给予其 11 倍估值，对应 2022 年盈利预测最小值为 3 亿元，底价市值为 33 亿元。当前市值 40 亿元对应预期回报为 130%，回撤空间为 18%，盈亏比较好，验证基本面信息后可积极关注投资机会。同业相对估值参考标的：捷昌驱动	
基于绝对估值思路的验证	DCF 验证		以 2022—2024 年盈利预测最小值作为自由现金流代理变量，假设 10% 的折现率，则当前市值隐含的永续增长速度为 2.1%；如进一步假设公司 2024 年按当前净资产价值清算，则折现市值为 80 亿元	
基于历史预测误差的盈利可靠度判断	历史一致预期误差		公司所处 Wind 四级行业下的家庭装饰品行业（2022—2024 年全行业盈利预测增速分别为 84%、24%、22%），2018—2021 年站在 T 年预测 T+1 年盈利的误差率分别为 -45%、-22%、-11%、-39%。从历史上看，预测准确度较低，且实际利润低于预期为常态	

四、石头科技：智能清洁电器领跑者

北京石头世纪科技股份有限公司（以下简称"石头科技"）是一家专注于家用智能清洁机器人及其他清洁电器研发和生产的公司（产品矩阵见图 8-15）。公司是国际上将激光雷达技术及相关算法大规模应用于智能扫地机器人领域的领先企业。公司在研发与产品设计方面处于行业前列，分别被授予"国家高新技术企业""中关村高新技术企业""北京市知识产权试点企业""中国机器人产业联盟会员""中关村企业信用促进会会员""北京半导体行业协会会员"等资质。

型号	石头T4	石头T6	石头P5	石头T7	石头T7 Pro	石头T7S	石头T7S Plus	石头G10
示意图								
上市时间	2019 年	2019 年	2020 年 2 月	2020 年 3 月	2020 年 5 月	2021 年 3 月	2021 年 3 月	2021 年 9 月
价格	1999元	2799元	2499元	2899元	3899元	2999元	3499元	3999元
更新功能	LDS 全局规划 地图管理 3.0 降噪单元优化 双虚拟墙系统	Lidar Vision 专利 激光雷达 SLAM算法升级 路径规划升级	App 操作优化 OTA 升级	RR mason7.0 算法 2500Pa 吸力升级 超 3000 种脱困方案 恒压电控水箱	AI 双目避障 RR mason7.0 3D算法 LDS 激光导航 实时视频	RR mason8.0 声波震动擦地 AI 智控升降 全向浮动胶刷	AI 结构光避障	抗菌平板拖布 自动补水 智能回洗 自动洗布

图 8-15　石头科技产品矩阵

（资料来源：石头科技公司官网）

（一）公司基本情况和生意特征

石头科技的基本情况如表 8-15 所示。

表 8-15　石头科技基本情况

公司业务范围	智能清洁机器人等智能硬件的设计、研发、生产（以委托加工生产方式实现）和销售
业务结构	按产品类型的营业收入占比来看，智能扫地机及配件的营业收入占比为 97%，手持吸尘器及配件的营业收入占比为 2.5%
上下游及销售模式	上游主要为智能家电设备零部件生产厂商；下游主要为核心品牌商、线上和线下零售渠道商、终端家电消费者
实际控制人	董事长昌敬，长期在一线从事科技和产品研发工作
机构持股占比	机构持股占比 37.9%，市场关注度较高，景顺长城、上投摩根、富国基金持仓比例较高
分红增发情况	上市以来，分红率为 5.7%，尚无再融资动作

从石头科技的历年财务摘要（见表 8-16）可知其基本生意特征。

表 8-16　石头科技历年财务摘要

财报年度 / 年	2016	2017	2018	2019	2020	2021
营收增幅 /%	0.00	510.95	172.72	37.81	7.74	28.84
毛利率 /%	19.21	21.64	28.79	36.12	51.32	48.11
三项费用率 /%	24.55	13.93	15.97	14.38	20.61	24.78
销售费用率 /%	0.84	2.58	5.35	8.41	13.69	16.08
管理费用率 /%	26.68	11.33	10.58	6.00	7.64	9.59
财务费用率 /%	-2.98	0.02	0.05	-0.04	-0.71	-0.89
扣非净利润增幅 /%	0.00	902.29	406.55	65.11	59.71	-1.47
资产负债率 /%	44.23	55.42	45.24	24.38	9.35	13.41
应收账款占营业收入比重 /%	68	34	13	5	3	2
净营运资本 / 亿元	0.32	1.51	5.92	11.02	38.94	39.08
固定资产占总资产比重 /%	40	30	40	30	10	10
净资产收益率 /%	-7.71	32.28	63.50	71.69	31.85	17.97
净利润率 /%	-6.14	5.99	10.08	18.62	30.23	24.03
总周转率 /%	0	258	324	260	92	66
财务杠杆（权益乘数）	1.79	2.24	1.83	1.32	1.10	1.15
总资产增长率 /%	0.00	131.27	111.32	53.73	299.71	24.97
经营性现金流 / 营业利润	4.50	0.54	1.11	0.82	0.98	0.95
投资现金流占比 /%	0.64	0.00	681.71	-231.69	-2651.03	1510.59
经营现金流占比 /%	-53.67	0.00	-631.46	340.77	726.05	-1570.52
筹资现金流占比 /%	153.03	0.00	49.75	-9.08	2024.99	159.94
每股自由现金流 /%	0.00	-48.31	-3.59	4.67	-37.87	11.59
流动比率	2.16	1.73	2.07	3.82	8.40	5.02
速动比率	1.96	1.57	1.59	3.20	7.87	4.56
现金收入比 /%	49.29	93.94	114.73	117.47	117.90	111.31

上市以来，石头科技的营业收入持续高速增长，表明以扫地机器人为代表的清洁电器赛道成长性较强，但近两年受海外新冠感染疫情和需求影响，景气度下滑。

公司毛利率水平高于同行（如科沃斯），且呈现逐年提升的态势，同时应收账款占收入比例下降，这与公司从小米代工的制造商（以B端业务为主）逐步转型为自主品牌商（以C端业务为主）有关，同时公司产品具有较高的科技附加值。

石头科技的销售费用率大幅提升，同样源于公司战略转型，需要构建庞大的渠道销售网络，增加了广告营销开支；研发支出持续提升，2021年三季度，公司研发支出3.1亿元，与科沃斯持平，但其占收入比例显著高于同行。

石头科技的资产负债率下降至较低水平，结合公司极低的固定资产占比，可看出石头科技为典型的轻资产运营模式，生产制造端逐步趋向外包，而专注于产品设计研发与品牌营销两端。

石头科技的净资产收益率的波动幅度较大，同时受到利润率变动、收入大幅波动、财务杠杆的持续下降和总资产的变化影响，增加了预测其ROE中枢的难度，需要更加审慎看待。

石头科技的现金创造能力一般，自由现金流呈现较大的波动特征，需要进一步观察。

（二）核心投资逻辑及业务分析

1. 市场空间及潜力

随着城镇化进程的不断加速和居民对高品质生活的追求，特别是以中产阶级家庭为代表的群体在家务活动中"解放双手"的需求持续提升，智能清洁小家电的销量持续增长，作为智能清洁小家电重要细分品类下的扫地机器人销量也持续增长（见图8-16），且目前该品类还处于发展的初级阶段，从发达国家清洁电器的渗透路径来看（见图8-17），扫地机器人未来有望和冰箱、洗衣机等传统家电一样成为家庭生活必需品。

图8-16 全球扫地机器人市场规模变化

（资料来源：东北证券）

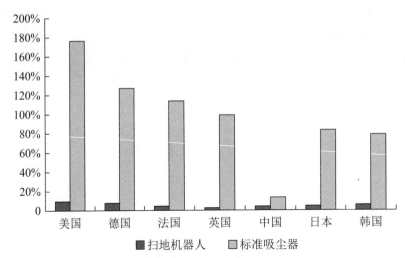

图 8-17 各国扫地机器人与吸尘器的渗透率对比

（资料来源：国金证券）

从短期市场空间来看，根据奥维云网数据，2020 年国内清洁电器市场规模达 240 亿元，同比增长 20%。其中，扫地机器人的市场规模为 94 亿元，同比增长 22%。而 2021 年 1—11 月数据显示，国内清洁电器市场规模已达 278 亿元，同比增长 30.7%。预计 2022 年国内清洁电器市场规模达到 369 亿元，同比增长 18.9%。

从中长期市场空间来看，根据西部证券测算，目前扫地机器人渗透率为 4.7%，预计 2030 年国内扫地机器人在城镇家庭中的渗透率将达到 45%，在农村家庭的渗透率将达到 5%，总体渗透率约为 33%。此外，我国扫地机器人市场单价持续提升（见图 8-18、图 8-19），预计 2030 年均价有望达到 2000 元，考虑量价增长同时考虑 2030 年行业空间，能看到 8～10 倍的增长。

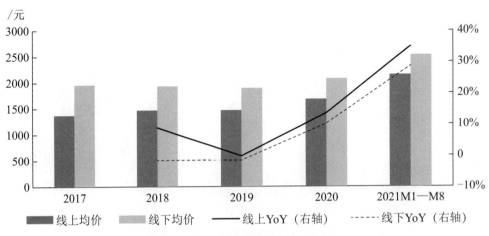

图 8-18 扫地机器人均价变化趋势

（资料来源：奥维云网）

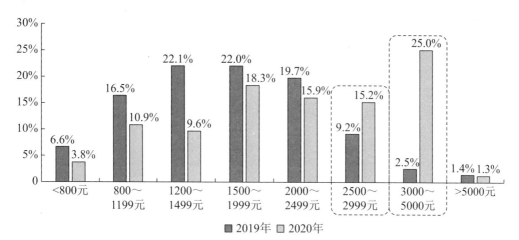

图 8-19 不同价格带扫地机器人销售占比情况

(资料来源:东北证券)

目前清洁电器分渠道零售数据显示,线下向线上持续迁移的态势明显,这与石头科技目前主做线上(80%～90%的渠道占比)相匹配。从清洁电器的发展历程来看,小型化、轻量化、无人化是比较确定的产品迭代方向,未来科技研发实力较强的产品厂商更容易受益。

此外,在扫地机器人领域还存在可预见的国产替代进程,全球龙头 iRobot 的市场份额从 2016 年开始持续下降,而国内企业科沃斯和石头科技的份额持续提升。根据东北证券预测,2025 年中国扫地机器人市场空间将达到 250 亿元。从价格带的角度看,类似配置标准的石头科技的产品零售价格仅为 iRobot 的 60%,呈现较高的性价比。目前石头科技的市场份额排名全球第四,其市场份额有望进一步提升。

2. 竞争格局及优势

从竞争格局上来看(见图 8-20),目前清洁电器业务国内品牌以科沃斯和石头科技的市场份额最为领先(石头科技与科沃斯旗舰产品对比见图 8-21)。中国市场前四大品牌的线上市场占有率共达 82.9%。其中,科沃斯占比 46%,同时在全球非北美范围内市占率

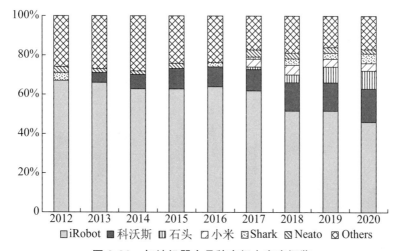

图 8-20 扫地机器人品牌市场占有率概览

(资料来源:东方证券)

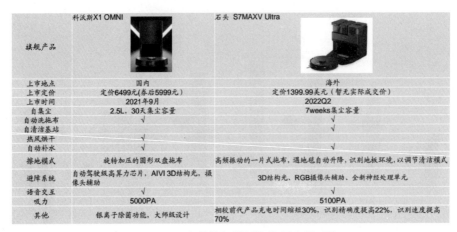

图 8-21 石头科技与科沃斯旗舰产品对比

（资料来源：海通证券）

为第一（零售份额占比 22%），北美市占率为 3%，排名第三；石头科技紧随其后，市占率国内第二，全球第四。与科沃斯相比，石头科技在轻资产的运营模式上有一定优势，技术上更为领先，但在洗地机品类上显著落后。此外，美的、海尔等家电巨头也在积极布局清洁电器赛道，这也让行业的竞争格局存在较大的不确定性，暂时的领先者能否凭借技术壁垒构筑护城河，需要进一步跟踪。

从技术优势上来看，石头科技的核心技术包括激光雷达与定位 SLAM 算法、多传感器融合的运动控制模块、基于人工智能技术的导航算法、多 IoT 平台接入能力等。其中，石头科技自主研发的 SLAM 算法导航技术，让扫地机器人的脱困能力和清扫覆盖度得到显著提升。目前石头科技也凭借这一领先的产品，持续抢占 iRobot 的海外市场（主要为欧洲地区）份额，特别是对于扫地机器人这一家电品类，石头科技的竞争关键逐步从硬件切换到软件，采取的生产制造外包模式使得公司能够在技术研发和产品升级上更加聚焦，进而将强势产品力转化为品牌力。石头科技的研发费用率也显著高于同业竞争对手，如图 8-22 所示。

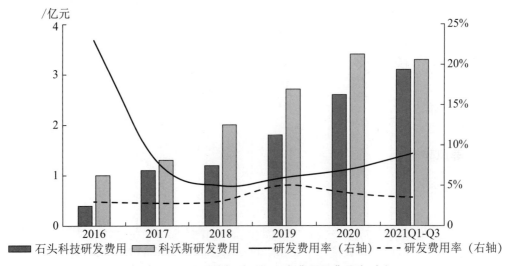

图 8-22 石头科技与科沃斯研发费用及费用率对比

（资料来源：Wind，笔者整理）

另外,石头科技在技术上的核心优势存在一定的可复制性。目前公司专攻扫地机器人,而清洁电器的另一高景气赛道洗地机尚未完全发力(目前石头科技为洗地机市场第三大品牌),而石头科技长期在场景数据和研发经验上的积累有望给公司在洗地机品类上带来第二成长曲线。

3. 成长趋势及态势

(1)需求与供给端。从需求端来看,清洁电器销售结构上呈现高端化特征,表现为销售金额增速显著快于销售数量。线上扫地机器人 2500 元以上价格带整体占比明显提升(2021 年达到 65%);线上洗地机 4000 元以上价格带占比提升最快(从 2020 年的 2% 提升至 2021 年的 21%),而石头的主流产品均位于占比提升较快的价格带内。线上扫地机器人价格带变化如图 8-23 所示。

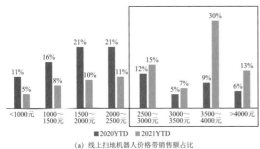
(a)线上扫地机器人价格带销售额占比

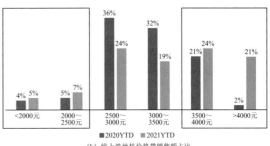
(b)线上洗地机价格带销售额占比

图 8-23 线上扫地机器人价格带变化

(资料来源:奥维云网,笔者整理)

从供给端来看,石头科技积极进行新品类的布局和技术能力的延伸,特别是致力于商用扫地机器人的研发,以期将 C 端业务的技术优势复制到 B 端。同时公司持续发力洗地机市场,通过"扫拖一体"的产品深度绑定用户。

(2)成本与费用端。在成本端,暂时看不到对公司特别明确的潜在影响。在费用端,需要关注两点:第一,公司 BC 两端的布局结构和销售方式的变化对销售费用率的影响,特别是打开新品类市场可能需要较高的营销支出;第二,公司研发费用率高,但研发绝对金额并不领先,这与公司的产品定位有关,未来技术上的优势是否可能被蚕食,而导致被迫的"技术内卷",需要持续关注。

(3)产能及外延端。石头科技为轻资产运营模式,生产制造环节外包,暂时不涉及新增产能和外延并购的情况。

4. 主要风险简析

(1)公司海外业务,特别是欧洲区域占比较高,受海运运力紧张和汇率波动影响,同时海外市场的拓展可能不及预期。

(2)竞争格局趋势不明,家电头部玩家进场,可能会压低行业整体的利润率水平,同时由于收入体量不够大,可能难以支持绝对金额上高强度的研发。

(3)新产品布局上存在一定的研发风险,需要关注原有技术的匹配度、迁移适配性等问题,以及开拓 B 端市场中营销策略的差异化水平。

（三）综合估值定价评估

石头科技股票综合估值定价评估如表 8-17 所示。

表 8-17 石头科技股票综合估值定价评估

评估项目		具体内容		
		评估维度	基本评估	盈利质量打分
基于盈利质量四维度的相对估值评价	盈利质量评估	现金含量	现金创造能力一般，已转型为轻资产运营模式，专注研发和产品两端，不需要资本开支	3 分（满分 10 分）
		稳定性/确定性	受居民消费意愿和海外需求影响较大，传统家电巨头积极参与加剧了竞争格局的不确定性，历史上 ROE 波动较大	3 分（满分 10 分）
		成长性	相对于欧美发达国家，国内清洁电器市场仍有较大的发展空间，其中智能化是最重要的趋势，扫地机器人的需求增长可期	13 分（满分 20 分）
		持续性	所处赛道属于典型的长坡厚雪，公司管理层技术背景强；高强度的研发开支是其持续竞争力的保障	6 分（满分 10 分）
	绝对收益投资备忘录		根据盈利打分，给予公司中性状态 25 倍 PE 估值水平，对应 2023 年一致预期盈利预测为 24.7 亿元，目标市值为 617 亿元；悲观情境下给予其 16 倍估值，对应 2022 年盈利预测最小值为 16.5 亿元，底价市值为 264 亿元。当前市值 342 亿元对应预期回报为 80%，回撤空间为 23%，盈亏比较好，积极关注投资机会。同业相对估值参考标的：科沃斯	
基于绝对估值思路的验证	DCF 验证		以 2022—2024 年盈利预测最小值作为自由现金流代理变量，假设 10% 的折现率，则当前市值隐含的永续增长速度为 3.1%；如进一步假设公司 2024 年按当前净资产价值清算，则折现市值为 104 亿元	
基于历史预测误差的盈利可靠度判断	历史一致预期误差		公司所处 Wind 四级行业下的家用电器行业（2022—2024 年全行业盈利预测增速分别为 18%、13%、13%），2018—2021 年站在 T 年预测 T+1 年盈利的误差率分别为 -11%、-11%、-4%、+4%。从历史上看，预测准确度较高，误差范围可控	

五、东方财富：引领财富管理大时代

东方财富信息股份有限公司（以下简称"东方财富"）是国内领先的互联网金融服务平台综合运营商，以"东方财富网"为核心，集互联网财经门户平台、金融电子商务平台、金融终端平台及移动端平台等为一体的互联网金融服务大平台，向海量用户提供基于互联网平台应用的产品和服务。公司运营的以"东方财富网"为核心的互联网金融服务大平台已成为我国用户访问量大、用户黏性最高的互联网金融服务平台之一，"天天基金网"和"股吧"在各自细分领域中均具有市场领先地位，在用户数量和用户黏性方面长期保持竞争优势，形成了公司的核心竞争力。

（一）公司基本情况和生意特征

东方财富的基本情况如表 8-18 所示。

表 8-18 东方财富基本情况

公司业务范围	证券业务、金融电子商务服务业务、金融数据服务业务、互联网广告服务业务
业务结构	从 2021 年二季度营收占比来看，公司证券业务的营收占比为 55.76%，金融电子商务的营收占比为 41.47%，金融数据服务的营收占比为 2.12%，互联网广告的营收占比为 0.65%
上下游及业务模式	上游为资产管理机构，业务模式以公募基金为主，正在持续多元化中；下游为基民及股民，业务模式以股票交易佣金和基金销售为主
实际控制人	原董事长其实，51 岁，复旦大学博士，2021 年 4 月辞去总经理，继任者为郑立坤，36 岁。管理层呈年轻化态势
机构持股占比	机构持股占比 17.6%，市场关注度较高，国泰、富国、汇添富、华宝等机构持仓比例较高
分红增发情况	上市以来，分红率为 13.9%，2016 年开始有一次定增，三次转债发行，持续补充资本

从东方财富的历年财务摘要（见表 8-19）可知其基本生意特征。

表 8-19 东方财富历年财务摘要

财报年度 /年	2012	2013	2014	2015	2016	2017	2018	2019	2020	2021
营收增幅 /%	-20.6	11.6	146.3	359.6	-57.2	-7.5	17.7	12.9	120.0	66.2
毛利率 /%	70.9	63.9	75.7	88.5	73.1	64.3	71.6	73.5	82.6	87.7
三项费用率 /%	50.9	61.8	39.1	16.7	55.8	61.5	59.5	46.0	29.2	25.7
销售费用率 /%	43.4	44.6	18.8	6.9	11.3	12.4	8.3	8.6	6.3	5.0
管理费用率 /%	29.4	34.0	30.0	13.5	47.4	50.4	46.2	37.7	22.4	19.7
财务费用率 /%	-21.9	-16.8	-9.8	-3.7	-2.8	-1.3	5.0	-0.3	0.4	1.1
扣非净利润增幅 /%	-68.2	-108.5	6326.5	1002.5	-66.9	3.4	53.9	88.3	164.0	79.2
资产负债率 /%	4.5	30.6	69.6	65.5	52.5	64.9	60.6	65.7	69.9	76.2
应收账款占营业收入比重 /%	20	20	20	10	20	30	20	20	20	30
净营运资本 /亿元	-0.1	3.4	16.8	62.0	106.8	227.8	208.6	299.9	604.0	1001.3
固定资产占总资产比重 /%	0.0	0.0	0.0	0.0	0.1	0.0	0.0	0.0	0.0	0.0
净资产收益率 /%	2.2	0.3	9.3	36.8	6.8	4.6	6.3	9.9	17.6	22.2
净利润率 /%	16.9	2.0	27.1	65.7	59.2	57.1	73.2	123.9	146.9	158.2
总周转率 /%	10	10	10	20	10	10	10	10	10	10
财务杠杆（权益乘数）	1.0	1.4	3.3	2.9	2.1	2.9	2.5	2.9	3.3	4.2
总资产增长率 /%	-1.2	35.1	154.1	283.9	13.7	55.1	-4.9	55.3	78.4	67.7
经营性现金流 / 营业利润	0.6	-140.6	12.2	0.3	-6.3	-9.1	2.4	5.5	0.8	0.9
投资现金流占比 /%	102.2	-103.3	-2.7	94.8	93.6	-2.6	374.3	5.6	-2.1	-68.1
经营现金流占比 /%	44.3	216.9	103.2	5.7	217.8	-231.2	-849.0	82.3	23.0	41.1
筹资现金流占比 /%	-46.6	-13.6	-0.6	-0.4	-211.4	333.8	574.7	12.1	79.1	127.0
每股自由现金流 /%	0.0	0.3	1.9	3.5	-2.0	-1.6	0.1	1.7	0.0	0.2
流动比率	20.0	3.0	1.4	1.3	1.6	1.7	1.8	1.4	1.4	1.4
速动比率	20.0	3.0	1.4	1.3	1.6	1.7	1.8	1.4	1.4	1.4
现金收入比 /%	76.9	94.3	107.7	98.1	104.1	105.1	111.8	103.0	96.4	87.1

东方财富的业务毛利率水平显著高于传统证券公司，与同花顺（业务毛利率为89%）、恒生电子（业务毛利率为72%）等金融数据服务商更为接近，根据公司披露数据，其金融电子商务服务板块业务毛利率达到92%。但随着近年来公司证券业务（主要为信用类业务）占比持续提升，其商业模式逐渐介于传统券商和互联网金融平台之间。

三项费用率①逐年下降趋势明显，特别是管理费用率占比下降较多，考虑到公司显著低于同行的人均薪酬水平，这显然是一个对人力资本依赖相对较弱的生意。同时随着流量 IP 的马太效应②，公司获取流量的成本可能也在下降。

公司扣非净利润③持续高增，且增速快于营收，表明行业景气度持续高位，这也是支撑其二级市场高静态估值的主要原因，猜测市场可能按照成长股 PEG 范式④对其进行定价，2022—2023 年一致预期对应的 PEG 在 1 附近。

东方财富属于典型的轻资产运营模式，固定资产占比较低，这与其互联网券商的商业模式有关（线下传统经纪业务的物理网点较少），这样不利于其深度绑定区域大客户（如投行、高净值客户），但客观上也降低了整体的运营压力。

公司财务杠杆率持续提升，是其业务模式逐渐传统券商化的结果。但对比同行而言，杠杆率仍有进一步提升的空间。

公司总资产增速较快，与公司近年来持续发力两融业务有关，这对其 ROE 水平有一定摊薄效应。

（二）核心投资逻辑及业务分析

1. 市场空间及潜力

根据主流卖方预测，中国金融信息数据服务商 2025 年营收规模有望超过 1400 亿元（CAGR 为 32%，略高于东方财富一致预期收入增速）。若东方财富市占率提升至 26%，对应 364 亿元营收；若毛利率为 80%（小幅下行），对应 290 亿元利润；若给予其远期 20 倍估值，对应目标市值 5800 亿元，年化预期回报率约为 17%。

行业市场空间及潜力的主要增长逻辑如下所述。

（1）居民财富持续增长，投资方向从不动产逐渐迁移至金融资产。在我国居民收入水平持续抬升，房地产增值预期发生显著变化，20～55 岁年龄人口下降，以及低利率环境下，居民金融资产配置特征迎来拐点。根据第三方数据预测，我国个人可投资资产规模未来五年复合增速达到 10%，2025 年达到 287 万亿元，同时权益类资产占比提升。根据奥纬咨询的测算，2019 年通过线上渠道销售的可投资资产规模仅 21 万亿元，占全部可投资资产比重的 13%，而到 2025 年该类将达到 69 万亿元，年均复合增速约为 21.6%（约

---

① 三项费用率因小数点保留问题或研发费用单独计提问题，可能和拆分费用率之和存在出入。
② 马太效应，指强者愈强、弱者愈弱的现象。
③ 扣非净利润，指净利润扣除非经常性损益后的利润，这是单纯反映企业经营业绩的指标，把资本溢价等因素剔除，只看经营利润的高低。这样才能正确判断经营业绩的好坏。
④ PEG 范式，即 PEG 估值法，PEG=PE/ 公司盈利增长率。PEG<1，相对低估；PEG=1，相对合理；PEG>1，相对高估。

为总可投资资产增速的 2 倍），占比也将提升至 24%。

同时，目前中国居民家庭现金和存款持有比例高达 58%，显著超过欧美日等国家。

根据西财家庭金融中心调研结果显示，国内家庭财富近年来呈现的配置特征包括以下几个：可投资资产总量上升且存款占比下降；金融资产配置多元化程度显著弱于欧美；偏股型基金的投资意愿持续高于股票；股民年龄结构分布呈青年化、高学历化；家庭利用线上平台进行投资的占比提升，且实际线上投资的收益更好；各等级城市计划购房比例下降；计划增加储蓄的家庭下降。

（2）理财需求逐渐专业化，具有社群性质的互联网平台持续获得流量红利。从用户对金融类 App 的使用时长来看，东方财富在各类金融 App 中市占率位列第三，且近年来持续提升趋势明显。

从终端客户理财场景和习惯来看，近年来蚂蚁、天天基金等互联网平台基金保有量增速超过传统商业银行。同时，公募基金"直播"引领行业线上营销新趋势，未来理财场景持续从线下到线上迁移，将有利于掌握流量入口的平台获取更多的市场份额。事实上，依托于海量且高质量的流量基础，以及相对更低的手续费率，东方财富股票在经纪业务的市占率也在提升[1]（见图 8-24），同时其互联网基因和零售客群也使得东财客户的换手率高于传统券商，佣金贡献更高。

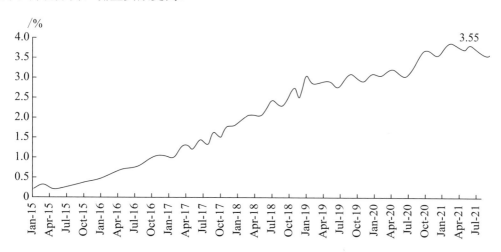

图 8-24 东方财富股票交易市占率趋势

（资料来源：Wind，笔者整理）

（3）权益市场持续扩容发展，证券化率和基金保有量提升。我国正处于资本市场多层次化、直接融资比例持续提升的转型期。从国际对比来看，我国证券化率与一些国家存在较大差距（全 A 市值占 GDP 的比重仅为 83%，而美国占比为 195%，英国占比为 149%），同时公募基金规模占 GDP 的比重尚不足 20%（美国占比为 114%），整体提升空间较大。

---

[1] 据东吴证券数据，2023 年，东方财富市占率预计达到 5%。

近年来，权益类公募基金迎来快速发展期（见图8-25），截至2021年三季度权益类公募规模已是2018年年末的三倍，且扩张速度高于公募基金整体水平。权益型公募的快速发展也为专业代销机构提供了产品和工具。

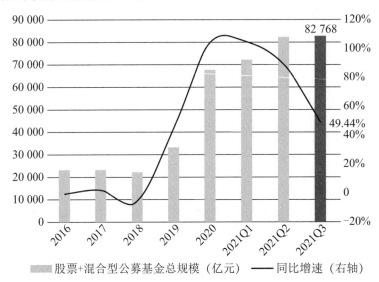

图8-25　2009—2021Q3年我国股票＋混合型基金总规模
（资料来源：Wind，笔者整理）

笔者认为，与另一重要大类资产债券市场相比，股票的增长潜力更大。一是目前宏观杠杆率偏高，"去杠杆"作为决策层长期的KPI，势必会推动债务总规模占GDP比重的趋势性下行；二是对于企业部门而言，做大权益资本占比在客观上将降低杠杆率，目前政策鼓励的市场化债转股就是重要的工具；三是产业结构调整，大量生产制造企业逐步转型为品牌商或产品设计商，而"微笑曲线"两端代表的轻资产商业模式，天然倾向于股权融资而非债权融资（因其缺少实物抵押）。

从资金供给端来看，支持权益市场扩容的因素主要包括以下几个：养老理财等长期资金通过FOF①或直投等手段参与权益投资；居民财富储备的形式由不动产逐渐变为金融产品和证券；多年积累的投研优势能够在权益投资上创造持续的超额收益，同时A股慢牛和长牛行情带来的赚钱效应持续吸引新增资金进入权益市场。

（4）其他资本市场业务成为新的成长驱动力。我国多层次资本市场逐步完善，成为服务企业成长和居民财富增值的核心纽带，也为传统资本市场业务带来新的发展机遇。除基金销售外，目前东方财富逐步布局的业务包括融资融券交易、期货、资管投行自营业务等。

以融资融券交易为代表的资本中介业务相对容易复制公司在经纪业务上的客户优势，目前东方财富两融利率虽然低于中信华泰等头部券商，但市占率持续提升（2021年上半年达到2.2%）。同时公司发行可转债增厚资本实力，为两融业务进一步发展打好了基础。东方财富信用业务重点指标变化如图8-26所示。

---

① FOF，fund of funds，基金中的基金，即母基金中的基金以基金为投资标的。

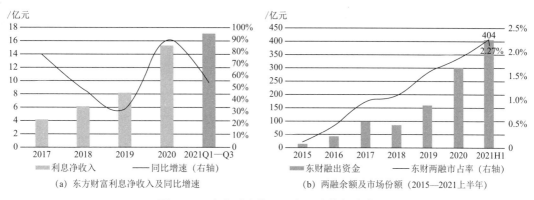

(a) 东方财富利息净收入及同比增速　　(b) 两融余额及市场份额（2015—2021上半年）

图 8-26　东方财富信用业务重点指标变化
（资料来源：Wind，笔者整理）

东方财富的期货经纪业务目前利润贡献仍偏低（子公司东财期货，2021年上半年净收入为2.89亿元），但保持了较高的增速水平（同比增长97%），后续需要关注东财期货App月活的增长情况（目前33万人，低于同花顺期货通）。

东方财富的资管业务和投行业务与自营业务情况类似，均表现为较低的基数水平和同比高增长，因为这三类业务均为对人力资本依赖偏高的经营模式，需要关注其能否通过具备竞争力的薪酬吸引人才。

2. 竞争格局及优势

（1）东方财富具备完整的财富管理生态链（见表8-20），具有高流量+低成本+优服务的优势。东方财富从财经资讯网站起家，2012年获得基金销售牌照、2015年获得券商牌照、2018年获得公募基金牌照，东方财富的跨越式发展（基金代销—零售证券—财富管理），使其在拓展业务边界的同时也能够为客户提供一站式的综合解决方案，持续为用户创造价值。目前，东财在基金代销、股票/期货经纪、机构数据终端等领域市占率均为国内前三，也是国内唯一同时100%控有A股券商、基金销售、资管牌照的互联网平台。旗下东方财富、天天基金、东财期货、哈富证券等流量入口逐渐形成协同效应，为终端客户打造了完整的服务价值链。

表 8-20　东财旗下金融牌照一览

业务类型	持有主体	持股方式	持股比例	牌照获取时间
基金代销	上海天天基金销售有限公司	直接持股	100%	2012年2月
证券（香港地区）	东方财富国际证券有限公司（现哈富证券有限公司）	间接持股	100%	2015年4月
第三方支付	宝付网络科技（上海）有限公司	间接持股	27%	2015年7月
证券（内地）	西藏东方财富证券股份有限公司	直接+间接持股	100%	2015年12月
私募基金	西藏东方财富投资管理有限公司	间接持股	100%	2015年12月
企业征信	东方财富征信有限公司	直接持股	100%	2016年7月
期货经纪（内地）	同信久恒期货有限责任公司	间接持股	96.84%	2016年12月

（续表）

业务类型	持有主体	持股方式	持股比例	牌照获取时间
小额贷款	上海徐汇东方财富小额贷款有限公司	直接+间接持股	100%	2017年7月
期货经纪（香港地区）	东方财富国际期货有限公司	间接持股	100%	2017年11月
公募基金	西藏东财基金管理有限公司	间接持股	100%	2018年10月
保险经纪	东财保险经纪有限公司	直接持股	100%	2019年5月
基金投资顾问	东方财富证券股份有限公司	直接+间接持股	100%	2021年7月

东方财富的核心业务基金产品销售稳居行业第一梯队，依托互联网平台费率低、流量足、品类全、体验好等优势抢占传统银行渠道份额。同时区别于阿里旗下支付宝平台、腾讯旗下理财通平台等长尾客户为主的模式，东方财富的客户群体以投资属性强、AUM[①]更高的专业个人投资者为主。

此外，东方财富在积极拓展机构端客户，特别是银行理财子公司等管理规模较大的FOF类投资者逐步向净值化转型，机构投资公募基金将成为行业新的增长点，而东方财富在泛权益产品销售上积累的经验可以进行较快的复制。

（2）东方财富在泛权益类产品销售上具备比较优势。东方财富互联网平台起家于股吧社区，具有类似哔哩哔哩网站在细分领域的号召力，积累了一大批对股市关注度高、且互动意愿较强的社群，成为其股票交易（2016—2021市占率从0.5%提升至3.6%）和非货币基金销售（2013—2021市占率从0.2%提升至3.7%）业务的基本盘。公开数据显示，东方财富App各项人均使用数据均领先于同类应用。

根据2021年上半年数据，东方财富非货币基金销售保有量的市占率提升至3.7%（占公司整体基金销售额的75%），仅次于蚂蚁、招行和工行，排名第四（见表8-21），申购认购额市占率达到7.5%；同时与天天基金合作的基金公司和基金产品数量在同业中大幅领先，流量也位居独立理财App第一，同时考虑到东财尾佣收入占比达到55%，具备较强的上游议价能力，其泛权益类产品的财富管理和销售能力可见一斑。

表8-21 权益类基金保有规模排名

排名	机构名字	股票+混合公募基金保有规模/亿元	非货币市场公募基金保有规模/亿元
1	招商银行股份有限公司	7535	7961
2	蚂蚁（杭州）基金销售有限公司	6584	10594
3	中国工商银行股份有限公司	5471	5875
4	上海天天基金销售有限公司	4415	5075
5	中国建设银行股份有限公司	4113	4445
6	中国银行股份有限公司	3334	4851
7	中国农业银行股份有限公司	2467	2751

---

① AUM，资产管理规模。

(续表)

排名	机构名字	股票+混合公募基金保有规模/亿元	非货币市场公募基金保有规模/亿元
8	交通银行股份有限公司	2435	2710
9	上海浦东发展银行股份有限公司	1738	1787
10	中国民生银行股份有限公司	1630	1681
11	兴业银行股份有限公司	1396	1491
12	中信银行股份有限公司	1195	1424
13	中信证券股份有限公司	1184	1221
14	平安银行股份有限公司	1100	1319
15	华泰证券股份有限公司	1079	1126
16	中国光大银行股份有限公司	953	1117
17	腾安基金销售（深圳）有限公司	800	1358
18	广发证券股份有限公司	785	841
19	中国邮政储蓄银行股份有限公司	785	1065
20	宁波银行股份有限公司	602	688

2019—2022年，A股经历了"罕见"的连续三年正回报慢牛行情，随着机构投资者占比提升，养老理财等资金入市，权益类资产的波动率水平大幅下降。风险调整后，收益和持有体验提升；同时伴随着低利率环境，信用违约潮、地产市场景气度消失等综合因素，大量居民资金直接或间接进入股票市场，这对于在偏股及混合型产品上具备竞争优势的东方财富是非常有利的形势。

同时，东方财富在客户定位和布局策略上与招行和蚂蚁等平台实现了错位竞争，对应差异化的用户画像（相对高风险偏好，以男性为主）和年龄结构（25~45岁年轻客群）。如果根据客户资金体量划分，高净值与超高净值客户主要为银行私行用户；中产阶级客户多为东财天天基金用户；而大众客群和长尾用户主要在支付宝理财通等平台上进行理财。

（3）因长期产品和技术端的积累与投入，持续获得海量和高质量的用户及流量。依托App+网页+PC终端的全场景流量入口，同时满足用户内容、社交、决策、交易等全方位需求，全终端MAU亿级水平，客户黏性相对同业更高。

相对传统券商，东财流量优势构筑了平台与产品的护城河。在PC端，东方财富在用户流量和黏性两方面稳居垂直财经门户网站第一；在移动端，东方财富用户规模仅次于同花顺，用户黏性行业第一。相对其他金融信息服务商，东方财富又具备全牌照优势，可以高效率将业务变现。

（4）股权激励方案目标明确，调动了核心团队的积极性。按照公司披露的股权激励前置条件要求（见表8-22、表8-23），净利润业绩需满足：以2020年为基准，2021年增长40%，2022年增长80%，2023年增长120%。而这一标准只是未来管理层考核的及格线，体现了管理层精英团队对公司业绩增长的信心。

同时本次股权激励定价为 34.74 元／股，没有任何折扣（监管要求可最低五折），较高的定价对现有股东有利，同时也体现了管理层对未来市值空间的信心。

综合来看，本次激励使得核心管理和技术团队与股东利益深度绑定，预计将有效调动团队的积极性和创造力。

表 8-22 东方财富股权激励目标

归属安排	考核年度	业绩考核目标
首次授予的第一个归属期	2021 年	以 2020 年净利润为基数，2021 年净利润增长率不低于 40%
首次授予的第二个归属期（预留授予的第一个归属期）	2022 年	以 2020 年净利润为基数，2021 年净利润增长率不低于 80%
首次授予的第三个归属期（预留授予的第一个归属期）	2023 年	以 2020 年净利润为基数，2023 年净利润增长率不低于 120%

表 8-23 东方财富股权激励对象

激励对象姓名	职务	获授数量／万股	占授予权益总数的比例／%	占草案公布时总股本的比例／%
郑立坤	副董事长、总经理	320	6.4	0.03
陈凯	副董事长，副总经理	130	2.6	0.01
黄建海	董事、副总经理、财务总监	130	2.6	0.01
程磊	副总经理	130	2.6	0.01
中层管理人员、技术（业务）骨干人员及董事会认为需要激励的其他人员（814 人）		3790	75.8	0.37
预留		500	10	0.05
合计		5000	100	0.48

3. 成长趋势及态势

（1）需求与供给端。一是从客户资产维度来看，客户资产 AUM 持续提升。根据主流卖方估计，目前东财平台有 1000 万付费客户，人均 AUM 为 10 万元，这一水平在目前来看总体偏低（招行金葵花 50 万元起步）。随着东财财富管理服务工具逐渐多元化，一站式平台打造的成熟，以及客户资产量随赚钱效应的自然增长，平台人均 AUM 逐渐靠近商业银行财富管理客户门槛的下沿，是可以期待的。

二是客户数量的增长。目前东方财富 App 月活用户为 4200 万人，付费用户为 1000 万人，随着基民和股民数量的增长（目前相对美国渗透率较低），预计 2025 年公司付费客户数将达到 2000 万～3000 万人（中金预测）。

三是单位客户价值量的提升。这主要源于平台获取流量的马太效应持续降低了付费用户的获客成本，同时使用体验优化，进而提升了客户使用频次和付费意愿。

（2）成本与费用端。随着公司逐渐铺开高人力资本占用类业务（投行、资管业务），预计平均薪酬支出将小幅上升。同时，随着网络流量的马太效应和公司全场景的持续变现，平均获客成本预计将持续下降。

（3）产能及外延端。东方财富持续加强对财富管理端的战略投入，延伸和完善服务链条。截至2020年年底，线下网点已经达到181家（见图8-27），成为具备线下触达能力的互联网公司，这也为公司传统证券类业务的协同发展提供了基础设施条件。

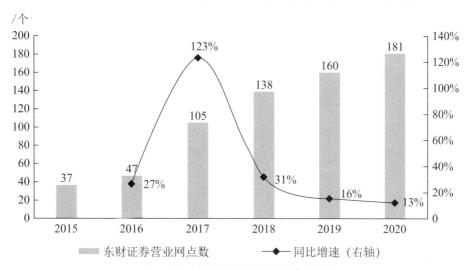

图8-27 东方财富线下网点情况概览

（资料来源：Wind，笔者整理）

另外，哈富证券和东财基金（已发行26个基金产品，偏股指数为主）先后进行线上展业。同时买方投顾业务试点获批，虽然目前尚未形成显著的盈利贡献，但在证券业务国际化和基金产销一体的布局下，东财有望进一步完善其财富管理价值链。

4. 主要风险简析

（1）行业资产管理市场和财富管理市场竞争持续加剧，投资回报率中枢系统性下降，导致机构降低管理费率和渠道分成比例（如美国主动管理型股票基金加权费率为0.71%，经纪佣金接近0），投资者越来越专业，议价能力提升，特别是高净值客户更重视非金融综合服务，更愿意选择银行一类的财富管理服务商。因此，公司业务线的变现能力（特别是初创期的东财基金、券商资管等业务）需要进一步观察。同时公司要面对支付宝、腾讯理财通等长期的、潜在的竞争压力。

（2）虽然内部管理层及核心骨干普遍年轻化趋势在开拓进取上具备优势，但在行业的积累和经验对比中略显不足，需要进一步观察团队磨合和实际管理能力的验证情况。若管理层出现变动，组织形态的相对竞争力下限需要考虑。

（3）传统证券类业务占比提升，使其业绩可能存在一定周期性波动特征，例如自营证券投资业务与宏观经济及资本市场高度相关。

（4）线下网点目前尚未形成系统化的客户服务能力，对其定位大多是支持线上，线下网点位于盈亏平衡线附近。

（5）个人投资者持股比例显著高于机构，存在"C端用户变股东"的情况，二级市场可能阶段性存在非理性定价的情况。

（三）综合估值定价评估

东方财富股票综合估值定价评估如表 8-24 所示。

表 8-24　东方财富股票综合估值定价评估

评估项目		具体内容		
		评估维度	基本评估	盈利质量打分
基于盈利质量四维度的相对估值评价	盈利质量评估	现金含量	C 端业务天然现金含量高；属于轻资产模式，但随着业务边界的拓宽逐渐具有一定重资产属性	6 分（满分 10 分）
		稳定性/确定性	受 A 股牛熊切换和交易热度影响有一定周期性，但相对传统券商股已属于确定性较高的资产，适度的多元化协同增强了业绩稳定性	5 分（满分 10 分）
		成长性	泛权益类财富管理和证券化率的持续提升打开了东财长期的成长空间，且公司在该领域充分证明过自己，流量变现模式成熟	14 分（满分 20 分）
		持续性	业务的竞争壁垒和延展性都比较好，互联网业务具备长坡厚雪属性	6 分（满分 10 分）
	绝对收益投资备忘录	根据盈利打分，给予公司中性状态 31 倍 PE 估值水平，对应 2023 年一致预期盈利预测 137 亿元，目标市值为 4247 亿元；悲观情境下给予其 22 倍估值，对应 2022 年盈利预测最小值为 86 亿元，底价市值为 1892 亿元。当前市值 2858 亿元对应的预期回报为 48%，回撤空间为 34%，盈亏比尚可，积极关注介入时点。相对估值参考标的：恒生电子、同花顺		
基于绝对估值思路的验证	DCF 验证	以 2022—2024 年盈利预测最小值作为自由现金流代理变量，假设 10% 的折现率，则当前市值隐含的永续增长速度为 5.3%；如进一步假设公司 2024 年按当前净资产价值清算，则折现市值为 650 亿元		
基于历史预测误差的盈利可靠度判断	历史一致预期误差	公司所处 Wind 四级行业下的投资银行业与经纪业（2022—2024 年全行业盈利预测增速分别为 2%、10%、7%），2018—2021 年站在 T 年预测 T+1 年盈利的误差率分别为 -29%、+23%、+34%、+28%。从历史上看，预测准确度较低，但基本以超预期实现		

六、春秋航空：低成本航空未来可期

春秋航空股份有限公司（以下简称"春秋航空"）是国内首家低成本航空公司。自成立以来，春秋航空在严格确保飞行安全和服务质量的前提下，恪守低成本航空的经营理念，借鉴国外低成本航空的成功经验，最大限度地利用现有资产，实现高效率的航空生产运营。春秋航空主要从事国内、国际航空客货运输业务及与航空运输业务相关的服务。区别于全服务航空公司，春秋航空凭借价格优势，吸引大量对价格较为敏感的自费旅客和追求高性价比的商务旅客。春秋航空是国内第一家获得民航局安全星级评定荣誉的民营航空公司。未来，春秋航空将继续巩固低成本航空的业务模式与竞争优势，进一步扩大经营规模，努力实现"成为具有竞争力的国际化、大众化的低成本航空公司"。

（一）公司基本情况和生意特征

春秋航空的基本情况如表 8-25 所示。

表 8-25 春秋航空基本情况

公司业务范围	从事国内、国际航空客货运输业务及与航空运输业务相关的服务，主要定位廉价航空模式
业务结构	按产品类型的营业收入占比来看，航空客运业务的营业收入占比为 97%，航空货运和其他业务的营业收入占比为 3.0%
上下游及销售模式	上游包括飞机制造商、燃油供应商、各地机场、航材供应商等；下游包括航空旅客和货运客户
实际控制人	创始人王正华仅间接持有 21.4% 股权，现董事长为王煜（王正华大儿子）
机构持股占比	机构持股占比 75.7%，市场关注度较高，中欧、嘉实、华夏、诺安基金持仓比例较高
分红增发情况	上市以来，分红率为 12.9%，尚无再融资动作

从春秋航空的历年财务摘要（见表 8-26）可知其基本生意特征。

表 8-26 春秋航空历年财务摘要

财报年度 / 年	2012	2013	2014	2015	2016	2017	2018	2019	2020	2021
营收增幅 /%	26.2	16.5	11.6	10.5	4.1	30.1	19.5	12.9	-36.7	15.8
毛利率 /%	12.7	13.0	14.8	20.1	12.8	12.1	9.7	11.4	-6.4	-4.4
三项费用率 /%	6.6	5.8	6.1	7.2	8.2	6.8	5.0	4.6	5.9	7.6
销售费用率 /%	2.1	2.3	2.5	2.9	3.1	2.7	2.0	1.8	2.2	2.0
管理费用率 /%	2.5	2.3	2.2	2.4	2.2	2.3	2.3	2.1	2.8	3.0
财务费用率 /%	2.0	1.2	1.3	1.9	2.9	1.7	0.6	0.7	0.9	2.6
扣非净利润增幅 /%	116.0	40.9	19.3	72.8	-68.6	433.8	11.4	30.4	-150.4	86.3
资产负债率 /%	70.4	64.2	68.4	59.2	62.7	58.9	49.9	48.8	56.3	64.1
应收账款占营业收入比重 /%	0	0	0	0	0	0	0	0	0	0
净营运资本 / 亿元	-5.6	-10.9	-9.1	-12.2	-0.9	1.8	13.3	-12.3	-13.7	-6.7
固定资产占总资产比重 /%	50	50	40	40	50	50	40	40	40	40
净资产收益率 /%	35.5	30.4	28.1	26.3	13.7	16.0	13.8	13.0	-4.0	0.3
净利润率 /%	11.1	11.2	12.1	16.4	11.3	11.5	11.5	12.4	-6.3	0.3
总周转率 /%	100	90	80	60	50	50	60	.50	30	30
财务杠杆（权益乘数）	3.4	2.8	3.2	2.5	2.7	2.4	2.0	2.0	2.3	2.8
总资产增长率 /%	44.6	9.3	47.2	42.3	22.6	4.9	29.0	10.5	10.4	18.2
经营性现金流 / 营业利润	2.9	3.6	2.0	1.8	7.1	1.4	1.5	1.5	-1.3	283.1
投资现金流占比 /%	-133.3	756.6	-262.5	-519.8	-352.9	730.1	-1038.1	-84.1	-317.6	304.3
经营现金流占比 /%	99.4	-1396.9	117.5	246.7	141.4	-615.5	545.3	126.8	53.7	-85.9
筹资现金流占比 /%	133.9	740.3	245.0	373.1	311.5	-14.6	592.8	57.3	364.0	-118.4
每股自由现金流 /%	-1.5	1.8	-5.6	-3.7	-6.1	-0.8	-2.2	0.1	-3.2	-1.7
流动比率	1.1	0.9	0.7	0.9	1.3	1.2	1.3	1.1	0.9	0.9
速动比率	1.1	0.8	0.7	0.8	1.3	1.2	1.3	1.1	0.9	0.9
现金收入比 /%	117.7	121.4	119.6	118.5	133.1	124.8	121.9	118.1	110.8	118.8

注：应收账款占营业收入比例数据不保留小数位，因此 1% 及以下的数据会显示为 0，实战分析中对于 1% 以下的该比例数值参考意义不大，可忽略不计。

春秋航空的营业收入长期保持稳健增速，考虑到其所在行业的周期性，新冠感染疫情前的业绩表现堪称稳健优异；但2020年以来受到新冠感染疫情影响，出现较大幅度下滑，且公司毛利率也受到了明显影响，近两年连续为负。

公司资产负债率不低，但实际有息负债占比不高，2021年三季度显示其带息债务与股权价值之比为28.7%，需要进一步考察航空租赁类业务在其中的影响。

公司营运资本占用为负，表明公司维持经营的现金压力较小，产业链地位较高，信用风险非常低；其固定资产占比较高，购买的航空飞机是其主要的资产构成。

新冠感染疫情前，公司净资产收益率属于优良水平，其中2010—2014年维持在优秀水平；净利润率大幅超越同行业可比航空公司（如三大航基本在个位数）。新冠感染疫情后，公司各项财务指标大幅恶化，除利润率显著转负，收入增速下滑之外，现金创造能力也趋势性弱化，经营性现金流下滑。

（二）核心投资逻辑及业务分析

1. 市场空间及潜力

从市场长期空间来看，航空行业在国内居民中的渗透率仍处于较低水平。根据中金公布的数据，截至2019年年底，中国人均乘机次数为0.47次，即每人每年仅乘坐飞机0.47次，而美国每年人均乘机次数接近3次，特别是国内三、四线城市中仍存在大量未乘坐过飞机的居民。根据2016年披露的全国民航会议文件，随着经济的不断发展，我国航空运输业2030年将达到人均乘机次数1次、旅客运输量15亿人次的市场需求。按照2030年的规模，对应的市场年化复合增速在7%～8%。

而从市场份额的结构来看，区域市场"下沉"将是主流趋势，而三、四线城市居民相对一线城市对航旅成本的敏感度更高，这也为廉价航空商业模式的扩大提供了契机。民航局于2014年印发了《民航局关于促进低成本航空发展的指导意见》，其明确提出民航消费群体的结构发生深刻变化，特别是随着城镇化战略深入推进，三、四线城市的航空需求将明显增加，廉价航空市场增长将更为明显。因此，以春秋航空为代表的低成本航空公司不仅有望获得整个航空业渗透率提升带来的增长，还将受益于廉价航空在整个航空业占比提升的红利。

从欧美类似商业模式发展路径来看，美国的西南航空公司便走出了一条廉价航空的"大牛股"之路（见图8-28）。西南航空成功地将许多习惯自驾出行的旅客转变为廉价航空的客户（一小时飞行取代州内自驾），错位竞争优势和高水平的经营效率让公司保持了数十年的连续盈利纪录。从其成功的经营结果来看，只要能将旅客便宜、准时、安全、舒适地送到旅途目的地，就能成功实现对传统出行方式的替代，也证明了低成本航空商业模式的可行性。

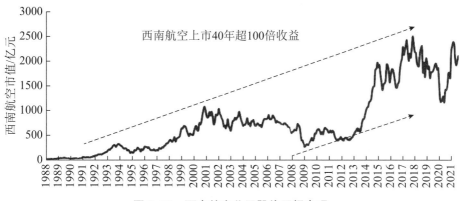

图 8-28　西南航空公司股价回报表现

（资料来源：国海证券）

2. 竞争格局及优势

春秋航空的核心竞争优势是具有相对于中国三大航空公司（分别是中国国际航空股份有限公司、中国东方航空股份有限公司、中国南方航空股份有限公司）的低成本差异化路线，其客公里收入[①]比三大航空公司低30%～50%，单位成本低比三大航空公司低20%～35%。春秋航空给予旅客最基本的安全位移服务，但对三大航空公司自带的增值服务，或一些需要旅客额外付费的，比如餐食、行李额度、座椅空间、娱乐系统、贵宾厅等服务进行了较大力度的削减。此外，春秋航空在风险条款上进行了调整，对非自身原因造成的航班延误或取消不提供餐食和住宿，任何原因造成的延误或取消不承诺补偿。

虽然春秋航空的部分服务存在折扣，但其准点率和安全性保持行业领先。2017—2019年，根据飞常准（Variflight.com）的报告，春秋航空连续3年蝉联国内大中型航空公司准点率第一名；2018年，春秋"五率"[②]得分在大中型航司中排名第一，且客座率和飞机日利用率也明显领先（见图8-29）。这些都保证了航空旅客的基本诉求得到较好的满足。

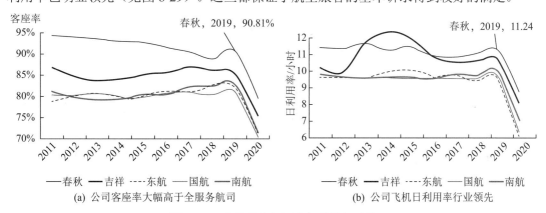

(a) 公司客座率大幅高于全服务航司　　(b) 公司飞机日利用率行业领先

图 8-29　春秋航空与同业经营指标对比

（资料来源：国海证券）

---

① 客公里收入是指航空公司运送1个旅客飞行1公里带来的收入，反映平均票价水平，对盈利影响重大。
② 五率是指公司原因飞行事故征候万时率、公司原因航班不正常率、旅客投诉万分率、定期航班执行率、政府性基金缴纳率。

此外，春秋航空采取了多管齐下的举措，显著降低了盈利随油价的周期性波动。例如，采取单一机型增加客座数，以摊薄成本；机队结构年轻化，以降低单位油耗；对飞行员制定节油奖励政策；等等。同时春秋公司常年保持外币资产负债的风险敞口管理，综合运用金融衍生工具对冲汇率风险，进一步降低了油耗成本（见图8-30），增强了其盈利的确定性，弱化了周期性。

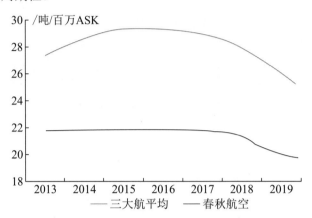

图8-30 春秋航空和三大航平均油耗对比 [1]

（资料来源：Wind，笔者整理）

从竞争格局来看，目前春秋航空的国内廉价航空的主要竞争对手为吉祥航空与华夏航空。国内廉价航空公司基本情况对比如表8-27所示。其中春秋航空和吉祥航空的2021年前三季度的收入体量相近，从财务绩效表现来看春秋航空的净利率较高，主要是其"两单、两高、两低"[2]的模式奠定了成本优势，期间费用率更低。

表8-27 国内廉价航空公司基本情况对比（截至2019年年底）

对比项目	春秋航空	吉祥航空	华夏航空
成立时间	2004年11月	2006年3月	2006年4月
经营模式	低成本航空	吉祥航空：全服务航空 九元航空：低成本航空	支线航空
主基地机场	上海虹桥机场和浦东机场	吉祥航空：上海虹桥机场和浦东机场 九元航空：广州白云机场	重庆江北机场
机队规模	93架	96架	50架 （38架CRJ900，11架A320系列）
实际控制人情况	王正华	王均金	胡晓军
员工人数	8484	8628	4427
平均ROE（2017—2019年）	13.8%	13.0%	24.2%
归母净利润/百万元	1841	994	502
市盈率	31.9%	23.1%	28.1%
市净率	3.9%	1.8%	5.1%

（资料来源：中金研究，笔者整理）

---

[1] ASK（available seat kilometer）反映的是航空公司的产能，是其可产生的最大经济效益。ASK=∑{可供销售的座位数 × 航段距离（公里）}，ASK值越大，说明航空公司拥有越多的航线与运力资源。

[2] 两单、两高、两低，指单一机型、单一舱位，高客座率、高飞机日利用率，低销售费用、低管理费用。

3. 成长趋势及态势

（1）需求与供给端。从需求端来看，虽然航空业短期需求受到新冠感染疫情影响，但航空业中长期需求仍处于平稳增长通道，且短期需求受到抑制可能导致后期的显著反弹。随着新冠感染疫苗接种逐渐普及，近年来有关黄金周的数据显示，居民的出行意愿加强。但需要关注高铁线路和其他出行方式的相对便利性和价格的变化趋势。

从供给端来看，春秋航空效仿主流航空公司推出"随心飞"类年票模式，进行低价揽客。同时，新冠感染疫情下大量航空公司经营情况恶化，可能导致进一步的市场出清（海外已有数十家航空公司倒闭）和集中度显著提升的态势。

（2）成本与费用端。从成本端来看，由于春秋航空餐区低销售费用和低管理费用的竞争策略，费用率的进一步压缩相对较难。成本端的主要波动来源在于燃油价格，从上海期货交易所原油价格指数来看，近一年半以来燃油价格维持趋势向上的态势，但航空公司控制燃油成本的手段较多，预计能将该部分的上升成本控制在合理范围内。

（3）产能及外延端。2021年上半年，春秋航空共引进2架空客A320neo机型飞机和4架空客A321neo机型飞机，且无退出飞机。截至2021年6月末，春秋航空拥有空客A320系列机型机队共108架，其中自购飞机55架，经营性租赁飞机53架，平均机龄为5.8年。

同时，春秋航空积极开发拓展底线城市的机场基地，加强三、四线市场的航点渗透，挖掘潜力市场的巨大需求，在国内各区域设立区域基地。

4. 主要风险简析

（1）行业本身的周期性因素较多，近年来受到新冠感染疫情常态化的影响较大（见图8-31），终端需求的波动被进一步放大。

（2）存在替代运输方案的竞争。《中长期铁路网规划》勾画了"八纵八横"的高速铁路网，高铁具备了高准点与乘坐便利等优势。

（3）飞行员的培训周期较长，培训成本高，民航业在短期内面临飞行员资源短缺的问题，尤其是缺乏驾机经验丰富的机长人员。

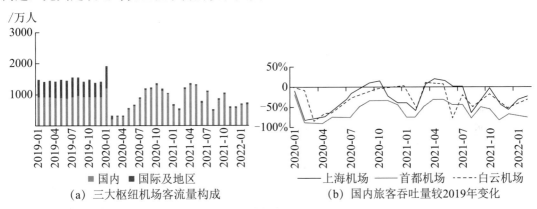

图8-31 新冠感染疫情常态下航空业概况

（资料来源：国泰君安证券）

（三）综合估值定价评估

春秋航空股票综合估值定价评估如表 8-28 所示。

表 8-28　春秋航空股票综合估值定价评估

评估项目		具体内容		
		评估维度	基本评估	盈利质量打分
基于盈利质量四维度的相对估值评价	盈利质量评估	现金含量	需要大规模购置或租赁飞机，同时需要开辟新航线，很难获得持续稳定的现金流入	3 分（满分 10 分）
		稳定性/确定性	虽然受到新冠感染疫情扰动，但依然展现一定的经营韧性；未来竞争格局尚不够清晰；行业整体经营管理难度大，景气波动大	3 分（满分 10 分）
		成长性	航空业渗透率和集中度尚有提升空间；具有中国特色的低成本航空模式，有望持续抢占传统航空公司的市场份额	6 分（满分 20 分）
		持续性	不太明朗，虽然出行是居民的常规性需求，但新冠感染疫情常态化是否对出行倾向产生长期影响需要观察	4 分（满分 10 分）
	绝对收益投资备忘录	根据盈利打分，给予公司中性状态 22 倍 PE 估值水平，对应 2023 年一致预期盈利预测为 26 亿元，目标市值为 572 亿元；悲观情境下给予其 15 倍估值，对应 2022 年盈利预测最小值为 10 亿元，底价市值为 150 亿元。当前市值 440 亿元对应的预期回报为 30%，回撤空间为 66%，盈亏比较差，暂不列入关注。同业相对估值参考标的：吉祥航空、华夏航空		
基于绝对估值思路的验证	DCF 验证	以 2022—2024 年盈利预测最小值作为自由现金流代理变量，假设 10% 的折现率，则当前市值隐含的永续增长速度为 5.7%；如进一步假设公司 2024 年按当前净资产价值清算，则折现市值为 104 亿元		
基于历史预测误差的盈利可靠度判断	历史一致预期误差	公司所处 Wind 四级行业下的航空行业（2022—2024 年全行业盈利预测增速分别为 42%、171%、136%），2018—2021 年站在 T 年预测 T+1 年盈利的误差率分别为 -56%、+38%、-479%、-406%。从历史上看，预测准确度极差，非常需要审慎看待		

七、安井食品：速冻老兵的新征程

安井食品集团股份有限公司（以下简称"安井食品"）主要从事火锅料制品（以速冻鱼糜制品、速冻肉制品为主）和速冻米面制品的研发、生产及销售。经过十多年的发展，安井食品形成了以华东地区为中心、辐射全国的营销网络，逐步成长为国内较具影响力和知名度的速冻食品生产企业。安井食品由中华人民共和国国家发展和改革委员会、中华人民共和国科学技术部等 5 部委联合认定为火锅料行业首家"国家级企业技术中心"，荣获农业农村部颁发的"农业产业化国家重点龙头企业"和"全国主食加工业示范企业"称号，同时获得中国合格评定国家认可委员会颁发的"CNAS 国家实验室证书"以及"全国工业品牌培育示范企业""出入境检验检疫信用管理 AA 级企业""福建省海洋产业龙头企业"等多项殊荣。

（一）公司基本情况和生意特征

安井食品的基本情况如表 8-29 所示。

表 8-29　安井食品基本情况

公司业务范围	速冻火锅料制品（以速冻鱼糜制品、速冻肉制品为主）和速冻米面制品等速冻食品的研发、生产和销售
业务结构	按产品类型的营业收入占比来看，鱼糜制品营业收入占比为37.9%，肉制品营业收入占比为23.3%，米面制品营业收入占比为23%，菜肴制品营业收入占比为15%
上下游企业及销售模式	上游企业为初级食品加工和基础食材生产商，下游企业包括大型的经销商、商超大卖场、大型电商（C端）以及酒店、餐饮等（B端）
实际控制人	刘鸣鸣，2014年起任公司董事长，曾任黄河国际租赁有限公司部门经理，河南建业集团总经理助理，福建春天房地产有限公司董事长
机构持股比例	机构持股比例为59.6%，市场关注度较高，财通资管、泓德、鹏华、嘉实基金持仓比例较高
分红增发情况	上市以来，分红率为22.6%，再融资较多，发行两期转债，2021年实施定向增发

从安井食品的历年财务摘要（见表 8-30）可知其基本生意特征。

表 8-30　安井食品历年财务摘要

财报年度 / 年	2012	2013	2014	2015	2016	2017	2018	2019	2020	2021
营收增幅 /%	16.6	25.2	24.3	15.4	17.0	16.3	22.2	23.7	32.2	33.1
毛利率 /%	28.2	27.8	27.4	27.1	27.1	26.3	26.5	25.8	25.7	22.1
三项费用率 /%	19.0	19.8	19.4	21.0	19.2	18.5	18.2	16.7	14.6	13.6
销售费用率 /%	14.7	14.9	14.2	15.7	14.2	14.1	13.4	12.3	9.2	9.2
管理费用率 /%	4.0	4.7	4.8	5.0	4.8	4.4	4.4	4.3	5.3	4.4
财务费用率 /%	0.3	0.3	0.4	0.3	0.2	0.1	0.4	0.1	0.1	0.0
扣非净利润增幅 /%	29.9	5.3	32.3	-15.0	55.0	10.7	35.4	38.1	66.1	0.5
资产负债率 /%	55.6	58.2	59.9	60.9	59.5	47.9	55.1	51.7	48.1	41.4
应收账款占营业收入比重 /%	10	10	0	0	0	0	0	0	10	10
净营运资本 / 亿元	0.2	-0.2	-1.2	-3.8	-3.5	0.3	3.1	1.7	10.3	3.4
固定资产占总资产比重 /%	20	40	30	40	40	40	30	30	30	30
净资产收益率 /%	22.6	20.1	20.6	16.8	19.4	15.0	14.4	15.6	18.8	15.6
净利润率 /%	6.8	5.8	5.9	5.0	5.9	5.8	6.3	7.1	8.7	7.4
总周转率 /%	150	150	140	130	130	120	110	100	110	120
财务杠杆（权益乘数）	2.3	2.4	2.5	2.6	2.5	1.9	2.2	2.1	1.9	1.7
总资产增长率 /%	22.5	30.2	28.1	21.4	17.2	31.2	40.4	24.6	24.8	23.6
经营性现金流 / 营业利润	1.7	1.2	1.8	2.8	1.0	1.4	0.9	1.2	0.9	0.6
投资现金流占比 /%	-4345.9	4291.0	-405.9	-140.6	1384.2	-441.3	-277.6	2575.9	-1365.7	-88.0
经营现金流占比 /%	4225.2	-3617.7	441.8	237.7	-1212.8	230.0	117.3	-2616.0	744.6	218.8
筹资现金流占比 /%	220.6	-573.2	64.1	2.9	-71.4	311.3	260.3	140.1	721.1	-30.8
每股自由现金流 /%	0.1	0.0	0.1	1.3	-0.2	-1.8	-1.6	0.2	-3.3	2.6
流动比率	1.1	1.0	0.9	0.9	0.9	1.3	1.3	1.2	1.7	1.4
速动比率	0.5	0.3	0.4	0.4	0.4	0.7	0.8	0.6	1.0	0.6
现金收入比 /%	120.5	119.9	119.0	122.8	116.6	118.2	117.8	118.4	117.1	111.9

公司收入增速较高,且保持了逐年提升的态势(2013—2020年收入年复合增速达到21%)。在此基础之上,公司毛利率水平基本保持稳定,显示出安井食品稳健而积极有为的经营业绩。

公司费用率持续压缩,主要源自销售费用率占比的显著下滑,表明安井食品的销售网络布局已经比较成熟,边际增量的投入下降。财务费用率低,意味着安井食品的有息负债较少,财务稳健。

公司扣非净利润持续增长,但增速近年来略有下滑;净利润率稳中有升,虽未到优秀水准,但趋势良好。

公司应收账款占收入比重持续下降,表明虽然安井食品在预制菜等B端领域有大量的酒店餐饮客户,但对下游的供应链管理仍比较有效。

公司固定资产占比较高,食品虽然属于大消费赛道,但本质上仍然是食品加工企业,制造业属性较强。公司历史上偏弱的自由现金流状况也印证了这一点。

公司净资产收益率稳定在20%附近,显著高于同行。

(二)核心投资逻辑及业务分析

1. 市场空间及潜力

餐饮供应链发展驱动力概览如图8-32所示。由图8-32可知,食材呈现标准化、半成品化特征,速冻食品未来市场空间和发展潜力较大。一是家庭小型化,年轻人的工作节奏加快,导致对短时间烹饪和速食的需求占比提升;二是渠道变革利好,社区生鲜和电商解决了传统商场最后一公里的痛点,满足中小餐饮和家庭采购需求,利于速冻食品渗透率的进一步提升;三是品类扩张有望拉动需求二次扩张,冻品多元化将带来行业发展机遇;四是冷链技术的持续提升对行业降本增效带来实质性利好。

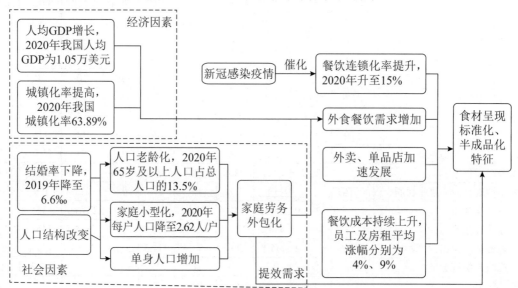

图8-32 餐饮供应链发展驱动力概览

(资料来源:东北证券)

根据华安证券2020年公布的相关测算数据（见图8-33），速冻食品2019年整体市场规模在1400亿元左右，2025年有望达到3300亿元。从冷冻食品的消费量来看，2021年，中国人均速冻食品消费为9千克，而欧美日的人均速冻食品消费水平在22.5～84.2千克的范围内，简单横向对比来看，该赛道的市场规模仍有较大的提升空间。

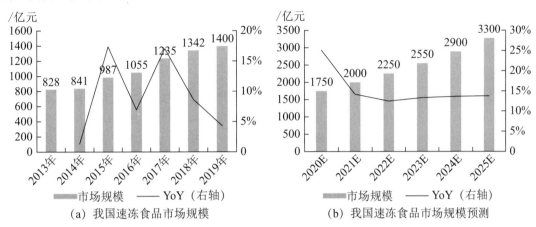

图 8-33 速冻食品市场规模测算数据

（资料来源：华安证券）

从不同品类来看，速冻火锅料目前已进入存量竞争阶段，2018年市场容量约为2800亿元，五年复合增速11.3%（略快于中式餐饮整体的10%），但考虑到安井食品在该领域的龙头地位稳固，稳定的份额和价格提升依然可期；而安井食品近年来持续布局的预制菜市场则是万亿蓝海市场，已成为公司战略性第二增长曲线的核心品种。

从行业驱动力上来看，预制菜对C端和B端用户同时具有较高价值，对C端用户而言，预制菜大大减少了家庭烹饪的时间花费，有效解放了劳动力，这也是女性就业率提升和社会发展的必然产物。预制菜模式对C端企业成本的影响如图8-34所示。

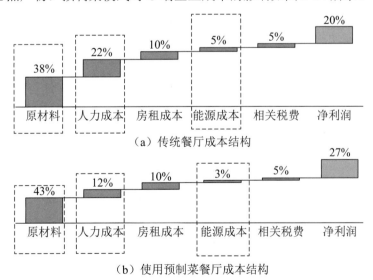

图 8-34 预制菜对C端企业成本的影响

（资料来源：国海证券）

对 B 端企业而言，预制菜让餐饮行业标准化程度更高，降低了企业对厨师个人技能的依赖，同时加快了出餐速度。C 端用户购买预制菜的原因如图 8-35 所示。

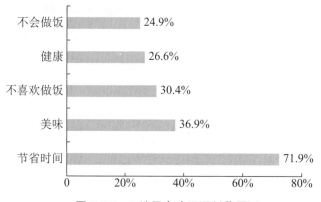

图 8-35　C 端用户购买预制菜原因

另外，速冻食品在国内 B 端用户中的渗透率仍有较大的提升空间，图 8-36 为日本速冻食品的历史发展趋势，图 8-37 为我国和日本速冻食品消费量对比，可知我国速冻食品市场规模的天花板可能高于传统 C 端市场。根据国金证券预测，到 2025 年，预制菜 B、C 端的复合增长率将达到 36%（见表 8-31）。

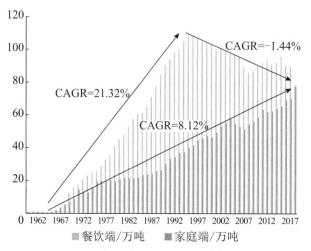

图 8-36　日本速冻食品的历史发展趋势

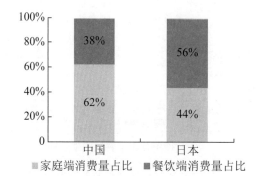

图 8-37　我国和日本速冻食品消费量对比

表 8-31 预制菜行业规模及预测

数据指标	年份		复合增长率
	2020 年	2025 年（预测）	
我国餐饮市场规模 / 亿元	42 800	54 625	5%
餐饮市场原材料规模（占比 40% 左右）	17 120	21 850	—
预制菜在餐饮端的渗透率	10%	25%	—
预制菜 B 端规模 / 亿元	1712	5462	34%
预制菜 B 端占整体市场规模比重	85%	80%	—
预制菜 C 端规模 / 亿元	302	1366	46%
预制菜 C 端占整体市场规模比重	15%	20%	—
预制菜 B、C 端规模合计	2014	6828	36%

（资料来源：国金证券，笔者整理）

2. 竞争格局及优势

从竞争格局来看，安井食品目前在冷冻火锅料领域具有绝对优势（见图 8-38），安井食品的火锅料市场份额接近 10%，而其他四大公司的份额之和为 10%，呈现"一超多强"的行业格局。而在速冻米面品类上，安井食品暂时还不具备一线的竞争力，该细分行业呈现寡头垄断的格局，主要参与企业为三全、思念和湾仔码头等，如图 8-39 所示。预制菜赛道因发展阶段处于相对早期，尚未呈现清晰的竞争格局，参与竞争的企业既有速冻食品生产商，也包括大型餐饮子公司，除安井食品外，主要上市公司还包括立高食品、味知香、千味央厨、龙大肉食等。

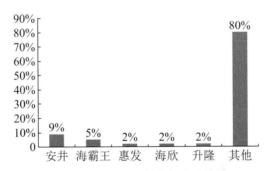

图 8-38 速冻火锅料市场竞争格局

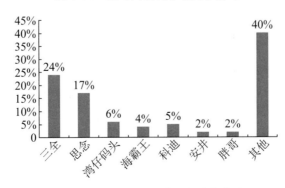

图 8-39 速冻米面品类市场竞争格局

从竞争优势来看，安井食品的竞争优势表现为以下几点：一是安井在渠道端的积累非常深厚（见图8-40），经过20年发展，公司培育了一批忠诚且稀缺的资源，同时销售团队的服务意识和能力强，提升渠道扩张的效率和黏性；二是在产品力（即产品对目标消费者的吸引力）建设上安井采取大单品策略同时兼顾性价比，公司产品的鱼糜量和含肉量均高于同行，但吨价低于同行；三是采用"销地产、产地研"模式，通过该模式公司高效稳定地向市场投放新品，节约物流成本，提升了渠道效率，进一步提升了市场份额。

3. 成长趋势及态势

（1）需求端和供应端。从需求端来看，随着餐饮标准化和终端客户介于买菜和外卖之间的需求持续增长，预制菜景气度持续保持高位；火锅料产品虽然已经过了增速最快的时期，但每年10%左右的增速依然是可以期待的。

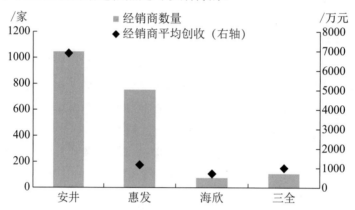

图8-40　2020年安井经销商规模及平均创收情况

（资料来源：国盛证券）

从供给端来看，安井食品在2018年即以"冻品先生"子品牌通过连锁门店及经销商资源模式推进预制菜布局，并在2021年以冷冻冰柜方式向农贸终端市场投放快手菜。2021年年底，安井食品还推出了"如虎添翼"系列预制菜肴新年礼盒，并以奥运冠军苏炳添为代言人，提升产品宣传影响力。同时，安井食品的产品结构持续升级，2021年，推出微波馅饼、烧卖、梅菜扣肉、佛跳墙、蒜香排骨等新品，小幅提升了毛利率水平。

（2）成本与费用端。安井食品的原辅材料采购主要分鱼糜、肉类、粉类等大宗商品，以及蔬菜、添加剂、调味品等小额物料两大类。从成本拆分上看，直接材料成本占比最高，且有一定周期属性。近年来，安井食品的人工费用率、运输费用率持续下降，长期看有望持续优化毛利率水平。

（3）产能及外延端。2015—2020年，安井食品的产能利用率一直在100%以上，河南、广东、山东、辽宁等地都有在建新基地，预计尚有两倍产能待释放。

从外延端来看，近年来，安井食品并购了新宏业，新宏业主营产品有淡水鱼浆和小龙虾，这次收购有利于安井对原材料端的成本控制。

4. 主要风险简析

（1）预制菜进入门槛和壁垒偏低，当前参与企业较多，容易形成更激烈的竞争环境。

预制菜市场参与企业商业模式对比如表 8-32 所示。

（2）公司尚未形成可靠的品牌溢价和技术壁垒，线上销售占比较低，边际扩张速度可能偏慢。

（3）食品安全、成本上涨等行业内周期性经营要素波动风险。

表 8-32 预制菜市场参与企业商业模式对比

企业类型	产品模式	渠道模式	产品打造基础	生产方式	优势	劣势	代表企业
专业预制菜企业	料理包、速冻调理生制品、厨师菜	C 端加盟店模式居多，B 端大客户（如酒店、连锁餐饮、团餐）占比大，B 端中小客户主要为外卖客户	专业性较强，针对 B 端做定制化产品，C 端聚焦爆品打造	区域性工厂，通常工厂数量较少。部分找 OEM①代工	预制菜行业渠道运营、产品打造经验丰富	工厂规模较小，许多专注于最擅长的两三个品类，客户许多较集中，工厂自动化程度不高	蒸烩煮、味知香、信良记、真滋味、好得味、绿进等
上游农牧水产企业	速冻调理生制品、油炸制品、料理包	通常从原来有过合作基础的餐饮企业切入，西式快餐类以 B 端大客户为主	依托于原有的初加工产品进行深加工、产品力强	自有生产基地，与原有初加工产品生产线有共用的部分	具有原材料成本优势，供应链能力强，对于原材料特性更为了解，品控管理能力强，规模化生产优势强	终端消费需求的把控能力不强，分销渠道能力以及品牌打造能力较弱	双汇食品、圣农发展、正大、春雪、国联水产、龙大美食等
传统速冻食品企业	厨师菜、速冻调理生制品、油炸制品	B 端流通市场为主，C 端 KA②、BC 商超占比较大	基本以标准化产品为主，爆品打造能力强	自有生产基地，生产基地靠近原产地，部分找 OEM 代工	擅长打造标准品，具有规模化优势，渠道分销能力强，品牌优势明显	需要与原有渠道进行整合嫁接，定制化能力不强	安井、三全、思念、惠发等
餐饮企业	厨师菜	主要面向家庭端，线下门店冷柜摆放产品，C 端通过线上电商、直播和线下超市推广	重点为自家招牌菜，更贴近消费者需求打造产品	自建中央厨房、原材料外采，部分 OEM 代工	充分发挥线下门店品牌优势，产品还原度较好，更能把握消费者偏好	渠道能力弱，高运营成本导致产品单价较高	海底捞、广州酒家、同庆楼、新雅、西北贾国龙等
零售企业	厨师菜、速冻调理生制品	面向 C 端消费者，根据自身特点进行线上线下一体化布局	贴合 C 端消费者需求，打造多品类	基本 OEM 代工或与餐饮、食品品牌合作	受众人群与预制菜 C 端消费者更匹配，可利用大数据优势了解消费者需求	OEM 品控能力不强，渠道单一，需自建冷链仓储体系，研发能力弱	盒马生鲜、美菜网、每日优鲜、叮咚买菜等

（资料来源：国海证券）

---

① OEM, original entrusted manufacture, 原始设备制造商，即产品的生产流程外包，企业只专注品牌运营。

② KA, key account, 即重要客户；BC 商超是指营业面积通常在 300～1000 平方米的中型超市，大都以连锁形式为主。

（三）综合估值定价评估

安井食品股票综合估值定价评估如表 8-33 所示。

表 8-33 安井食品股票综合估值定价评估

评估项目		具体内容		
		评估维度	基本评估	盈利质量打分
基于盈利质量四维度的相对估值评价	盈利质量评估	现金含量	公司本质上仍是食品生产型企业，扩张需要持续的产能建设，但现金创造力好于制造业企业	4 分（满分 10 分）
		稳定性/确定性	产品性质偏向必选消费，周期性较弱；预制菜赛道面对的潜在竞争十分激烈，公司拓展第二增长曲线成效尚待观察	4 分（满分 10 分）
		成长性	受益于人口社会结构和行为习惯的系统性变迁，速冻品和预制菜市场空间巨大，公司经营管理能力行业领先，多类业务布局和经营绩效情况超过同行，长期增长可期	14 分（满分 20 分）
		持续性	食品速冻化趋势持续性较好，管理层战略聚焦，经验丰富且执行力强，有成为行业领军者的能力和潜力	8 分（满分 10 分）
	绝对收益投资备忘录		根据盈利打分，给予公司中性状态 30 倍 PE 估值水平，对应 2023 年一致预期盈利预测为 13 亿元，目标市值为 390 亿元；悲观情境下给予其 19 倍估值，对应 2022 年盈利预测最小值为 9 亿元，底价市值 171 亿元。当前市值 336 亿元对应的预期回报为 16%，回撤空间为 49%，盈亏比较差，需要等待更明确的安全边际价格。同业相对估值参考标的：三全食品、立高食品	
基于绝对估值思路的验证	DCF 验证		以 2022—2024 年盈利预测最小值作为自由现金流代理变量，假设 10% 的折现率，则当前市值隐含的永续增长速度为 5.5%；如进一步假设公司 2024 年按当前净资产价值清算，则折现市值为 103 亿元	
基于历史预测误差的盈利可靠度判断	历史一致预期误差		公司所处 Wind 四级行业下的食品加工与肉类行业（2022—2024 年全行业盈利预测增速分别为 455%、104%、12%），2018—2021 年站在 T 年预测 T+1 年盈利的误差率分别为 -41%、+30%、-16%、-91%。从历史上看，预测准确度较差，参考价值可能有限	

八、涪陵榨菜：酱腌菜驰名商标

重庆市涪陵榨菜集团股份有限公司（以下简称"涪陵榨菜"）是一家以榨菜为根本，立足于佐餐开胃菜领域快速发展的农业产业化企业集团，是农业产业化国家重点龙头企业。公司产品畅销沃尔玛、家乐福、大润发等全球知名连锁卖场、全国各大超市、便利店、农贸市场等零售终端。公司旗下"乌江"牌榨菜先后获得"中国名牌产品""重庆市名牌农产品"等荣誉。涪陵榨菜致力于为消费者提供绿色、健康、美味的开胃小菜，立志成为中国佐餐开味菜行业的领导者和大型航母。

(一)公司基本情况和生意特征

涪陵榨菜的基本情况如表 8-34。

表 8-34 涪陵榨菜基本情况

公司业务范围	榨菜、萝卜、泡菜、下饭菜和其他佐餐开味菜等方便食品的研制、生产和销售
业务结构	按产品类型的营业收入占比来看,榨菜营业收入占比为89.1%,泡菜营业收入占比为6.2%,萝卜营业收入占比为3.0%
上下游企业及销售模式	上游企业涉及种植业(青菜头、辣椒)、食品加工(半成品青菜头、酱油、油、盐);下游C端企业有商超、便利店,下游B端企业有航空企业、食堂、外卖(搭配)
实际控制人	重庆市涪陵区国有资产监督管理委员会,董事长周斌全
机构持股比例	机构持股比例为52.6%,市场关注度下降,汇添富、鹏华、浦银安盛、诺安基金持仓比例较高
分红增发情况	上市以来,分红率为29.4%,2020年实施定向增发

从涪陵榨菜的历年财务摘要(见表 8-35)可知其基本生意特征。

表 8-35 涪陵榨菜历年财务摘要

财报年度 / 年	2012	2013	2014	2015	2016	2017	2018	2019	2020	2021
营收增幅 /%	1.1	18.7	7.1	2.7	20.4	35.6	25.9	3.9	14.2	10.8
毛利率 /%	42.4	39.6	42.4	44.0	45.8	48.2	55.8	58.6	58.3	52.4
三项费用率 /%	20.9	20.2	25.6	24.4	20.2	17.5	17.6	23.9	17.5	18.2
销售费用率 /%	18.6	18.1	22.6	20.3	15.9	14.4	14.7	20.5	16.2	18.9
管理费用率 /%	4.3	3.8	4.4	5.0	4.6	3.2	3.1	3.7	2.8	3.2
财务费用率 /%	-2.0	-1.7	-1.4	-0.8	-0.3	-0.1	-0.2	-0.3	-1.5	-3.8
扣非净利润增幅 /%	42.0	7.4	-7.3	22.3	55.2	69.9	62.3	-11.8	34.7	-8.5
资产负债率 /%	15.2	20.0	16.9	17.2	18.9	22.4	17.0	14.6	14.1	7.5
应收账款占营业收入比重 /%	0	0	0	0	0	0	0	0	0	0
净营运资本 / 亿元	-0.1	0.1	1.7	2.6	4.4	9.1	2.8	3.0	-0.2	23.4
固定资产占总资产比重 /%	40	30	40	40	40	30	30	30	30	20
净资产收益率 /%	13.8	14.1	12.1	12.5	17.5	23.7	30.1	22.7	24.7	14.0
净利润率 /%	17.7	16.6	14.6	16.9	23.0	27.2	34.6	30.4	34.2	29.5
总周转率 /%	60	70	70	60	60	70	70	60	60	40
财务杠杆(权益乘数)	1.2	1.3	1.2	1.2	1.2	1.3	1.2	1.2	1.2	1.1
总资产增长率 /%	4.4	15.6	5.6	21.0	16.4	28.6	19.9	12.9	18.1	95.2
经营性现金流 / 营业利润	1.1	1.3	0.8	1.4	1.5	1.1	0.7	0.7	1.0	0.9
投资现金流占比 /%	-1603.6	-989.3	161.2	214.5	-2734.0	466.8	55.3	203.3	236.2	-1008.0
经营现金流占比 /%	2645.3	1495.5	-85.4	-197.7	3420.1	-406.5	56.8	-171.3	-182.1	219.8
筹资现金流占比 /%	-941.8	-406.2	24.3	83.2	-586.1	39.8	-12.0	68.1	45.9	888.2
每股自由现金流 /%	0.3	0.2	-0.6	0.0	0.1	-0.2	1.3	0.0	1.2	-2.0
流动比率	4.3	3.8	4.7	3.7	3.5	3.2	4.5	4.2	4.8	12.5

（续表）

速动比率	3.6	3.2	3.8	2.8	2.9	2.7	3.7	3.2	4.0	11.7
现金收入比 /%	109.8	117.7	113.2	117.4	125.4	124.2	111.9	111.4	114.1	111.3

公司收入增速显著放缓。考虑到涪陵榨菜在细分行业几乎是一家独大的情况，表明榨菜行业的市场规模增速可能持续下台阶。

公司毛利率较高且非常稳定。根据2021年公司三季报，分品类来看，榨菜仍是目前最赚钱的产品，毛利率达到61.4%，高于泡菜（其毛利率为36.4%）和萝卜（其毛利率为54.2%）。但需要关注未来产品结构潜在变迁可能对盈利能力造成的影响。

公司销售费用率较高，且呈现较高的波动特征，这与涪陵榨菜庞大的经销网络有关，同时其营销策略和广告投放强度可能也有一定的周期性（或根据需求波动的逆周期进行调节）。

公司营运能力极强，表现为较低的资产负债率、较少的应收账款、财务费用持续为负。不过，2021年公司净营运资本大幅高增，需要进一步探究高增原因。

得益于较高的净利润率，公司的净资产收益率长期处于优秀水平，但2021年总资产规模大增短期拖累了ROE的表现。

（二）核心投资逻辑及业务分析

1. 市场空间及潜力

2020年，酱腌菜市场的整体规模大概为800亿元，市场特征表现为市场分散且规模小。虽然从整体消费行业的细分品类来看，酱腌菜的天花板显著低于餐饮、酒类、乳制品、调味品等大赛道，但目前我国人均酱腌菜消费量较小（为日本的1/24），因此理论上仍有一定的增长空间。

榨菜是酱腌菜市场的主要品类（见图8-41），空间发展较大，在酱腌菜行业整体零售额的占比持续提升（见图8-42），2020年的市场规模在80亿元左右。涪陵榨菜旗下的核心品牌"乌江榨菜"在小包装榨菜中占比36%，在整个榨菜行业占比17%～18%。

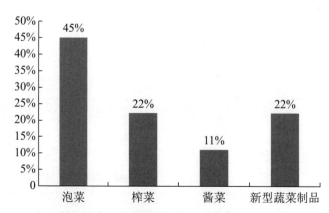

图8-41　榨菜在酱腌菜总产量中占比

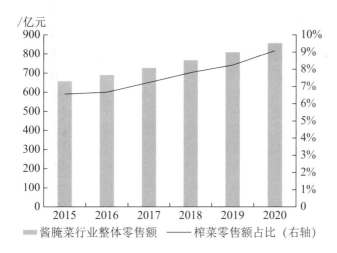

图 8-42 酱腌菜行业整体零售额及榨菜零售额占比

由于榨菜产品的单价较低,且乌江品牌力较好,消费者往往对其零售价格的变动并不敏感,且涪陵榨菜可采取缩小包装减量不减价的方式进行提价隐蔽。涪陵榨菜出厂价及增速预测如图 8-43 所示。

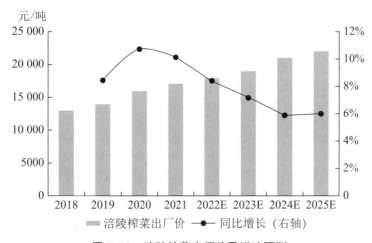

图 8-43 涪陵榨菜出厂价及增速预测

(资料来源:中金研究,笔者整理)

从 2008 年开始涪陵榨菜累计提价 15 次(见表 8-36),单包价格从 0.5 元提升至 3 元,涨幅达到 6 倍。2021 年 11 月公司发布公告称,考虑到原材料价格上涨,将对部分产品提价,幅度在 3%~19% 不等。而这种常态化的提价能力是公司主营业务收入保持增长的重要驱动力。

表 8-36 涪陵榨菜历史提价情况概览

时间	提价方式	说明	提价幅度
2008 年	升规格提价	将 0.5 元 /70g 提升为 1 元 /100g	40%
2009 年	提出厂价	直接提价	10%

（续表）

时间	提价方式	说明	提价幅度
2010 年	提出厂价	直接提出厂价	8%
2012 年	缩规格提价	1 元 /100g 替换为 1 元 /80g	25%
2013Q1	缩规格提价	将 1 元 /80g 提升为 1 元 /70g，同时换包装	14%
2014 年 1 月	缩规格提价	1 元 /70g 产品替换为 1 元 /60g	17%
2015 年	升规格提价	广东地区：鲜爽菜丝包装从 1 元 /60g 升级为 1.5 元 /88g	2%
2016 年	升规格提价	全国地区：鲜爽菜丝包装从 1 元 /60g 升级为 1.5 元 /88g	2%
2016 年 7 月	提出厂价	上调商超渠道 11 个单品的产品到岸价格	8%～12%
2017 年 2 月	提出厂价	上调非商超渠道 80g 和 88g 榨菜主力 9 个单品的产品到岸价格	15%～17%
2017 年 11 月	缩规格提价	88g 主力产品和 175g 产品调整为 80g 和 150g	10%/17%
2018 年 10 月	提出厂价	上调 7 个单品的产品到岸价格	10%
2020 年 6 月	缩规格提价	80g 主力流通产品规格调整为 70g	14%
2020 年 12 月	直接提价	商超产品提价	15%
2021 年 11 月	直接提价	销售占比达到 80% 的产品提价	15%

（资料来源：国泰君安证券）

另外，消费场景的多元化和产品品类的扩张也带来了新的发展机遇。目前，榨菜市场的主流需求仍以传统佐餐为主，休闲消费占比仅有 11%，向上提升的空间较大。为满足消费场景和品质的升级需求，打破消费者对酱腌菜传统的低端、不健康的认知，提升产品品质，涪陵榨菜在营销策略上加大宣传力度，主打"清淡、休闲、吃着玩儿"，有望通过"高举高打"模式持续拓展消费边界。根据公司战略规划，未来将立足榨菜品类，形成品牌、市场、技术、资本、人才及管理优势。第一步，聚焦榨菜，通过品牌和品类升级，做精榨菜、做热乌江品牌，争取未来占酱腌菜市场的 10% 以上；第二步，稳步拓展亲缘品类①，丰富产品矩阵；第三步，跨入川调酱类领域去探索发展，做大佐餐开味菜；第四步，利用智能化改造传统产业，跨界休闲果蔬产业，把公司做大做强。考虑到公司目前的收入体量不到 30 亿元，如酱腌菜市占率提升至 10%，意味着 80 亿元的营业收入，对应 2.7 倍的增长空间。

2. 竞争格局及优势

从竞争格局来看，涪陵榨菜为酱腌菜行业龙头和榨菜业的绝对龙头。根据欧睿 2019 年数据，涪陵榨菜在包装腌制品市场份额达到 35.5%，排名第二的重庆鱼泉为 10.7%，排名第三的六必居为 9.1%，且涪陵榨菜为业内唯一的全国化品牌，乌江榨菜也是全国首个在央视发布广告的榨菜品牌，其品牌溢价直接表现为显著领先同行的产品批发价格。

从竞争优势来看，涪陵榨菜的竞争优势表现为以下几点。一是原产地优势为涪陵榨菜提供了天然的竞争壁垒。榨菜的原材料青菜头产地集中于重庆和浙江（见图 8-44），公司所在的涪陵地区为全国第一大产地，供应量占比超过 50%。二是渠道力领先，销售

---

① 亲缘品类，指行业跨度太大，品牌关联性不强或者使母品牌受损的品牌结构。

网络遍布全国且层级较为扁平,并且持续通过渠道下沉开拓了新市场。根据公司公告,未来涪陵榨菜将进一步发展 1000 家县级经销商,并匹配相应的资源投入。三是工艺优势明显,生产设备的自动化程度高,形成了成熟的"三清三洗三腌三榨"生产工艺,领先同行的收入规模可以持续支撑其更高的研发投入费用。

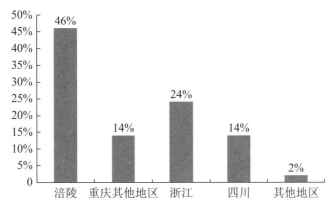

图 8-44 各省、市及地区青菜头种植面积全国占比

(资料来源:国泰君安证券)

3. 成长趋势及态势

(1)需求和供应端。从需求端来看,每年 10%～15% 的榨菜需求增速依然可期,短期内增加消费场景的主要情形包括以下两种:一是菜价高涨,榨菜具备一定鲜菜替代功能;二是新冠感染疫情下,物资储备需求提升,而榨菜的相对低价和易保存特征,使其具备一定的副食功能。

从供给端来看,公司除了传统榨菜产品升级外,还发力泡菜等新品类,不断完善产品矩阵,虽然目前新品类盈利能力尚未成熟,但有望形成协同效应,打开消费常见边界。涪陵榨菜公司泡菜等新品类收入占比及其销售增速如图 8-45 所示。

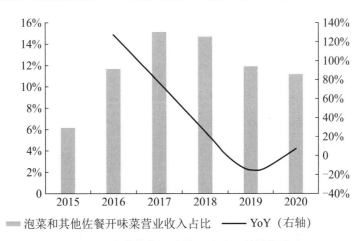

图 8-45 泡菜等新品类收入占比及其销售增速

(资料来源:国泰君安证券)

（2）成本与费用端。从成本端来看，酱腌菜原材料为青菜头的半成品和新鲜品。2021 年青菜头价格在 1350 元 / 吨，2022 年价格有望下降。青菜头的半成品价格一般为新鲜菜头的 1.12～1.15 倍。酱腌菜辅料成本包括盐、油、辣椒。2021 年辅料价格上涨较大，盐价从 300 元 / 吨涨到 900 元 / 吨，对成本端构成一定压力。

从费用端来看，销售费用是其主要波动来源。2021 年，公司在品牌宣传和推广上的费用有主动压缩的倾向，但渠道建设费用预计会偏高。另外，公司未来主要针对互联网传播的线上广告投放量可能会增加，约每月 1000 万元。

（3）产能及外延端。短期内，涪陵榨菜产能较为充足。2020 年，公司通过定增扩张了长期产能。这次定增拟募资 33 亿元，主要投向窖池及产线扩张。

涪陵榨菜于 2015 年收购了泡菜生产企业惠通食品，从而获得了泡菜品类的拓展，后续对酱类、川调品类的并购也存在一定可能性，这样涪陵榨菜就能将其成功的渠道营销和品牌优势复制到更多产品上去。

4. 主要风险简析

（1）公司提价能力变现的节奏和尺度把握出现失误可能导致销量下滑。事实上，市场对公司的提价空间存在一定争议。

（2）拓展健康新品（薄盐）和新品类（萝卜等）的实际效果可能不及预期，目前看效果并不理想。

（3）青菜头价格回落可能不及预期，且辅料成本波动大，对公司毛利率可能构成不利影响。

（4）公司的经营策略上对营销和货折力度有较强依赖，能否适应新的市场环境需要观察。

（三）综合估值定价评估

涪陵榨菜股票综合估值定价评估如表 8-37 所示。

表 8-37　涪陵榨菜股票综合估值定价评估

评估项目		具体内容		
		评估维度	基本评估	盈利质量打分
基于盈利质量四维度的相对估值评价	盈利质量评估	现金含量	一般，作为食品加工企业需要一定的生产线支撑；现金收入比历史表现良好	5 分（满分 10 分）
		稳定性 / 确定性	受宏观经济和新冠感染疫情波动影响均较小，且作为细分行业的绝对龙头，几乎不存在可视范围内的潜在竞争威胁	7 分（满分 10 分）
		成长性	持续稳定的提价能力使得产品价格持续跑赢通胀，同时公司对成本端把控能力较强，ROE 有望维持较高水平；酱腌菜品类增长空间较大	13 分（满分 20 分）
		持续性	佐餐类场景衍生需求长期存在，但酱腌菜与健康餐饮的趋势是否契合需要观察	5 分（满分 10 分）

(续表)

评估项目		具体内容
基于盈利质量四维度的相对估值评价	绝对收益投资备忘录	根据盈利打分，给予公司中性状态30倍PE估值水平，对应2023年一致预期盈利预测为11.6亿元，目标市值为348亿元；悲观情境下给予其20倍估值，对应2022年盈利预测最小值为8亿元，底价市值为160亿元。当前市值270亿元对应的预期回报为29%，回撤空间为41%，盈亏比较差，需进一步研究成长空间。同业相对估值参考标的：绝味食品、洽洽食品
基于绝对估值思路的验证	DCF验证	以2022—2024年盈利预测最小值作为自由现金流代理变量，假设10%的折现率，则当前市值隐含的永续增长速度为5.3%；如进一步假设公司2024年按当前净资产价值清算，则折现市值为74亿元
基于历史预测误差的盈利可靠度判断	历史一致预期误差	公司所处Wind四级行业下的食品加工与肉类行业（2022—2024年全行业盈利预测增速分别为455%、104%、12%），2018—2021年站在T年预测T+1年盈利的误差率分别为-41%、+30%、-16%、-91%。从历史上看，预测准确度较差，参考价值可能有限

九、森麒麟：智能化高端轮胎工厂

青岛森麒麟轮胎股份有限公司（以下简称"森麒麟"）是国际少数航空轮胎制造企业之一，具备产品设计、研发、制造及销售能力，受中国民航局委托起草《中国民用航空技术标准规定》（CTSO—C62e〔2014〕）。森麒麟专注于绿色、安全、高品质、高性能半钢子午线轮胎和航空轮胎的研发、生产、销售，其产品根据应用类型区分为乘用车轮胎、轻卡轮胎及特种轮胎，乘用车轮胎包括经济型乘用车轮胎、高性能乘用车轮胎及特殊性能轮胎，特种轮胎包括赛车轮胎、航空轮胎。公司为行业内领先的轮胎智能制造企业，将机器人技术、工业物联网技术、大数据分析技术、云计算技术、人工智能技术和制造业深度融合，积极探索轮胎制造业转型升级路径，智能制造能力在轮胎行业具备示范效应及领先水平。森麒麟智能制造成果连续入选中华人民共和国工业和信息化部"2016年智能制造综合标准化与新模式应用""2017年智能制造试点示范项目""2018年制造业与互联网融合发展试点示范项目"，是唯一入选的轮胎制造企业。

（一）公司基本情况和生意特征

森麒麟的基本情况如表8-38所示。

表8-38　森麒麟基本情况

公司业务范围	专注于绿色、安全、高品质、高性能半钢子午线轮胎和航空轮胎的研发、生产、销售
业务结构	按产品类型的营业收入占比来看，轮胎营业收入占比为99.8%，毛利率为23.2%
上下游企业及销售模式	上游企业：橡胶企业。下游企业：零售轮胎经销商、汽车及飞机制造商。销售模式：境外销售额占九成，2019年数据显示美国市场贡献占公司营业收入的60%

(续表)

实际控制人	董事长秦龙,曾任森泰达集团有限公司董事长、即墨市大众出租汽车有限公司执行董事
机构持股比例	机构持股比例为12.5%,市场关注度一般,中欧、鹏华、华泰保兴、诺安基金持仓比例较高
分红增发情况	2021年发行可转债融资

从森麒麟的历年财务摘要(见表8-39)可知其基本生意特征。

表8-39 森麒麟历年财务摘要

财报年度/年	2015	2016	2017	2018	2019	2020	2021
营收增幅/%	0.0	19.5	49.5	15.5	9.7	2.8	10.0
毛利率/%	28.1	32.3	28.3	28.5	32.2	33.8	23.3
三项费用率/%	19.6	16.8	15.3	14.4	12.8	10.4	9.2
销售费用率/%	6.7	5.9	5.4	4.5	4.6	2.9	2.8
管理费用率/%	8.2	6.7	5.7	5.0	5.0	5.4	4.7
财务费用率/%	4.8	4.2	4.2	4.9	3.2	2.2	1.7
扣非净利润增幅/%	0.0	103.0	25.1	34.6	50.5	37.7	-33.8
资产负债率/%	69.6	66.0	63.7	55.2	43.6	28.3	36.1
应收账款占营业收入比重/%	10	20	20	10	10	10	10
净营运资本/亿元	-2.1	2.3	2.0	7.6	5.8	3.7	21.6
固定资产占总资产比重/%	40	60	50	60	50	40	30
净资产收益率/%	9.3	17.5	18.4	19.3	23.0	21.4	12.4
净利润率/%	6.6	12.8	10.8	11.7	16.2	20.8	14.6
总周转率/%	0	50	60	70	70	70	60
财务杠杆(权益乘数)	3.3	2.9	2.8	2.2	1.8	1.4	1.6
总资产增长率/%	0.0	10.3	9.8	2.2	1.8	20.8	34.4
经营性现金流/营业利润	0.2	1.6	1.5	1.2	2.0	1.6	1.1
投资现金流占比/%	337.4	1635.7	-620.7	1152.6	-132.3	-176.5	-101.1
经营现金流占比/%	-11.9	-935.3	998.7	-1912.4	430.7	260.1	62.1
筹资现金流占比/%	-225.5	-600.5	-278.0	859.8	-198.4	16.4	139.1
每股自由现金流/%	-0.3	-1.3	0.4	0.3	1.6	1.2	-3.2
流动比率	0.7	0.7	0.7	1.3	1.7	2.0	3.5
速动比率	0.5	0.4	0.4	0.7	1.1	1.5	2.6
现金收入比/%	89.0	85.4	90.4	96.7	100.7	100.3	97.9

公司盈利质量较高。从同业比较来看,同期,森麒麟毛利率高于同期玲珑轮胎2~5个百分点,应收账款与营收比重低于玲珑轮胎和赛轮轮胎3~5个百分点。

2015—2021 年，森麒麟营业收入从 20.24 亿元提升至 51.77 亿元，年均复合增长率约为 16.94%；归母净利润从 1.40 亿元提升至 7.53 亿元，年均复合增长率约为 32.37%。

公司费用率趋势性下行，主要源于销售费用和财务费用的压缩，显示出森麒麟逐步形成的品牌竞争力和对财务杠杆依赖度的下降。

2017—2020 年，公司毛利率、净利率实现阶梯式增长，毛利率由 28.3% 增长到 33.8%，在同行业中位居前列；净利率由 10.84% 提高到 20.84%，增长近一倍，公司盈利能力处于行业较高水平。

2021 年，受全球新冠感染疫情反复引发的海运集装箱紧张及海运价格高涨、原材料价格大幅上升、美国对泰国原产地轿车胎加征反倾销税等不利因素影响，公司毛利率大幅下滑至 23.33%，为 2015 年以来最低，净利率下滑至 14.55%。

公司融资情况良好，资产负债率近年趋势下行，2021 年资产负债率为 25%，相对健康，现金收入比良好。

（二）核心投资逻辑及业务分析

1. 市场空间及潜力

从全球轮胎整体市场来看，市场销售额增长率逐渐趋于零，近年增长率为负数（见图 8-46）。根据《轮胎商业》统计，1999—2011 年，全球轮胎市场销售额持续增长，2011 年达到峰值 1875 亿美元，2012 年复合年增长率约为 8.62%。从整体趋势来看，2011 年后轮胎市场缓慢下行，2017 年有所回升。2020 年受新冠感染疫情一定影响，全球轮胎制造商开工率大幅下降，疫情防控限制出行，也降低了轮胎需求，导致轮胎市场规模同比下降 9.31%，2020 年全球轮胎销售额约为 1514 亿美元。

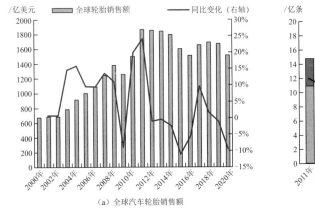
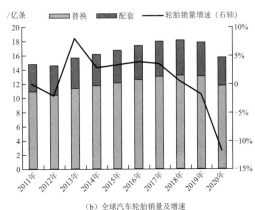

(a) 全球汽车轮胎销售额　　　　(b) 全球汽车轮胎销量及增速

图 8-46　全球汽车轮胎销量变化情况

（资料来源：华泰证券）

从轮胎细分品类的结构来看，半钢胎和航空轮胎的市场潜力较大。前者为森麒麟业务的优势产品，后者则是森麒麟积极布局并初步形成生产及销售能力的品类（见图 8-47）。

类型	主要应用领域	适用领域示意图
经济型乘用车轮胎	A、B级车等	
高性能乘用车轮胎	C、D级车、越野车、SUV等	
特殊性能轮胎	D级车、专用车等	
轻卡轮胎	皮卡、商务车、轻型载重货车	
特种轮胎	航空轮胎、赛车轮胎	

图 8-47 森麒麟产品应用领域

（资料来源：公司招股书）

半钢胎市场方面，2010—2019 年，全球半钢胎市场保持稳健增长，2019 年销售量达到 15.71 亿条。2020 年受新冠感染疫情影响，大量整车厂停产，半钢胎销售量跌至 13.71 亿条，同比下降 12.73%。根据米其林财报，预计 2022 年全球半钢胎消费量可恢复至疫情前水平。其中，原装市场销量趋势下行，替换市场在欧洲以外地区仍有增长。

航空轮胎市场方面，2018 年中国民航轮胎市场规模约为 50 亿～70 亿元。据《全球航空轮胎市场需求分析》统计，2018 年，我国民航市场翻新胎需求约 19.60 万条，全新胎需求约 13.40 万条，每条翻新胎价格约为 8000 元，每条全新胎价格为 24 000～32 000 元。以此测算，2018 年我国民航翻新胎市场规模约为 15.68 亿元，全新胎市场规模为 32.16 亿～42.88 亿元。森麒麟为国际少数具备航空轮胎产品设计、研发、制造及销售能力的企业之一，并通过测试取得相关认证，未来有望在航空轮胎的国产替代进程中拔得头筹。

2. 竞争格局及优势

半钢胎竞争格局方面，全球轮胎企业分三个梯队，第一梯队为米其林、普利司通、固特异组成的"三巨头"；第二梯队为德国大陆、住友、倍耐力、韩泰、优科豪马、固铂、东洋、锦湖组成的"八大跨国集团"；第三梯队为包括中国轮胎企业在内的胎企。森麒麟是中国轮胎行业的后起之秀，在世界轮胎 75 强上榜中国企业销售总额中的占比从 2010 年的 0.58% 上升到 2020 年的 2.93%。

航空轮胎竞争格局方面，我国民用、通用航空轮胎国产化率平均不到 10%，境外厂商依靠先进的研发技术和强大的品牌影响力占据 95% 以上的市场，基本形成垄断。目前国内厂商具备航空轮胎生产能力和资质的企业只有 4 家：森麒麟、银川佳通长城轮胎、中国化工集团曙光橡胶工业研究设计院（蓝宇航空轮胎发展公司）和北京大地神州轮胎科技。

从竞争优势来看，森麒麟相对内资轮胎企业来说，在技术和产品上均较为领先，特别是具有稀缺的航空轮胎产能；与外资轮胎企业相比，森麒麟具有更低的运营成本，例如泰国工厂在人力和对美关税上具有显著优势。

3. 成长趋势及态势

（1）需求端和供给端。从需求端来看，半钢胎需求来源于传统整车厂，受新冠感染疫情影响仍处于消费量恢复爬坡阶段；而航空轮胎市场存在较大的国产替代空间。

从供给端来看，森麒麟现有半钢胎产能2200万条/年。从半钢胎整体市场来看，近几年17寸及以上的大尺寸轮胎销售数量占比均保持在50%以上，且呈现尺寸越大增速越快的特征（见图8-48）。在"833plus"战略规划下，森麒麟加速产能建设，2015年建成泰国智能化工厂，2021年规划在西班牙建设年产1200万条的高性能轿车轻卡子午胎项目，率先进军欧洲发达国家，加速全球化布局。同时森麒麟投资约3.14亿元建设年产8万条航空轮胎项目，计划2022年投产，2024年达产，该项目有望成为公司新的盈利增长点。

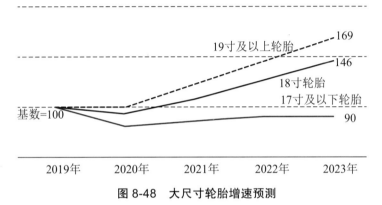

图 8-48 大尺寸轮胎增速预测

（资料来源：米其林财报）

（2）成本与费用端。生产端的成本包括原材料、人力和关税。另外，轮胎运输成本较高，2021年受原材料成本大幅上涨和海运费持续高企[①]等因素影响，森麒麟归母净利润自2015年以来首次出现下滑。需要进一步关注成本端对森麒麟盈利能力的潜在影响。公司成本端波动呈现周期性特征，如图8-49所示。

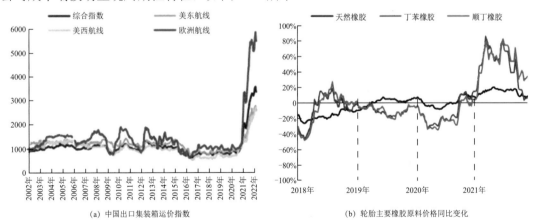

(a) 中国出口集装箱运价指数　　　　(b) 轮胎主要橡胶原料价格同比变化

图 8-49 公司成本端波动呈现周期性特征

（资料来源：华泰证券）

---

① 高企，指价位持续停留在较高位置不落，且有再升高的可能。

（3）产能及外延端。森麒麟产能端情况参考其供给端情况。近年来，森麒麟业绩持续增长主要源于泰国工厂产能的有效释放。自 2016 年泰国工厂投产以来，森麒麟逐步承接海外订单。相比国内工厂出口美国市场，泰国工厂存在较大的关税优势，盈利能力大幅提升，海外其他在建产能的投产情况需要重点关注。

4. 主要风险简析

（1）销售收入中出口占比较高，国际贸易摩擦时有发生，产能端和成本费用端受新冠感染疫情影响均较大。

（2）全球市场竞争对手林立，相对外资高端轮胎企业竞争优势不够显著，需要持续高强度的研发开支。

（3）行业存在较强的周期性和季节性特征，增加了盈利的不确定性。

（三）综合估值定价评估

森麒麟股票综合估值定价评估如表 8-40 所示。

表 8-40 森麒麟股票综合估值定价评估

评估项目		具体内容		
		评估维度	基本评估	盈利质量打分
基于盈利质量四维度的相对估值评价	盈利质量评估	现金含量	现金创造力较差，需要持续的生产线建设，大客户模式特征显著	2 分（满分 10 分）
		稳定性/确定性	受宏观经济波动和下游产业周期有一定影响，从历史上看收入利润增速并不稳定	4 分（满分 10 分）
		成长性	轮胎市场已经失去整体性增长，仅有结构性机会；其细分品类尚有较大国产替代的空间，公司初步具备了成为航空轮胎国内龙头的潜质	9 分（满分 20 分）
		持续性	与内资企业相比有一定优势，但和海外生产商比尚有差距，业务的可持续性不明	3 分（满分 10 分）
	绝对收益投资备忘录	根据盈利打分，给予公司中性状态 18 倍 PE 估值水平，对应 2023 年一致预期盈利预测为 19 亿元，目标市值为 342 亿元；悲观情境下给其 12 倍估值，对应 2022 年盈利预测最小值为 12 亿元，底价市值 144 亿元。当前市值 211 亿元对应的预期回报为 62%，回撤空间为 32%，盈亏比尚可，积极关注。同业相对估值参考标的：玲珑轮胎		
基于绝对估值思路的验证	DCF 验证	以 2022—2024 年盈利预测最小值作为自由现金流代理变量，假设 10% 的折现率，则当前市值隐含的永续增长速度为 -1.2%；如进一步假设公司 2024 年按当前净资产价值清算，则折现市值为 81 亿元		
基于历史预测误差的盈利可靠度判断	历史一致预期误差	公司所处 Wind 四级行业下的轮胎与橡胶行业（2022—2024 年全行业盈利预测增速分别为 39%、52%、24%），2018—2021 年站在 T 年预测 T+1 年盈利的误差率分别为 -6%、+1%、+40%、-34%。从历史上看，预测准确度一般，近年来有下降态势，需要关注		

从固收＋组合投资的视角和绝对收益目标来看，公司基本面研究的最终落脚点是对其盈利的"现金流分布特征"（即估值打分的四个维度）进行综合判断，从而大体掌握在当前基本面质量和市场估值组合下对应股票资产的"风险收益特征"，并以相对价值的视角与可转债等固定收益类资产进行比较，作为构建多资产组合中权衡分类资产性价比和全局适配度的依据。

到此我们对固收＋组合涉及的主要分类资产策略的讨论暂时告一段落，对于投资者而言，除了系统性地掌握各类资产的风险收益特征，还要将其统一到多资产组合管理的实践中，这是下一章我们要探讨的内容。

第九章
多资产组合管理实践的心得

前面八章我们就主流的分类资产策略及其具体应用中要考虑的主要因素进行了分析，但如何把多类资产统一到类似的框架下进行管理呢？或者说，从分类资产间相对价值的判断如何过渡到指导实际组合的构建，需要进一步思考。本章整理归纳了笔者对组合管理的观点，并附有相关的公开访谈纪要，供各位读者参考。

一、从交易角度看债券投资组合管理

债券组合是指投资者按照一定的投资目标设立的债券以及相关衍生品的集合。对其的投资过程可以描述为，根据事先确立的管理目标，通过技术手段对组合进行维护、调整和再平衡，进行有效的资产配置和主动管理，创造超额收益。

一方面，目前以存量而论，国内债券市场百万亿元级别的规模，是主流投资最重要的大类资产配置品种，具备系统性构建投资组合的客观条件；另一方面，随着资管新规净值化管理的要求落地，传统理财产品单纯依靠期限和预期收益双维度的评价体系亟待改变，债券组合的主动管理将成为未来资产管理行业的核心竞争力。

图 9-1 为无风险利率下行时理论最优投资组合动态均衡的过程。资金交易员在实践中主要关注资产价格的波动，而对组合管理可能缺少系统性的认识。笔者在下文中通过自己交易实务中的一点观察和积累来探讨债券组合管理中可能需要考虑的因素及原则。

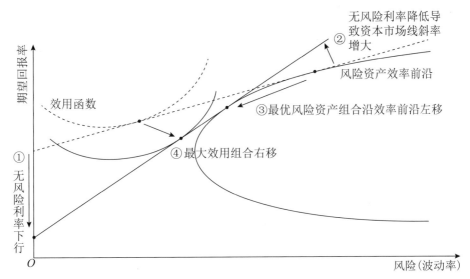

图 9-1　无风险利率下行时理论最优投资组合动态均衡的过程

1. 负债端管理：关注目标与约束

负债管理通常是资产配置和组合构建过程的起点，每一个投资组合最原始阶段的特征往往与负债状况息息相关。对短期负债，资金交易员可以通过实践来积累管理经验；而对于长期负债，则需要通过具体案例来说明。以下我们先用个人投资组合的经典理论来解释。

如图 9-2 所示，从个人账户投资运作的角度来看，投资组合的依据便是投资者所处生命周期的具体阶段。这里至少存在三种可能的结构错配：一是成长期和养老期的资产端收入无法覆盖负债端支出，需要靠借贷或奋斗期积累进行补偿；二是风险偏好与风险承受能力间存在矛盾，例如青年期风险偏好高但风险承受能力反而较低；三是收入支出的峰值区间重叠，个人投资者在奋斗期缺少足够精力进行有效投资并匹配现金流。

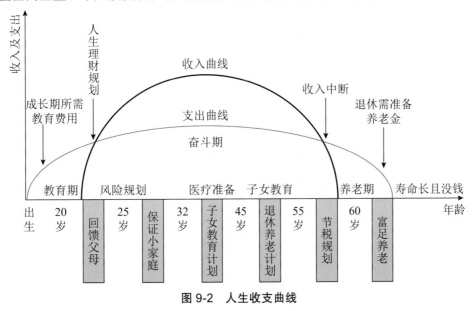

图 9-2　人生收支曲线

解决这样的矛盾，便是资产管理行业的价值。而资产管理的客户终端，便是由无数这样的个人账户的集合构成的：社保、企业年金、养老金、财险、寿险、保证金、信托理财等。这里可以把组合的负债管理简单概括为：受托机构根据生命周期的不同阶段的需求划分账户，为了满足特定账户未来的支付结构制定相应的投资策略，并设置合理的风险控制约束和业绩比较基准。

对于资产管理机构而言，其账户形态大体可以分为公募产品（如证券投资基金、银行理财产品等的公开发行）以及非公募产品（基金专户、私募资产管理计划等的非公开发行）两类。这两类产品的主要差别在于资金性质、风险控制条款、产品信息披露标准和会计准则等方面，如表9-1所示。

表9-1 公募产品与私募产品对比

产品类型	资金属性	风险控制标准	产品信息披露标准	会计准则
公募产品	以个人投资者为主，申购赎回行为存在"羊群效应"	终端客户风险承受能力弱，风险控制条款严格且较多	对信息披露的频率和准确度要求较高	以市值法为主，受市场行情影响大
私募产品	以机构投资者为主，短期较为稳定，申购赎回的资金量较大	终端客户风险承受能力强，风险条款较少，投资范围相对较宽	一事一议，取决于主要机构投资者的要求	成本法优先，产品管理人可以平滑收益和净值波动

2. 组合视角下资产类属的功能性特征

为了方便理解，我们继续使用之前章节中的比喻，将资产比作食材，将投资组合比作营养金字塔，如图9-3所示。营养金字塔与投资组合有共通之处：塔基的饮用水就像现金管理工具；主食部分可能接近于"底仓"，主要由高静态资产构成；水果和蔬菜就像利率债，通过其获得的持有收益虽然不多，但促进新陈代谢，必不可少；高蛋白食品像高等级信用债，兼具交易与配置价值；最上层的甜食热量高，但是口味好，需要控制摄入量，可类比为高收益债、转债等风险资产。

图9-3 营养金字塔

如果把固定收益类资产比作营养金字塔中的食物，那么不同债券品种在组合管理中表现出的特点和功能也存在差异。例如，流动性好的资产一般作为交易性工具，票息高的资产作为提升组合静态收益能力（指不受市场价格影响的收益水平）的工具，等等。以下简要说明。

（1）利率债。利率债可作为交易型工具，但票息水平较低，与利率债相关的收益率曲线对基本面信息反应快，资产定价较为有效。

（2）高等级信用债。与利率债功能类似，高等级信用债受利率曲线和信用利差变化影响，质押融资方便。

（3）中低等级信用债。中低等级信用债的流动性较差，交易成本高，但票息水平较高，适合买入并持有。

（4）同业存单。同业存单是货币市场投资工具，质押融资便利性强，交易成本极低。

（5）可转债。可转债的潜在回报率介于股票和债券之间，可作为债券替代品或股票替代品，流动性好于纯债，但弱于股票。

（6）利率衍生品。利率衍生品采用保证金交易模式，可以用来合成其他基础资产，流动性极好。

（7）含权债。含权债交易成本高，收益率定价的有效性偏弱，通过内嵌的期权结构调整组合的风险收益特征。

（8）资产支持证券。资产支持证券流动性极差，但相对低等级信用债风险可控，偿债现金流分布与一般债券有差异。

3. 组合债券交易：定价与贡献度

很多交易员都有每日复盘的习惯，对日内做的每笔交易进行回溯。那么从组合的角度看，什么样的交易是"好"的交易呢？笔者认为这个问题至少需要从三个层次来考虑：第一，是否以"好价格"进行交易？第二，该笔交易与投资组合的策略目标是否适配？第三，对优化组合特性有何贡献？

（1）第一个层次往往是交易员最关注的，特别是对于债券这类场外交易（OTC）市场，"好价格"是评判债券交易员价值的重要标准。根据笔者个人的从业经验，"好价格"有以下三个标准：一是从债券收益率曲线出发定价要合理；二是通过衍生产品"合成"基础资产后的价格，与传统基础资产的价格进行比较要具有吸引力；三是价格隐含的收益显著高于账户的机会成本或业绩基准。

举例：为什么各家机构资金融出方调整质押券标准后，不可质押的低等级信用债大幅高于估值到期收益率（YTM）的报价并不是"好价格"？这是因为失去了融资能力后，持有低等级信用债的静态收益可能反而不如低收益率的高等级债券加杠杆后的综合收益，且后者调整头寸更为方便。

（2）在第二个层次，要思考该笔交易与投资组合的策略目标是否适配。债券交易是组合管理的关键步骤和执行层工具。每笔交易的背后往往包含着基金经理对组合各项参数进行部署的意图，或对特定工具在特定场景下获利机会进行的把握。与组合参数调整方向一致的交易，或有助于达成基金经理意图的交易，方可视为"好交易"。

以国债期货交易为例，在跨期操作的套利交易中，当基金经理意图博弈跨期价差，则风险阶段性暴露程度小的交易可视为"好交易"；当基金经理需要执行套保盘移仓策略，则能够快速建立大规模头寸的交易可以被视为"好交易"。简而言之，考虑每笔交易背后所代表的组合诉求，对于提高策略适配性十分必要。交易员对基金经理组合层面的需求有所认知，才能在不同市场环境下、不同获利场景中"有所侧重"。

再以现券交易为例，当基金经理意图押注利率曲线方向或利差变化，则成交效率至关重要。在短时间内在目标利率点位或利差范围内快速达成交易，是这一场景下的"好交易"。当基金经理为应对资金流入或流出预期（负债端期限特点），需要将资产端的风险参数与之进行匹配（"免疫策略"），而不对利率曲线变化进行押注，则需要一批特定期限内风险敞口可控的组合现券资产，以最大限度兼顾申购和赎回情况。快速配置这批现券资产的适配性高的交易，可视为"好交易"。当基金经理意图押注利率曲线的形状变化（具体操作可参考第三章相关内容），则能平衡或缩小不同期限资产的流动性差异的交易适配性最高，是这一场景下的"好交易"。

举例：买入一笔4年期中等级信用债，在不同组合策略的场景中，对这笔交易的适配性如何评估？分三种情况：①如果作为波段操作中用于博弈信用利差的工具，可能适配性较差，因为目前流动性较差，难以进行高频操作；②如果作为杠杆策略的质押品，适配性也一般，因为部分资金融出方机构不接受质押；③如果作为骑乘策略的工具，收益空间较大（信用曲线较为陡峭），适配性较好，可视为"好交易"。

（3）第三个层次便是组合管理的内容了，即能够明显优化组合特性的交易便是"好交易"，根据个人一些粗浅的理解，笔者列举了几种比较典型的组合特性优化方向。一是通过持有更多可质押资产，提高组合获取融资的能力；二是通过持有更多高风险资产，提升组合在市场价格变化中净值上涨的空间；三是通过持有特定风险收益结构的资产（如期权），让组合"赚钱的时候盈利多，亏钱时亏损小"的特性更显著。

举例：交易长期被边缘化的偏债型可交换债对优化组合特性有哪些贡献？这些贡献表现为以下几个方面：①通过可质押属性提高组合融资能力；②私募可交换债（EB）持有收益高且信用风险可控（可作为股票质押替代品）；③在正股上涨的牛市行情中也能获得"赚钱的时候盈利多"的效果；④流动性好于纯债，降低组合交易成本；⑤与债市的相关性低，分散风险。

4. 组合风险参数：久期、杠杆、信用

这部分内容相对简单，就是很多读者熟知的债券投资"三板斧"——拉久期、加杠杆、下沉信用资质——这三类策略承担了三个层次的风险：一是久期，通常久期越长利率风险越大，同时凸性（久期的导数）也越大，但凸性越大，意味着"赚钱的时候盈利多，亏钱时亏损小"的特性更显著；二是杠杆，杠杆反映的是组合目前的融资状态，类似企业的资产负债率，负债（杠杆）较高的组合面临的潜在流动性风险更大；三是信用，信用反映的是组合持仓信用债资质的整体情况，如果整体信用资质差，虽然收益率高，但潜在违约的可能性就越大。

组合管理实践中投资者主要关注"三板斧"策略潜在收益对风险的覆盖是否充分，同时还应考虑到发生极端情况时，是否存在对冲工具？目前来看，久期和杠杆的风险都可以运用衍生品对冲。对于信用风险，国内仍缺乏有效的工具，随着刚性兑付被打破，或许信用衍生工具作为配套措施也将逐步成熟。

5. 用交易工具优化投资组合的实例

最后，我们以国债期货为例来观察一下交易工具对投资组合的优化效果。下面从套期保值、套利、投机三个方面简单讨论。

作为组合利率风险管理的工具，套期保值是国债期货最重要的功能。相对于直接卖出长端利率债，使用国债期货进行套期保值至少有以下优势。

（1）国债期货的交易活跃度（换手率）远高于利率债，且可以实现程序化自动交易，而买卖利率债时需要人工询价。

（2）利率债如果作为组合质押品提供融资便利，很可能在需要卖出时已经质押给了其他交易对手而无法立刻卖出，而国债期货不存在此类问题。

（3）卖出利率债，如果在持有期内有资本利得，还需要额外缴税，而国债期货不存在此类问题。

（4）国债期货经常相对现券贴水，因此持有国债期货空头很多时候比直接卖出做空更划算。

同时，广义上的套期保值并不一定将组合的基点价值（DV01）调整为零，更多情况下只是将组合的利率风险敞口调整到合意区间。例如，对于免疫策略的组合而言，需要保持负债久期与资产久期相等，此时一般使用利率期货动态调整，消除差值。

套利策略相对较多，这里不再展开。笔者认为无论是基差、跨期套利还是跨品种套利，对组合而言都至少存在三种贡献：①改善债券组合的夏普比，相对趋势策略而言，这类套利策略往往具有"低波动、高胜率、低盈利空间"的特点；②策略构建的价差头寸，本身与传统证券相关性较低，从某种意义上看拓宽了有效前沿的边界；③与传统债券投资相比，交易和研究成本相对较低。

从投机角度来看，如果用国债期货作为长端利率债的替代工具，存在交易成本低、自带杠杆、无对手方风险等优势。但也需要注意这类头寸的不足之处：一是使用国债期货建立债券空头头寸时需要付出额外的成本，即净基差；二是国债期货多头头寸凸性为负，会弱化组合的风险收益结构。

二、股债混合组合管理与相关策略

从纯债型组合过渡到包含股票的固收＋多资产组合，大大增加了组合风险管理的维度和难度，如何将股债纳入标准相对统一的框架中去管理，是混合多资产管理人需要重点关注的问题。

1. 从固收到权益的思维差异

债券背景从业者接触公司基本面,往往会带着比较深的"信用烙印",这种差异表现为两个方面:一方面会反映在具体行业选择上的"路径依赖";另一方面债权人和股东的视角不同,背后的资本对应的"风险收益特征"存在差异。

图9-4是一个典型债基经理的股票持仓,其主要持有金融和地产行业公司的股票。由于金融和地产行业对宏观基本面的变化非常敏感,是债券从业者最熟悉的行业。而这些企业处于成熟期,基本面的变化小,跟踪成本低,估值便宜,具有"安全边际",自然成为偏债混合基金经理的首选。

图9-4 典型债基经理的股票持仓

(资料来源:Wind)

以上选股的理由,可能正是偏见的开始。

仍以上述组合为例,该基金产品在年度市场展望时曾披露产品使用高收益信用债策略。从风险因子的角度看,该组合同时重仓银行股和信用债,将导致信用因子的暴露过大,在信用收缩周期中,银行资产质量压力(跌破净资产)和信用债估值压力(违约)陡增,此时股债仓位非但没有对冲效果,反而可能对组合净值形成"双杀"。

当然,反过来想,银行股在当前市场环境下可以成为获取组合信用风险溢价的一种工具,相比高收益债虽然波动偏大,但信用风险得到了有效分散,回报负偏概率也更小。

如图9-5所示,不同生命周期的企业和行业往往呈现不同的财务特征,因此同样的基本面指标在不同阶段存在显著差异。对于发展期的企业而言,资本开支(潜在产能)较大,因此自由现金流可能短期为负。这类公司可能是权益投资者的"香饽饽",虽然短期看资本回报率还未达到合意水平,但因为持续的投入让企业具备了长期高速增长的潜力。需要注意的是,这种优秀的可能性无法作为扎实的偿债能力的保证,而被固收投资者贴上"债务负担重""偿债能力不确定"的标签。

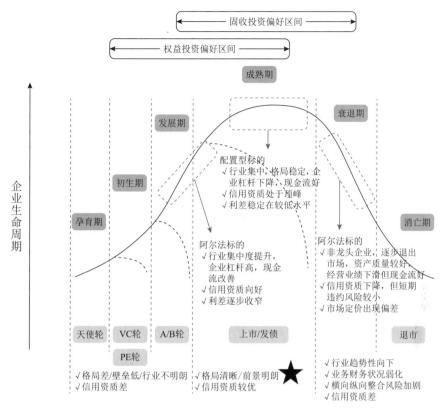

图 9-5　企业生命周期与投资时机

（资料来源：东方红资管，笔者整理）

因此，从行业偏好的角度看，债券投资者更青睐成熟期的证券发行人，业务结构和竞争格局更稳定，行业和企业层面的变量比较少，研究企业的成本更低。更重要的是，这类企业往往都有较多固定资产或不动产，极端情况下具有一定的变现价值。

成长期企业往往恰好相反，行业竞争格局非常不清晰，龙头企业的领先优势随时可能被颠覆或蚕食，甚至大量的科技创新型公司可能依靠大量的无形资产形成竞争优势，而这些资产却无法变成具有"清算价值"的抵押物或质押物。

以下我们对固收投资者与权益投资者存在的一些思维差异进行总结。

（1）利率债投资和股票投资的差异。一是对利率债投资机会的判断往往止步于跨行业间的景气度比较，但对特定公司的微观变化关注不足；二是利率债投资宏观变量的变动频率低，习惯的投资周期与股票天然不同。

（2）信用债投资与股票投资的思维差异。信用债投资更青睐成熟期甚至夕阳期的企业，股票投资则更青睐导入期和成长期的企业；信用债投资更关注资产的绝对收益水平（到期收益率），股票投资更关注资产的相对收益水平（能否战胜市场）。

（3）可转债投资与股票投资的思维差异。可转债投资更倾向于分散，股票投资更倾向于集中；可转债投资更关注"困境反转型"企业，股票投资更关注"未来优势型"企业。

而从资产估值的角度看，股债间仍然有很多相似之处，如分红收益率和票息。又如债券到期收益率（YTM）与股票市盈率（PE）倒数其实也隐含着相近的信息：不考虑资产价格变化的预期回报。但两个指标的底层逻辑存在明显差异：一是债券 YTM 对应的假设是持有到期，股票 PE 则是永续经营和盈利线性外推；二是债券 YTM 是投资者根据无风险利率和信用风险溢价确定的折现率，是资产价格的"因"，股票 PE 则是根据市净率—资产收益率（PB-ROE）对应的不同象限组合得出的，是资产价格的"果"。

因此，债券估值研究的核心在于利率，而股票估值研究的核心则在于 PB-ROE 体系下，ROE 的变化及可持续性（结合杜邦分析），在此基础上给予合理的 PB 估值。对应当年的 PB 倍数 PB-ROE 估值示例如图 9-6 所示。

折现利率（隐含年投资收益）										对应当年的PB倍数
2%	1.3	21.0	3.3	5.1	7.6	11.3	16.5	23.7	33.7	47.3
5%	1.0	1.6	2.5	3.8	5.7	8.5	12.3	17.8	25.2	35.4
8%	0.8	1.2	1.9	2.9	4.3	6.4	9.3	13.4	19.0	26.7
10%	0.6	1.0	1.6	2.4	3.6	5.3	7.8	11.2	15.8	22.2
15%	0.4	0.6	1.0	1.5	2.3	3.4	5.0	7.1	10.2	14.3
20%	0.3	0.4	0.7	1.0	1.5	2.2	3.2	4.7	6.6	9.3
25%	0.2	0.3	0.4	0.7	1.0	1.5	2.2	3.1	4.4	6.2
	5%	10%	15%	20%	25%	30%	35%	40%	45%	50%
	十年持续ROE									

图 9-6 PB-ROE 估值示例

如果不考虑企业的成长性溢价，该估值体系与债券 YTM 也有相似之处：ROE 类似加杠杆后的债券综合票息，折现率即最新 YTM，PB 则代表参照面值溢价或折价交易。归根结底，投资者需要思考的问题是，为了这家企业利用净资产赚钱（或潜在）的能力，你愿意支付几倍的净资产入股？

关于这个问题需要考虑的就是企业 ROE 的具体特征了，这也是股票和债券的本质差别：基于盈利变化的非确定性现金流创造与分配机制。

图 9-7 刻画了 4 种常见的现金流特征，即价值型企业（每年 100 亿元的现金流）、成长型企业（期初现金流为每年 16.82 亿元，前 3 年每年增长 40%，以后每年增长 20%）、稳定成长型企业（期初现金流为每年 37.25 亿元，前 5 年每年增长 20%，后 5 年每年增长 10%）、周期型企业（期初现金流为 140.6 亿元，按照正弦曲线波动，并以 3% 速度增长）。在 T10 之后均按照 2% 速度永续增长，则在 8% 折现率下，这 4 种风格的市值均应该为 1400 亿元。

但如果以 PE 估值来看，1400 亿元市值对应的 4 种现金流估值为价值股是 14 倍市盈率，成长股是 83 倍市盈率，稳定成长股是 37 倍市盈率，周期股是 10 倍市盈率。这也正应了格雷厄姆说过的一句名言"股票是一种特殊的债券"，只是它的现金回报非常不均匀又难以精确预测，而线性外推无法解释的部分往往被称为"投资中的艺术"。

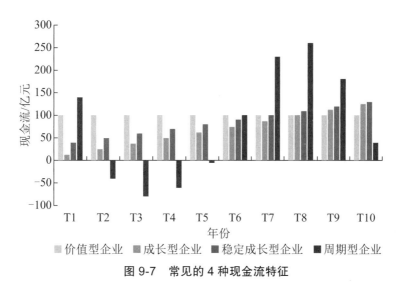

图 9-7 常见的 4 种现金流特征

由于股票和债券市场投资者结构的差异，两个市场对资产的定价可能阶段性隐含了完全相反的信息。比较典型的案例便是 2019—2022 年，银行 PB 最低下探到 0.6 倍，在 ROE 尚在较高水平的情况下反映了较高的"破产清算担忧"，但商业银行债甚至银行转债估值都处于历史相对较高的估值水平，完全没有反映这种信用风险……

这样的预期差恰恰给了投资者获取超额收益的机会。银行属于"低 PB（市净率） 低 YTM（到期收益率）"的情况，那么反过来看，"高 PB 高 YTM"意味着什么呢？我们设想以下情景。

假设所在行业暂无持续增长的逻辑，竞争格局和商业模式稳定，这意味着权益投资者不会轻易给予其"成长性溢价"。

在这种基本面假设下，如果 PB 估值长期大于 1，表明虽然该公司缺少成长性，但其盈利能力（或资本回报率）超过股权投资者的平均期望收益率（因此其股票以高于每股净资产的价格进行交易），也意味着以权益投资者视角来看，可视范围内不存在明显的破产清算预期。

这种情况下，如果公司债券呈现 YTM 高的特点，则隐含了债券投资者对这类公司持续经营确定性的担忧，表现出两个市场投资者的"预期差"和"偏好差异"，也可能来源于其民营企业身份（如宇通客车、吉利汽车、春秋航空、福耀玻璃、碧桂园、山鹰纸业等）。

这种情况下，如果我们认为股票市场定价更有效，则信用风险可能被企业的"身份标签"夸大了，这类公司便可以成为信用策略的超额收益来源。

由于企业价值等于无杠杆企业价值＋债务的税盾效应，从股东角度看负债规模越大越好（MM 理论），但债务比例越高，公司破产概率越大，从而导致信用债投资者的赔率极其不合适。例如，2017 年的泰禾可能是困境反转策略的好股票，但不是好债券。

而基于这种情况，才有了著名的权衡理论：当企业负债增加带来的边际收益（税盾效应）等于边际成本（边际财务困境成本）时，企业价值最大，成本最低，此时的资产负债结构为最优资本结构。在海外证券市场还流行基于企业资本成本结构差异衍生的"资本结构套利"，而在国内基于这种范式的实践，即自下而上地对同公司不同证券进行交易的策略还非常少。

例如，大多传统混合投资分析框架是自上而下的，即综合考虑宏观环境的具体阶段、股债之间的比价效应和负相关性进行投资组合的构建和调整。对于一个特定类型（区分标准为资本结构、行业特性、产业趋势）的公司，是否存在适合（或者说对投资者友好）的金融工具进行投资？以下列举了一些思路，供读者参考。

（1）对于符合以下标准的公司，做它的股东最有利：公司的资本回报率显著高于资本成本；企业所处细分行业需求的可持续性很强；业务布局上存在先发优势，容易形成可持续的竞争壁垒；业绩增速较快且有提升空间；短期景气度较高。

（2）对于符合以下标准的公司，做它的债权人最有利：资产负债表扎实，固定资产占比较高，商誉等无形资产占比低；有息债务占比低；自由现金流较好，再融资能力强；所处行业格局稳定，业务成熟；管理层经营稳健，不存在多元化和激进投资倾向。

（3）对于符合以下标准的公司，做它的夹层投资人（持有混合性金融工具，如可转债、永续债、优先股等）最有利：成长空间较大，但行业格局不太明朗，公司经营的确定性较差；业务有一定周期属性，业绩波动比较大；公司治理可能存在瑕疵但偿债压力不大；企业有补充资本金或促使债权人转变成股东的诉求。

这里的混合介入主要以可转债（夹层投资）为主。事实上，许多质地存在明显瑕疵的企业可转债为投资者带来了丰厚回报（出现困境反转）。这不禁让我们思考：很多时候投资失败了，到底是因为选错了公司，还是因为用错了工具？

这样自下而上的思考方式的另一个现实启发是，对于投行＋资产管理双轮驱动模式的金融机构，基于其投行业务客户（证券发行人）的资源优势，结合资产管理业务对证券的配置需求，是否可以主动选择对特定企业的投资工具？

换言之，大类资产配置还可以发展为"大类资产创设"。而对于传统固收从业者而言，转变思想观念、拓展能力圈的第一步，便是将自上而下和自下而上有机结合，弥补思维定式和偏见的短板。

对于固收投研出身兼做权益类投资的从业者而言，可从以下三方面进行努力。

（1）理念上的"求同存异"。所谓求同，即对经验导致的思维差异进行调整，保持足够开放的心态；所谓存异，是指以偏债混合和绝对收益的思路做权益投资，方法上要保持一定独立性。

（2）基于宏观环境和资产风险收益特征，构建对股票与债券定价皆有一定解释和预测力度的研究方法论，从而使投资决策依据更科学。

（3）通过实践深入理解权益市场的投资者结构、主流策略的风格及优质公司的共性特征，做到见微知著，独立思考。

2. 股债组合风险管理

本书第二章提出将股债这两种主流的大类资产共同纳入利率、信用、通胀、权益四种宏观基本面因子的框架内，思路虽然没问题，但实践中可操作性较差。归根结底，我们需要知道的是投资组合对各类风险的敏感性和参数的鲁棒性,从而维持组合的平衡,有的放矢地去承担风险。

简化的组合风险参数可以被概括为加权久期(需要注意久期敞口在利率债和信用债上的分布)、权益 beta(需要将可转债根据实际偏股程度进行一定的折扣权益 beta 处理)。股债核心风险参数见图 9-8。同时结合收益参数静态票息,便可以估计组合在特定情境下的风险收益特征。

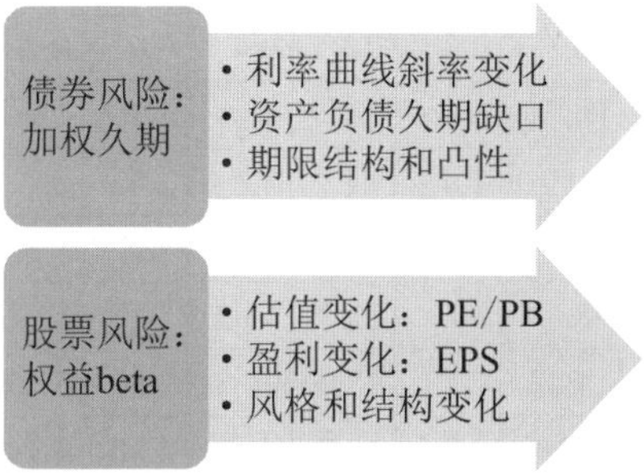

债券风险:加权久期
- 利率曲线斜率变化
- 资产负债久期缺口
- 期限结构和凸性

股票风险:权益 beta
- 估值变化:PE/PB
- 盈利变化:EPS
- 风格和结构变化

图 9-8 股债核心风险参数

在估计股债大类资产价格走势的基础上,同时结合利率和权益指数涨跌幅概率分布的预测(见表 9-2),便可以对投资组合形成一个模糊的"风险预算估计",进而掌握具体投资中的胜率与赔率,以及具体策略在特定持有期内的正收益概率及最大回撤等。

表 9-2 市场预测的概率分布示例

对应的宏观基本面或微观结构假设	利率变动预测(bp)	概率
经济基本面随新冠感染疫情出现走弱,央行降准降息,继续实行货币宽松政策	下行 50bp	10%
央行放松货币政策,流动性充裕,经济基本面仍存下行风险	下行 30bp	25%
央行货币政策维持不变,经济基本面持续震荡,特别国债发行不及市场预期	不变	25%
市场化发行特别国债且央行未放松货币政策,经济基本面持续震荡	上行 20bp	20%
市场化发行特别国债且央行未放松货币政策,经济基本面持续复苏	上行 30bp	20%

当然,这种极其简化的风险预算可能存在三个潜在问题。

(1)信用风险没有被充分考虑,虽然目前国内市场实际违约率较低。

(2)对于非指数的股票主动投资,权益 beta 刻画存在阶段性误差。

(3)转债存在股债二元驱动因素,且在两个市场的风险暴露不稳定。

下面我们引入信用风险维度以探讨组合信用风险管理的度量思路。

信用风险在不同阶段的特征可以被简单概括为以下几点。

第一,信用发行人负面舆情导致资产估值压力上升阶段,信用利差上行。

第二,发行人部分债务出现实质性违约阶段,存量债券价格一次性调整。

第三,违约后处理阶段,集中进行破产清算、债务重组和减记、债转股等。

信用风险的核心参数可以被简单归纳为违约概率和违约损失率,两者类似胜率与赔率的概念。违约概率还需要对应一个特定的时间区间,在不同维度的时间上可能的违约概率总是呈现非线性分布的特征；对于违约损失率和回收率，组合管理人需要进行合理的估计。

如表 9-3 所示，参照穆迪评级的经验，可将组合持有的信用类资产进行符号化处理，对不同级别的信用债进行违约率和损失率估计，再对整个组合进行加权（更简单的办法是先对组合进行符号加权并进行参数估计）。

表 9-3　穆迪 1920—2018 年按评级划分的平均积累发行人加权全球违约率

单位：%

评级	1	2	3	4	5	6	7	8	9	10	11	12	13	14	15
Aaa	0.0	0.0	0.0	0.1	0.1	0.2	0.3	0.4	0.6	0.7	0.8	0.9	1.0	1.1	1.1
Aa	0.1	0.2	0.3	0.4	0.7	1.0	1.2	1.4	1.7	1.9	2.2	2.5	2.9	3.2	3.4
A	0.1	0.2	0.5	0.8	1.1	1.4	1.8	2.1	2.5	2.9	3.3	3.7	4.1	4.5	4.9
Baa	0.2	0.7	1.2	1.8	2.4	3.1	3.6	4.2	4.9	5.5	6.1	6.8	7.4	8.0	8.5
Ba	1.2	2.8	4.6	6.5	8.3	10.1	11.7	13.2	14.7	16.3	17.7	19.0	20.4	21.5	22.6
B	3.3	7.6	11.9	15.8	19.2	22.3	25.0	27.3	29.4	31.3	32.9	34.4	35.8	37.3	38.8
Caa-C	9.7	17.2	23.3	28.4	32.5	35.8	38.7	41.2	43.6	45.5	47.5	49.2	50.7	52.3	53.9
投资级	0.1	0.4	0.7	1.1	1.5	1.9	2.3	2.7	3.1	3.5	3.9	4.4	4.8	5.2	5.6
投机级	3.7	7.4	10.8	14.0	16.7	19.1	21.2	23.1	24.8	26.5	27.9	29.3	30.7	31.9	33.1
全部	1.5	3.0	4.4	5.7	6.8	7.7	8.6	9.4	10.2	10.9	11.5	12.2	12.8	13.4	13.9

而根据笔者个人从业经验，多种信用基本面信息来源如表 9-4 所示。

表 9-4　多种信用基本面信息来源

来源	原理及逻辑	使用场景
中债隐含评级	先依据全市场信用债估值定价倒推出发行人的信用资质相对位置，再进行分档并形成相应的样本券曲线，优势在于实时更新并能及时反映投资者预期	考虑到债券投资者几乎全部为机构投资者，如果我们假设市场有效性较高，则高估值资产必然隐含着更乐观的预期，而低估值的资产是"便宜有便宜的道理"，即"一分钱一分货"
中金评分	备受认可的买方独立评级（中金固收研究与自营投资同部门），分为 1～5 分，定期更新，每个发行人均有报告	适合买方投资团队学习借鉴，对特定发行人开展深度研究时使用
中债资信评级	买方付费模式下的独立评级，评级流程参照穆迪、标普等国际标准，因此评级结果相对苛刻，目前货币型基金可投资中债资信 AA+ 发行人	覆盖广度少于中金评分，但标准非常严格，可作为中金评分的补充
资管机构内部评级	一般分为投资级和投机级评级，对不同风险收益定位组合采取不同的限制比例	是信用债投资的基础性依据

依据内外部信息辅助组合管理的步骤有以下几个。

（1）根据内外部信息拟定信用债的内部等级。

（2）对不同等级的信用债进行违约概率和违约损失率的参数估计。

（3）据此估计整个信用债组合的资产减值概率及空间。

（4）测算组合整体的信用利差对潜在资产减值的覆盖程度。

（5）保持整个组合的信用风险参数在可控区域且有一定票息保护。

可能有读者会指出，组合的收益参数——静态票息在某种意义上（假设市场有效）已经反映了组合的信用风险。这种观点虽有道理，但可能忽略了一些重要因素，即承担额外的信用风险可以获得更高的债券票息的同时，放大组合的杠杆、买入高等级信用主体发行的流动性更差或次级类的债券、在信用债上承担更多的久期风险、买入高分红高股息率的股票，以上这些方式也能实现这一效果（更高的票息水平）。

下面我们讨论分类资产视角下股票和转债的情况。

从传统分析框架来看，股票的价格波动主要源于估值与盈利的变化，进而衍生出策略方法论中经典的"戴维斯双击"。而在基本面选股之外，近年来流行的量化选股又引入"风格因子"的概念。基于以上信息，如果对权益 beta 进行拆解，便可以将风险参数进一步刻画为估值、盈利与风格三种。

需要说明的是，三者之间并非相互独立，特别是风格差异和估值变化存在明显的因果关系。

如果以权益 beta 作为组合风险参数，实践中的预测结果则落脚于全市场指数的涨跌幅，但对于许多主动选股的投资者并不适用。以上为基于估值、风格和盈利（景气度）变化的情景假设，对权益类资产风险收益特征刻画也更清晰。行业估值水平的情景假设示例如表 9-5 所示。

表 9-5　行业估值水平的情景假设

情景	假设	结果概述	出现概率
当前市场状态延续	所有行业的市盈率估值水平不变，实际利润增速和一致预期吻合	2022 年年初以来，相对强势行业企业股票的涨幅仍然领先相对弱势行业企业股票的涨幅	30%
市盈率估值呈现均值回归趋势	行业市盈率估值位于历史前 10% 和 90% 百分位（极高或极低）水平的公司，其估值向历史中枢值回归	2022 年年初以来，相对强势行业企业股票的涨幅落后于相对弱势行业企业股票的涨幅	20%
短期景气度主导估值水平	最新一个季度净利润增速同比排名前 10% 的行业将获得显著的超额收益	短期业绩弹性较大的行业企业股票将有较大的涨幅	20%
困境反转程度主导估值水平	最新一个季度净利润增速环比由负转正，且增速绝对值高于 10% 的行业将获得显著的超额收益	前期受新冠感染疫情影响，业绩较为低迷的行业企业股票，如果复产复工节奏较快，将获得较好的涨幅	20%
全市场估值系统性抬升	各行业的市盈率估值水平均向历史极高水平（90% 百分位）靠拢	当前估值已经在历史底部的公司股票会有更大的涨幅	5%
全市场估值系统性下降	各行业的市盈率估值水平均向历史极低水平（10% 百分位）靠拢	当前估值已经在历史底部的公司股票会有更小的跌幅	5%

对于主动权益基金经理而言，不同的选股风格会产生差异化的风险参数，这里我们不妨用特定基金经理选股标准相对业绩基准（如沪深 300 指数）的差异（偏离度）来界定选股风格，从而寻找权益 beta 无法解释的部分误差。下面以易方达消费行业持仓风格为例进行说明，如表 9-6 所示。

表 9-6 易方达消费行业持仓风格

年份	ROIC/%			ROE/%			有息资产负债率/%			PE（TTM）			每股自由现金流/元	
	消费行业	沪深300	内地消费	消费行业	沪深300	内地消费	消费行业	沪深300	内地消费	消费行业	沪深300	内地消费	消费行业	内地消费
2012	20.00	10.00	17.00	22.00	14.20	18.00	−14.80	69.80	−6.30	16.3	12.1	15.4	0.61	0.46
2013	19.00	9.70	16.00	20.00	14.10	18.00	−21.10	80.10	−3.90	20.7	9.4	15.3	0.69	0.55
2014	18.00	10.00	17.00	20.00	14.20	19.00	−17.80	69.10	−9.80	16.2	14.3	16.9	1.31	0.92
2015	17.00	9.10	15.00	19.00	13.40	18.00	−22.50	65.80	−6.80	19.2	14.5	18.9	1.01	0.68
2016	19.00	8.30	14.30	19.30	11.90	16.90	−29.50	60.70	−5.10	17.2	14.3	17.2	1.17	0.62
2017	19.60	6.80	15.30	21.30	10.40	17.80	−21.30	70.40	1.00	22.6	14.2	22.8	2.13	0.46
2018	15.90	5.40	12.80	22.00	10.60	17.00	−26.70	61.70	−5.80	15.6	10.4	14.8	0.56	0.29
2019	17.00	5.10	12.30	22.40	10.30	18.40	−44.00	58.60	−6.10	25.70	11.9	21.6	0.6	0.26

注：ROIC，资本回报率；ROE，净资产收益率；PE（TTM），滚动市盈率。
（资料来源：易方达基金）

作为易方达主动权益基金的旗舰型产品，其持仓风格的特色非常鲜明，具有以下几个特点。

（1）更高的 ROE 水平，意味着企业商业模式的赚钱能力更强。

（2）更高的 ROIC，意味着不依赖财务杠杆的价值创造。

（3）更高的自由现金流，代表收入的质量较好。

（4）更低的有息负债率，意味着业务边际扩张的资本开支更少。

当然，以上基本面指标的偏离增加了部分额外的风险敞口，这种持股风格下可能意味着以下几种情况。

（1）更高的估值水平，PE（市盈率）、PB（市净率）、PS（市销率）等指标波动空间可能更大。

（2）高估值带来的更低的静态股息率水平。

（3）价值因子强而成长因子弱，在结构性行情中不占优。

需要说明的是，不同风格定位的选股组合所关注的参数不尽相同。例如，成长型风格基金经理更重视营业收入和扣非利润增速，并观察毛利率变化，同时进一步弱化对估值指标的限制。

总而言之，如果我们能通过类似的方法，掌握持仓股票组合相对全市场基准指数的差异水平，便可以进一步刻画权益 beta 以外的超额风险收益特征。

相对信用债和股票而言，转债价格的驱动因素更加复杂，我们从债底价值、转股价值和估值因素三方面来分析。

（1）债底价值主要受纯债部分信用利差和利率影响，同时存在潜在的流动性冲击。

（2）转股价值与股价涨跌直接相关，同时受条款影响，下修转股价或正股分红后自动除权。

（3）估值因素受一级市场供需形势影响，波动率水平变化，隐含投资者对正股上涨的预期等。

虽然我们都知道转债最重要的驱动力是正股,而在组合风险管理中,转债的权益 beta 事实上并不稳定,存在"正股越涨相关性越强"的倾向,这也是转债风险参数不稳定的核心原因。

有意思的是,正是这种特征成就了转债的非对称损益结构,笔者认为,这是转债投资中最具魅力的部分。

而关于转债估值指标,笔者有以下几点心得。

(1) 债底价值在使用 Wind 标准时存在误差(直接取自样本券曲线),需要根据发行人基本面进行再评估。

(2) 利用"正股波动率/转债隐含波动率"构建波动率保护倍数,倍数越高证明期权价值越被低估(前提是债底价值精确)。

(3) 简单有效的选债逻辑:将到期收益率(YTM)从高到低排序,选择正股无瑕疵且转股溢价率 30% 以内的品种(兼具股票性质与债券性质)。

大体上,转债投资者的知识结构应该是"什么都略懂一点":一是懂股票,能够理解企业的商业模式;二是懂信用,能对纯债价值进行合理定价;三是懂期权,能够从量化视角认识转债特性;四是懂资本运作,掌握条款博弈的规律;五是懂组合管理,知道如何运用相关工具进行动态管理。

总之,组合风险管理的目标在于,合理地承担多元化的风险,以更均衡的方式获取各类资产的风险溢价,通过对组合风险参数的阈值进行控制和再平衡,确保组合在特定情景假设下可以大概率达到预期收益。

3. 负债管理与风险收益定位

作为交易员,关注的是资产的流动性和短期的价格形成机制,捕捉市场情绪和错误定价;作为研究员,关注的是宏观经济或证券发行人的基本面信息,并做出中长期的价值判断。以上两者天然地更关注资产端,而投资经理还需要关注组合的负债端,并综合以上信息做出最优判断。

1) 资金属性决定组合约束的边界

从金融市场的角度看,资管从业者面对的是类似的环境和信息,"市场先生"每天都会给大家公开报价;从投资组合的角度看,我们却"各有各的烦恼"。正是不同资金来源的差异决定了每个组合都有自己独特的目标和效用函数,正所谓"汝之蜜糖,彼之砒霜"。

对于纯债基金而言,增加可转债配置能够提升长期夏普比;对于偏债混合型基金而言,增加可转债配置反而会降低长期夏普比。

红利类股票一般波动率低,盈利稳定,对于固收+或绝对收益组合有一定配置价值;但是这类资产一般很难具备"短期价格快速上涨"的可能性,因此如果是考核相对收益排名的组合,就不适合配置这类资产。

在短期业绩考核下,管理人倾向于承担信用风险;在长期业绩考核下,管理人倾向于规避信用风险,获取流动性溢价。

资金属性差异的背后,反映的是投资者不同的行为习惯和行为约束,这类因素虽然不能对资产回报的长期趋势产生决定性影响,但对市场的短期供给和需求格局会造成一定扰动,从而影响短期资产价格。刻画投资者行为习惯和行为约束的部分指标如表9-7所示。

表9-7 刻画投资者行为习惯和行为约束的部分指标

风险承受能力指标	预期收益指标	投资期限类指标	投资范围指标
最大回撤水平	预期收益率	产品开放形式(封闭式、定期开放式、最低持有期式)	证券发行人上市区域是否存在境外限制
净值平均波动率	夏普比率	投资业绩考核的周期(月度、季度、年度)	衍生品运用的具体范围
亏损概率	获得正收益概率	资金申购和赎回的频率	是否存在特定资产投资比例限制

2)相机抉择的主动负债管理

提到主动负债管理,读者可能会联想到商业银行等存款类机构的经营模式。的确,不管是出于扩大信贷投放或是满足监管指标的诉求,银行都可以通过调节存款或传统保本型理财利率进行主动负债,从而自主控制甚至灵活调节资产负债表的相关指标。作为影子银行体系核心的运作载体,银行理财在主动负债管理方面具有独特的业务优势(参见第一章第二节)。

然而,对于符合新规的净值型理财和公募资管产品来说,实现主动的负债管理则需要更精细化的运作,以下结合实例说明。

开放式产品在渠道端展示的累计年化收益率与当日净申购量的关系,如图9-9所示,因涉及内部信息,隐去坐标轴数值。根据样本数据不难得出以下结论:一是规模增长与产品业绩显著正相关,但并非线性关系;二是产品业绩显著正偏离时主动营销对规模有一定帮助,负偏离时宣传效果适得其反,即"做得差最好保持沉默";三是当产品收益率高于特定值(客户预期)时申购量随着业绩提升加速增加,低于特定值时几乎无申购。

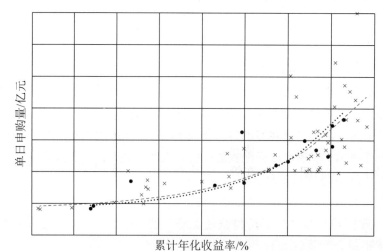

图9-9 开放式产品累计年化收益对应申购量散点图

这里其实可以做进一步的数据处理，即把绝对收益率改成"相对同类竞争组产品的超额收益率"。同类竞争组产品可以参考按资管新规以前标准设立的理财和信托产品，也可以参考支付宝和腾讯理财通上销售的其他同类型产品。真正有生命力、能持续吸引流量的产品一定是相对同类产品保持了明显的竞争优势的产品。作为组合管理人，如果能依据历史样本对未来申购或赎回的现金流进行预测，则能有效安排投资交易计划和流动性管理头寸，将终端客户"追涨杀跌"式的倾向对组合净值的影响降到最低。

3）专户管理人的风险收益定位

前面讨论的是"主动负债管理"，主要针对个人投资者，毕竟对于极其分散的广大个人投资者，其申购和赎回行为的可预测性较强。而机构投资者的情形恰好相反，其申购赎回行为难以预测，具有更"个性化"的行为习惯。这里我们以市场上比较主流的 MOM 管理模式进行讲解。

MOM 管理模式是指该基金的基金经理（即上层产品管理人）不直接管理基金投资，而是将基金资产委托给其他基金经理（即底层策略管理人）来进行管理，大 M 指的是 MOM 资产管理模式下的"上层产品管理人"，小 M 指的是"底层策略管理人"。MOM 管理模式下的专户运作如图 9-10 所示。其中，大 M 负责组合策略的构建，并对组合整体的几大类风险进行把控（流动性、信用、利率），并给最下层的各类策略专户一定的风险敞口，让策略管理人进行运作。

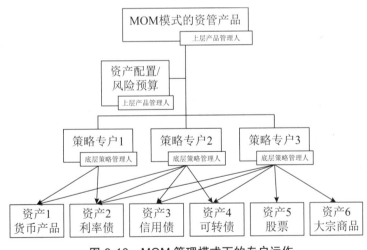

图 9-10 MOM 管理模式下的专户运作

作为底层策略管理人，长期业绩固然重要，但更关键的是风险收益定位要与上层产品管理人的资金属性相匹配。笔者在管理策略型专户的过程中有几点心得体会，供读者参考。

一是上层产品的配置需求情形决定了申购专户的机会成本和持有期限。

二是工具型专户需要确保组合风险参数的相对稳定，不给上层产品管理人"风格预期差"。

三是专户层面的最优决策不等于整体 MOM 层面的最优决策，当两者发生冲突时应服从上层产品管理人的安排，毕竟将整个 MOM 的"蛋糕做大"，专户才有可能"多分一杯羹"。

特定工具专户风险收益定位见表9-8。

表9-8 特定工具专户风险收益定位

类别	现金管理类策略专户	资产支持证券策略专户	平衡型转债策略专户
上层产品管理人的资金属性	因等待市场机会暂时闲置的资金；对风险资产进行止盈或止损的资金	组合中的沉淀资金，需要贡献较高的静态票息；需要使用摊余成本法估值以降低波动的资金	用来替代股票的绝对收益目标资金；参与转债高频量化交易的资金
风险收益定位	策略专户可随时应对50%比例的资金赎回，且每周净值需要确保正收益，回报显著高于货币市场基金	策略专户的净值波动率显著低于传统信用类策略产品净值的波动率，且能随时应对10%比例的资金赎回压力，业绩优于一年期封闭式银行理财	在任意自然年度需要确保正收益，能随时应对70%的资金赎回，业绩优于中证转债指数

从多资产组合管理分工的角度来看，专户管理人承担了具体资产和策略落地执行的角色，而上层产品管理人承担了大类资产配置的角色，实践中许多资产管理人往往同时承担两者的责任，这对投资人员能力的全面性要求较高，也是未来固收+和多资产投研发展的方向。

三、从债券交易到固收+投资的成长之路

作者按：下文为2021年年底笔者受邀参加广发证券"对话基金经理/投资经理"栏目的纪要，由广发证券固收研究团队整理。

访谈时间：2021年12月

主持人：广发证券固定收益首席分析师刘郁。

主持人：您在基金公司、银行理财部门、券商资管部门都工作过，您认为这3种不同类型资产管理机构的风格有哪些不同？

胡宇辰：我分别从投资特征和风险特征两个方面来介绍一下。对于不同类型资产管理机构来说，投资特征的差别源于投资业绩的驱动力不同，风险特征的差别源于约束条件的不同。

（1）公募基金的风格。近两年公募基金发展迅速，2021年上半年公募基金规模已经超过银行理财规模。从投资角度来看，我认为公募基金业绩的核心驱动力在于研究。公募基金对研究的重视程度非常高，主要有三点原因：第一，对多数公募产品的考核都属于相对考核，要求投资业绩能够优于市场平均水平，基金经理需要具有超出市场平均水平的认知能力，或者说可以先人一步捕捉市场变化；第二，由于对公募基金的监管严格，公募投资工具的运用比较受限，对杠杆和衍生品的运用较少，更依靠对投资标的深入认知；第三，公募基金的客户以专业的投资者和机构投资者为主，客观上要求它的投资比客户更加专业。

从风险约束角度来看，公募基金主要有两点特征。第一，声誉风险较大，信用投资受限。信用环境恶劣时，公募机构可能会争先恐后地抛售有负面舆情的信用债，这加剧了对信

用风险的过度定价。因此，公募机构在信用方面很少做逆向投资，更多选择跟随趋势。第二，公募投资有一定的奖惩不对称机制。如果业绩出色，可能鲜花与掌声接踵而至；如果业绩一般，换家机构也能继续做投资（前提是不"踩雷"）。这种不对称的奖惩机制，让公募基金管理人更有动力充分暴露风险敞口。

（2）银行理财的风格。从投资角度来看，银行理财对研究能力的要求可能比公募基金公司对研究能力的要求稍弱，但它有另外两个重要驱动力。第一，资产创设。银行理财部门往往与母行投行部联系紧密，所以它有大量基于投行资源或信贷资源的定制类资产，比如资产支持证券（ABS）与非标债权、私募可交换债等。通俗来说，银行理财部门可以与对公客户沟通，争取某类拥有特定风险、收益、票息、条款和期限的资产。第二，负债管理。银行理财部门与终端客户距离更近，对客户的把控能力较强。举例来说，手机银行应用程序有不同的业绩展示方式，业绩展示、业绩基准、超额收益、客户预期形成了多重映射关系，结合历史数据，可以根据映射关系的大致特征预测产品未来的申购和赎回量。而基于对客户申赎行为的预测，又可以灵活调整组合参数，包括杠杆率、特定资产比例等。

从风险约束角度来看，银行理财部门通常把提升产品达到业绩基准的比例作为第一要务，首先需要保证大部分产品达到或超越业绩基准，然后追求单个产品的超额收益，这使得银行理财部门难以采用极致化策略，不会采用风格偏离很大的策略，容错率较低，止盈和止损区间相对较窄。另外，特定持有周期的产品对收益确定性的要求更高。

（3）券商资管的风格。我认为券商资管的风格介于公募基金和银行理财之间。第一，券商资管具有资产创设端和渠道端的优势。券商营业部的角色类似银行分行，可以提供理财场景。但券商资管的场景优势弱于银行，因为储户天生就有获得固定收益理财的需求，而炒股需求是非必需的；券商资管的场景优势强于公募基金，因为公募基金多选择代销渠道，自建直销渠道较少。第二，券商资管在监管体系和投研文化等方面，和公募机构比较相似，很多券商资管机构也有公募基金牌照。第三，券商资管机构中以私募基金为主的业务，和银行理财相似，曾经许多私募产品属于银行委外业务。第四，券商资管产品的约束相对公募基金更少，对衍生工具的运用更加灵活。

主持人：在资管新规下，银行理财净值化转型，对各类资产的冲击分别是怎样的？

胡宇辰：从整体上看，银行理财部门在进行固收投资时偏向于买入并持有，比如中等级信用债、ABS（资产支持证券）、ABN（资产支持票据）、REITs（房地产信托投资基金）、可交换债、可转债、偏股型基金等；银行理财部门在进行权益投资时偏向于做高频交易，因为主动选股的布局还在初期阶段，又重视对产品的短期考核，需要更高频地进行止盈和止损。

对信用债市场的冲击主要有两点。第一，信用风险定价模式将更有效，从标签化定价转变为依据实际隐含违约率来定价。银行理财表内资金对长久期信用债的持有能力下降。中低等级信用债的收益率曲线比原来更加陡峭，因为随着期限延长，信用风险的增加往往不是线性的，而是指数级的。第二，现金管理新规要求各家机构清理掉不合规的老资产，但市场出清节奏或许并不是渐进式的。新规落实截止日期是2022年年底，各家机构落实的节奏还比较慢。一方面，机构普遍追求规模排名，货币类产品对市场份额的影响较大；另一方面，部分老资产收益较高，如果舍弃掉会拉低七日年化收益率，市场份额也会受到冲击。因此，各家机构可能会选择在截止日期的最后期限处理掉不合规的老资产，监管端窗口指导也会对出清节奏带来影响。

除了对信用市场的冲击，我认为未来可能还有增量资金进入可转债市场。目前市场对可转债的关注度和参与度较高。一方面，私募可交换债本身可以充分利用投行信贷端的资产创设资源；另一方面，可转债的风险收益特征和结构性存款比较相似。固收结合期权的模式，可以提供一个有想象力的向上收益空间和有确定性的向下回撤空间。A股市场处于牛市时，可转债在消化溢价率后可以提供相对股票有折扣的弹性收益（如正股上涨50%，转债跟随上涨40%）；A股市场处于熊市时，可转债大概率也能实现自然年度的盈亏平衡。这种风险收益特征与银行理财的目标比较匹配，因为银行理财不过度追求超额收益，而是追求低容错率。这可能也是近期可转债估值较高的原因之一。

主持人：从交易到投资，您是如何逐渐适应新角色的？

胡宇辰： 做交易时会对价格比较敏感，从交易到投资，我对价格的认知主要经历了三个阶段。第一阶段，单纯做价格对比。一方面，拿标的和中债估值或中证估值比较，选择到期收益率（YTM）高的债券。另一方面，同类资产之间也可以比较，比如存单和短融的税费计算方式不同，可以比较扣除税费后的价格。第二阶段，从策略角度考虑价格。比如在资金面比较稳定的情况下，无法加杠杆的高收益标的不一定好于可以加杠杆的中等收益标的，需要从策略上考虑资产的相对价值。第三阶段，从组合角度考虑价格。许多债券可以通过各种工具来合成，比如国债期货和利率互换可以合成现券，所以可以用合成资产与现券比较。

从交易到投资，需要注意避免陷入离市场太近的误区。做投资不能离市场太远或太近，离市场太远会脱离市场，离市场太近容易受到市场短期波动的干扰。

我在交易工作中遵守两个重要的原则和纪律。第一，永远不要在情绪波动时做出任何重大决策。我们离噪声很近，情绪占上风时，往往难以用大脑理性思考。第二，不要以结果正确与否倒推行为的合理性。好的结果不一定意味着决策依据正确，有时成功源于运气，所以我们需要时刻保持危机感，反复思考决策依据是否可靠。

主持人：从交易到投资，您主要做了哪些准备？

胡宇辰： 我的转型有机会和运气的成分，简单分享几点经验。第一，独立思考和坚持做研究。做研究需要下慢功夫，需要把问题想透彻，需要梳理框架并输出，整理输出的过程会反过来促进思考。第二，与智者同行。做交易工作时比较容易在市场上积累同业资源，遇到问题时可以直接找领域内专家请教，避免走过多弯路。第三，提炼重要信息。要把学习精力和研究精力投到最重要的地方。第四，勤能补拙。在投资道路上要想做好，需要不断鞭策自己，保持好奇心与自我驱动力。

主持人：您做"固收+"投资时主要采用怎样的资产配置策略？

胡宇辰： 基于前面提到的相对价值逻辑，我做"固收+"投资时以股票和债券为主，对其他另类资产配置较少。原因有两点，一是股债市场比较大；二是从合同契约角度来说，股债有比较确定的长期风险溢价。我会以可转债为标准判断股债的相对价值，再结合风险预算选择具体标的。

偏债型转债可以用于和信用债比较。对于偏债型转债，如果静态价值和信用债相似，意味着刨除到期收益率（YTM）和股息率后的剩余期权价值是免费赠送的，这说明可转债的价值更高。具体来看，以公用事业类或金融类转债为例，正股股息率通常在6%左右，转债溢价率会消化一部分，基本上从正股到转债，股息率可以打五折左右。正股的打折股息率加上转债的到期收益率，可以模糊认定为偏债型转债的静态收益。由于转债下修条款可以化解一部分信用风险，所以需要将转债的静态收益与更高等级信用债比较，如AA转债可以和AA+信用债比较。在静态收益相似的情况下，再比较回撤空间，可以从悲观到乐观设置五档情景，比较不同情景下转债和信用债的盈亏比。另外，可以考虑转债的流动性、质押属性等细节问题。

值得注意的是，Wind中的债底数据大部分不准，最好自己用信用折现模型重新计算，判断转债和信用债在隐含评级曲线的多少分位。另外，转债多是按照"4+2"的模式来发行，最后2年有回售权，所以转债剩余期3年相当于1年。

平衡型转债可以和股票比较。对于平衡型转债，它的优点在于内嵌的再平衡机制——进可攻，退可守。随着正股价格上涨，它与正股相关性较强，随着正股价格下跌，它与正股相关性较弱。但它的弱点在于，正股价格上涨时，平衡型转债会消化一定溢价率。具体看来，先设定底价市值和债底价值的较高者为安全边际，再根据预期设定目标估值，并结合转股溢价率打折，进而算出平衡型转债的盈亏比。股票盈亏比的计算与之相似，主要有几点不同。第一，平衡型转债的夏普比率肯定好于股票，所以股票需要多一些风险调整收益弱化的折价补偿。第二，股票没有平衡型转债的再平衡机制，所以股票还需要补偿期权结构。第三，转债可以加杠杆，股票不可以，股票持仓也会受到仓位的约束。此外，组合中如果包含股票，相对转债来说，需要进行的研究会更多。总体上说，股票相对于平衡型转债，需要更高的预期收益补偿。就我个人而言，在胜率差不多的情况下，股票盈亏比最好是平衡型转债盈亏比的1.2~1.5倍。

组合管理是对不同参数做权衡的过程。不同资产有不同的风险收益特性，比如债券有凸性，转债有Gamma。不同的组合结构，各有优点和缺点，为了获得某种优势结构，通常会牺牲掉一些东西。

主持人：在资产配置方面，您平常是怎样做仓位调整的？

胡宇辰：资产配置主要分为三个层次。第一，战略资产配置。一方面，取决于账户资金属性，最低持有期限制、最短时间正收益限制等可能会限定各类资产敞口的上限。另一方面，取决于价值观和信仰。如果追求长期绝对收益，多配股票会获取更好的长期收益，因为上市公司业绩增速在长期一般高于GDP增速，而债券的利率可能低于GDP增速；如果追求中短期风险调整后收益，适用风险评价模型，在国内大约对应10%的股票仓位和90%的债券仓位，这会获得一个比较好看的风险调整后收益。

第二，战术资产配置。这类配置有许多决策依据，比如相对价值体系、转债中枢比价等。在调整特定风险敞口并使其偏离基准组合的风险敞口水平时，一方面要将大类资产预测观点和组合的预期回报建立映射关系;另一方面,可以结合量化手段实现日常的组合管理。

第三,风格品种配置,即将股票和债券纳入同一类分类标准。我会给股票贴上宏观因子分类标签,比如利率敏感型、出口敏感型、信用敏感型、价格通胀敏感型等,确保债券和股票的风险敞口不过于集中,避免只配某几类行业的债券和股票。另外,还需要进行一些宏观策略研究。

主持人: 现阶段您对可转债市场怎么看?

胡宇辰: 可转债市场在长期上可能存在 alpha 机会(超额回报),会持续吸引资金进入。目前可转债市场的高估值可能常态化。第一,低利率环境下,持有转债机会成本低,债底价值抬升。第二,信用环境不乐观,而可转债的下修条款可以化解一定风险。第三,可转债的研究成本不显著高于信用债,特别是当公司能够对股票行业研究员给予充分支持时,可转债板块不会额外占用过多研究资源。第四,以净值型理财为代表的追求绝对收益的资金入场。第五,许多发行人放弃强赎条款,可转债的盈利空间进一步打开。以前溢价率高,一旦触发了转债强制赎回条款,溢价率就会归零;现在放弃强赎,溢价率可能长期维持高位。在目前的价值洼地,可能存在于认知风险较大的、没有卖方覆盖的标的对应的转债,或者存在于低波动大盘股对应的转债。

我认为和纯债相比,可转债有比较高的性价比。受限于央行跨周期调节,利率波动区间减小,利率债通过波段交易获利的空间缩小,做可转债波段交易或有更好的投入产出比。但是和优质股票相比,可转债投资的性价比要弱一些。如果转债对应的正股有超过 40% 的投资者为机构,且转债评级为 AA 以上,那么转债的转股溢价率和纯债溢价率之和基本在 100% 附近。这也意味着从安全边际视角来看,这类转债相对股票而言,向上的弹性"打折不少",向下的保护也"不够充分"。同时对于很多优质正股标的,市场是以 PEG① 范式进行定价的,如果增长率 G 短期被证伪,PE 下跌,转股溢价率收敛,这种情况下高估值转债可能会碰到"戴维斯三杀"。因此,对于优质公司而言,用正股代替转债可能会更好。现在 A 股波动逐渐平稳,长线资金变多,夏普比率也逐渐改善。

主持人: 您认为如何充分发挥股票在"固收+"投资中的收益增强作用?

胡宇辰: 进行股票投资时首先要确立组合风险约束和收益目标。多数组合都以绝对收益为目标,可以分为短期目标、中期目标和长期目标。对于长期收益目标(3 年以上),股票投资并不困难,即选择最好的"赛道"并淡化估值,可以参考股票市场上换手率低且长期业绩优秀的基金重仓股。对于短期收益目标(1 年以下),股票投资比较难做,需要不断做交易,研究重点会落在如何捕捉预期差和私有信息上。对于中期收益目标(1~3 年),策略介于长期和短期之间,既不用过多高频交易,也可以积极有为。

我自己的投资框架是,对每一只股票,我都会计算它的预期收益和安全边际。我会根据生意特性、卖方给出的一致预期分布主观估计底价市值(最悲观预期)、关注市值(可实现中性盈利)和目标市值(研究员推荐),将底价市值作为转债的安全边际,将关注

---

① PEG 是股票市盈率(PE)除以特定时间段内收益增长率(G)的比值。

市值作为补充提醒。股票仓位越高,对认知的要求越高,要不断跟踪标的,和研究员、产业专家保持沟通,并且开展实地调研。

在股票投资上,我会注意保持行业中性,不会纯粹依据估值标准来判断。第一,在1~3年的时间跨度上,计算出股票的预期收益和安全边际,此时,股票的盈亏比是平衡型转债盈亏比的1.2~1.5倍,以补偿一些其他风险。第二,我会依据预期收益和安全边际形成备选股票池(控制赔率),等触发关注市值时再进一步重点跟踪(提高胜率)。在动态管理的过程中,可以借鉴一些债券投资的思维。当股票基本面没有重大变化时,股价上涨意味着未来特定持有期隐含回报率下降。当考虑确定性成本后计算出的隐含回报率接近或低于可选的平衡型转债时,要对股票进行减仓操作。

不同行业的估值方式不同,我们需要了解每个行业估值的逻辑,认清在哪些情况下能给高估值。对于成长股,短期增速较快,按照PEG可以给出高估值;对于渗透率很低、长期市场空间很大,但不一定成为龙头的公司,也可以给出高估值;对于生意属性好的价值股,往往有持续不断的现金流,业绩确定性较高,也可以给出高估值。总体来说,能给到高估值的,要么是确定性高,要么是赔率高。做固收投资的人初学股票投资,首先要明白该在哪里下功夫,不能太分散精力。

主持人: 展望未来,短期您比较看好哪类资产?

胡宇辰: 这有两方面。一方面是股票市场。第一,关注地产相关企业。虽然地产行业目前还受需求影响,尚没有明确改善的迹象,但地产产业链的弹性很大,经营杠杆很高,宽信用信号会让地产行业在景气度底部快速反转。第二,关注消费行业。大家普遍预期2022年PPI将从高位回落,这对中游食品加工、下游消费板块都构成利好。第三,关注"双碳"、节能减排、新基建等热门概念板块。或许有些标的估值已经很高,但是可以先保持关注,后期在股价调整时及时介入,长期来看还是有比较好的收益空间。

另一方面是债券市场。我个人看法是2022年债券市场可能是震荡市。第一,现在市场环境对债券相对友好,但是从价格角度看,估值已经很高。经济承压和稳增长预期或将构成利率债市场的跷跷板。第二,地产市场能否完成转型并持续经营,将是债券市场最大的分歧。第三,决策层对环保和居民生育的关注度比较高,只要失业率不出现问题,经济没有失速,还是可以容忍经济暂时在相对低位的区间运行。第四,债券供给节奏和2022年信贷状况,叠加美联储缩减购债(Taper)举措和外围市场对汇率的影响,都使得利率走势的复杂性大大增加,目前还难以看清。

风险提示: 以上观点仅代表基金经理个人意见,不代表投资建议。所载信息或所表达的意见仅供参考。

四、固收+短期资金流向和长期发展探讨

作者按: 下文为2022年笔者受邀参加东吴证券大金融联合策略研究组的访谈纪要。彼时A股市场受固收+和绝对收益资金净流出影响,为机构投资者关注度较高的议题。

主持人: 东吴证券非银首席分析师胡翔、策略首席分析师姚佩。

访谈时间：2022 年 3 月

主持人：近期市场调整，固收 + 变成了"固收 -"，您认为短期在交易层面会形成多大的影响和冲击？

胡宇辰：我们可以简单算一笔账，对来自固收 + 产品和绝对收益属性的权益资金进行简单估计。目前银行净值型理财规模约 25 万亿元，其中现金管理类和短期纯债占一半（尚在持续压降中），权益和混合类占比可忽略不计，其余纯债和固收 + 各占一半，按 6 万亿元固收 + 权益中枢 5% 测算约合 3000 亿元权益资金，若直接参考银行理财平均穿透后 2% 权益中枢测算约合 5000 亿元权益资金，总体规模为 3000 亿元～5000 亿元。

广义基金端相对复杂，公募固收 + 近 3 万亿元，另有 4 万亿元养老金和 15 万亿元私募专户，前两者平均权益中枢按 10% 测算对应 7000 亿元，私募专户与银行理财有一定重合度，且纯权益私募专户占比不高，姑且按 4% 算，有 6000 亿元。

对于私募基金，虽有 20 万亿元的基金规模，但全市场绝对收益属性的权益资金接近 2 万亿元。假设有一半在开放式产品里，对应 2% 的日均净赎回，对应每日净流出 200 亿元。

从短期固收 + 资金流向的跟踪思路来看，资金流入端关注公募最低持有期产品的募集情况和封闭式固收类净值型理财的募集情况。资金流出端关注开放式公募型产品的规模变化情况。

主持人：怎么看固收 + 资金净流出的底层逻辑？

胡宇辰：跟踪和预测资金流向的关键是理解回报负反馈的运作机制。

固收 + 和绝对收益对应广义理财替代需求，典型的需求场景为"以一年或半年保本正收益为底线诉求，追求长期显著超越传统理财和货币市场利率的回报，最大回撤和预期收益比大于 2"。

以银行理财开放式净值型产品为例，任意一笔申购在其最短持有期内必须是正收益，这意味着市场极端情况下需要强制止损，例如 10% 权益仓位跌 10% 止损一半。事实上，部分公募固收 + 的操作思路类似，对持仓个股也会设置 20%～30% 的强制止损线。本质上对应的都是客户端特定周期内正收益的底线诉求。因此，在市场快速下跌时很容易形成闭环的负反馈，特别是多数固收 + 产品的权益投资部分采取权益基金经理分仓或直接使用公司股票池的情况，这部分和基金重仓股的重合度不低（甚至同样采取押注赛道股的模式），极端情况下会加剧这种负反馈。

另一个例证是，正股属于基金重仓的可转债标的，前期估值都在历史极端值，如晶瑞转债超过 110% 的转股溢价率，南航转债对应的转股市值是南方航空港股的两倍，这种令人无法理解的估值现象恰好是固收 + 资金涌入下，配置压力大，投研精细化程度跟不上的必然结果。

主持人：目前固收 + 操作股票的主流方式主要有哪些？

胡宇辰：一是类利率债交易操作模式，即把转债股票等泛权益类资产作为波段操作的工具，在特定的价格区间频繁地进行交易，这类风格对应的权益中枢并不稳定，取决于对目标价和短期趋势的把握；二是类信用债高静态配置，主要投资于红利低波类股票，以高股息、价值型标的为主，看重分红率和波动率；三是相对收益视角，重仓成长与高景气，淡化估值，与传统权益型基金经理类似；四是转债替代，选择安全边际较为明确的标的，淡化对预期收益空间和弹性的要求；五是类指数投资，量化选股基本面增强，找出明星基金经理的前十大持仓；等等。

主持人：从中长期视角看，固收＋的景气度如何？资金能否持续净流入？

胡宇辰：我个人对此比较乐观，短期资金净流出并不影响长期趋势。

从资金需求端来看，居民总财富增长，且居民财富从不动产持续向标准化金融资产迁移是明确的长期趋势，从具体需求的结构角度看，广义理财（老理财、老信托）替代将是未来若干年的最重要增量需求之一，而新成立银行理财子公司和传统信托的标品投资尚未形成系统化的主动投资能力，这为广义基金提供了大力发展固收＋业务的时间窗口。

从资产供给端来看，长期利率趋势性下行，这意味着利率债交易的空间缩窄，高等级信用的纯票息变少，低等级信用违约常态化，但一般意义上终端客户的要求回报率下行是慢于金融市场回报率的（这与商业银行的经营逻辑类似），各家资管机构需要尽可能延缓固收类产品的回报率下行速度，因此需要拓展资产和策略的有效前沿，做强资产配置能力，承担更多元化的风险，以期在不显著增加风险的前提下稳住收益水平。另外，A股市场虽然越来越有效，但仍然是机构相对个人投资者的核心优势领域，通过内卷式的"军备竞赛"仍然可以挖掘到alpha，且公司内部个股研究成果的边际复制成本极低，也因此以股债为核心的固收＋成为增速最快的主流赛道。

从资管产业链的分工来看，国内财富管理的长期缺位（公募基金巨量的倒腾和换手率，财富顾问赚交易量），让客户端资产配置的职能变相由理财经理或投资顾问转嫁给了固收＋和FOF为代表的多资产管理人，考虑到真正代表客户利益的顾问式财富管理仍然处于有效供给不足的状态，资产管理人继续扮演这一角色可能也将是中短期趋势。

从用户习惯来看，固收＋与传统的结构性存款类似，天然把握住了客户"彩票心理"，即愿意为保本底线下更有想象力的盈利空间支付溢价。同时公募固收业务由机构化逐渐转向零售化，在整体业态特征特别是营销与产品端的商业模式上呈现出越来越强的消费品属性。这也让优秀的资产管理人逐渐形成更强的议价能力和品牌竞争壁垒。

主持人：能否介绍一下固收＋组合纯债部分常用的策略？

胡宇辰：这个问题相对而言比较基础，纯债部分的策略其实我们按资产来看，有利率、信用、可转债和可交债几种。

对于利率，主要有三大类策略。第一，波段交易，单纯押注利率变动的方向；第二，博弈利率曲线的形态变平变陡、变凸变凹的机会，这种交易要结合衍生品来做，可能有一端是做空，另一端是做多；第三，利差策略，利率债有很多的品种，比如有国开债、国债、铁道债、地方债，不同的利率债可能有不同的利差，可以押注利差的走扩或者收窄。另外，还有利率衍生品构建的策略。以国债期货为例，主要是国债期货与现券之间的策略，押注基差的走扩和收敛；或者做期货合约之间的策略，如利用近月和远月的合约，做跨期套利；还可以利用国债期货和现券去合成利率期权去博弈利率看涨或看跌。类似的合成资产类策略，在利率互换中同样适用。

对于信用，最基础的是配置型策略，即单纯基于对公司信用基本面的认知去挖掘超额收益，选择承担能看清的风险去下注；然后是信用的品种利差策略，广义信用品很多，从非公开公司债、永续债、次级债到ABS/ABN，这些品种之间的利差及性价比如何去权衡和选择，是利差策略实现的重点；还有和发行人的博弈，比如对于2+3Y、3+5Y这样的信用债，在行权窗口期投资者可以去赌发行人调整票面利率的概率和幅度，甚至可以联合其他投资者通过债权人会议左右调整结果；等等。

可转债和可交债这一块的策略相对来说更多元，以二级市场为例，一是纯债替代策略，主要考虑底价转债的票息和债底距离及回撤空间、信用相比价值如何；二是股票替代策略，对于溢价率不高或为负的品种，其弹性和股票类似，需要自下而上跟踪公司基本面变化；三是平衡型策略，利用转债凸性比较强的特征，充分发挥进可攻退可守的优势，去获得一个估值合理的平值期权；四是与信用债类似的博弈策略，转债内嵌了回售条款、赎回条款、下修条款，可以结合发行人的诉求和资本运作去操作。

主持人：能否谈谈您对固收＋组合风险管理的心得？

胡宇辰：组合管理是一个非常动态的过程，个人理解最重要的是根据市场变化不断调整组合的各种风险参数，以及下列几种风险分布在哪些资产上。第一是久期风险，要关注整个组合的加权久期的水平，还要看久期的分布，例如在期限上的结构分布（偏哑铃型还是偏子弹型）、类属上的分布（久期敞口在利率品还是信用品上）；第二是信用风险，关注整个组合实际的信用水平对应的大致隐含违约率水平，是否在可承受范围之内，需要注意长久期信用债的风险与其期限存在非线性关系；第三是权益风险的绝对值和结构，绝对值上需要关注有些品种的风险分布并不稳定，如可转债价格上涨，从偏债型转成了偏股型，权益beta就会上升，结构上关注行业和风格上的分布，包括权益类资产对应的盈利/现金流特征；第四是组合的流动性风险，资产的变现能力，所承担的流动性溢价以及流动性溢价是放在权益上（比如定增和大宗交易的锁定期）还是放在固收仓位（如ABS非公开债）上，同样是总量和结构两重视角；第五是杠杆，我们知道杠杆是比较常规但有尾部风险的工具，在大部分情况下能赚稳定Carry，但在一些情况下会遭遇毁灭性的损失（如2013年、2016年），所以组合的质押品的结构分布，也需要关注。

主持人：近期股债双杀局面下固收＋的大幅回撤对终端客户的影响能否归结为历史级别的冲击？

胡宇辰：从客户体验的角度看，确实是历史级别的冲击。因为A股市场虽然在去年和前年，即2020年和2021年过年前后都出现了类似的调整，但是当时的情况还不太一样，因为2020年，还有大量摊余成本法产品存在，相当于固收＋产品纯债部分波动很小，节约了整个组合的风险预算，包括2021年也仍然存在"假净值"的情况。而2022年全市场都实现了真净值，所以这次回撤对终端客户的"固收＋信仰"可能会有一定影响。但是看更长远一些，资金短期出去，很可能没有更好的投资去向，可能流向货币基金，虽然没波动了，但要承受长期跑输通胀；可能暂时转化成存款，等待时机再回。如此往复，也是一个漫长的投资者教育过程。

主持人：从泛固收＋的细分赛道看，您觉得未来哪种类型的产品的增速会比较快？

胡宇辰：第一是 FOF 类产品，正如之前所说，国内真正意义的财富管理过于缺位，FOF 某种意义上承担了部分职能，并且 FOF 还有养老概念，也是比较大的风口，第三支柱的商业型养老长期存在供需缺口。并且，从决策层引导长期资金入市成为 A 股波动率的"稳定器"的战略方向来看，发展养老业务也是势在必行。第二是公募固收+，特别是权益仓位更高，如股债比例 30/70 的产品，未来发展会比较快，因为长期看 A 股市场的波动率大概率会往下走，这意味着最优夏普比率对应的股债组合比例发生变化（从 20/80 到 30/70），而当组合有超过 20% 权益仓位的时候，它的大部分波动便来源于股票，同时考虑到纯债部分又很难做出区分度，所以在主动权益上有长期积累的机构很容易形成护城河，这便是公募基金的优势。当然，资产管理人还必须有专业的团队专注基于绝对收益目标的选股领域，形成和传统相对收益选股差异化的打法。第三是以银行理财为代表的渠道优势机构有望占据低权益仓位的固收+赛道，如 5% 以下权益仓位，这种业态还是固收占主导，考虑到银行理财在信用分析上有大量非公开信息和信贷审批资源的优势，且做 FOF 投资体量大，调研资源好，从这个角度看定位纯债+5% 偏股型基金的固收+组合 FOF，能精准卡位 4%～6% 的预期收益价格带，也是非常有发展前景的。

免责声明：嘉宾在访谈中发表的意见仅代表其个人观点，不代表其任职机构或东吴证券立场及观点，不构成东吴证券股份有限公司做出的投资建议或对任何证券投资价值观点的认可。本公司所提供的上述信息，力求但不保证信息的准确性和完整性，不保证已做最新变更，请以公开信息为准。

第十章
其他工作思考与生活杂谈

以笔者有限的从业经历来看，二级市场的投研工作和日常生活在底层思维上还是有不少相通之处的：本质上都是基于有限的信息，在特定的时间，以一定的约束条件不断地做决策。有的决策很糟糕，但可能没什么实际影响；有的决策看上去很棒，但可能因为运气不好最终没有取得预期的效果。成功的投资人往往在经营自己的生活上也有一套哲学，可能源于他们在投资中培养的决策体系：如何分配精力、认知事实、有所取舍、坦然面对，等等。

本章选取了几篇投研方法论以外的文章，既有整体性的工作思考和总结，也有基于生活的一些感想和回忆，因内容零散，故放在最后一章。

一、漫谈德州扑克与转债投资[①]

德州扑克是金融从业者，特别是二级市场投研人员比较喜欢的纸牌游戏，其非完美信息博弈的情景，基于概率与赔率的策略运用，以及贯穿游戏始终的风险和资金管理与二级市场投资有许多相似之处。

1. 德州扑克听牌与转债

正如我们所知，平价、债底两条价值支撑线是理解转债的基本框架，而通过听牌和大对子博取底池也是德州扑克的基本盈利策略。

需要说明的是，德州扑克中并非所有的起手牌都具有与转债相似的特性。

在实践中，许多小牌和单高张的边缘牌被我们弃用，而有机会凑

---

① 本文写于2017年年底，为笔者个人公众号开篇文章。

成同花或顺子的强听起手牌才具备这样明显的特征。

不妨假设一个情景：本方持有起手牌 9 和 7 且是同样花色，Flop① 是 A、6、8，本方变成两头顺听牌，有 32% 的概率能够提升成顺子，此时我们可以理解为同花色 9 和 7 位于它的偏股性区间，波动特征更接近顺子这类强牌（赢得多，输得也多）；而如果 Flop 是 2、5、9，本方变成 9 顶对，几乎是最好的牌，但很容易被下两条街的翻牌超越，此时可理解为位于同花色 9 和 7 的债性区间，波动接近普通对子（赢得多，输得少）。而这手牌的基本价值，正是由这两种最常见的成牌方式实现的。

大多数转债都同时具有股性和债性两种特质，只是在特定阶段其中一种特质会表现更显著，如图 10-1 所示，越偏左转债债性越强，越偏右则股性越强。正如德州扑克，9 和 7 同色这手牌，有时候股性特征强（有机会凑成顺子或同花），有时候债性特征强（凑成中小对子）。

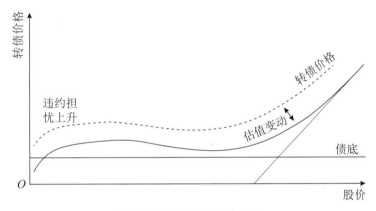

图 10-1 转债驱动因素概览

进一步假设两种特殊情况，如果同花色 9 和 7 击中了顶对同时听花，则属于高性价比的平衡型转债，"进可攻，退可守"；如果击中了同花顺听牌（花顺双抽），则更类似于高弹性、高 delta（对冲值）的单一转债证券，在权益市场反弹时进攻型极强。

2. 转债票息与通胀

当然，在很多情况下，同花色 9 和 7 可能在 Flop 上没有击中任何东西，甚至会在翻牌前的第一轮盲前注被清洗出局，我们可能也会因此损失 1～3 个大盲注。

在转债投资中，我们也会面对类似的困境：债底虽然是构成价值的重要基石，如果没有正股行情配合，其纯债条款的票息可能低于当期国内实际通胀水平（例如电气转债前五年票息为 0.2%、0.5%、1%、1.5%、1.5%），投资者为了这类资产的弹性而愿意承担的机会成本，就像我们大多数情况下听牌失败时交的看牌费。

与此表现相反的是不同色 A、K 这样的起手牌，翻牌前大概率领先，但进入底池后价值衰减速度非常快，特别是后期提升空间乏善可陈。

而一般意义上 A、K 被认为是仅次于 A、A 和 K、K 的强牌，很多人习惯在翻牌前

---

① Flop 指五张公共翻牌的前三张。

对不同色 A、K 这类牌下大赌注，直接逼迫中小起手对子弃牌，以此来获得该类资产翻牌前的强"确定性"价值，相对结构听牌而言，对这类资产更适合从静态视角进行定价和估值。

3. 德州扑克听牌的伽马（Gamma）属性

转债作为股债双轮驱动的资产，其价格走势往往具有"越跌波动特征越接近纯债，越涨波动越接近正股"的特征，其原理类似含权债的凸性增强效果（下跌时接近短债，上涨时接近长债）。转债看上去估值偏高，一方面是因为国内市场缺少做空工具，另一方面是因为投资者愿意为这种相对优化的风险收益结构支付改造费用（稀缺性）。

而德州扑克听牌时也具备类似的属性，不妨考虑如下情形：玩家翻牌前起手牌为小对子，进入多人底池翻牌后在 3 张同花面上击中暗三条，因为有同花成牌的可能性，此时三条并不算坚果牌，假如领先下注，大概率无法迫使持有同花强听牌的对手出局。

此时选择将三条看作葫芦听牌可能是更好的选择（一来可以隐藏牌力，二来可以控制底池）。而这种特殊听牌相对传统听牌便具备了某种伽马特征，因为第四张转牌即使未击中葫芦，也会增加玩家额外的 3 张 Outs[①] 的补偿。换言之，在未击中的情形下该类听牌的价值随牌局的进程（类似期权到期日对价格的影响）衰减的速度更缓慢，而在击中的情形下往往具备更强的实际牌力（三带二）。

4. 化解风险的制度安排

从历史经验来看，转债相对其正股的超额收益主要源于转股价向下修正，例如 2018 年权益市场底部震荡，便有较多单一转债证券通过向下修正来规避回售或促转股，而这样的制度安排，也为转债提供了化解系统性风险的途径。类似的规则可参照德州扑克现金桌"All in 发两次[②]"惯例来类比。

德州听牌策略中 Semi-bluff[③] 是比较常见的，对于强听牌而言，All in 也是非常高频的玩法，这样做的好处在于可以通过"对手跟注看到最后击中"或"直接逼迫对手弃牌"两个路径获得胜利，而 All in 可以协商发两次的制度安排将激进听牌策略的风险进一步优化。多发两张牌大幅增加 Outs，从而降低了听牌落后者被直接清空的概率。对于领先者而言，虽然可能牺牲一些期望价值，但同样降低了被 Bad beat[④] 的可能性，有效降低了筹码量大幅波动的概率。对于有信用风险的转债，向下修正对发行人而言虽然付出了更多的资本成本，却避免了违约压力。

5. 债底与回售保护

与正股上涨带来的主要回报驱动力相比，纯债价格和回售条款容易被投资者习惯性

---

① Outs 指使三张特定的牌成为公共牌，将显著提升玩家手中牌的潜在价值。

② "All in 发两次"指两个玩家都选择全部押注，但公共牌还没有全部发出来，此时两人协商达成一致后，可以选择后面的公共牌发两次，如果发两次的结果是两边各有胜负，则底池的筹码平分（相当于打手手）。

③ Semi-bluff 指的是玩家目前的牌不强，但有提升成强牌的可能性，此时激进押注被称为半诈唬（介于纯诈唬和价值下注之间的一种形态）。

④ Bad beat 指牌局中牌力落后的一方因为运气好获得了显著提升自己价值的公共牌，因此从落后方成为领先方，从被反超的原领先方来看，是被"Bad beat"了。

忽略，但在某些特定的情形下，尤其是在正股弹性和题材相似的情况下，债底和回售的安全边际同样是性价比的重要尺度。这类似德州扑克里"踢脚大小"和"同色与否"的概念。

对于一张 A 带一张未知牌的组合，未知牌所代表的踢脚越大，意味着击中顶对或两对时被同类型牌"统治"的概率越小（信用风险越小）。而同色起手牌相对非同色起手牌而言，虽然胜率增强效果有限，但提供了另一种获得回报的路径，类似于条款更优厚的单一转债证券。而非同色的起手牌，某种程度上更接近于无回售条款的金融类转债。

6. 策略平衡与供给扰动

我们假设自己是非常谨慎的选手，从不计算隐含赔率，只凭借正期望值进行决策，就好像我们投资转债时并没有波段操作的打算而是打定主意持有到期（或转股）。一旦我们忽略了净值波动，德州听牌和转债似乎又具备了相同的风险收益特征：输的时候付出不多，赢的时候想象空间却很大（向正股要收益弹性）。如果仔细考察转债的定价模型——二叉树法，仔细确定不同情境下的边界条件，便不难发现德州扑克与转债定价数学计算上的共性。

除了平价和债底，转债投资者还需要掌握发行人促进转股的能力和意愿，这里的条款博弈与德州扑克中领先下注方和落后听牌方的赔率与情绪博弈如出一辙。

同时在转债的研究实践中，供给是影响估值的重要因子。例如，2010 年中行、工行等大盘转债上市，使转债进入了 5 年的低位徘徊期，直到 2015 年，牛市引发了转债赎回潮，新券供给跟不上，使转债变为稀缺的投资标的，估值（隐含波动率）才开始触底反弹。如果在德州扑克九人桌上，其中 7 个玩家都拿到了类似 9 和 7 同色、7 和 8 同色、Q 和 10 同色这类牌，毫无疑问大家都互相拿走了其他玩家的 Outs，在这种情况下自然很难成牌，听牌的估值也会大打折扣。

7. 投机与投资的边界

转债作为投资工具，在实践中具有局限性：缺乏对冲和做空工具。传统的期权交易主要是一种基于波动率的交易模式，而在转债投资实践中，基本的盈利模式还是依赖正股上涨。德州扑克同样缺乏保险制度，不能规避小概率事件（bad beat）造成的巨大波动，这也增加了游戏的投机属性。

需要说明的是，以上对比只是笔者基于现实情况的联想和猜测，并不具有显著的投资参考价值。

二、"九〇"而立：致劈柴胡同读者的年终信[①]

最近发现公众号后台有一个有趣的功能：用户分析。分析结果可以显示微信端读者的"来源特征"，其中年龄分布数据显示，70% 的用户 26～35 岁（与笔者同龄）。展

[①] 本文为笔者 2019 年年末致个人公众号读者的信。

望 2020 年，全面建成小康社会将进入"决胜阶段"，第一批"90 后"将步入而立之年，而劈柴胡同的运作也满两周年了。

岁末年终之际，看着公众号后台鲜活的用户数据，主页君（笔者）颇有感慨：如果没有读者朋友和同业伙伴们的支持与灵感碰撞，我很难坚持写作。今天我们不谈市场，跟大家聊一些闲话，作为年终信，实为碎碎念。

1. 写作的心路历程

知人莫若知己，本人是个既有好奇心又有虚荣心的人。因此，在很多情境下的决策逻辑可以简化为"探索世界的运行机理"与"需要外部正反馈激励"。公众号则是两者的交集，最开始发布的内容比较宽泛：德州扑克、旅游指南、原创 MV、楼盘点评等。

第一篇和专业领域相关的文章是《戏说港口行业债券发行人》，当时被不少债券圈朋友转发。这个"正反馈"给了我很多鼓励，从此背离了写作初心，从"探索世界"变成了"固收研究"，忝列《那些好看的固收公众号》一文，后来陆续将公众号相关文章整理成篇并发表于债券杂志和保险资管类期刊，同时在"云极程"平台上开课，这是后话。

关于债券市场的文章可谓汗牛充栋，如何形成自己的特色呢？我的思路是：写冷门的话题，少蹭热度；尽量从买方的视角提供一些接地气的分析和讨论；深度不够，广度来凑，文字不够，配图来凑。另外，还有一些额外的心得：一是为了保证持续的文章更新，自己必须不断地进行思考；二是写文章时坚持"经验归纳，猜想假设，严谨求证"；三是"真理越辩越明"，抛出一个话题并引发讨论，往往更有收获。

而"劈柴胡同"并非虚构，它是位于北京金融街与西单之间的街道，后改名为"辟才胡同"，取开辟人才之意。用其名形容写作也很贴切：劈柴，看似枯燥，实则为整个建筑提供材料，博观约取，厚积薄发；胡同，看似狭窄，实则互联互通。

2. 内心平静（inner peace）

最近因工作变动，和周围朋友关于职业生涯的讨论多了一些，感觉到大家对工作和生活多少都有些迷茫。翻开微博，"第一批'90 后'30 岁倒计时"也长期占据热搜榜单（热搜原因：焦虑），很多网友反映"三十难立"。

根据笔者的观察，导致这种焦虑的原因很多：一是"90 后"的成长环境相对简单（独生子女＋物质条件改善），步入社会后需要适应相对复杂的人情世故；二是学历贬值和高房价，导致现代年轻人参加工作和婚育的时间推迟，意愿下降，安定下来（settle down）的阶段相对父辈更晚；三是最近 10 年经济增速放缓（最近 5 年金融业占 GDP 比重下降），"康波"机会较少。

具体就职业生涯而言，第一批"90 后"所处的位置确实有些微妙：一是在经验上还不够丰富，进入专家行列或走上管理岗位的较少；二是新技术的不断发展（复杂工具的运用能力）让"00 后"们赶超的步伐越来越近（护城河不够深）。

3. 原则（principle）

虽然在技术上难以形成护城河，但至少可以通过优化决策框架的方式来实现能力的提升。下面与各位读者分享一点心得。

（1）控制情绪的"波动率"，无论是正面还是负面的，因为过度乐观和悲观都会产生偏见，从而影响我们对事实的判断。了解影响自己情绪波动的主要原因，用"类风险平价"的思考方式去掌控。

（2）在教训中学习，但要警惕后悔让我们产生"矫枉过正"的倾向。在任何阶段决策者都有自己的认知盲区，因此令我们后悔的事情即使重来10遍可能还是同样的结果（后见之明的偏见）。

（3）保持专注的前提是有效过滤噪声，同时对输入的信息做置信度估计。

（4）突破舒适区是个好习惯，但走得太远未必明智，合理的办法是寻找导师，或者在舒适区边缘找到支点（例如固收从业者学习股票投资时，从利率敏感型行业开始）。

（5）记住那些极限时刻的感受（如情感崩溃或死亡边缘），这些可能是你潜意识里更真实的想法。

（6）对于很多知识不需要记忆，只需要会检索就行了。训练大脑成为"搜索引擎"，而不是将大脑变成"图书馆"。

（7）不必强行改变自己的弱点，了解这些弱点在何种情境下会被放大，在哪些情况下反而能够成为优势。

（8）对机器学习的成果保持清醒（如过拟合和黑箱），特别是对于反常识的情况。

4. 享受过程（enjoy the journey）

当然，如果真的以上述条件作为约束，似乎人生就显得太无趣了。苏格拉底告诉我们"未经过思考的生活是不值得过的"，而罗曼·罗兰告诉我们"世界上只有一种英雄主义，就是看清生活的真相之后依然热爱生活"。感性与理性折中后，似乎可以有这样的态度：像科学家那样思考，像艺术家那样生活。

2020年，"九〇"而立。

不管前路是否如意，希望大家都能对人生的非线性回报保持耐心，继续寻找自己真正热爱的赛道，与智者同行，做时间的朋友，通过长期坚持与专注实现自我价值的"复利"！

三、人力资本、决策效用与认知提升[①]

每年岁末都不免感慨：明明还没习惯已经是新年的事实，它却如往事般随风而过。最近主页君每次看到国债期货综合屏 T2109 合约时都不免有此感慨。去年此时，决不会料到2020年会是如此浓墨重彩的一年，以至于最坚定的长期主义者也难免不被短期扰动所困。作为资产管理人，2020年我有所收获，但也犯了很多错误，交了不少学费，以下列示部分实例。

（1）在投资方法上轻预测重估值，导致低估值品种在牛市里基本没赚钱，沦为无效仓位。

（2）为了逆向而逆向，过度重视左侧交易，5—6月短端利率大幅上行后（债券熊市），

---

① 本文为2020年年末致个人公众号读者的信。

盲目抄底提升了组合久期（放大了利率风险敞口），后面也没有及时止损。

（3）有时虽然看对了行情，但仓位没跟上，知行不合一，多谋少断。

当然，如果明年能够总结经验，交给市场的学费或许可以成为宝贵的无形资产。今天借这个话题和各位读者聊聊人力资本、决策效用与认知提升。

1. 产业转型与发展机遇

最近中央经济工作会议关于产业结构调整和发展有三个关键词：科技创新（高附加值）、高端制造业投资（差异化经营）、消费内需（大市场）。相关政策反映了中国未来在国际产业分工中将出现的结构性变化：从微笑曲线的中间向两端拓展。

事实上，我国经济过去的高速发展，同样离不开成熟市场产业转移的贡献，即承担很多环境污染大、资源消耗大、利润少的产业来实现经济增长，这些产业也是传统股票投资者眼中的"差生意，差赛道"。立讯精密、歌尔声学这类公司同样只能占据消费电子产业链微笑曲线的中间地带，真正高毛利的品牌产品仍被苹果公司掌控。

如果中国的产业结构转型趋势延续，我们便有理由相信，劳动力和资本密集型的商业模式将逐步减少（控制宏观杠杆率，淘汰过剩产能），技术要素将获得更多溢价。

2. 基于杜邦公式的个人商业模式

熟悉公司商业模式的读者一定很清楚经典的杜邦公式，它对企业赚钱的方式进行了区分，如下所述。

（1）茅台或苹果模式（高利润率），制造成本极低但产品附加值极高，属于一本万利的生意。

（2）沃尔玛模式（高周转率），依赖管理层的营运能力和效率，薄利多销。

（3）金融或家电龙头模式（高杠杆率），通过有息负债或上下游占款等外部资源提升权益乘数，资产收益率（ROA）低，净资产收益率（ROE）高。

而从时间创造价值的角度，可以将个人商业模式对应归为以下三类。

第一，单位时间高价值（高利润率）。这种个人商业模式多见于各行业专家和意见领袖，由于其多年的经验和市场地位，参与咨询类业务的议价能力较强。

第二，高效利用时间（高周转率）。这是优秀的普通人常见的品质，例如在地铁上看特许金融分析师（CFA）教材，做家务时听云极课程，睡前写代码。虽然单位时间所创造的价值有限，但实际创造或积累价值的总量可观，在很多情形下还存在协同效应。

第三，安排别人的时间（高杠杆率）。这种个人商业模式多见于团队管理者，自己花费有限的时间分配工作，利用团队成员的时间加"杠杆"，从而创造更高的价值。

事实上，如果一个人同时具备以上三点，绝对是时代的弄潮儿了。

3. 关于情绪与客观认知

当然，知行合一的前提是"知"，唯有在认知层面对目标和效用有深刻的理解，才有可能精确地付诸行动。资产管理行业的核心价值便是通过超额认知创造超额回报。

要想形成客观的认知，除了要有必要的经验和技能，还要学会控制情绪和偏见。做投资的人常常会提到"市场情绪的自我强化",不可否认的是,有互动的场景就会有情绪的传导和共振,每个参与者都不可避免地会被场景的气氛影响或对其他受众施加影响,既表现为牛市中的乐观情绪让投资者选择性无视风险,也表现为熊市中的悲观情绪放大所有不确定性导致资产价格大幅低于内在价值。人性的弱点助推了资产价格周期性波动,正如债务杠杆对经济周期性波动的影响。

认知的过程包括以下五个阶段。

第一阶段"识字",只认识专业词汇的字面意思,望文生义。

第二阶段了解概念,知道专业词汇在理论和实践上的真实意义。

第三阶段建立逻辑,熟悉不同概念之间的联系,在不同情形下的包含、因果等关系。

第四阶段主动输出,在不同环境中能够差异化地应用特定的概念。

第五阶段自成体系,基于深度的观察、认知和实践,创设逻辑自洽的新概念。

第一阶段是我们亟须摆脱的状态;第五阶段则是我们需要努力达到的状态;对于中间的三个阶段,"怕什么真理无穷,进一寸有一寸的欢喜"。

学习的人与不学习的人相比,一天以后没有任何区别,一个月以后的差异也是微乎其微的,一年以后的差距也没什么了不起的,但是五年以后,差距巨大,十年以后,也许就是两种人生。

四、后记:回忆父亲

作者按:父亲 2012 年逝世,至今已有 10 年,本文为纪念父亲而作,希望他能看到我的进步与成长。

近来适逢清明节返乡,回到桐城,照例登龙眠山祭祖,看望父亲,但此番立于此地,却感到心中波澜已退去几分,或许因为过年的缘故,更添平和温存之感,遂成此文。

2012 年 6 月 22 日上午 11 时 20 分许,父亲因胰腺癌辞别人世。彼时因回京航班延误,我竟未能见到他最后一面。如今已是沧海桑田,但关于父亲的往事与回忆从未消散……

父亲于 1967 年岁末出生于安徽桐城的农村,这里曾经是"桐城派"故里,有"六尺巷"留下的精神财富。先祖父曾为抗美援朝志愿军战士,后有政策可赴福建就任公职,但他安土重迁,坚持留在农村老家。家里一贫如洗,常无隔宿之粮。父亲兄弟五人,一人早夭。迫于生计,大伯早年投笔从戎,应征入伍,所得收入尽数补贴家用,方才勉力维持,惨淡经营。多年以后,父亲与我们闲叙,仍常念往日生活之艰难。

十一届三中全会之后,父亲的学业逐步转入正轨。1977 年我国恢复高考,其后数年,经过考试选拔,父亲终于有机会进入大学学习,远赴山东省城济南,学习自动化专业。何曾想,他此后的一生也因此改变。

1991 年,我出生在济南。母亲和父亲是大学同学。虽然终于从农村来到"大城市",但我们家仍是地地道道的外来户,本地并无亲朋好友关照,立足与发展并非易事。

父亲刚参加工作时,就职于济南汽车低温启动装置厂,那时父亲常有机会到北京出差。1997 年,他在北京购买了一台索尼摄像机,这在当时并不是寻常的消费,这台摄像机为我们记录下了许多难忘的时刻。

因缘际会,父亲的职业生涯在 2001 年遇到了一次重大转变,民生银行济南分行成立,他参与筹备,从国企工程师到股份制银行的客户经理,一切从头开始。凭着他自己的勤奋努力,父亲成了一名 6 级行员的"金牌客户经理",这在当时乃至于现在都是不容易做到的。因为在银行业务领域的成功,2007 年父亲又得到调任北京民生银行总行零售部的机会,我们家也搬至北京,安居乐业。而父亲也为民生银行的发展奉献了自己的一切,直至油尽灯枯。

父亲生前性情宽厚,待人至善,尤其是对家人关怀备至:我堂兄弟五人,全部都在金融系统工作,皆受他影响;母亲娘家诸事,也由他帮忙操持料理。后来患病,他一直保持乐观,积极治疗,尽量不给家人添负担。

岁月飞驰,时光荏苒。按父亲临终遗愿,遵从家乡习俗,入土归葬,落叶归根。遥想这十年间,能够陪伴他的,只有坟前一抔黄土,几株衰草,念之不由黯然神伤。然我辈兄弟,事业、生活都已步入正轨;母亲也有了好归宿,想来他于天国也会欣慰不已……

生活从来不易,若岁月静好,必是有人替你负重前行。

2008 年父亲与国际投资家吉姆·罗杰斯合影

胡宇辰

2022 年 4 月

参考文献

[1] 谢尔登·纳坦恩伯格. 期权波动率与定价 [M]. 韩冰洁, 译. 北京：机械工业出版社, 2014：15-99.

[2] 盖伦·D. 伯格哈特. 国债基差交易 [M]. 王玮, 译. 北京：机械工业出版社, 2016：79-92, 187.

[3] 安东尼·克里森兹. 债券投资策略 [M]. 林东, 译. 北京：机械工业出版社, 2016：192-243.

[4] 余家鸿, 吴鹏, 李玥. 探秘资管前沿：风险平价量化投资 [M]. 北京：中信出版社, 2018：155-215.

[5] 王舟. 妙趣横生的国债期货 [M]. 北京：机械工业出版社, 2017：65-112.

[6] 戎志平. 国债期货交易实务 [M]. 北京：中国财政经济出版社, 2017：223-298.

[7] 董德志. 投资交易笔记 [M]. 北京：中国财政经济出版社, 2011：77-178, 202-279.

[8] 李杰. 公司价值分析 [M]. 北京：光明日报出版社, 2015：223-298.

[9] 李杰. 股市进阶之道 [M]. 北京：铁道出版社, 2014：25-98.

[10] 王成, 韦笑. 策略投资 [M]. 北京：地震出版社, 2012：123-197.

[11] 申银万国策略团队. 策略投资方法论 [M]. 太原：山西人民出版社, 2014：124-217.

[12] 弗兰克·J. 法博齐. 固定收益证券手册 [M]. 北京：中国人民大学出版社, 2005：114-225.

[13] 保罗·皮格纳塔罗. 财务模型与估值 [M]. 刘振山, 张鲁晶, 译. 北京：机械工业出版社, 2014：55-216.

[14] 徐亮. 子弹与哑铃组合的抉择："躺平"还是"出圈" [R]. 北京：德邦证券研究所, 2021：2-10.

[15] 尹睿哲. 债市博弈论 [R]. 北京：招商证券研究所, 2021：15-77.

[16] 肖志刚. 投资有规律 [M]. 北京：机械工业出版社, 2020：22-98.

[17] 周金涛. 涛动周期论 [M]. 北京：机械工业出版社, 2017：77-88.

[18] 李斌, 伍戈. 信用创造、货币供求与经济结构 [M]. 北京：中国金融出版社, 2014：123-298.

[19] 李斌, 伍戈. 货币数量、利率调控与政策转型 [M]. 北京：中国金融出版社, 2016：23-78.

[20] 孙金钜. 读懂上市公司信息：中小盘研究框架探讨 [M]. 北京：经济日报出版社, 2018：12-45.

[21] 吴劲草. 吴劲草讲消费行业 [M]. 北京：机械工业出版社, 2022：12-38.

[22] 王剑. 王剑讲银行业 [M]. 北京：机械工业出版社，2021：15-28.

[23] 龙红亮. 债券投资实战 [M]. 北京：机械工业出版社，2018：114-128.

[24] 刘婕. 信用债投资分析与实战 [M]. 北京：机械工业出版社，2022：14-27.

[25] 华泰固收研究张继强团队. 固收分析框架 [R]. 北京：华泰证券研究所，2021：16-72.

[26] 中金固定收益研究团队. 中国债市宝典 [R]. 北京：中金公司研究部，2020：15-99.

[27] 刘郁，田乐蒙. 中国可转债投资手册 [M]. 北京：中国经济出版社，2021：22-54.

[28] 燕翔，战迪. 追寻价值之路 [M]. 北京：经济科学出版社，2021：10-48.

[29] 徐高. 金融经济学二十五讲 [M]. 北京：机械工业出版社，2021：15-28.

[30] 吕品. 基于投资视角的信用研究：从评级到策略 [M]. 北京：中国金融出版社，2019：35-58.

[31] 高善文. 经济运行的逻辑 [M]. 北京：中国人民大学出版社，2013：11-55.

[32] 彭文生. 渐行渐近的金融周期 [M]. 北京：中信出版社，2017：35-77.

[33] 保罗·D. 索金，保罗·约翰逊. 证券分析师进阶指南 [M]. 刘寅龙，刘振山，译. 北京：机械工业出版社，2018：16-57.

[34] 詹姆斯·J. 瓦伦丁. 证券分析师实践指南 [M]. 王洋，译. 北京：机械工业出版社，2018：25-58.

[35] 三浦展. 第四消费时代 [M]. 北京：东方出版社，2014：24-64.

[36] 李录. 文明、现代化、价值投资与中国 [M]. 北京：中信出版社，2020：44-67.

[37] 李利威. 一本书看透股权架构 [M]. 北京：机械工业出版社，2019：14-27.

[38] 何华平. 一本书看透信贷 [M]. 北京：机械工业出版社，2017：34-57.

[39] 唐朝. 手把手教你读财报 [M]. 北京：中国经济出版社，2015：14-27.

[40] 古斯塔夫·勒庞. 乌合之众 [M]. 冯克利，译. 北京：中央编译出版社，2011：113-134.

[41] 吴军. 浪潮之巅 [M]. 北京：人民邮电出版社，2013：144-187.

[42] 爱德华·钱塞勒. 资本回报·穿越资本周期的投资 [M]. 陆猛，译. 北京：中国金融出版社，2017：244-267.

[43] 尤安·辛克莱. 波动率交易：期权量化交易员指南 [M]. 王琦，译. 北京：机械工业出版社，2017：34-97.

[44] 王民盛. 华为崛起 [M]. 北京：台海出版社，2013：44-67.

[45] 纳西姆·尼古拉斯·塔勒布. 反脆弱 [M]. 雨珂，译. 北京：中信出版社，2014：55-67.

[46] 安蒂·伊尔曼恩. 预期收益 [M]. 钱磊，译. 上海：格致出版社，2018：54-117.

[47] 刘世锦. 从反危机到新常态 [M]. 北京：中信出版社，2016：44-76.

[48] 阿莫·萨德. 利率互换及其衍生品 [M]. 梁进，李佳彬，译. 上海：上海财经大学出版社，2013：34-59.

[49] 周黎安. 转型中的地方政府 [M]. 上海：格致出版社，2017：55-66.

[50] 安东尼·克里森兹. 债券投资策略 [M]. 林东，译. 北京：机械工业出版社，2014：245-265.

[51] 理查德·C. 格林诺德，雷诺德·N. 卡恩. 主动投资组合管理 [M]. 李腾，杨柯敏，刘震，译. 北京：机械工业出版社，2014：14-36.

[52] 霍华德·马克斯. 投资最重要的事 [M]. 孙伊，译. 北京：中信出版社，2012：114-164.

[53] 琳达·哥乔斯. 产品经理手册 [M]. 戴维侬，译. 北京：中国财政经济出版社，2007：113-136.

[54] 路德维希·B. 钦塞瑞尼，金大焕. 证券组合定量管理 [M]. 韩立岩，译. 北京：中国财政经济出版社，2011：124-136.

[55] 兰小欢. 置身事内 [M]. 上海：上海人民出版社，2021：55-136.

[56] 伊查克·爱迪思. 企业生命周期 [M]. 王玥，译. 北京：中国人民大学出版社，2017：74-96.

[57] 查尔斯·施瓦布. 投资：嘉信理财持续创新之道 [M]. 高源，译. 北京：中信出版社，2021：74-86.

[58] 蒂姆·科勒. 价值评估：公司价值的衡量与管理 [M]，高建，译. 北京：电子工业出版社，2007：55-86.

[59] 金观涛，刘青峰. 兴盛与危机：论中国社会超稳定结构 [M]. 北京：法律出版社，2011：55-76.

[60] 史蒂文·卓布尼. 黄金屋：宏观对冲基金顶尖交易者的掘金之道 [M]. 郑磊，译. 北京：机械工业出版社，2013：24-39.

[61] 麦基尔. 漫步华尔街 [M]. 骆玉鼎，彭晗，译. 北京：机械工业出版社，2008：115-127.

[62] 滋维·博迪，亚历克斯·凯恩，艾伦 J. 马库. 投资学 [M]. 朱宝宪，译. 北京：机械工业出版社，2018：57-123.

[63] 大卫·F. 史文森. 机构投资的创新之路 [M]. 张磊，译. 北京：中国人民大学出版社，2015：105-126.

[64] 渔阳. 乱世华尔街 [M]. 北京：中国人民大学出版社，2011：14-236.

[65] 邱国鹭. 投资中最简单的事 [M]. 北京：中国人民大学出版社，2014：22-119.

[66] 叶城. 价值投资入门与实战 [M]. 北京：金城出版社，2020：74-126.

[67] 乔尔·蒂林哈斯特. 大钱细思：优秀投资者如何思考和决断 [M]. 王列敏，朱真卿，郑梓超，等译. 北京：机械工业出版社，2020：34-153.

[68] 丹·哈林顿. 哈林顿在现金桌：如何玩好无限注德州扑克 [M]. 孙培源，译. 成都：成都时代出版社，2014：14-199.

[69] 迈克尔·刘易斯. 说谎者的扑克牌：华尔街的投资游戏 [M]. 孙忠，译. 北京：中信出版社，2007：24-126.

[70] 顽石. 同业鸦片 [M]. 北京：中信出版社，2014：29-89.

[71] 彼得·林奇, 约翰·罗瑟查尔德. 彼得·林奇的成功投资 [M]. 刘建位, 徐晓杰, 译. 北京：机械工业出版社，2007：32-86.

[72] 乔治·索罗斯. 金融炼金术 [M]. 孙忠, 译. 海口：海南出版社，2016：34-76.

[73] 沃伦·巴菲特. 巴菲特致股东的信 [M]. 杨天南, 译. 北京：机械工业出版社，2004：44-56.

[74] 本杰明·格雷厄姆. 聪明的投资者 [M]. 王中华, 黄一义, 译. 北京：人民邮电出版社，2010：35-127.

[75] 罗伯特·S. 克里切夫. 高收益债券实务精要 [M]. 马海涌, 刘振山, 译. 北京：机械工业出版社，2013：44-67.